The
Nature
of
Business

Build the Future

[新加坡]
周宏骐
—
著

生意的本质

商业模式动态升级的底层逻辑

机械工业出版社
CHINA MACHINE PRESS

北京市版权局著作权合同登记　图字：01-2022-6778 号。

图书在版编目（CIP）数据

生意的本质：商业模式动态升级的底层逻辑 /（新加坡）周宏骐著. —北京：机械工业出版社，2024.4（2024.11重印）
ISBN 978-7-111-75326-1

Ⅰ.①生…　Ⅱ.①周…　Ⅲ.①商业模式—研究　Ⅳ.①F71

中国国家版本馆CIP数据核字（2024）第056264号

机械工业出版社（北京市百万庄大街22号　邮政编码100037）
策划编辑：李文静　　　　　　责任编辑：李文静　王　芹
责任校对：曹若菲　张　征　　责任印制：常天培
北京宝隆世纪印刷有限公司印刷
2024年11月第1版第5次印刷
180mm×250mm・28.75印张・3插页・428千字
标准书号：ISBN 978-7-111-75326-1
定价：139.00元（含工具手册）

电话服务　　　　　　　　网络服务
客服电话：010-88361066　　机　工　官　网：www.cmpbook.com
　　　　　010-88379833　　机　工　官　博：weibo.com/cmp1952
　　　　　010-68326294　　金　书　网：www.golden-book.com
封底无防伪标均为盗版　机工教育服务网：www.cmpedu.com

向坚守生意本质、不断创新的经营者致敬

英文中 Business 这个单词可以被翻译成"商业"或"生意",
这两个词在中文语境中也经常被互换使用。
但"商业"一词往往涉及更宽泛的行业与生态范畴,
而"生意"则多指企业自己的事情,可大可小,
是商业活动中具体的形式,侧重于经营。

而 Running Business 则更传神,就是指**"经营生意"**。
经营生意离不开资源的撬动、人性的思考、机制的设计、
要素的调整……这些生意的本质。

优秀的经营者总能坚守生意的本质,
并且讲究脚踏实地的构建和出其不意的谋略。
尤其在面临经济环境的挑战时,
总能灵活应对,找到适用的生存法则。

推荐序一

Marketing and business model innovation never stops.

Within 5 years, if you are in the same business you are in today, you are going to be out of business, as the world has been changing and you haven't changed.

Prof. Zhou Hongqi's new book, written over 13 years, offers an effective toolkit to guide managers in devising innovative business model. This book provides a three-dimensional framework to construct, deconstruct, and reconstruct a business——a blueprint with layers of components and two clear paths with tangible methods to upgrade business.

Prof. Philip Kotler

营销与商业模式创新永无止境。

如果5年之内你都在用同样的方式做生意,那么你就离关门大吉不远了,因为市场在不断变化,但是你没有与时俱进。

周宏骐教授历时13年所著的这本书是有效指导经营者进行商业模式创新的随身工具书。本书提供了构建、解构及重构全盘生意的立体框架——生意蓝图及其层层构件,以及升级生意的两条清晰路径和具体方法。

菲利普·科特勒教授
现代营销学之父、美国西北大学凯洛格商学院终身荣誉教授
科特勒咨询集团首席顾问

推荐序二

在变动的商业环境里寻求突破

祝贺周宏骐教授新书付梓。这是一本难得的能将商业模式的结构做到通透拆分,并结合各种实战案例做到清晰说明的书,既有理论高度,又能结合实际,**有效指导经营者动态设计与升级商业模式**,可谓新经济时代必备的**商业模式创新实战手册**。

我与周教授相识十余年。他是新加坡国立大学商学院 EMBA 项目少数执教超过 15 届的老师,授课深入浅出,直击本质,一直深受学生欢迎,并开发出诸如"人-货(鸟)论"等切中肯綮的框架。他对商业的独到见解,时时为我解惑,因此我对他的新书可谓期待已久。拿到文稿后,我几乎一口气读完,解渴之余,更深感其体系之完备、案例之翔实、视野之开阔。本书凝聚着周教授个人多年研究的系统总结,书中的原创理论源于实战,又反过来指导实战,相信本书会给企业经营者乃至商科学者带来很多启发,在实际操作上亦有非常强的指导意义。

在本书中,周教授以核心经营者需要具备的"商业头脑"为起点,从他亲自拜访过的 2000 多家企业中,总结出优秀经营者必须具备"**商业头脑**"——"**经营生意的思维与构建生意的逻辑**",它们是推动优秀核心经营者把生意做成、做好、做强的内核,值得经营者们细细品读并付诸实践。

本书完整地解答了很多人纠结、困惑的根本问题:生意究竟是"做"出来的,还是"设计"出来的？这个问题在今日经济结构日趋成熟的中国，具有尤为重大的现实意义。改革开放四十多年来，中国涌现出了众多成功的企业和企业家，然而，究其成功的原因，往往是本能驱动，或是环境因素驱动，大多缺乏方法论的指导。因此，当开始面对持续增长的瓶颈，或是在传统经济增长引擎后劲不足、受限于再无东风可借时，大家往往苦无良策。企业在面对升级困境时，周教授的新书正好可以为之提供路引蓝图。

本书的难能可贵之处，还在于其纠正了中国商界很多流传甚广但似是而非的观念。比如周教授在书中指出，这本书谈的不是"管理"，而是"经营"。看似轻描淡写，但在"管理大师"遍地的今天，这无异于当头棒喝。读到此处，我差点笑出声来，脑补了周教授无奈的样子。可持续的"生意"不是拍脑袋的灵光一现，不是"大师"们的夸夸其谈，而是需要全盘的设计、严谨的论证和完整的流程。

在说明商业模式的结构时，周教授创新性地提出了**自上而下的"业务定位—业务系统—交易系统"商业模式三层解构图**，作为透视单一业务商业模式的基本分析结构，借此来剖析、设计与构建完整的商业模式。通过这个框架，周教授指出经营者在面对商业模式时常犯的一个错误，即仅仅在业务流程（工作流）层面上理解商业模式，而未给予实现业务所需的利益分配（利益流）层面足够的重视。

基于对生意本质的理解，周教授在书中提出了**"熊掌图"**和**"生意蓝图/生意密码3169"**等结构工具，**企业经营者可以按图索骥，构建自己的商业模式**，并以其结构为根据自我诊断，找准定位，寻找所需的资源去补齐短板。

我相信读者在阅读本书时，会感觉这本书具有一种"系统工程性"。如果你是业务操盘手，正为一家企业构建商业模式；或者你是投资者，正在评价一个项目的价值，若能照着本书中的提示，一步一步顺着粗、中、细颗粒对号入座，层层分析与建构，就能高效地达到目标。我认为本书在一定程度上会降低创业和发展的门槛，读者会发现"生意"的起步和壮大有清晰的路径（Roadmap），即使是新生企业也能通过观察、分析与论证，在现有的生态中找到更合适的位置，或是整合资源建立自己的新生态。

商业模式是一个时髦的话题，关注者多、好奇者众，市面上相关图书汗牛充栋，但总体而言，多流于高谈阔论，看似高屋建瓴，实则充斥着生造词语，故弄玄虚，犹如空中楼阁，缺少实践指导意义。有的作品虽以"干货"自居，自称接近实战，其实不过是管窥蠡测、以偏概全，通过对个案浮光掠影的观察来无限放大和过度拔高理论；或是内容庞杂琐碎，缺少方法论的提炼，令人无所适从。总之，市面上的这些著作并不能满足读者尤其是广大商业经营者的实际需求。而周宏骐教授的这本新作则与众不同，作者以其清晰的思辨对复杂的商业逻辑抽丝剥茧，犹如庖丁解牛，游刃有余，更以丰富生动的案例娓娓道来，令读者有茅塞顿开、醍醐灌顶的酣畅。

能把完整的逻辑与深度实践紧密结合，兼具学术性和工具性、科学性和可读性的商业图书，可谓凤毛麟角。我相信本书定会在坊间被奉为圭臬，无论对于实践应用还是课堂教学，都会带来非凡的影响。赞美之余，我深知周宏骐兄在幕后多年的努力。他在EMBA课堂上从教授市场营销学，到教授经营所需的商业模式学，近年来更是潜心钻研、广泛调研，每年走访200多家企业，正因为有如此勤奋的付出，才有今天这本沉甸甸的著作问世。

在本书的最后，周教授特别提醒企业要做"时代的企业"，**即在每个新的时代都能嫁接新时代的经营要素，不断动态升级企业自身的商业模式（升级经营方式）。周教授还特别提出了升级的具体路径与方法**，这体现了他的实战功底，他深刻认识到企业需要在商业大环境的变动中，通过框架指引实现升级。

我认为本书特别适合企业经营者和高管共同学习，把公司的现状代入到书中的框架及方法中，一起分析探讨，一起在变动的商业环境里，在动态发展的过程中寻求突破、达成共识，不断明晰企业的思路与打法，穿越周期，让共同的事业基业长青！

作为周教授的好友，我能够先睹为快，实感荣幸，也深深为他高兴，多年耕耘终有今日的丰收！我更会以周宏骐兄为榜样，不敢有丝毫的懈怠，不断追求自我的超越。由衷祝愿周宏骐教授的新书热销，相信广大读者也会像我一样从中得到属于自己的收获。

傅　强
新加坡国立大学商学院策略与政策系教授、EMBA项目学术主任

自序

了解商业模式的秘密，让生意螺旋上升

从大学起，我就非常佩服吉姆·柯林斯（Jim Collins）教授[一]。他亲自拜访大量企业，通过深度访谈，收集了大量真实的一手材料，并基于对这些材料的深入分析，写出了《基业长青》《从优秀到卓越》等巨著，向人们呈现了那个时代卓越企业的共性。

过去10多年，我也使用这种方法，每年拜访200多家企业，对大量创业者与企业内部新事业部的操盘手进行访谈。我重点观察那些在短期内就从萌芽状态发展到呈指数级增长状态的现象级企业，同时也非常关注那些能一次次穿越周期，不断创造辉煌的基业长青型企业。

我的研究目标与柯林斯教授有所不同，我希望结合我在《财富》世界500强企业22年的经营实践心得，以及在新加坡国立大学多年的文献研究所得，讲明白经营生意的本质，提炼出设计商业模式的底层逻辑，总结出在经营的动态过程中"小

[一] 吉姆·柯林斯和他的团队采用比较分析（Comparative Analysis）研究方法，研究在同行业中同样颇具声望但绩效略逊一筹的竞争对手，排除那些表面上看似可以解释成功之道但实际上无法真正决定优胜劣败的因素，通过比较，研究分析企业持续增长的成功路径。柯林斯提出了许多经典的理念，如"刺猬原则"和"二十英里法则"等。

碎步"设计、迭代修正商业模式的思维框架与方法，然后用这些逻辑、思维框架和方法为企业经营者赋能，提升他们的经营段位，从而把生意做对，使企业获得更好的经营结果（见图0-1）。

高段位经营者，托起大地球　　普通段位经营者，托起小地球

图0-1　经营段位不同，经营结果不同

回想我对各行各业的各类企业的拜访，以及与它们的创始及创新团队的深度交流，那真是一场场拷问灵魂的心灵之旅。通过一次次对话、一场场复盘，我将这些企业的发展历程分段拆解，对每一阶段进行立体剖析，找出它们在每一阶段所采取的关键举措，并按照粗、中、细的颗粒度进行抽丝剥茧式的剖析，由此鲜明地勾勒出企业经营者从萌生一个生意的想法到迈出将想法落地的第一步，从遇到一道道坎儿到一次次打怪通关，最终跨步跃上新台阶的商业行为全流程，勾勒出一个生意兴起的脉络。在深度解析下，创始人的思维方式、对商业模式结构及底层要素所做的调整与迭代细节，也一一真实呈现。

通过微观洞察鲜活的商业实践案例并反复验证，我找到了优秀经营者所具备的商业思维，以及他们为了推动生意发展对商业模式基础要素所采取的调整措施。我从中提炼出了一套能提升经营者经营段位的组合工具，并对这套组合工具不断地进行优化、迭代，希望它能有效地指导经营者推动企业持续增长。

我为什么要写这本书

过去 10 多年里，在商学院的 EMBA、MBA 课堂和创业课堂上，我遇到了很多来自国企、民企、外企的学习者，他们通常在企业中担任业务操盘手，热切地想学习经营技能。但我发现，他们学了一门又一门管理类课程，却始终触碰不到商业经营最底层的思维与方法。也正因为如此，很多学习者反映"总是不解渴"。

于是，我希望写一本书，将我多年来研究整理出的商业模式系统性设计框架和动态推动生意发展的方法展示出来，揭开那些优秀经营者（优秀操盘手）不愿意说透的经营诀窍。

本书为谁而写

成功的企业中往往都有多位核心经营者[⊖]，他们久经商场考验，熟谙商业经营的底层逻辑，已淬炼成为高段位的业务操盘手。如果你想像他们一样，那么，这本书就是为你而写的。

你可能：

- 在成熟企业里负责拓展新业务。
- 在成长型企业里承担升级现有业务的任务。
- 在初创企业中从"零"开始。

无论你所在的企业处于哪个发展阶段，无论你的经营水平属于哪个段位，我相信，你都能从本书中汲取到营养。

本书将传授给你成长为高段位经营者的方法，教你从商业共生体领袖的视角看问题，引导你通过有节奏的商业模式设计，动态地打造出成功的商业模式。它还会提供一套简明实用的操盘工具，以及丰富翔实的案例，让你从理论到实践全盘掌握商业经营的底层逻辑。

⊖ 核心经营者是指一个生意的主要经营者、实际控制人。他能驱动生意成长，做出关键决策。一个生意中可能有一位或多位核心经营者，我们在本书中将其简称为"经营者"。

本书想解决的重要问题

第一个问题：经营者因缺乏商业经营的思维与方法而无法独当一面

大部分沿着传统路径晋升的职业经理人和专业技术出身的管理者，虽然大都学习过各类管理知识，但在被委以重任独立负责经营一项业务时，还是常常因缺乏商业经营的思维与方法而无法独当一面。很多创业者也面临着相似的问题。

因此，本书不太讲"管理"，而是着重讲"经营"，讲如何推动业务成长，如何从根本上弥补经营者在经营能力上的不足，帮助他们成为有商业头脑（既有灵活的经营思维，又掌握生意构建逻辑），能洞察商机、聚合资源、促成合作、实施决策、高效协作、无惧失败、承担风险的核心经营者。

此外，本书还会帮助经营者转变心态，引导他们从单纯遵循制度、流程和层级办事的工具型运营者转变为能不断设计新制度的开创型经营者，以老板心态去设计商业模式、驱动业务成长，并不断思考"怎样在经营上创新"，让业务每年都实现健康增长——不只实现营业收入增长，更要实现利润增长，同时时刻牢记为达到"盈利"这一根本目标而不局限于固有边界。

第二个问题：经营者无法清楚阐述企业的商业模式

我在拜访企业时，经常会遇到一个难题：企业的创始人或者董事长用了很长时间却依然讲不清楚企业的生意，更不要说企业的商业模式。

所以，我希望在本书中定义出商业模式的表达范式，让经营者可以通过这个范式，把复杂的生意可视化地拆开、展示、讲清楚，从而让经营者本人乃至他身边所有的朋友都能更有效率地描述、分析和设计商业模式。

此外，在拜访中，许多经营者还经常困惑地询问我：商业模式是什么？为什么要学习商业模式？它和经营生意有什么关系？其实，商业模式就是经营生意的方式（简称"经营方式"），商业模式的创新就是经营方式的创新。如果你拥有生意头脑，重视总结、萃取与调整商业模式，你的生意就能发展壮大；如果你缺乏生意头脑，不重视商业模式，你的生意就做不大。这也是一般餐饮企业与海底捞的区别所在。

第三个问题：经营者困惑于生意是做出来的还是设计出来的

有些经营者问我：生意到底是做出来的，还是设计出来的？其实，不仅经营者看法不一，对于这个问题，理论家们也是观点迥异。视角不同，答案千差万别。

一些老一辈的企业家告诉我，在草莽创业时代，生意先是做出来的，再根据实践效果与反馈对商业模式进行调整。新涌现出来的很多商业物种，也大多是经营者在跌跌撞撞的探索中不断试错试出来的。经营者一开始对商业模式的感觉是朦胧模糊的，自己也讲不清楚，经由逐步拼凑，才越来越清晰。

但是，在如今这个知识创业时代，创业也要讲科学、讲工具、讲方法。本书所提供的商业模式工具，能帮助你结构性地、动态地构建一门生意。就算构建的过程是逐步拼凑与调整，你也能在系统性工具的指导下，不断进行"结构性的拼凑与调整"，从而少踩坑，少走弯路，并能在企业发展的全周期内，推动生意波段式螺旋上升。

本书的主要内容

本书分为 6 个部分，共 10 章，深度讲解了商业模式设计和商业经营的底层逻辑与方法，希望能帮助读者打通经营认知的"任督二脉"。

第 1 章讲的是要成为一名合格的经营者,一定要有经营生意的商业头脑。翻开第 1 章,你会看到一个简洁的框架:

商业头脑 = 经营思维 + 生意构建逻辑

经营思维是指商业经营的思维模式。生意构建逻辑是指商业经营应遵循的逻辑顺序:确认商机,布局分工,组局与设计交易,升级迭代。经营思维与生意构建逻辑构成了商业经营的前提,两者相辅相成,缺一不可。经营者可以用这个框架来检视自己是否具备商业头脑,并做出改变。

考虑到很多经营者在通过通读长篇商业案例学习洞察商机、构建生意时,只学到了各种企业成败的原因,并没有学到构建生意的框架,所以,第 1 章还提出了"构建生意的三个层次"这样一个简洁框架:

确认商机
+
构建生意 = 设计业务结构(事)
+
组建商业共生体(人)

经营者对照该框架,就可以把心中的生意想法对号放入所属的层次去进行构建。

第 2 章推出了操盘手设计商业模式的第一个工具——商业模式三层解构图。这套商业模式可视化工具是我们对照"构建生意的三个层次"总结出来的。它可以在概念上帮助我们描绘与设计单一业务生意的商业模式,它包括三层:第一层,业务定位——确认商机,也就是确认做什么生意;第二层,业务系统——设计业务结构,搭建高效工作流;第三层,交易系统——设计与各种合作方的交易方式与交易结构,绑定业务伙伴,组建高效与稳定的商业共生体。

掌握了这套工具,你就能轻松地辨识出某家公司之所以能获得成功,是因为商业模式的哪一层设计得好。例如,五菱宏光 MINIEV"开了挂",是因为商业模式中业务定位设计得好;跨境电商希音(SHEIN)发展很迅猛,是因为业务系统做得很好;蔚来汽车有非常多的"铁粉",是业务系统与交易系统都做得很优秀;可口可乐的业务系统效率非常高，是因为它让别人做"重"的业务，而自己做"轻"的业务，因此很容易在各个国家通过合作伙伴迅速扩大生意。

第3章详细介绍了商业模式三层解构图的第一层"业务定位"：通过盘点自身资源能力池，找到最优的变现内容及方式，以及"人（目标客群）- 货（性感[注]商品）"匹配，去确认做什么生意的价值空间大。

当你读到本书第4章时，将看到我介绍的操盘手设计商业模式的第二个工具——熊掌图。熊掌图有五种强大的功能，能够在中颗粒度层面帮助你拆解业务前台和后台的六个支持业务环，帮助你设计业务的边界，并布局好每个支持业务环的内外部角色及分工。

在第5章，我将介绍对商业模式三层解构图与熊掌图这两个工具的结合应用，即将两个工具结合和嵌套，作为一个组合体来使用。我把熊掌图先嵌入商业模式三层解构图的第二层——"事"的层面，从细颗粒度层面去协助设计业务系统（高效的业务结构/工作流）；再嵌入第三层——"人"的层面，从细颗粒度层面去协助设计交易系统（高效的成交逻辑/利益流）。

过去，很多人在讲商业模式设计时最容易犯的错误是只讲业务（工作流），较少涉及人与人之间的交易分配（利益流），包括金钱、资源、荣誉等的交换，但生意的参与者全都是真实的人，而人与人之间的合作之所以会稳固，是因为背后有着合宜的交易与利益分配方式。

我们在"交易系统设计"处会重点讲解，很多初阶经营者仅重视法人层面的合作与交易，导致交易浮于表面，只考虑组织与组织之间的利益博弈，却忽略了生意从深层次看其实是人与人之间的心理博弈。

本书细化至个人层面，强调除了要理性设计法人合作方之间的游戏规则，也要充分考虑每个交易对象的心态和动机。只有基于人性去设计博弈策略，才能促成"合作与交易落地"，最终在"人"的层面构建起商业共生体，聚人成事，激发合作方主动协同增效的动力。

[注] "性感"在本书中是指商业潜力与商业想象空间大。

在第 6 章，我将介绍操盘手设计商业模式的<u>第三个工具——生意蓝图</u>。设计一个复杂的生意，如同设计一个由三层电路板构成的芯片。复杂的芯片需要蓝图指导设计和施工，同样，复杂的生意也需要生意蓝图来协助描绘、设计与构建。生意蓝图包含三层生意芯片、9 项经营结构要素，它们彼此之间存在着相互影响与联动关系。

生意蓝图还可被拆解为易于记忆的一组<u>生意密码"3169"</u>。"3169"是单一业务商业模式的终极表达范式与全局一体化设计工具。这组密码是掌握全盘联动设计的钥匙，能有效指导生意的构建与复盘。

第 6 章还介绍了生意蓝图这一工具与推动业务发展的循环方法的结合应用，让经营者站在动态的视角使用生意蓝图，按时间序列，<u>采用"设计—构建—验证"业务发展循环方法，去推动生意成长</u>。经营者可以先设计出初始的"理想生意蓝图"，接着不断地在"生意蓝图"的三层之间迅速跳转，填充内容，进行生意构建，同时进行"明确商机，跑通事，聚合人"的全盘联动的有机动作。

在第 7 章，我们对 9 项经营结构要素中的盈利与分配方式进行了重点阐述，因为盈利是生意的终极目标之一，经营者只有利用盈利工具不断提高企业的盈利率，才能使企业持续增长。

第 8 章说明了生意不是只限于由单一业务构成的生意，而是拥有三种常见的生意形态——单一业务生意、多业务生意和生态型多业务生意。本章将帮助大家了解多业务构成的商业模式如何赋予企业更多可能。

在第 9 章，我们探讨了经营者如何提升商业敏感度，并介绍了操盘手设计商业模式的<u>第四个工具——驱动生意升级的两条路径</u>：一是在外部经营环境变动不大时，定期用"生意蓝图"梳理当下经营状况，并阶段性地调整 9 项经营结构要素，同时联动调整其他多项要素，让生意实现意想不到的结构升级；二是在外部经营环境变动大时，把握下一个时间窗口，尝试着将 9 项经营结构要素一一与 4 项经营环境要素嫁接，如果把握得好，抓住了新时代经营方式的精髓，就能让生意实现巨大的迭代跃升。

此外，第 9 章还有 30 组灵魂拷问等着你，经营者若能经常用这些问题与自己对话、与团队对谈，就能找到让生意不断螺旋上升的灵感。

第 10 章则重点说明了下一个时间窗口的变迁，告诉经营者在面对新经营环境下席卷而来的后浪时，该如何从庞杂的信息中迅速提取出时代的商业特征，带领企业穿越周期。

最后，本书还特意准备了一本<u>工具手册</u>，在这本工具手册中，我把本书中介绍的全部重要方法浓缩为 <u>9 个高段位经营工具</u>，包括思维工具、定位工具、设事工具、聚人工具、设计工具、交易工具、盈利工具、业务发展循环工具、升级工具，希望这本手册能成为经营者易于熟记与应用的"口袋宝典"。

本书的特色

1. 源于实践，指导性强

本书中提出的框架与方法都来源于实践，并且追求对实践的强指导性，是能够真正落地的经营工具。而且，本书还以具有代表性的实战案例，帮助读者在场景中习得商业模式的设计方法。

当然，为了不泄露实战案例所涉企业的商业机密，本书对部分案例做了必要的脱敏与改写处理，但真实的商业逻辑被全盘保留了下来。

2. 颗粒度细，具体通透

在本书中，我不仅在粗颗粒度层面上提出了商业模式设计的框架，还拿起"放大镜"在细颗粒度层面上为读者详细阐述了各种具体的经营操作方法，并且把各种方法横向打通，让读者读起来有一种全盘打通的通透感。

3. 善用图解，易读易懂

在表现形式上，我大量运用图解的方式，把原创的思维框架与方法做成平面图甚至立体图，将抽象化的概念转变为具象化的图表，让读者能在最短的时间内理解和应用这些思维框架与方法。

在行文上，我尽量避免使用艰深的专业词语与概念，力求内涵丰富、结构清晰、文字简洁易读。

4. 动态视角，立体可视

本书值得强调的第 4 个特色，是拥有<u>动态操作视角</u>。它有别于波特理论或亚历山大商业模式画布那样的静态分析视角，不是在一个企业已取得成功（或遭遇失败）的终局时间节点上去做分析，描绘某一时间节点的战略或商业模式终极形态，而是细致地展现出动态发展中的操作细节。

本书基于"缘起性空"⊖理念，为经营者提供的是动态的波段式推进方法，让经营者能够带着商业头脑，使用推动业务发展的"设计—构建—验证"循环方法以及笔者原创的立体、可视化生意蓝图，去设计、梳理与迭代商业模式，让每个波段都实现阶段性升级，让生意在一波一波的推动中不断螺旋上升（见图 0-2）。

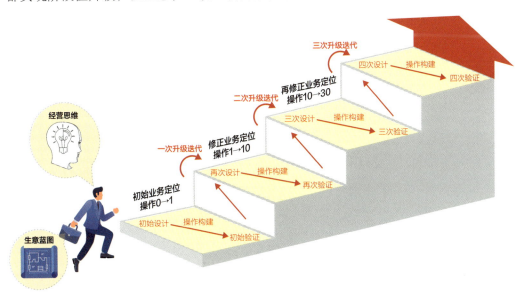

图 0-2 推动业务发展的"设计—构建—验证"循环方法

⊖ 缘起性空，是说任何事物或现象所呈现的状态都会因外部条件或者作用力的变化而变化，没有永恒不变的。其中，"性"是指规律，"空"是指变动，"性空"即变动是永恒的规律。

本书的终极目标

介绍完本书的写作意图和基本内容后，我要嘱咐和鼓励正在翻阅本书的读者。

经营的出发点可能是理想、志趣、激情……不论从何处出发，始终要记住你是在经营生意，而经营生意最基本的目的是盈利。因此，本书的终极目标是帮助读者，在坚守道德底线和合乎法律规范的前提下，将刚刚萌芽的新生意设计和构建好，使成长中的生意不断升级，把成熟的生意用新的经营方式重构。不做"理念的巨人，利润的侏儒"。

我还想告诉你，不要因自己的经营段位尚处于初级而却步，每一位卓越的经营者都走过从初级到高级的历练之路。要坚信，只要学会本书中介绍的系统工具并加以娴熟运用，你一定能提升自己的经营段位，在实践中做出一个个符合经营规律与商业时空条件的决策，一步步构建出高效而稳定的生意。

致谢

在本书知识结构形成的10多年中，我得到了许多人的支持和鼓励。我首先要感谢大学时期我的启蒙恩师姜新立教授，感恩他传授给我社会科学研究方法论，让我具备了建构定性框架（Qualitative Framework）的能力。如果我在知识创造上做出了一点贡献，那都要归功于恩师的教导。同时，也特别感恩导师谷家恒教授、刘常勇教授、余光中教授以及傅家骥教授，在我学习的道路上，为我指明方向，给我树立榜样。

我还要特别感谢魏朱商业模式的创建人魏炜教授与朱武祥教授，我与他们就商业模式的知识与方法进行了10多年的探讨，这些探讨助力我更全面、更深刻地理解商业模式的构建与升级。在此，向在商业模式底层逻辑上不懈钻研和在框架工具构建上长期执着的魏炜教授、向在商业模式交易设计框架上坚持创新的朱武祥教授表示敬意。

感谢中国社会科学院经济研究所张平教授，他总能让我从不同的视角创新地看待商业模式；感谢我的好友新加坡国立大学商学院张钧权教授、北京大学国家发展研究院张黎教授、日本法政大学李瑞雪教授、厦门大学管理学院戴亦一教授与我进行探讨并给予我鼓励；感谢林桂平博士，他对商业模式有着非凡的洞察力，并为本书提供了宝贵的观点和素材。

感谢《哈佛商业评论》的程明霞、李全伟老师，《商业评论》的颜杰华、陈赋明和葛伟炜老师，《中国企业家》杂志的万建民、何伊凡老师等，长久以来在写作上给予我的鼓励与指导。

感谢张振广、王允娟、孙大钊等年轻而富有活力的伙伴为本书提供宝贵的输入和反馈。感谢杜镜国、王赛、汤寒林、周申文、丁丰、张真真、陈帅、林珂、雷文涛、阿木、陈坚、阳萌、孙磊、秦力洪、袁海杰、米雯娟、思明、喻翔、胡剑飞、赵刚岗、朱婧雯等朋友提供的宝贵且优质的案例。

还有很多关心、帮助、指导过我的专家、学者、企业家和朋友，在此一并致以最诚挚的谢意！

最后，我还要感谢我的家人，他们始终是我最坚实的支持力量。

周宏骐

2024年3月1日

目 录

推荐序一
（菲利普·科特勒）

推荐序二
（傅强）

自序

01

第 1 部分
商业经营的基本思维和逻辑

第 1 章　商业头脑，让生意跑起来　002

1.1　重新理解"生意"　007
1.2　商业头脑之一：灵活的经营思维　009
1.3　商业头脑之二：系统的生意构建逻辑　015
1.4　构建生意要从"事"到"人"　019
1.5　商业共生体为何要升级迭代　026
1.6　推动生意成长的"设计—构建—验证"业务发展循环方法　029
1.7　回看"小顽犬"案例：复习商业经营的基本思维和逻辑　032

本章精华回顾　037

02

第 2 部分
商业模式初设计

第 2 章 透视生意全盘图景的商业模式三层解构图　040

2.1　解析商业模式三层解构图　048
2.2　第一层"业务定位"：确认做什么生意　051
2.3　第二层"业务系统"：设计业务结构　054
2.4　第三层"交易系统"：绑定业务伙伴　069
2.5　第二层与第三层的关系：业务系统不变，交易系统改变　075
2.6　生意全局观：穿透三层结构的联动关系　079
2.7　三层解构图与"设计—构建—验证"业务发展循环方法的结合应用　081

本章精华回顾　086

第 3 章 业务定位引领并决定着生意最终的样子　087

3.1　特斯拉从业务选择到业务组合的逻辑　090
3.2　重新认识业务　095
3.3　重新认识业务定位："苹果核"中的 PMF 匹配与业态　098
3.4　找到业务定位的两种路径　106
3.5　盘点核心资源能力池　115
3.6　重新思考业务属性矩阵：价值型与走量型、2B 与 2C　122
3.7　开启不断探索新业务定位的旅程　126

本章精华回顾　129

03

第 3 部分
商业模式精设计

第 4 章　结构性、可视化地设计生意的熊掌图　132

4.1　熊掌图的由来与基本应用逻辑　137
4.2　熊掌图的结构："掌"与"四指"　146
4.3　熊掌图功能Ⅰ：排列业务环，划定企业边界　150
4.4　熊掌图功能Ⅱ：高效布局与盘点内外角色　156
4.5　熊掌图功能Ⅲ：透视生意的轻与重　158
4.6　熊掌图功能Ⅳ：看清支持业务的优势与短板　162
4.7　熊掌图功能Ⅴ：追踪业务发展轨迹　166
4.8　用熊掌图看价值链上下游的联动　172

本章精华回顾　173

第 5 章　用好熊掌图，精细化设计业务系统与交易系统　174

5.1　用无机熊掌图描述业务结构　176
5.2　从"无机熊掌图"到"有机熊掌图"　183
5.3　用有机熊掌图描述交易结构　187
5.4　用好交易蓝图，在有机熊掌图中设计交易结构　196
5.5　资本与金融业务环的交易结构案例　202
5.6　销售业务环的交易结构案例　207
5.7　用熊掌图通观全局的业务结构与交易结构　212

本章精华回顾　214

04

第 4 部分
商业模式的可视化设计与表达范式

第 6 章 生意蓝图：全盘联动设计生意的终极工具 218

6.1 生意芯片：从二维到三维看透生意 222
6.2 用生意蓝图与生意密码"3169"解构与设计生意 226
6.3 用生意蓝图解码蔚来汽车的商业模式创新 236
6.4 用生意蓝图解码 VIPKID 的商业模式创新 242
6.5 用生意蓝图透视竞争者商业模式的异同 251
6.6 用生意蓝图掌控生意的全局设计与发展 256

本章精华回顾 259

第 7 章 盈利筹划：撬动盈利杠杆，直指经营利润 261

7.1 梳理企业盈利模式的"8 颗青苹果" 263
7.2 两方交易场景下的盈利工具 266
7.3 多方合作增值交易场景下的盈利工具 271

本章精华回顾 273

05

第 5 部分
多业务组合成的商业模式，赋予企业更多可能

第 8 章 多样化的生意形态：从单一业务生意到多业务组合生意 276

8.1	单一业务是商业大厦的基石	279
8.2	一树多花的多业务组合生意	282
8.3	单一企业主导的生态型多业务生意	290
8.4	多企业合作的联盟生态	298
8.5	探索新业务，寻找未来生意	301

本章精华回顾 305

06

第 6 部分
商业模式的升级

第 9 章 升级生意的两条路径 308

9.1	生意升级的必要条件：你具有商业敏锐度吗	311
9.2	生意升级的原因、最佳时间点与两条路径	314
9.3	升级路径一：调整 9 项经营结构要素，让生意更出众	320
9.4	升级路径二：以 9 项经营结构要素嫁接 4 项经营环境要素，让生意迭代成"时代的生意"	329
9.5	不可抗力催生的商业升级新机会	347
9.6	直面 30 组灵魂拷问，助你升级为经营型经营者	351

本章精华回顾 359

第 10 章　掌握时代的生存法则	360
10.1　趋势总有结束时：过往商业时代的特征	363
10.2　商业 3.0 时代的商业特征与改造主逻辑	370
10.3　商业 4.0 时代的商业特征与改造主逻辑	382
本章精华回顾	397

后记	398
参考文献	404
赞誉	408

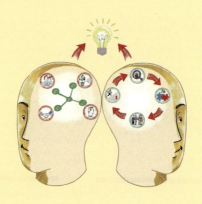

有没有生意头脑,决定了能不能把生意做成、做强!

第1部分
商业经营的基本思维和逻辑

第1章　商业头脑，让生意跑起来

第 1 章

商业头脑，让生意跑起来

1.1 重新理解"生意"

1.2 商业头脑之一：灵活的经营思维

1.3 商业头脑之二：系统的生意构建逻辑

1.4 构建生意要从"事"到"人"

1.5 商业共生体为何要升级迭代

1.6 推动生意成长的"设计—构建—验证"业务发展循环方法

1.7 回看"小顽犬"案例：复习商业经营的基本思维和逻辑

关于商业头脑，我想先分享一个年轻人的故事[1]：

有一个男孩，从小就对数学有着浓厚的兴趣，得过国际奥林匹克数学竞赛冠军。由于成绩优异，他先是考上了北京的一所一流大学，后来又拿到全额奖学金去美国斯坦福大学读 MBA。在斯坦福大学，虽然功课难度大幅度增加，但男孩的成绩依然名列前茅，尤其在统计、经济、会计等与数学有关的学科上，他的表现更是突出。

在学校里，他和一个美国男同学成了好朋友。这个美国男同学经常为功课发愁，因为他出生于当地很有名望的家族，家里人对他抱有很高的期望，希望他在高手如林的斯坦福大学也能表现得非常出色。但繁重的学业常让他感觉有些力不从心，尤其是一到考试，他就感觉压力特别大，有时甚至会失眠。男孩看到好朋友这么烦闷，心里也不好受，于是主动为他辅导功课，帮他查漏补缺，还把自己的学习经验和心得都毫无保留地分享给他。在男孩的用心辅导下，美国男同学的成绩稳步提升，最终和男孩一起以全优的成绩毕业。

毕业那天，美国男同学请男孩喝酒，说："我父母对我的成绩很满意，多亏了你，我才没有辜负家里人的期望，我要好好感谢你。"

男孩很惊讶，没想到他竟然如此懂得知恩图报。美国男同学接着说："我父亲是著名卡通形象'小顽犬'的原作者，我跟他说好了，为了感谢你，我们要把'小顽犬'在中国的版权代理权交给你！"

---

[1] 本案例故事由朱武祥教授于 2019 年 8 月分享的故事改编而来。

就这样，男孩在斯坦福大学不仅收获了名校学位和一个好朋友，还收获了一个千载难逢的商业好机会。

但是，高兴归高兴，问题也随之而来："小顽犬"在中国的版权代理权让男孩有了初始的商业关键资源，可是它现在仅仅是一个图案，下一步该如何变现呢？

两条变现路径展现在男孩面前（见图1-1）：第一条，像Hello Kitty一样把"小顽犬"的卡通形象授权给知名服装或鞋类品牌，收取一次性授权费和按使用数量计算的商标授权许可费；第二条，用"小顽犬"的卡通形象设计服装或鞋等IP衍生品，自己找品牌合作，生产联名款。

商标授权变现

IP衍生品变现

图1-1 "小顽犬"的两条变现路径

这两条变现路径似乎都走得通，但考虑到一些企业超强的"模仿"能力，男孩马上否决了第一条路径。而找品牌合作这条路径，不但可以放大IP的商业价值，还能利用合作方在全国的经销网络进行销售，同时，也有利于针对假冒伪劣、抄袭模仿进行维权，保护自身的利益。

经过对比，男孩选择了第二条路经。下一步，就是在初始关键资源的基础上整合更多的资源，把生意先搭建起来。

一开始，男孩想请某个国际知名设计师为"小顽犬"设计一流的鞋子图样。可是，大牌设计师不是那么好请的，一番沟通后，对方开价100万元。可是男孩哪有这么多钱啊，事情一下子卡住了。但男孩的头脑很灵活，没过多久，他就提出了一个新的合作方案——"先预付20%，未来根据销售额分成"。设计师欣然接受，因为这个IP很强，这样一来，设计师可能比原先方案赚得更多。

与设计师谈妥后,男孩到处凑 20 万元预付款。钱从哪里来呢?他盘点了自己的全部资源,忽然想到,大学的时候有不少同学一到考试就找他"抱佛脚",熬夜帮同学辅导功课几乎成了家常便饭,甚至有几位同学的毕业论文都是他帮忙修改的。毕业吃散伙饭时,他们曾纷纷找他敬酒,说:"没有你我恐怕都毕不了业,以后有什么事你只要说句话就行。"为什么不把这笔人情债拿来变现呢?于是,他找到 10 个关系不错的同学,向每人各借了 2 万元。看在过去的"恩情"上,同学们都很痛快地借给他了,很多人甚至抱着"还不上就算了,就当还人情债了"的想法。

不过,出乎他们意料的是,男孩只用一周就还清了全部借款。

原来,男孩拿到设计师给的图样后,很快就去某头部电商平台做众筹。在众筹链接中,他这样写道:"国内首款'小顽犬'童鞋,原作者亲笔签名,限量推出 5 万双,网上预售 5000 双,每双预付款仅 200 元。"

知名 IP、限量发售,加之"炒鞋"正流行——这批鞋只要能买到,照当时的行情,转手就能赚几倍,男孩的众筹鞋 15 分钟内就被抢购一空。男孩不仅轻松赚到了 100 万元,还让"小顽犬"IP 鞋火了一把。

男孩想把这把"火"烧得更旺,于是,他用剩下的钱请来内容平台的文案高手,为"小顽犬"IP 鞋"种草"、打 call、拉高人气。

现在,图样和人气都有了,生意进入第二阶段:找国内研、产、销一体化的知名鞋品牌合作,推出联名款。

男孩先去了 A 品牌的福建总部谈合作,可是出师不利,男孩被告知:若要委托生产,需要支付一笔不菲的预付款。男孩套用与设计师谈交易的老方法,提出了一个合作方案:A 品牌生产 5 万双品牌联名鞋,后续利润双方分成。

在谈判过程中,男孩一直在分析自己的关键资源能力是什么,自己擅长什么,短板又是什么。他发现自己不擅长营销推广,而这恰好是 A 品牌的优势,它可以迅速铺货到全国 4000 多家门店。

于是,男孩提出了另一个方案:"小顽犬"IP 首发联名款童鞋应该瞄准一线城市,而 A 品牌在一线城市的 200 家门店是主要销售渠道。既然如此,可以让这 200 家门店分别针对这款鞋设计营销方案,再让它们互相 PK,从中选出方案最优的 50 家来铺货。不过,每家门店都要承诺按照终端指导价进行销售,并交 10 万元保证金。如果违反约定,自行降价销售,就扣除保证金;如果能履约销售,则保证金后续可转为货款。

就这样，男孩陆续收到了来自各个门店的各式各样的、充满奇思妙想的营销方案，以及500万元现金。拿着这笔钱，男孩又去找小红书、抖音上的红人做下一轮推广。

男孩接下来又要做什么呢？他会把这个生意做到多大的量级呢？或许，只有他的想象力能给出答案。

这个男孩之所以能把生意做起来并且做得如此红火，是因为他掌握了从0到1构建生意的方法：从模糊的商机出发，通过有效运用经营思维和生意构建逻辑，启动一门生意，并且不断地设计和构建，逐步把生意做起来，形成清晰的全局商业路线。

这一切的根源，在于男孩具有出色的商业头脑与组局能力。

这也是我们贯穿本书的重点话题，即一个经营段位高的人，应该具备把里里外外的要素整合到一起，最终实现商业目标的能力，而且还能将生意持续升级。

1.1 重新理解"生意"

首先,抛出一个"灵魂拷问":什么是生意?

在汉语里,"生意"包含很多意思。

- 开公司(或店铺、工作室等):他在北京开公司做生意。
- 经营活动:最近生意怎么样?
- 行业或商业领域:他从事服装生意。
- 功利性人际关系:都是生意啦,别太较真儿。

本书中所讲的"生意",接近于前两种意思的结合:一位或几位核心经营者围绕至少一项商机所开展的商业活动。

因此,围绕"生意"这个主题,我们将站在经营者的视角,思考和探讨怎么提升做生意的技能,以及怎么才能把生意做得更好。

其次,再抛出一个"灵魂拷问":你是一个生意人吗?

对于这个问题,你可能会感到迷茫。一提起"生意人",很多人可能第一时间想起的就是家门口煎饼摊上忙碌的小老板,不起眼的小本生意人和小个体户。而且"生意"这个字眼,有时甚至带有贬义。但事实上,无论企业规模大小、业务多寡,其本质都是"生意"。

如果你正在做下面这些事,或有志于此,那么你就是或将是"经营者""生意人",这本书就是为你而写的。

- 创业。
- 经营一家公司(再小都可以)。

- 在一家企业或集团中负责开展新业务或业务转型升级。

最后，我要抛出第三个"灵魂拷问"：怎么把生意做好？

一说到这里，很多人可能就会摇头了。毕竟，把生意做好不是一件容易的事。但是，我们首先要搞清楚一个问题：生意做到什么程度才算好呢？有人可能会说，"做到李嘉诚那样的生意规模才行"，而有人的答案则完全不同，"能赚钱养家即可"。其实，这是一道价值观判断题，多大规模才是"好"，最终取决于核心经营者的进取心。

拥有一颗积极的进取心当然是好事，但经营者要明白一点，商业大厦的辉煌是建立在稳固的地基之上的。要想把生意做好，要想经营好业务多元化的企业乃至集团，先要学会经营好单一业务。因此，在本书中，我们将聚焦于生意的最小单元——单一业务来探讨怎么把生意做好，而较少深入讨论业务组合与协同（关于业务组合与协同的清晰论述见第 7 章）。

经营生意都是从初级逐步进阶的，初阶经营者往往专注于买卖与贸易，着重通过交换来整合资源；高阶经营者则专注于品牌与企业，着重通过内外部合作与研发来积累资源与提升能力，尤其是建立科技壁垒。二者虽着重点不同，但道理和方法是相通的，其中最基本的一点就是，生意人必须有生意头脑，也就是我们常说的"商业头脑"。这是成功经营者必备的基础素质。

当然，商业头脑并不完全是天生的，后天也可以培养。如果你也想拥有能洞察市场、看清大势、把握商机的商业头脑，不妨从这里开始学起。

1.2 商业头脑之一：灵活的经营思维

一切都只关乎一点，那就是你是不是一个真正的生意人，真正的生意人有商业头脑。商业头脑包括两个维度：一是经营者的精神特质、思维模式；二是经营者的逻辑体系，即系统化指导决策和行动的框架、工具、方法。我将前者称为"经营思维"，将后者称为"生意构建逻辑"，由此便可以用一个清晰的框架来表达商业头脑是什么。

商业头脑 = 经营思维 + 生意构建逻辑

经营思维与生意构建逻辑是相辅相成、缺一不可的，任何一部分出现短板，都会使商业头脑大打折扣。

我们先来了解一下商业头脑的第一个组成部分——经营思维。

之所以用"思维"这个词，是因为我希望突出"思维模式"的意义。经营者在商业上获得成功，并不完全是因为他具有超强的能力和超高的天赋，在追求目标的过程中他所展现的思维模式也发挥了很大的作用。

思维模式是如身体反应般自然而然又根深蒂固的存在，是你看待周遭世界的"默认模式"（Default Mode）。人与人的差别，就在于思维模式。

 如何理解思维模式？

有一个旅行者徒步穿越沙漠，把带的水全喝光了，在极度干渴中煎熬了很久之后，他终于发现远处有一个水杯，于是惊喜万分地狂奔过去，却看到水杯中只有半杯水，顿时心生不满，不停地抱怨。就在这时，一阵大风吹走了水杯，最后，这个人在绝望中干渴而死。而在沙漠的另一边，另一个旅行者也发现了半杯水，他马上一口气喝光，带着感激之情重新上路，没想到很快又发现了绿洲，最终，他成功走出了沙漠。

经营思维在商业世界中是如何发挥作用的呢?我们来看一个案例。

案例 1-1　谢家兄弟的煤炭生意

谢家有两兄弟,一个叫谢平,另一个叫谢涛。两兄弟有着相同的人生轨迹:中专毕业后进了同一家大型制造工厂当工人,之后几乎同时被提拔为车间领班,2001年工厂由于效益不好进行了机制改革,裁掉了一大批人,两个人双双下了岗。舅舅看他们没了生计天天发愁,就倾力相助,拿出自家小煤矿的两个小坑口,让两兄弟各领一个去经营,自负盈亏。

领到坑口后,弟弟谢涛很来劲,他相信凭借自己的努力一定能过得更好。从此,他每天起早贪黑地挖煤,挖到煤后到镇上换钱,日子还算过得去。而哥哥谢平是个爱琢磨的人,他想,自己身体不太好,干不了重活,恐怕下不了几次井就支撑不住了,像弟弟那样过日子只会越过越窘迫,所以,只靠蛮力是不行的,必须换一种做法。

有一天,哥哥在镇上看到几个年轻人在找活儿干,就想到雇他们来挖煤。令人出乎意料的是,本就没钱的哥哥,居然开出了高于市场价的工资,并允诺每周干完活儿后立刻付工资,几个年轻人自然乐意,并且干劲十足,产量一下子就上来了。哥哥不挖煤,整天专心卖煤,扣去工人工资后,虽然每斤煤的利润微薄,但因为量大,也能赚不少。很快,哥哥就攒了一笔钱。

过了两年,眼看着煤越挖越少,哥哥开始担心起来:自己坑口的煤挖完了该怎么办?他思来想去,最后用两年的积蓄开了一家小型煤炭加工厂,生产易燃烧、利润高的蜂窝煤,还租了几间店铺,雇人专门销售蜂窝煤。这样一来,不仅加工增值,还有多个销售点,哥哥赚的钱比过去单纯卖煤赚的多多了。

沿着"自己挖煤—雇人挖煤—开厂做增值煤产品—自营多店铺销售"这条路,哥哥的生意规模不断扩大,这让他在短短四五年间就实现了财富积累的三级跳。而弟弟仍在自己挖煤自己卖,始终没有走出"自己挖煤—自己卖煤"的基础谋生方式。

这两个站在同一起跑线上的亲兄弟,同时获得了一样的资源,却由于经营思维不同,得到了不同的经营结果。

由此可见,了解自己的思维模式并做出改变,用正确的思维模式去决策与行动，对经营者至关重要。

那么，经营者需要具备哪些经营思维呢？我认为，经营者需要具备四种经营思维：发现思维、合作思维、发明思维和动态思维（见图1-2）。

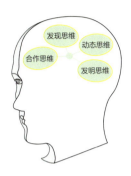

图1-2　经营思维示意图

这四种经营思维各有其内涵。

1. 发现思维

拥有发现思维的经营者具有以下特点：

1）一直处于发现商机或发现创新经营方式的状态中。

2）能针对商机正确识别自身所拥有的资源能力，并将它们放大，让商机落地。

3）能针对商机正确识别自身缺少什么资源能力，并主动去发掘拥有这些互补资源能力的合作方。

4）能发现生意中存在的问题，并积极寻求解决办法。

5）能不断地对资源能力进行组合，从中寻找商机以及变现方式，并不断地找到更优的变现方式。

2. 合作思维

拥有合作思维的经营者具有以下特点：

1）在发现商机后，愿意开放合作。

2）愿意去寻找资源能力互补的合作方，与其共享商机，分工协作，协力解决问题，不会因陷入"自我全能"的心理状态而拒绝合作。

3）愿意主动化敌为友，争取各方支持。

4）当可选资源方有限时，他们不会一直选择下去，以致业务停滞不前，而是会先与现下掌握的资源方合作，聚焦于解决资源方的短板以求达成结果，同时继续寻找更好的替代资源方。

3. 发明思维

发明思维即发明创新交易方案的思维，又被称为交易思维。拥有发明思维的经营者具有以下特点：

1）在与拥有互补资源能力的主体进行合作时，会时时思考如何设计出更合理、更有吸引力的合作与交易方案，让彼此迅速达成交易，实现合作共赢。

2）他们设计的交易方案不仅基于事理，更基于人性，能充分激发合作方的热情和动力。

3）总能动态地调整利益分配，使参与合作的各方在不同的时空下均能保持分配合理有效，从而维持合作结构的稳定。

4. 动态思维

拥有动态思维的经营者具有以下特点：

1）能根据生意运转情况，不断主动地修正对资源、能力、商机、变现方式、分工方式、交易方式的认知，并采取行动进行优化调整。

2）潜意识中有强烈的求生本能，总在捕捉科技、政策、消费趋势等外部环境的变化，总在寻找新的生存法则并弹性吸收，从而对生意进行升级甚至整体重构。

这四种经营思维是高段位经营者的隐性特质，是驱动经营者不断进行商业创造的内在引擎。为什么强调"隐性"？因为拥有这些经营思维的经营者，并不是有意识地基于逻辑和规则来使用它们，而是如条件反射般不自觉、不间断地随机运用它们,并始终保持推动商机落地的强冲动状态。

在 VUCA 时代⊖,经营者不能固守"按资源定战略"的传统方式,而是必须具备"强经营思维":用发现思维让自己一直处于洞察与发现商机的状态中;用合作思维海纳百川,不断引入新能力,汇聚各方资源,把商机转化为实际业务;用发明思维创新合作与交易方式,留住优秀的合作方,共同追求长期稳定发展;用动态思维思考如何调整和优化经营方式,拓宽自己的生存发展空间。

现在,回顾前面所讲的谢家兄弟的故事,我们就会发现他们在经营思维上有不同之处,差异分析如表 1-1 所示。

表 1-1 谢家兄弟的经营思维差异分析

经营思维	弟弟谢涛	哥哥谢平
发现思维	弟弟发现自己有劳动力,但没发现社会上的其他劳动力资源	哥哥发现自己有经营能力,但需要借助其他劳动力才能扩大生产。哥哥还发现了价值空间更大的变现方式,即将原煤加工成蜂窝煤出售,由此开拓了新业务
合作思维	弟弟只知道靠自己的劳动独享煤坑口这个资源	哥哥懂得找人合作,共同挖掘资源的价值,把生意做大
发明思维	弟弟固守个体经营模式,自己挖煤自己卖,一直用原始的"以货换钱"的交易方式,从没想过设计新的交易方式	哥哥通过设计新的交易方式,与年轻人达成合作,又通过投入资本,扩大了生意的规模和领域,实现了规模化经营
动态思维	弟弟从没想过优化经营方式或开拓新业务	哥哥开启了店铺业态,出售附加值更高的产品,为消费者创造了更大价值,同时提升了自身的商业量级
经营风格	平实	创新

⊖ VUCA 时代是指人们生活在一个充满易变性、不确定性、复杂性、模糊性的时代。VUCA 是 Volatility(易变性)、Uncertainty(不确定性)、Complexity(复杂性)、Ambiguity(模糊性)的首字母缩写。

两兄弟谁的经营思维更高明？我想，答案不言自明。接下来，我们将共同探究在现实商业世界中如何才能像哥哥那样思考、做生意。

前文已经提及，对商业经营至关重要的经营思维是经营者的隐性特质，正因为其"隐性"，所以很难以常规方式学习和掌握，就好比精通足球战术理论的评论家或球迷大有人在，但真正卓越的实战教练却屈指可数。而且，"正态分布"这个强大的规律在这里也适用：具备出类拔萃的经营思维的人永远是少数。

对很多人来说，这可能是一个坏消息，但我同样有一个好消息要告诉你：正如基因可以在一定程度上被编辑和改造，经营思维也可以通过实践、训练和反思来调整和优化。我相信，你读完本书后，一定会对经营思维有更清晰的认识，从而迈出提升经营段位的第一步。

1.3　商业头脑之二：系统的生意构建逻辑

经营思维很重要，没有好的经营思维，是做不好生意的。但是，有了好的经营思维，就一定能把生意做好吗？

并不是。

我曾遇到过一类非常典型的学生，他们从小在浓厚的经商氛围中耳濡目染，商业嗅觉敏锐，自驱力也很强，但是，打拼多年，生意却一直做不大。问题出在哪里？

其实，就像从小在街上踢野球的少年，脚感极好，特定的技巧也非常纯熟，这样的经营者有着自然形成的商业直觉和本能。但是，在实践中，他们的四种经营思维往往重叠在一起，缺乏逻辑性和系统性。例如，他们不清楚获取商机需要哪些互补性资源，不清楚哪些资源要先组合、哪些资源要后组合，只是盲目地寻求各种合作，最终使自己陷入一团乱麻、止步不前的状态。

一个踢野球的少年想要成为一名优秀的职业球员，必须经过系统性的学习，要熟谙比赛规则与球队战术打法，学会与教练和队友紧密配合，做好日常训练与自我管理，等等。同样，经营思维敏锐的经营者，就像扫描能力出色的雷达，不眠不休地收集着与生意有关的信息，也像灵感充沛的艺术家，不断生发着创意，但如果想让这些信息和创意真正产生价值，经营者还需要一套分析处理系统，有目的地分析信息，有针对性地开发创意，再按特定规则对它们进行归纳整理，从而辅助决策和行动。

这套分析处理系统，就是商业头脑的第二个组成部分——生意构建逻辑。它包含四个步骤：确认商机、布局分工、组局与设计交易、升级迭代（见图1-3）。

在商业运营中，这四个步骤是如何发挥作用的？海尔与三洋的合作，恰好能让我们窥见一斑。

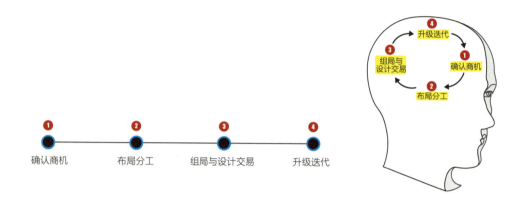

图 1-3 生意构建逻辑

案例 1-2　海尔与三洋遵循生意构建逻辑，实现双赢

2002 年，海尔已是中国家喻户晓的家电品牌，在中端及普惠家电市场上拥有很高的市场占有率。为了获得更好的发展，海尔开始实施"出海计划"。在海尔的"出海计划"中，日本是非常重要的一站。当时的日本被誉为"家电王国"，拥有众多家电品牌，但这些品牌大都向着高端市场发力，因此，日本的高端市场竞争激烈，中低端市场却未形成充分竞争，而海尔恰恰瞄准了这片蓝海。但如何打入被日本本土品牌牢牢把持的家电市场呢？这对海尔来说，是一个巨大的难题。

与此同时，三洋也把目光投向了庞大的中国家电市场，它想要填补中国一二线城市的高端市场之缺。然而，凭借自身实力，三洋总觉得力不从心。

海尔与三洋有着类似的需求，同时又手握对方急需的资源，看起来二者可达成"天作之合"，而商机就蕴藏在其中。于是，在双方高层的推动之下，海尔与三洋携起手来，开启了布局分工。

如何布局？很显然，双方都全面开放自己的渠道，这将使海尔通过三洋过去 60 年积累的渠道网络迅速进入日本市场，而三洋也可以借此机会进入海尔长期深耕的中国市场，从一二线城市起步，逐渐渗透至三四线市场。这将打破以往中国企业习惯采用的单向引进海外产品的合作模式，形成合作分工、资源互补的新合作模式。

确认了合作方向后，下一步要做的是组局与设计交易，也就是选择双方都满意的交易关系与方式。

双方最终设计的交易结构非常值得借鉴。在中国，海尔扮演经销商的角色，组建新的销售事业部，通过采销方式从三洋进口在中国市场具有潜力的白色家电产品，在经营上自负盈亏。在日本，三洋和海尔合资成立三洋海尔销售公司，这家公司相当于海尔在日本的总经销商，同样采用采销方式向海尔进口产品再分销，在经营上自负盈亏。由于自负盈亏，三洋海尔销售公司在选品和推广上非常仔细，对资源的利用更是务求最大化。比如，当三洋海尔销售公司得知三洋有一个to B 的酒店渠道后，迅速利用这一渠道把高性价比的冰箱推销给了日本诸多大酒店。

通过别出心裁的合作方式，海尔与三洋实现了双赢。后来，三洋被日本另一家家电巨头收购，海尔借此机会并购了三洋白色家电部门，取得了中高端产品的品牌与技术，由此升级迭代，向高端市场迈进。

海尔与三洋的合作，正是遵循着生意构建逻辑，从"确认商机"到"布局分工"，到"组局与设计交易"，再到"升级迭代"。这让海尔一步步进入了日本市场，迈出了全球化战略的重要一步。

如果说经营思维是经营者头脑中不断出现的、没有一定章法的"灵光一闪"，是经营者的隐性特质，那么，生意构建逻辑就是四个顺序明确的显性化步骤，以线性方式展开。灵光一闪的经营思维与显性化的生意构建逻辑合二为一，就形成了真正的商业头脑，如图 1-4 所示。

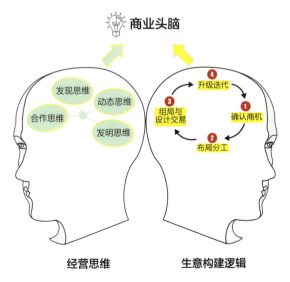

图 1-4　商业头脑形成图

相较于经营思维这种难以传习的智慧，生意构建逻辑可以通过理性思考获得，并且具有完整的框架、工具和方法。这可以让无形的逻辑变成显性化的知识，再将显性化的知识进行编码，让经营者能直观地看到、学到，并能将所学运用到生意的经营与优化中。

在后面的章节中，我将逐步把这套系统呈现给你，助你一步步提升经营段位。

1.4 构建生意要从"事"到"人"

前面提到,生意是核心经营者围绕商机开展的商业活动。回顾谢家兄弟的煤炭生意,我们会发现,商机是把原煤或蜂窝煤卖给使用者,满足其生活或生产需求;业务则是煤炭开采、加工以及销售。在这个案例中,业务还只是停留在构思上。为了让生意落地、实现商机转化,哥哥需要去找合作方,包括帮忙挖煤的年轻人、加工设备供应商、技师、销售人员等。

由此,我们又能提炼出一个新的知识点:商业头脑是具备生意人属性的核心经营者拥有的内在特质,当他启动生意,开始实操时,一定是按照从"事"到"人"的顺序依次进行的。

任何生意都可以分为"事"和"人"两个维度。构建生意,就是先构想和设计出"事",再进一步落实到"人",简单来说,就是"先盘事,再盘人"。

大多数成功企业都遵循着这一逻辑,先从设计业务(设事)入手,再聚合所有需要的合作方,形成商业共生体(聚人)。

从商业生态系统到经济联合体,再到商业共生体

1993 年,美国经济学家詹姆斯·穆尔(James F. Moore)在《哈佛商业评论》上首次提出了"商业生态系统"概念。在他看来,商业生态系统是指以组织和个人的相互作用为基础的经济联合体,是供应商、生产商、销售商、市场中介、投资商、政府、消费者等围绕生产商品和提供服务所组成的群体。每一位参与者在商业生态系统中都承载着不同的功能。

> 在商业生态系统中，每个参与者受不同利益的驱动而加入，却能互利共存、资源共享，注重社会、经济、环境综合效益，共同维持系统的延续和发展。商业生态系统中任何一个环节遭到破坏、任何一个参与者的利益受到损害，都会影响整个商业生态系统的平衡和稳定，并最终损害系统中的其他参与者的利益。
>
> 而深入到商业生态系统中每个参与者层面，我们会看到其内部都有一位或多位核心经营者。他们既是构建自己生意的谋局者，也是不断进行社交与链接外部资源的组局者与操盘手。我们幽默地将这些人称为"局长"，他们会以自己的企业为核心组"局"，不断邀请拥有企业所需关键资源能力的合作方入"局"，在"局"中通过促成各方价值交换来放大每一方的价值——放大合作方法人的企业增长价值，放大合作方自然人的个人成长价值，放大个人的情绪价值（通过社交找到好友或成就别人的快乐），同时，通过实现参与者的价值增长来绑定各合作方。他们擅长设计与修改"局"内的游戏规则，以此维持长期稳定的合作与利益关系。绑定后的经济联合体即"局"，本书中统一用"商业共生体"来表达。

那么，如何设事？又要聚哪些人呢？

"事"指业务结构，就是围绕着商机的目标，基于所需的全部资源和能力，构想应有的各种业务角色，并设计分工方式和业务活动。业务活动又可分为直接面向客户的前台业务活动和提供支持功能的后台业务活动。其中，由主导企业⊖（经营者所在企业）自身承担的业务活动，称为内部业务活动。

 业务角色与合作主体有何不同？

> 在设计业务结构时，承担各种业务活动的身份或职称（比如供应商或投资者），称为"业务角色"（简称"角色"），角色并不与真实的人名或机构名联系起来，每一

⊖ 商业共生体的构建起始于设立企业法人与组建业务团队。为便于分析，我们将组建的企业法人称为"主导企业"，它也是核心"交易主体"。

种角色只有具有特定的资源和能力,才能承担其所负责的特定业务活动。而当组建商业共生体时,要为这些角色配置"合作主体"(简称"主体"),主体就是真实的"人"(有姓名或名称的自然人或法人)。

比如,在直播带货这个业务结构中,如果A公司要组建商业共生体,就要找一家MCN公司合作,MCN公司泛指为网红和达人服务的公司,是一种角色。A公司还要为这个角色配置主体,比如,可以和美ONE这家"公司"的某主播这个"人"合作。A公司还要找电商平台合作,电商平台是角色,而主体可以是天猫或京东。卖出货后,需要进行货品配送,此时,物流配送商是角色,而主体可以是顺丰或京东物流。

以音乐行业为例,它主要包括四个业务活动环节,分别是制作、发行、分销、播放,每一个业务活动环节都有承担活动的角色,如图1-5所示。

而把真实的"人"即主体置入这个工作流中,让有姓名或名称的自然人或法人来做主体,与其敲定交易方式,正式达成合作,就组成了各种不同的商业共生体,如图1-6所示。

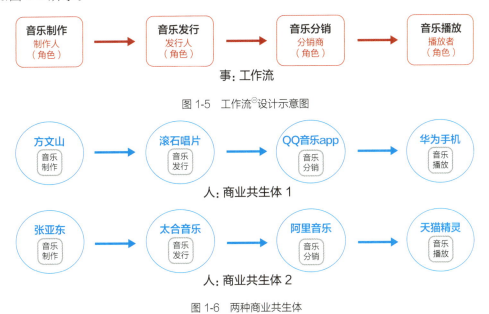

图1-5 工作流①设计示意图

图1-6 两种商业共生体

---

① 工作流是指完成一个任务或一个事件的全过程。

我把这个"人"的维度称为"商业共生体",即由拥有关键资源能力的主体组成的聚合体。由此,我们可得出以下"构建生意"的框架:

构建生意 = 确认商机 + 设计业务结构 + 组建商业共生体
(事) (人)

在上一节中,我们讲到生意构建逻辑包括确认商机、布局分工、组局与设计交易、升级迭代四个步骤,其中,布局分工对应的是框架中的"设计业务结构",而组局与设计交易对应的是框架中的"组建商业共生体"。将三个部分首尾相连,形成闭环,不断升级迭代,最终可形成螺旋式上升的多个循环,如图1-7所示。由此,我们就能构建起自己的生意。

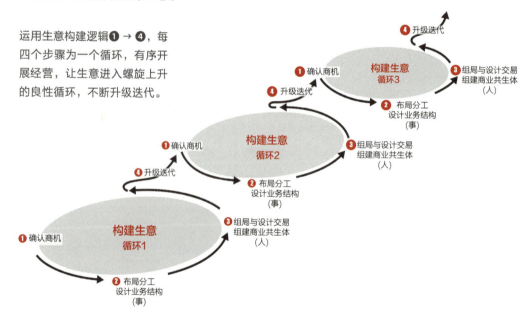

图1-7 运用生意构建逻辑打造的多个循环

那么,在现实生活中,我们该如何运用这个框架来构建生意呢?我们可以进行一个简单的场景练习。假设你是一位电影制片人,策划、创作并投资了一部新电影。现在,你手中的剧本和分镜脚本就是"业务结构",整个剧组就是"商业共生体",最终成片能拿到电影院去放映,就是"生意"。

为了让生意运转起来,你首先要做什么?要对拍电影这个工作进行分工,也就是设计业务结构(设事):要拍好电影,需要编剧、导演、主配角、摄影师、灯光师、录音师等角色,他们各自独立负责什么具体的工作(独立业务活动)?彼此如何合作,也就是彼此的工作如何衔接(协作业务活动)?怎样才能把电影又快又好地拍出来?

当把"事"策划清楚,明晰了角色以及业务结构后,就要找"人"了,即要组建商业共生体(聚人)去执行"事"。要找对导演,比如拍情感戏要找谁、拍动作片要找谁;要选对演员,然后谈片酬、激励演员进入状态,当出现更换角色扮演者的情况时要妥善解决……

从一场电影的拍摄中,我们可以看到从"事"到"人"的构建逻辑。如果说设事(设计业务结构)着眼于效率,那么聚人(组建商业共生体)则着眼于稳定和活力。只有商业共生体保持稳定且有活力,业务才能形成完整的闭环,资源能力才能变现,围绕商机的潜在价值才能得以实现。这时我们才可以说,这个"局"算是组起来了!

如果换一个场景,"局"又要怎么组呢?我们再来看一个"威士忌局"[⊖]。

案例 1-3 孟总的"威士忌局"

两年前在新加坡,我的商人朋友孟总小范围地宴请了几位商界精英共庆春节,其中,有国际资产管理巨头中国区董事长、投资界大佬、资深银行家、五星级酒店集团董事长的公子、国内头部物流公司的老大等,我也获邀参加。

酒过三巡,孟总道出了把大家组到一起的原因。苏格兰威士忌一直备受许多亚洲消费者的称赞,中国也有一群喜爱它的高端消费者,因此,孟总想收购几个知名的苏格兰头部威士忌品牌。

⊖ "威士忌局"这个小故事可能在大部分经营者的生意场景中都出现过,本书中不涉及具体人名与细节,仅就组局逻辑做论述。

在资本运作上，除了自有资金之外，他还在寻求机构投资者的项目股权融资与银行的债权融资。说到这里，孟总看向了现场的投资界大佬，投去了期盼的眼神。

接下来被孟总"点名"的是五星级酒店集团董事长的公子。把销售点设在高端五星级酒店，吸引会员及住客购买，这是一个非常有效的营销方式，因此，他希望酒店集团协助设立专卖店，作为终端品鉴及销售渠道。此外，物流也至关重要，这就需要国内头部物流公司的支持了。

在孟总的一番激情洋溢的商业推介后，在座的客人们都表现出了极大的兴趣。

这时，投资界大佬双目微闭，轻松地在脑海中算出这笔生意的账，随即报出五年内所需的投资与可能的收益及利润、在座参与者大致的分配额……其他人纷纷竖起了大拇指，沉醉在这一串迷人的数字中。

又是几轮推杯换盏，宾主尽欢……结束前，孟总不忘一一提醒："威士忌的生意还得单聊合作细节啊！"

这是一个典型的"生意局"场景。作为组局者，孟总就是"局长"。他首先在"事"的层面上发现了销售苏格兰威士忌这个商机，然后决定引入拥有销售渠道、资本、物流等互补资源能力的角色，再设计分工方式与业务活动，于是有了这个"局"，如图 1-8 所示。

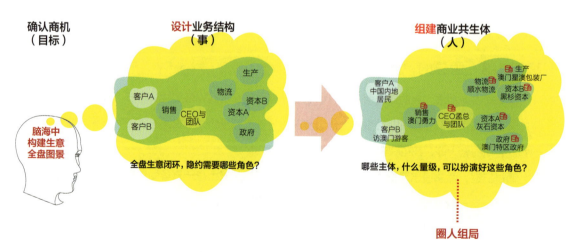

图 1-8 组局的方式

在聚拢各种主体去组建商业共生体这个"人"的层面上,"局长"要尝试将不同主体与所需的角色进行匹配,达成合作意向后,再与每个主体一一敲定交易方式,最终这个"局"才能组成。

孟总的"威士忌局"最终有没有落地,我没有再问。不过我确信,这样的"局",孟总一定还组过不少。生意的落地就是不断地组局、成局,并在这个过程中持续优化资源配置。组局者会通过绑定各个合作方的利益,聚合他们的关键资源能力,并与之维持长期稳定的合作,形成一个牢固的商业共生体,为共同的商业目标采取联合行动。不过,"匹配"与"交易"总是充满反复、困难与不确定性,且生意的盘子越大越是如此。

1.5 商业共生体为何要升级迭代

商业共生体的关键是稳定。所谓"天时、地利、人和",如果缺少"人和",就算市场机会再大,业务结构设计得再完美,生意也不会太成功。然而,天下没有不散的筵席,人、事、环境永远在发展变化着,生意亦如此。在任何商业共生体中,成员不断地"上车下车"都是常态。这种成员变动,就好像足球比赛中的换人,有时是出于被动,而更多的时候,是教练在战术战略调整下主动为之。

商业共生体能保持稳定,关键在于用交易设计绑定人。也就是说,运用发明思维,保持价值分配(利益分配)的合理有效,以此与各主体实现长期绑定,由此实现与其所拥有的关键资源能力的长期绑定。过去,价值分配往往独立于价值创造,但事实上,设计与处理好价值分配,以保持其公正性,也是经营者价值创造的一部分。为了保持企业在各种发展时期内的价值创造合理有效,商业共生体必须不断升级迭代。

经营者就像足球场上的教练,在两类情况下会主动升级商业共生体。

1. "事"不变,"人"变

"事"不变,"人"变,即业务结构保持不变,仅调整主体,以提高商业共生体的结构效率,使其更接近构想中业务模式的完美运行状态。这种调整的实现,既可以通过引入更优质、量级更高的主体,也可以通过发明段位更高的交易方式。

2. "事"变,"人"也变

"事"变,"人"也变,即业务结构跟着业务改变。这可以分为三种情况:第一种，商机不变，但经营者发现了更有利的变现方式；第二种，商机和变现方式不变，但经营者设计出了更高效的业务结构；第三种，由于外部环境的变化，商机本身发生了重大改变。在谢家兄弟的故事中，哥哥开办煤炭加工厂出售蜂窝煤，就属于第一种情况；哥哥请年轻人来挖煤，则属于第二种情况。

关于商业共生体的升级迭代，我们可以以支付工具的演进为例来展示其完整过程。为了完成交易，支付工具是必不可少的，而它本身也是一门生意，随着支付工具的一次次技术迭代，这门生意的商业共生体也会相应迭代。

案例 1-4 从支票到支付宝，"支付"的变与不变

自从构建了商业体系，支付就成了人类社会交易的必备环节。在我们开始使用支付宝之前的100年里，支付工具作为一门重要的生意，由"事"到"人"经历了很多次业务迭代，由此而生的商业共生体也随之不断迭代。

- **支付方式的支票时代**

你知道支票是谁发明的吗？

1891年，经营特快专递业务的美国运通公司（简称"美国运通"）转型进入金融服务领域，推出了世界上第一张旅行支票，后来又发明了"百夫长"防伪标识，让支票难以伪造。旅行支票是一种不受日期限制的支付工具，旅客购买它就等于将资金交由美国运通托管，出去旅行时可以在全球各地与美国运通有合作的银行、酒店、餐厅或其他消费场所兑换现金。旅行支票颠覆了传统的现金支付方式，成为当时流行的支付方式。

当时，围绕旅行支票（事），美国运通在全球与很多合作方（银行、酒店、餐厅等）展开合作，建立了无数人工兑换点，招募了许多兑换出纳员（人），组建了一个强大的商业共生体。

- **支付方式的信用卡时代**

20世纪中期，第二次世界大战后，信用卡被发明出来，继而形成了覆盖全球的信用卡结算体系。发卡银行向使用者发行VISA卡，持卡人不必预先存入资金，就可以以赊购的方式在加盟商家刷卡消费，后续再全额或分期归还。这种先进的支付方式很快在全球普及，包括美国运通在内的许多公司纷纷建立起自己的全球结算体系，推出自己的信用卡。

围绕信用卡（事），美国运通减少了人工兑换点，改为与银行合作，让银行发行"美国运通信用卡"，由银行招募负责发行、收款、结算的各种人员（人），商业共生体由此升级迭代。

- **支付方式的在线支付时代**

20世纪90年代末，美国的PayPal上线，开启了互联网在线支付的新时代，资金流通与支付行业纷纷向线上迁移。作为中间支付环节，在线支付实行的是保护买家制度，当交易出现问题时，会退款给买家，从而实现了信用保证和小额结算的双重功能，让素不相识的人也实现了自由交易。2013年后，支付工具又转移到了移动互联网上，用户用手机里的各种支付app去扫描二维码，就能轻松完成支付。

围绕在线支付（事），各大互联网公司组建了技术研发、支付运营、客服等团队（人），商业共生体由此再一次升级迭代了。

在业务定位上，支付业务始终没有变。但每一次支付技术的升级，都会带来支付工具背后的业务系统和商业共生体的升级迭代。如今盛传的"把生意重做一遍"，并不是贸然地改变业务定位，而是围绕业务定位去升级迭代其背后的业务系统和商业共生体。不仅支付领域如此，世界上其他很多领域亦是如此。

1.6 推动生意成长的"设计—构建—验证"业务发展循环方法

有个问题你肯定不会陌生：生意到底是做出来的，还是设计出来的？

不仅经营者看法不一，理论家对此同样观点迥异，答案因视角不同而有所不同。

过去，<u>老一代企业家总是告诉我，在草莽创业时代，生意是他们先做出来，再根据实践效果与反馈进行调整的</u>。观察以往那些涌现出来的能称得上"新商业物种"的生意，我们也会发现，它们多半是经营者在跌跌撞撞中不断试错试出来的。对于自己的商业模式，经营者在一开始通常感觉非常模糊，讲也讲不清楚，后来经过不断实践，逐步拼凑，才越来越清晰。

今天，<u>在这个全社会教育水平普遍提高、知识创业日益盛行的时代，做生意不能只凭感觉，而是要讲科学、讲工具、讲方法</u>。本书所提供的商业模式工具，能帮助你结构性地构建生意。在生意的初始阶段，最好能用上<u>描绘与设计单一业务的工具——生意蓝图与生意密码"3169"</u>（本书第5章会详细介绍这个工具），它们能帮你把脑海中对生意的初期设想清楚地描绘与设计出来。在这个基础上去构建生意，就算构建的过程仍是逐步拼凑，也是在结构性的工具的指导下进行的系统性的拼凑，能使你少踩坑，少走弯路。

在整个生意的发展全周期中，可以用本书提供的另一个工具——"设计—构建—验证"业务发展循环方法，它能推动生意实现波段式循环上升。

生意的经营是一个持续发展的过程。一方面，在商机、资源、业务相对确定的情况下，经营者要发挥聪明才智，不断创新经营方式；另一方面，当外部环境的变化导致商机、资源、业务出现重大变化时，经营者要从根本上重新思考如何升级自己的生意。

生意从来都不是一眼能看到头的！正如预测未来很难，描绘生意的终局图景也很难。试想，QQ时代的马化腾能全盘预见微信时代的景象吗？在Zoom或钉钉的创业阶段，创始人能预料到2020年新冠疫情暴发这个"黑天鹅"事件会带来业务量剧增吗？

由此可见，**经营生意必须要有发展的眼光**，要先设计，再构建，最后再进行验证总结，每一个最初设想的业务图景都要在不断的调整与修正中实现，这就是"设计—构建—验证"业务发展循环方法。其中，验证总结这个动作，最重要的是描绘出构建后的状态，再依据真实的状态进行升级设计。

这套业务发展循环方法建立在经营思维、生意构建逻辑和商业共生体聚合概念的基础上，目的在于告诉你如何有框架、有逻辑地去设计及推进生意。学会运用这套方法，你就能不断提高自己的经营段位，使生意进入良性循环，而商业量级的提升也会水到渠成。

如何运用这套方法呢？当你从零开始构建一个生意时，你应该在脑海中设计一个理想图景，包括商机和业务结构，然后根据这个图景去构建，即设计业务结构与组建商业共生体。到了某个时间节点，你要停下来梳理生意的运转情况，包括"事"的效率和"人"的稳定性与活力，并对你的初始设计进行验证，发现其中的问题。基于发现的问题，你对商机、业务结构与商业共生体的认知都可能发生改变，从这里开始，你就可以全盘考量如何升级了。

在下一个阶段，你需要进行升级设计，设计出新一版的理想图景，从新一版的理想图景出发，再去构建、验证……如图1-9所示，经过多轮升级，你的生意图景会逐步清晰，商业量级也会逐步提升。

这套方法同样适用于创新已有业务的经营方式，在这种情况下，经营者可以直接从"验证"环节入手，开启循环升级。

在这种认知与实践交替改变、理想与事实螺旋上升的循环升级中，你的生意会越来越壮大。

本书后面章节分别对"设计—构建—验证"这个业务发展循环方法的组成部分进行了阐述，包括理论框架、可视化工具和评测系统，请你把兴趣保持到最后一页。

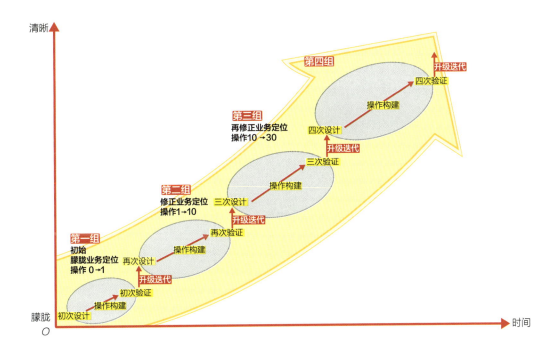

图 1-9　业务发展循环方法示意图

1.7 回看"小顽犬"案例：复习商业经营的基本思维和逻辑

在本章的最后一节，我们回看"小顽犬"案例，对其进行深入分析。我之所以选择这个案例作为开篇，是因为在"小顽犬"的生意推进过程中，可以看到商业经营的基本思维和逻辑。接下来，通过对一组关键问题的解答，我带领大家复习本章介绍过的工具。

读者也可以试着从"小顽犬"经营者的视角出发，想一想面对这些问题应如何思考，找一找感觉。

问题 1：什么是生意？你是生意人吗？

答：一位或几位核心经营者（自负盈亏的老板或者负责人），围绕至少一个商机（一项单一业务）所开展的商业活动，就是生意。优秀的生意人能从零开始创建业务，并成为业务落地的操盘手。当男孩在获得"小顽犬"IP 版权资源后考虑如何实现 IP 变现并开始探索商机时，就开启了从零开始的构建生意之路。在这个过程中，他还成了操盘手，承担起了将业务落地的全方位职责。

问题 2：仅是图案的"小顽犬"IP 版权资源，如何变成生意？

能否做成生意，以及生意能否做大，取决于经营者选择的变现方式，需要经营者具有商业头脑。要想让版权资源成为生意，就要设计变现方式，男孩想到了两条变现路径：一是把"小顽犬"IP 授权给知名品牌，收取商标授权许可费；二是做 IP 衍生品，找大品牌合作生产联名款，大品牌能对假冒伪劣、抄袭模仿进行有效维权，其全国经销网络还能放大 IP 的商业价值。

问题 3：什么是商业头脑？

商业头脑包括经营思维和生意构建逻辑两个维度。经营思维指的是经营者的精神特质、思维模式；生意构建逻辑指的是经营者构建生意的逻辑体系，包括系统化指导决策和行动步骤的框架、工具和方法。

问题 4：什么是经营思维？

经营思维是发现思维、合作思维、发明思维、动态思维的综合体现。经营思维始于发现思维，优秀经营者往往能发现商机，并且针对商机正确识别出自身拥有的资源和能力，再将其放大，还能发现自身缺少哪些资源和能力，用合作思维去寻找拥有互补资源和能力的合作方，再通过发明思维去设计和创新交易方式，以促成彼此合作。而动态思维使经营者一直保持探索更优商机、更优合作方、更优交易方式的状态。

在版权变现的两条路径中，男孩运用经营思维中首要的发现思维选择了后者——"做 IP 衍生品"这个商机，确定了变现方式，然后用合作思维寻找品牌商。接下来的问题就是如何把资源组合起来，实现自己的目标。

问题 5：如何动态组合使用四种经营思维？

优秀经营者往往能如条件反射般不自觉、不间断地随机且动态组合使用四种经营思维，不断引入资源，捆绑合作方。在确定商机之后，男孩开始找资源（发现思维）。第一步，他委托国际知名设计师设计鞋子图样（合作思维），为此预付了 20% 的费用，并承诺其未来参与销售利润分成（发明思维）。第二步，为了解决 20 万元预付款的缺口，他找来 10 个同学，向每人分别借款 2 万元（发现思维，认识到自己过去积累的人际关系也是一种资源，并将其"变现"）。第三步，他拿着设计图样，去头部电商平台做众筹活动，首发款限量 5 万双，线上预售 5000 双，每双预付款 200 元（发明思维）。赚得第一桶金后，他又拿出部分剩余资金请文案写手在小红书等内容平台"种草"，叠加已有口碑，再次炒热"小顽犬"IP（发现思维）。

问题 6：为什么生意构建逻辑很重要？

在现实中，四种经营思维往往重叠在一起，缺乏逻辑性和系统性，这导致很多经营者对商机落地所需的资源认知不清，对资源的前后组合逻辑也认知不清，不知道哪些资源可以先组合，哪些资源可以后组合，往往盲目寻求合作，不能有逻辑地去组合资源。

这时，商业头脑的第二个组成部分"生意构建逻辑"就发挥作用了。生意构建逻辑包含四个步骤：确认商机、布局分工（设置内外部角色与业务活动）、组局（为角色配置主体，与主体探讨合作方式）与设计交易（与主体完成交易讨论，确定交易方案）、升级迭代。它指导经营者一步步地把资源有序地组合起来，实现自己的目标。

男孩从 0 到 1 的生意构建过程就遵循了这一逻辑。首先，他确认了做 IP 衍生品这个商机。其次，他的脑海中隐约形成了对互补资源和能力的全局性布局，以及组局的先后路径。如在组局与设计交易的第一阶段，请设计师设计、在电商平台众筹等，同时针对不同合作主体设计了不同的交易方式，之后进入组局与设计交易的第二阶段，与国内研、产、销一体化的知名鞋类品牌 A 谈合作，设计交易方式。这就是这个生意的逻辑性所在。

问题 7：经营思维和生意构建逻辑的重大区别是什么？

四种经营思维和四个步骤的生意构建逻辑有重大的区别。四种经营思维可以隐性地跳转使用，但生意构建逻辑只能以线性方式显性且有序地开展，四个步骤先后顺序明确。

生意构建逻辑四个步骤这条直线还可以弯折成一个环形，每一组四个步骤循环结束，就自动进入下一个四个步骤循环，生意不断升级迭代。

问题 8：为什么构建生意遵循从"事"到"人"，从"设计业务结构"到"组建商业共生体"？

任何生意都可以分为"事"和"人"两个维度，<u>构建生意就是把构想和设计出</u>

来的"事"落实到"人",其基本逻辑是先设计业务结构(设事),再聚合所有需要的合作方,组建商业共生体(聚人)。

"小顽犬"联名鞋在限量发售认购权后一炮而红,图样和人气都有了,下一步需要做的就是找研、产、销一体化的品牌方合作,于是男孩联系了国内知名鞋类品牌 A。到了 A 品牌总部,男孩被告知若要委托生产,需要交预付款。男孩采用与设计师谈交易的方法,当即谈成了合作——A 品牌生产 5 万双鞋,打上联名品牌标识,后续双方参与销售分成。也就是说,男孩先把"事"(与研、产、销一体化的品牌合作,推出联名款)想清楚,再去找一个个具体的、拥有资源的"人"(法人,国内知名鞋类品牌 A)合作。

问题 9:"事"的维度是什么?"人"的维度又是什么?

"事"的维度就是业务结构,男孩围绕着商机的目标,基于所需的全部资源和能力,构想应有的各种业务角色,包括产品设计师、众筹平台以及研、产、销一体化的品牌方等,并设计分工方式和业务活动。业务活动又可分为直接面向客户的前台业务活动,如销售活动,以及提供支持功能的后台业务活动,如生产活动。其中,由主导企业(经营者所在企业)自身承担的业务活动,称为内部业务活动。

"人"的维度即商业共生体,也就是由拥有关键资源能力的主体组成的聚合体。经营者一旦明确"事"所需的各种角色,就可实际接触潜在的主体"人"(有姓名或名称的自然人或法人),如果主体与角色能够匹配,就可以探讨初步合作意向,最后敲定交易方式,并与之展开合作。

问题 10:如何找到对的主体并设计交易?

有了"事",有了执行的"人",接下来要做的就是把所有人聚合成一个能共进退的商业共生体,并且运用发明思维,与每个主体保持合理、有效且可持续的交易约束条件和利益分配机制,从而与它们长期绑定,持续享用它们手上所握有的关键资源和能力。当然,商业共生体还需不断升级迭代,让更优秀的人入局,让无效的合作方出局。

男孩找到的合作方 A 品牌在国内有 4000 多家门店，A 品牌表示愿意在全部门店上新"小顽犬"首发联名款童鞋，但是男孩却没有采纳这个建议，在他看来，首发应该瞄准一线城市，而 A 品牌手中的 200 家一线城市门店才是他所需的主要渠道资源。

为了激发这 200 家门店的积极性，男孩特意让每家门店分别设计一个营销方案，让它们互相 PK，从中选出方案最优的 50 家门店，由这些门店进行铺货。他还要求这些门店承诺按照终端指导价进行销售，并交 10 万元保证金。若门店违反约定，自行降价销售，则保证金将被扣除；若门店能够履约销售，则保证金后续可转为货款，而且在下一轮新产品上市时门店可自然具有销售资格。这样的巧妙设计使男孩收到了各种奇思妙想的营销方案和 500 万元现金，从而有能力招募一批小红书、抖音平台上的红人做新一轮营销推广。

问题 11：如何持续推动生意成长？

生意的经营是一个不断升级发展的过程。一方面，在商机、资源、业务相对确定的情况下，经营者要不断创新经营方式；另一方面，当外部环境的变化导致商机、资源、业务出现重大变化时，经营者要思考从根本上重组生意。

人、事、环境永远在发展和变化，生意也必然如此，一眼看不到头，"事"的改变会牵动商业共生体的"人"（成员）不断"上车下车"。变化有时是被动的，但更多的时候，经营者会择机主动迭代。这时，经营者可以运用"设计—构建—验证"的业务发展循环方法。

男孩接下来又要做什么呢？他的生意能够达到多大的量级呢？若是"小顽犬"故事中的主人翁能学会本书中接下来所提供的更具体的方法，更有框架与逻辑地去设计及推进生意，就能推动生意像滚雪球一样持续成长。

"小顽犬" IP 的故事，展示了一个具有商业头脑的人如何从模糊的商机出发，通过有效运用经营思维和生意构建逻辑，不断设计和构建生意，逐步把生意做起来，并形成清晰的全局图像的过程。

这一切的根源，在于男孩具有商业头脑与组局能力，这使他能把各种要素整合在一起，最终实现商业目标，并且使生意持续升级迭代。

通过上文的问答，你是否对做生意（doing business）有了粗略的认识呢？读到这里，或许你已经对生意的概念、商业头脑和成事必须聚人等知识点有了基本的认识，接下来，我将在后续章节更加详细地为你一一解析。

本章精华回顾

从"生意"和"商业头脑"的概念开始，我们踏上了提升经营段位与商业量级的旅程。我们的学习和探讨遵循两大原则：第一，将无形的经营知识和方法有形化和结构化；第二，以动态视角追踪生意的升级发展，而不执着于描绘生意的终局图景。

基于第一个原则，我们从经营思维出发，推导出更加系统化和条理化的生意构建逻辑，并进一步推演出具体的框架：

构建生意 = 确认商机 + 设计业务结构 + 组建商业共生体
（事）　　　　（人）

这个框架既是构建生意的结构框架，又是生意的线性展开逻辑，是我们在第一章中最重要的收获。

我们提出了"设计—构建—验证"业务发展循环方法，这是一套全盘掌控与推动业务发展的综合体系，具有可操作性，能为经营者提供业务成长的逻辑指引，帮助经营者在业务初始阶段进行设计，之后再进行包括进一步洞察商机、设计角色与业务分工、组合资源能力与交易设计等环节的工作，使经营者在构建一段时期后停下来，将初始想法与构建结果进行对照验证，并帮助经营者把握商业环境的重大变化，不断升级生意。

如果经营者能纯熟地运用这套方法，其经营段位就能不断提高，从而全盘掌控并推动企业高效发展。

生意的最小单元,是单一业务。

而每一个单一业务,都是由一组"人-货(鸟)"匹配组成的。

第 2 部分
商业模式初设计

第 2 章 透视生意全盘图景的商业模式三层解构图
第 3 章 业务定位引领并决定着生意最终的样子

第 2 章
透视生意全盘图景的
商业模式三层解构图

2.1 解析商业模式三层解构图

2.2 第一层"业务定位":确认做什么生意

2.3 第二层"业务系统":设计业务结构

2.4 第三层"交易系统":绑定业务伙伴

2.5 第二层与第三层的关系:业务系统不变,交易系统改变

2.6 生意全局观:穿透三层结构的联动关系

2.7 三层解构图与"设计—构建—验证"业务发展循环方法的结合应用

现在，你可能对如何构建生意已经有了一些感觉，但是，本书的核心是使你真正掌握动手设计与实际操作的方法。本章基于"结构＋动态"视角，先阐述如何<u>结构性地设计生意的框架</u>，再说明如何<u>动态性地使用"设计—构建—验证"业务发展循环方法</u>。

在本章，我们将认识一套结构性地描绘与设计商业模式的工具——由业务定位、业务系统、交易系统组成的商业模式<u>三层解构图</u>，如图 2-1 所示。它可以帮助我们一眼看清生意的最小组成单元——单一业务的全盘图景，并能协助我们设计单一业务框架。

商业模式三层解构图：设计单一业务框架和可视化描绘的工具

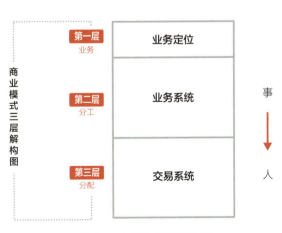

图 2-1　商业模式三层解构图

第一层"业务定位"很好理解，就是确认做什么业务，业务的核心在于为特定客群创造价值；第二层"业务系统"指的是基于要做的业务，设计各种资源属性的角色，并进行分工，让业务运行起来；第三层"交易系统"就是为各种角色配置合适的主体，再通过交易设计做到合理分配，绑定各主体从而达成稳定的合作。

用商业模式三层解构图来结构性地描绘生意，通过对生意全盘图景的透视，我们会发现，在动态推进生意的过程中，生意的结构在不断变化、演进。为角色配置主体以及通过交易绑定主体是本章的重点之一。同样的角色，配置不同的主体，成本和效率天壤之别。在 2.7 节中，我还会着重阐述生意的动态性发展是如何用"设计—构建—验证"业务发展循环方法来协助推进的。

现在，我们来重点认识商业模式三层解构图。

我将以多个互联网平台都在积极发展的社区电商为例，带领大家快速理解在生意的动态推进过程中，每个阶段的生意结构都在不断变化。

> **案例 2-1　兴盛优选商业模式的四次迭代：社区团购如何辗转成"局"**
>
> 在湖南，有一个家喻户晓的连锁便利店品牌。加盟这个品牌的便利店多在社区里，由夫妻个体户经营，近似于"夫妻店版 7-Eleven"，让人感觉亲切又方便。正因为如此，在短短几年的时间里，该品牌的加盟店数量就增长到近 2 万家之多。它就是成立于 2009 年的社区连锁加盟便利店品牌——芙蓉兴盛[⊖]。
>
> 在本土市场上广受好评的芙蓉兴盛，同样难逃互联网经济的巨大冲击。2013 年，董事长岳立华明显感觉到线下客流量减少，他便开始思考：能不能在现有的线下便利店品牌"芙蓉兴盛"的基础上加入线上业态，找到一种既能在网上聚集客流，又能为线下门店引流、实现"线上电商+线下零售"双增长的新模式呢？于是，兴盛优选出现了。
>
> 踏上探索之路后，兴盛优选经历了三次失败的商业模式迭代，直到第四次才终于成功，社区团购模式由此辗转成"局"并迅猛发展。到 2021 年，兴盛优选的门店数量已拓展至 30 多万

⊖ 周文辉，孙杰，何奇松.5 年迭代 4 次，社区电商独角兽养成记 [EB/OL]．（2020-03-21）. https://new.qq.com/rain/a/20200321A0N1A100.

家，线上线下联动，创造了全国日均订单量 800 万单⊖、年度 GMV（商品交易总额）430 亿元的辉煌业绩⊜。

如果用商业模式三层解构图及"始于设计，终于验证"的"设计—构建—验证"业务发展循环方法对兴盛优选商业模式的四次迭代过程逐次分析，我们就会对整个过程的变化与发展一目了然，如图 2-2 所示。

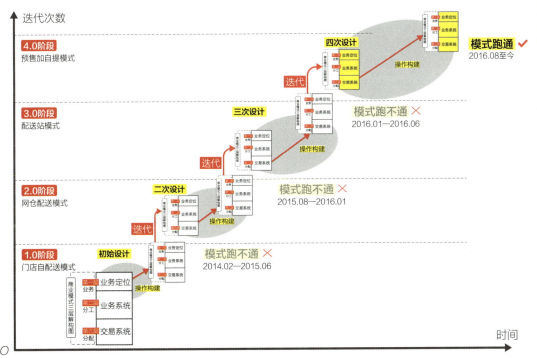

兴盛优选商业模式 1.0~4.0 迭代，社区团购辗转成"局"

图 2-2　兴盛优选商业模式的四次迭代

对兴盛优选的发展过程进行复盘，我们会发现，它可以分为四个不同的发展阶段。在不同的发展阶段里，兴盛优选的商业模式是如何设计的呢？

⊖ 数据来自 2021 年 9 月 8 日兴盛优选副总裁刘辉宇在岳麓峰会上的演讲。
⊜ 数据来自兴盛优选在各大招聘网站上公开披露的数据。

1.0 阶段：门店自配送模式

在 1.0 阶段刚开始时，兴盛优选给每个线下门店搭建了一个专属线上版商城，用来销售门店内现有商品。消费者线上下单，门店线下配送，兴盛优选平台收取一定的服务费用。

此时的商业模式三层解构图如表 2-1 所示。

表 2-1　使用商业模式三层解构图解析 1.0 阶段商业模式

1.0 阶段商业模式三层解构图	业务定位	• O2O 杂货销售 • 线上下单，线下配送
	业务系统	• 前台：电商界面 • 后台：门店仓库 + 店主配送（角色与业务活动） • 流量获取由兴盛优选承担（业务边界，即兴盛优选自己做），运输配送由店主承担（业务边界，即别人做）
	交易系统	• 利益上，加盟店仅获得平台带来的少许流量，拓展些微的增量收益，兴盛优选平台由此获得的收益也很小

但是，由于传统线下门店的商品不够丰富且缺乏特色，无法吸引社区消费者，再加上门店人手不足，不能及时配送，导致服务质量差，1.0 阶段的探索不到 3 个月就宣告验证失败。

2.0 阶段：网仓配送模式

在第二次"设计—构建—验证"循环开始时，兴盛优选对商业模式进行了升级，增加了两个新角色，一是网仓，二是配货员。网仓是由兴盛优选自建的，补充了蔬菜、水果等门店没有但很受消费者欢迎的新品；配货员则为消费者提供专业的配送服务。

这时的商业模式三层解构图如表 2-2 所示。

表 2-2　使用商业模式三层解构图解析 2.0 阶段商业模式

2.0 阶段商业模式三层解构图	业务定位	• O2O 杂货和生鲜销售 • 线上下单，线下配送
	业务系统	• 前台：电商界面 • 后台：门店仓库 + 网仓（新角色）+ 配货员（新角色） • 配送服务提供者从店主转移到专业配货员，货物存储地转移到专业网仓（业务边界，即兴盛优选自己做），这让成本从加盟店大幅转移到兴盛优选本身
	交易系统	• 利益上，由于线上的消费热点不在门店产品，平台获得了网上下单的利益，而门店收益没增加，因而门店缺乏积极性

虽然两个新角色解决了 1.0 阶段的问题，但是消费者是通过电商平台下单购买的，货品直接从网仓出货，这导致门店无法获得线上的实际收益。而且，平台的订单量提升并没有带来门店客流量的提升，甚至还造成了门店被边缘化，各家门店都非常不满。2.0 阶段的探索也以验证失败告终。

3.0 阶段：配送站模式

由于前一个阶段网仓成本高且无法保证货品一应俱全，兴盛优选在第三次"设计—构建—验证"循环开始时，在设计上弱化了网仓这个角色的作用，改为以加盟方式引入新角色——菜市场商户。这样一来，在网仓货品存量不足的时候，平台可以从菜市场商户处补充新鲜蔬果等产品。

这时的商业模式三层解构图如表 2-3 所示。

表 2-3　使用商业模式三层解构图解析 3.0 阶段商业模式

	业务定位	• O2O 杂货和生鲜销售 • 线上下单，线下配送
3.0 阶段商业模式三层解构图	业务系统	• 前台：电商界面 • 后台：菜市场商户（新角色）+ 门店仓库 + 网仓 + 配货员 • 引入菜市场商户，分担物流压力，流量获取、配送和大部分仓储依然由兴盛优选承担
	交易系统	• 利益上，平台获得主要收益，菜市场商户获得更多订单，得到了次要收益，但门店依然没有收益，积极性没有被调动起来

此举虽然提升了平台流量，但菜市场商户的加入与网仓作用的削弱，导致商品供给极易受到菜市场不确定环境因素的影响，而且，配送服务的质量也无法保证。最重要的是，门店依然不能从中获得收益。3.0 阶段的探索又以验证失败告终。

4.0 阶段：预售加自提模式

总结前三次的失败教训，兴盛优选认真思考了一个问题："门店"这个角色到底具备什么"独特资源能力"？最后，它找到了这个角色所具备的两个明显优势：第一，位置便利；第二，店主与社区消费者互相熟悉，有交情，互相信任。

根据这个分析结果，兴盛优选决定放大"门店店主"这个角色的作用。首先，让门店店主建立邻里微信群，并在群里分享商品团购和优惠信息。其次，在商品上做出调整，不仅做传统生鲜品，还做爆品。比如，早上 7 点店主在群内重点推荐限量版大闸蟹等 3 款稀缺商品，吸引群里的邻居"赶早集，抢好货"。

在微信社群营销的基础上，平台还把原有的配送服务升级为自提服务，平台不再将商品送到无人接收的顾客家里，而是转送到门店，让店主代收、保鲜储存（如大闸蟹可以放在冷柜保鲜），顾客下班后到店自提。这一举措放大了便利店的重要性，到店顾客数明显增长。这种"预售+自提"的方式，既实现了在线聚客的目的，也满足了线下引流的需要。

这时的商业模式三层解构图如表2-4所示。

表2-4 使用商业模式三层解构图解析4.0阶段商业模式

4.0阶段商业模式三层解构图	业务定位	• O2O 杂货和生鲜销售，以及爆品销售 • 线上与线下融合服务
	业务系统	• 前台：微信群 + 门店售货 + 门店自提 • 后台：菜市场商户 + 门店仓库 + 少量网仓 • 将流量获取和物品仓储从由兴盛优选承担转移到由店主承担（业务边界，即别人做），物流配送变为由平台配送到门店，但最后100米由配送到家转变为消费者自提，平台转变为信息连接者
	交易系统	• 门店店主通过微信群促进群内消费，顾客来店自提，门店获得大部分收益，积极性被极大地调动起来 • 平台通过门店销售了更多的商品，并且省下了仓储成本，也获得了较大收益 • 利益上，门店和平台达成一致，不再是此消彼长

至此，兴盛优选通过四次业务升级，终于跑通了社区电商这个商业模式，成为行业内的标杆。

兴盛优选的故事让我们更深入地理解了生意的设计与构建。首先，每一个核心经营者的头脑中都应该有一个商业模式三层解构图，它能协助经营者把自己设计的生意的全盘图景清晰地描绘出来，如表2-5所示。

有了商业模式三层解构图，接下来经营者要有效运用"设计—构建—验证"循环方法。在开始阶段，核心经营者首先要利用商业模式三层解构图设计出一个理想的初步模式，接着开始构建，同时设定一个验证时间点。在这个时间点上，再用商业模式三层解构图去清晰描绘出实现结果，以作为下一步修改与迭代的依据。而下一步修改则意味着自动进入下一个"设计—构建—验证"循环中的设计阶段，如此循环迭代。

表 2-5 使用商业模式三层解构图解析每个阶段的商业模式

商业模式三层解构图	业务定位	• 我要卖什么 • 卖给谁 • 在什么场景下卖
	业务系统	• 我要怎么搭建"门店、配送、仓储、供应链"等业务活动，需要哪些业务角色 • 划分业务边界，明确哪些业务活动是企业自己干，哪些是加盟店干，哪些是消费者干
	交易系统	• 我要如何做好交易设计 • 如何给承担各个内外部角色的主体合理分配利益

读到这里，你是否对商业模式三层解构图以及推动业务发展的"设计—构建—验证"业务发展循环方法有了些许感觉？接下来，我们来深度学习如何使用商业模式三层解构图进行商业模式的初步设计。

2.1 解析商业模式三层解构图

第 2 部分的核心理论是商业模式三层解构图（以下简称"三层解构图"），它来自第 1 章推导出的框架：

构建生意 = 确认商机 + 设计业务结构 + 组建商业共生体

等号右边的三项，实际上是构建生意的三个层次，将它们从上至下按照顺序排列，就形成了三层解构图最原始的形态：

确认商机
+
构建生意 = 设计业务结构
+
组建商业共生体

从上至下，第一层，经营者根据商机和核心资源能力，明确客群（卖给谁、和谁合作）和变现内容（卖什么），决定做什么生意，最终完成"确认商机"。我们将这一层称为"业务定位"。

第二层，经营者在业务定位的基础上，构想所需要的角色、角色应拥有的资源能力，以及角色所执行的业务活动，并设计业务分工与结构。我们将这一层称为"业务系统"。

第三层，经营者在业务定位和业务系统的基础上，为业务系统布局中的每个角色配置合适的主体（包括法人和自然人），并设计主体间的交易方式、交易活动和交易结构。一旦与各主体达成交易，启动合作，即完成了商业共生体的组建。我们

企业经营活动的分类

企业的经营活动有三类,即业务活动、管理活动与交易活动,它们是企业内外部所有合作主体围绕价值所展开的活动。

业务活动是与价值创造直接相关的活动,如研发、生产、物流、培训、销售等各种创造价值的活动。

管理活动是不直接参与价值创造与价值交换,却让它们持续、高效、稳定地推进的活动,如会计、审计与人力资源管理等。

交易活动是与价值交换相关的,针对交易内容(资源、产品、服务、信息或产权等)而采取的促成交易的一系列活动。

将这一层称为"交易系统",这也是经营的基础,在这一层,企业可以被视为一系列交易的集合。

请注意,生意通常由多种复杂的业务组合而成,为了清晰介绍本书中的核心方法,我们将讨论的范围限定为针对由单一业务构成的生意。因此,"生意"这个词在本书中主要指的是"单一业务"。在第 7 章中,我们会详细讨论"业务"的概念,并介绍"业务组合"的多重可能性。

我们将业务定位、业务系统和交易系统分别对应构建生意的三个层次,就得到了商业模式三层解构图的基本形态:

$$
\text{生意(业务)} = \begin{array}{c} \text{业务定位} \\ + \\ \text{业务系统} \\ + \\ \text{交易系统} \end{array}
$$

这便是本章开篇出现的图 2-1 商业模式三层解构图,它可以协助经营者完成初始阶段的生意设计。三个层次从上至下呈线性展开,逻辑上的优先级为从高到低,构建上的顺序是由先到后，遵循从"事"到"人"的整体逻辑。

至此，我们从构建生意的三个层次出发，经过如图 2-3 的一一对应，发展出了商业模式三层解构图这个生意设计框架。

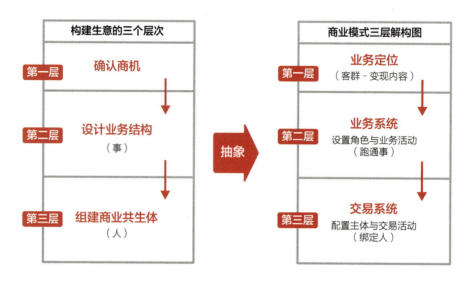

图 2-3　从生意想法到抽象的商业模式

商业模式三层解构图不仅可以指导你依序构建生意、展开生意，还能为你可视化地呈现特定时点上生意全局的状态。

从下一节开始，我们将结合实际案例，更为详细地介绍三层解构图中每一层的含义、对应的分析方法，以及三层解构图整体的使用方法。

2.2 第一层"业务定位":确认做什么生意

商业模式起始于业务定位。业务定位,指的是在生意的初始阶段,经营者发现商机,结合自身的资源能力,并不断整合外部资源能力,最后确认商机,决定"向谁卖什么东西"和"做什么业务"。

业务定位是商业模式三层解构图的第一层,如图2-4所示。在商业模式的三个层次中,业务定位具有统领作用,它既决定了生意整体的价值空间,也决定了接下来的业务系统和交易系统,这是我把它放在第一层的原因。

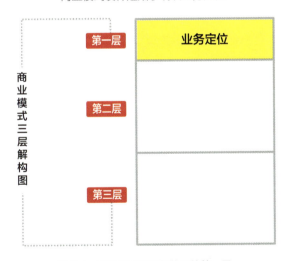

图 2-4 商业模式三层解构图的第一层

下面,我们以国货美妆品牌完美日记为例,说明经营者该如何进行业务定位。

案例 2-2　完美日记：从"完美"的业务定位开始

2020 年 8 月底，我去拜访了完美日记（母公司逸仙电商）的联合创始人陈宇文，他感慨："创业这几年踩过很多坑，但也做了两件重要的事，一个是目标人群抓得准，另一个是在产品上坚持了九个字——'易上手、高品质、精设计'。"

两个多月后，他和其他两位合伙人黄锦峰、吕建华一起把完美日记带到了纽交所上市，上市当日市值突破 122 亿美元。国内美妆企业迎来了高光时刻。

说起创业经历，三位合伙人可谓准备充足、厚积薄发。2016 年，在创业早期，他们用了一年的时间思考到底要选什么赛道。当时，他们隐约觉得要做线上生意，且聚焦特定类目，为此，他们用投资的视角来研究赛道，深度分析了至少九条赛道。

他们最早看上的是电子烟，理由是全球 80% 的电子烟自中国出口，但是缺少设计与品牌理念，这似乎是一个机会。但仔细盘算后，政策风险让他们打消了念头。后来，他们又看上了热门的宠物赛道，还专门成立了逸仙宠物用品有限公司，但是，实际运营结果并不理想。

几经辗转，他们在美妆大类目中选择了彩妆赛道。为什么要把业务定位在彩妆上？这是因为，在做调研时他们发现，现代女性变美的心理诉求从"女为悦己者容"转变为"女为悦己而容"，她们希望美给自己看，增加自信，这条赛道的用户生命周期非常长。这也是完美日记把公司使命定为"要让女性变得更有自信，更有力量"的原因。

除了市场需求这个"质"的变化之外，调研数据也从"量"上说明了赛道的空间。他们发现，2016 年彩妆在中国的渗透率只有 20%，而这一品类在很多发达国家的渗透率为 90% 以上。当年全球最大的彩妆消费市场是美国市场，但是，中国市场的增速迅猛，线上增速每年都在翻番，更何况，中国还有一大波女孩子正在"赶往化妆的路上"。这仿佛就是宝洁在中国走过的路：初入中国时，刷牙习惯在中国的渗透率较低，宝洁借此发家。

对女性客群进行深入分析后，他们又有了更明确的发现：在日本、韩国等地，女性很小就开始化妆，甚至到 60 岁都会化妆。但是，在中国，上大学前女性很少化妆，40 岁后女性也很少化妆。在一二线城市，女性化妆的比例稍高一些，在三四五线城市，女性化妆的比例很低。面对鲜少化妆的人群，虽然企业的教育成本很高，不过，年轻人对新鲜事物接受度高，变美的意愿强。

在此调研基础上，完美日记在刚创立时就确定了非常清晰的目标人群——18~25 岁的化妆"小白"，尤其是步入人生新阶段的大学生。而且，他们还做出了一个非常大胆的预测，未来五年，化妆年龄很可能提前至初中生。

令陈宇文欣慰的是，团队当时对市场的判断正一个个地照进现实。来自阿里巴巴的数据显示，从2016年到2019年，短短三年的时间，美妆的渗透率就从20%提升到40%左右，2019年中国市场已经成为全球最大的美妆市场，容量达5000多亿元。而且，很多女孩从高中就开始化妆，所以，完美日记又把目标人群的年龄提前了2年，微调为16~25岁。

先有分析调研，后有果敢判断，完美日记的业务定位就这样确定了——为"小白"目标人群在线上提供"易上手、高品质、精设计"的产品。他们为新手客户提供价格低、品质好、颜值高的初级入门产品；在微博、小红书、微信公众号上发布大量教程教新用户怎样化妆；最初只在线上销售，并且直接面对C端，中间没有任何经销、分销环节……当然，随着业务的推进，创始人们有了新的考量，完美日记在线下也有了实体店，那是后话。

找好业务定位非常重要，当然，业务定位不是一成不变的。在成长的路上，大部分企业会因为现有业务定位带来的利润空间随着行业生命周期的发展而不断被压缩，或是发现更多新冒出来的市场机会，而改变业务定位，寻找新的价值空间。

以神州数码为例，2000年，神州数码从联想分拆出来，此时它的主要业务定位是IT产品分销与系统集成的增值服务。在中国IT市场硬件投资占80%的时期，神州数码靠代理惠普、东芝等IT产品起家，毛利率一度高达30%。2006~2010年，神州数码开始聚焦于新的业务定位，转而从事IT集成服务业务，进入智慧城市等软件与数据整合领域。到了2017年，它又开始拥抱新的业务定位，向云服务商转型。

过去20年，从销售代理、集成服务到云服务，神州数码每一次转变业务定位，本质上都是转做新的生意⊖。这种业务定位的转变，带来了新的业务系统运营方式，带来了新的合作方，组成了新的商业共生体，也使神州数码有了新的交易系统。

⊖ 谢泽锋. 郭为 神州数码改头换面[J]. 英才. 2015（9）.

2.3　第二层"业务系统"：设计业务结构

明确业务定位之后，经营者的下一个任务是设计业务系统，也就是三层解构图的第二层，如图 2-5 所示。

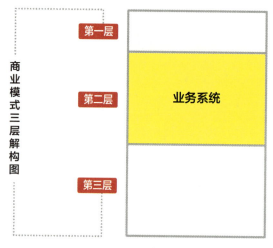

图 2-5　商业模式三层解构图的第二层

在业务结构的设计上，我们要重点探讨以下几个问题。

- 问题一：在设计业务结构之前，为何要先规划企业边界？
- 问题二：业务结构和业务系统有什么关系？业务结构是什么？如何设计并优化业务结构？
- 问题三：科技创新如何驱动业务结构简化提效，甚至生出新生意？
- 问题四：如何搭建整体的业务系统？

我们先从问题一、问题二进行阐述,这两个问题分别代表了第二层设计工作的两个主要阶段:阶段一是规划企业边界,盘点分析自身与外部的资源能力并进行分工;阶段二是设计业务结构。

问题一:在设计业务结构之前,为何要先规划企业边界?

我们先看阶段一。前面讲过,经营者开始一个生意,首先要从商机出发,盘点和分析自身具备的核心资源能力,再补足自身不具备的必要资源能力,如此才能把前台业务和后台业务搭建起来。前台面向客户,涵盖营销和销售活动所需的各种内外部资源能力,包括传播与渠道等角色;后台为前台提供支持,涵盖研发、制造、物流、金融等活动所需的各种内外部资源能力,包括技术开发、生产总装、投资机构等角色。

不过,"补足"不代表企业一定要投资于这些资源能力,也可以考虑与外部资源能力方合作,这就是"规划企业边界"。规划企业边界,即要明确企业内外部的角色分工,决定哪些业务活动由企业自己承担,哪些业务活动由具备相关资源能力的外部角色承担。边界的取与舍,是经营者需要面对的关键决策,由此可以看出经营者重视并持续投入哪些自营的关键业务活动。

在此之后,经营者才开始"设计业务结构",即规划每个角色需要独立完成的业务活动,以及角色间(内部角色与内部角色,内部角色与外部角色,外部角色与外部角色)的协作和业务活动衔接,让工作流形成闭环,完成生意的完整业务结构设计,并验证所选业务能跑通。

问题二:业务结构和业务系统有什么关系?业务结构是什么?如何设计并优化业务结构?

再来看阶段二。每一个生意都有全盘的业务系统,业务系统由许多业务结构组成,如前台的营销业务结构、销售业务结构,后台的供应链业务结构、资本与金融业务结构等。事实上,同样的生意(业务),业务结构不同,就意味着业务的完成方式不同。

设计业务结构,就是设计角色布局(岗位种类),以及角色所承担业务活动的

组合与连接方式[一]，就像打造足球队的阵容，要配备齐各个角色才能"成军"。"成军"后还要有好的布阵结构，并不断优化这些布阵结构，这样才能提升各类工作流的效率，如产品创新工作流、物流配送工作流、售后服务工作流，等等。

一旦设计好了初始的业务结构，持续优化之路就开启了。经营者需要不断思考现有的业务结构是否合理有效，还缺哪些可提高工作流效率的业务活动，需要增加哪些缺失的角色；或者，业务活动是否太多、太复杂，是否需要删减冗余角色以优化工作流效率。某些角色及业务活动的增与删，最终目的都是提高工作流效率。

当企业面临增长瓶颈时，经营者可以考虑是否要增加一些拥有新关键资源能力的新角色入局，以此来盘活僵局。比如，那些成长于阿里巴巴及京东传统电商平台的食品品牌，在现有平台流量减少及流量成本上升的情况下，可以考虑引入内容电商平台角色（对应的主体可以是抖音或快手）。

当企业的业务流效率低下时，经营者可以考虑删减几个角色。比如，过去很多品牌为了分销，建造了自营的区域大库房与省级小库房，而随着物联网及智慧物流体系的发展，以及干线物流配送的日益发达，区域大库房这个角色就不再需要了。

案例 2-3　引入新角色，助果麦与中信打通营销链路

果麦文化（简称"果麦"）是一家专注于出版优质文学艺术类书籍的公司，这家公司认为未来线上的图书销量会有更大的增长，需要加大对线上业务活动的布局。在此判断之下，果麦内部招聘了很多内容高手做内容，同时与外部平台上的内容博主加强合作，做大影响力，并在微信公众号、抖音、微博、B站、小红书等重点内容平台进行内容的精准投放，以实现引流。

此外，果麦还抢先增设公众号运营小组、抖音达人[二]、微博运营、B站运营等新角色，孵化出 30 多个自有图书博主，与图书产品部、渠道发行部密切分工协作，做到每一本新书刚上市就能产生自有流量，形成高效业务流。

[一] ZOTT C，AMIT R. Designing your future business model: an activity system perspective[D]. Barcelona: IESE Business School, 2009. 作者认为，商业模式是由多个企业相互关联（也会跨企业边界）的活动所组成的活动系统，而活动的互补、效率、治理等都会影响商业模式的效率和价值创造。

[二] 达人泛指明星、KOL（关键意见领袖）、KOC（关键意见消费者）等有人格魅力的个人。

中信出版集团（简称"中信"）的做法与果麦异曲同工。中信擅长渠道发行，在分析了传统发行渠道（如当当、京东、天猫）的利弊后，认为要增加自营渠道的比重，强化其在销售端的自有流量资源和把控力。于是，中信增设了新发行角色——中信线下书店、中信线上自营天猫店。

反过来看其他传统出版机构，大多遵循的仍是传统的思路——"编辑做书自营＋其余外部合作"。由于没有及时增设内部新角色，传统出版机构在推广、投放、销售、技术等关键资源和能力上严重依赖外部，造成的结果是对市场和消费者的响应不够及时，工作流效率不够高。

问题三：科技创新如何驱动业务结构简化提效，甚至生出新生意？

业务结构要实现创新，归根结底就是要不断地进行角色的增减，设计业务活动的新组合及新连接方式，使企业的运营效率更高，而科技创新往往是推动增减发生的改造因子。

下面，我们通过一个有关供应链业务结构的真实案例来说明科技创新如何优化业务结构，提升业务系统的运作效率。

案例 2-4　新技术改造业务系统，使木材生意简化提效

我有一位做进口木材生意的朋友，常年从非洲进口木材，运回中国销售。这位木材商人还将业务拓展到了东南亚，活跃在国际木材圈子里。

木材跨境生意有一组经久不变的业务活动，像一个工作流，我们把这个工作流（事）依照价值链的顺序，从上游的伐木到下游将木材卖给终端客户一一列出，如图 2-6 所示。从图中可以看

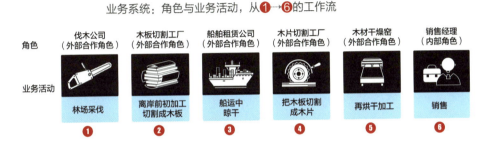

图 2-6　木材跨境生意的业务结构图

出,价值链上的 6 个主要业务活动及其对应的内外部角色各不相同。

在这个工作流中,木材商人首先要找外包伐木公司砍树,再把砍下的整棵树运送到港口附近的外包木板切割工厂进行离岸前初加工,切割成木板,之后送上从船舶租赁公司租来的运输船。运输船从非洲港口运送到中国张家港港口大约要 35 天,在船舱环境中,木材水分会自然蒸发 30%。抵达张家港港口后,他要再找国内的外包木片切割工厂把木板切割成木片,再运送到陆地上的木材干燥窑进行木材烘干加工,陆地上加工系列过程耗时约 40 天。最后,由销售经理将板材成品卖给国内的建筑商或家具加工厂。

这个工作流(事),就是由一系列角色与业务活动组成的业务结构,也是跨境木材生意的常规业务结构。所有扮演角色的主体共同组成了一个商业共生体(人)。

不过,这套常规业务结构因为木材商人引入了一项创新技术而发生了变化。这是一套新的设备及制作流程,它把原来到港后的"木板切片"与"木材烘干"两个环节集成为一套能装进运输船上的新系统,可以在船上完成整套加工流程。我们把原有业务结构发生的变化,用图 2-7 表示如下。

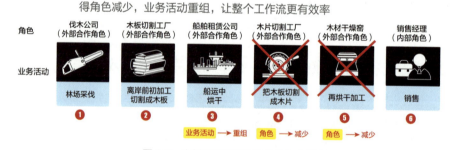

图 2-7　木材跨境生意的业务结构变化图

也就是说,只要在港口附近把初步切成片的板材装上船,在 35 天的运输期内,利用船上安装的新设备,余下的加工工序就能全部完成,到岸后可以将板材成品直接分销给客户。现在,原有的工作流被改变,木材跨境生意的新业务结构如图 2-8 所示。

这样一来,在"事"上,过去两个外包加工厂的角色被剔除,业务结构内角色减少,业务活动重组,原先的 6 个业务活动简化成了 4 个:"砍树—初加工—运输(含切片和烘干)—销售",业务系统变得更加高效。利用这一创新技术,木材商人创办了新企业 Caravelle,含义为快速的帆船,它降低了木材的进口成本,缩短了至少 40% 的交付时间,还提升了木材产品的可追溯性。

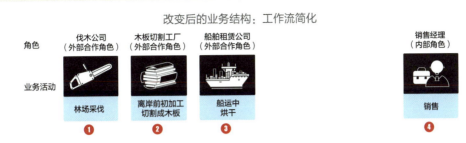

图 2-8　木材跨境生意的新业务结构图

在"人"上，因为少了两个主体与交易活动环节，商业共生体变得更简单。共生体内分钱的"人"少了，Caravelle 的利润自然增加了。

将"传统到岸烘干"与"新型运输烘干"的业务结构进行对比，能更加清晰、直观地看出新业务结构在角色及业务活动上的新组合，以及它所创造的价值有多大，如图 2-9 所示。

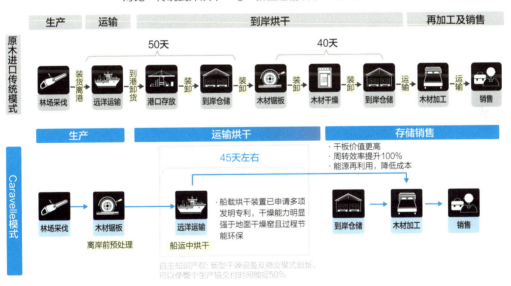

图 2-9　木材生意新的业务结构图

以上案例让我们不禁要问：在商业领域，新技术的应用到底是如何改变商业模式的？答案其实很简单：改变之一是角色的删减或增加，改变之二是业务活动的拆分或重组。

Caravelle 的故事告诉我们，新技术创造了更高效的新时代。新技术推出之后，现有业务系统中的部分角色被机器取代，部分业务活动变得自动化，某些过去曾创造价值但如今不再创造价值的角色则被剔除了。原先的"一组角色与业务活动",被重组为"一组新的、更高效的角色与业务活动"。

新技术的推出,往往还会促成意想不到的新价值与新生意的诞生。

木材商人最早引进这套新技术时,只看到了工作流提效造就交期缩短与利润增加的价值,但在船上导入新型木材干燥工艺后,他竟意外地发现新工艺产生的酸性液体木醋液具有相当高的商业价值。收集的木醋液经过精制,可以用来改良、修复盐碱荒地,使荒地也能种出庄稼,干燥每立方米木材产生的木醋液可帮助改良 1 亩[①]盐碱荒地。这一新发现为企业带来了新的生意。

此外,Caravelle 船上木材干燥设备的能量全部来自运输船自身的发动机冷却水热能和尾气余热,因此,干燥每立方米木材能节省 400~500 千克用来制热的标准煤。这项科技成果使原本高碳排放的木材干燥过程实现了近乎"零"碳排放,这一产业也由此成为绿色产业。Caravelle 把装备新设备的船称为"碳中和木材干燥船"。

图 2-10 通过详细分解,展示了这个科技项目的角色、业务活动以及产生价值。

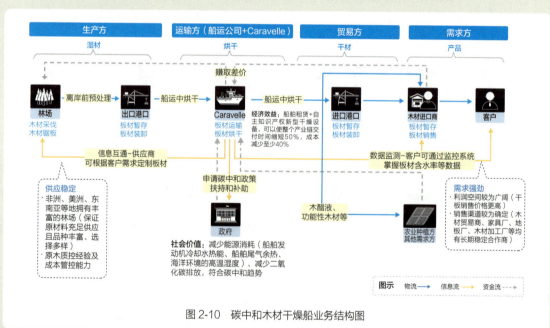

图 2-10 碳中和木材干燥船业务结构图

这种更高效的业务结构使碳排放大大减少。在木材跨境生意的基础上,竟然生出了"碳中和交易生意"的全新业务方向,真是意外之喜。

[①] 1 亩 ≈ 666.7 平方米。

需要强调的一点是，新科技的导入，无论是新设备工艺还是新信息技术的导入，带来的并不完全是业务活动的消失，更多的是通过机器让业务活动自动执行（也就是自动化），从此这些业务活动不可视，却依旧存在，而许多原本的角色（自然人或法人）在新的业务结构中被剔除了。

由此可见，新科技带来的最大变化，是让过去必须与许多"人"（主体）扮演的角色进行合作、受人为要素影响多的"复杂生意"转变为与较少人合作的"简单生意"。

以下案例可以进一步说明这一点。

案例 2-5　高速公路从人工收费到自动收费的业务结构变化

驾驶员都知道，在经过高速公路收费站时会有两种通行选择：人工收费或 ETC 自动收费。虽然两者都是向过路车收取通行费，但其背后涉及的角色与业务活动却并不相同。

我们先看人工收费场景下的角色与业务活动，如表 2-6 所示。

表 2-6　人工收费场景下的角色与业务活动分解

业务活动	• 驾驶员把通行费交给收费站的工作人员 • 运钞车把收取的通行费带回银行
角色 （总计 5 个）	2 个法人角色： • 第 1 个法人角色是一家企业，通过招投标拿到政府高速公路项目的设计业务、建设业务和 20 年运营权 • 第 2 个法人角色是收款银行，政府规定通行费收回来以后，要存在银行里，由银行托管 3 个自然人角色： • 应交过路费的驾驶员 • 收费站的收费人员 • 开运钞车把钱带回银行的人员

再看 ETC 自动收费场景下的角色与业务活动，如表 2-7 所示。

表 2-7　ETC 自动收费场景下的角色与业务活动分解

业务活动	驾驶员通过 ETC 时，设备自动从卡中扣除通行费（业务活动虽然被软件自动化了，不可视，但依然是存在的）
角色 （总计 4 个）	新增 1 个法人角色： 　　除了高速公路运营企业、通行费托管银行，现在又多加了一家 ETC 发卡公司，这家公司负责建设与运营 ETC 背后的信息系统 减少 2 个自然人角色： 　　缴纳通行费的驾驶员依旧存在，而收费站的收费员角色以及开运钞车把钱带回银行的人员角色被剔除了

高速公路自动收费 ETC 系统的导入，使汽车在行进中就能自动扣除通行费，以前驾驶员在收费站排队交费的场景由此消失了。业务活动的自动化减少了角色，简化了业务流程，带来了出行效率的大幅提升。

以上两个案例，一个是加工设备的工艺技术创新，另一个是新信息系统带来收费方式自动化，都清晰地展示了原有业务结构被另一个更高效的业务结构覆盖的过程。

这充分说明，创新技术的出现会带来角色的调整，让冗余角色出局、新角色入局，同时又能实现工作流的高效自动化。如果创新技术达到颠覆式创新级别，如移动互联网、量子计算机、区块链等，就会大面积地在各行业产生新的、更高效的业务结构，使整个社会的运营效率大幅提升。

问题四：如何搭建整体的业务系统？

现在，我们已经理解了什么是业务结构，以及如何设计和优化业务结构，接下来，我们回到本节的核心内容"如何搭建业务系统"，来了解为什么想要生意跑得通，就要搭建出闭环、高效的业务系统。

如果回溯那些我们曾关注过的生意构建过程，你会发现，不是所有生意都是按照先找到业务定位，然后设计业务系统，再设计交易系统的理想逻辑展开的，生意的发展过程并没有可以套用的公式。在现实世界中，很多生意在萌发之初，创始人虽然掌握了某些初始资源能力，但只有朦胧的生意构想，也不确定自己要做的到底是什么具体的事，更谈不上业务定位。于是，他们只能先从设计业务系统入手，在跌跌撞撞中不断纳入新的角色和业务活动，尝试着拼出一个能形成闭环的业务系统，最终再倒推回去定义业务定位。

按照上述逻辑，我们来阐述如何搭建业务系统。

从初始资源能力和生意线索出发，创始人可以先在业务系统层面进行布局，即思考自己能扮演几个角色，以及把哪些具备互补资源能力的角色带入局中，像布阵般把这些角色放在空白沙盘上（也可以是一张空白A4纸），审视并标明每一个角色各自应拥有什么关键资源能力、各自应创造什么价值。

接下来，创始人要做的是从全局视角出发，标出每个角色独立承担的主要业务活动，并列出角色间传递资源或协作创造价值的业务活动。之后，再依照业务活动的工作流逻辑，把各种业务活动按照顺序从第一个到最后一个衔接（串）起来并进行编号。由此，沙盘上就能展示出全局以及"局"中各部分创造价值的逻辑和路径。

此时，创始人再来审视并确认这个布局能否成为一个可以跑通的闭环生意。一旦确认可以闭环，即完成了搭建业务系统的全过程，创始人由此可以向上推导出业务定位。接下来，创始人还要不断思考是否要增减一些角色（以及相应的业务活动），以形成更高效的生意布局。

我们以数据宝公司的新业务探索为例，来展示搭建业务系统的全过程。

案例 2-6　数字资源变现：数据宝跑通新业务

数据宝是一家大数据公司，它掌握着大量独有数据资源的合法使用权，如全国高速公路货车通行与载重数据，包含空载或满载历史数据和实时载重数据。数据宝一开始并不知道这些数据资产能转化成什么产品或业务，其核心经营者只是根据公司的初始资源能力尝试探索新的生意可能。

探索的切入点是先把所有联想到的关联角色都放在业务系统的沙盘上，如图2-11所示。然后，逐步拼出可闭环的业务活动逻辑……"生意"便出现了。

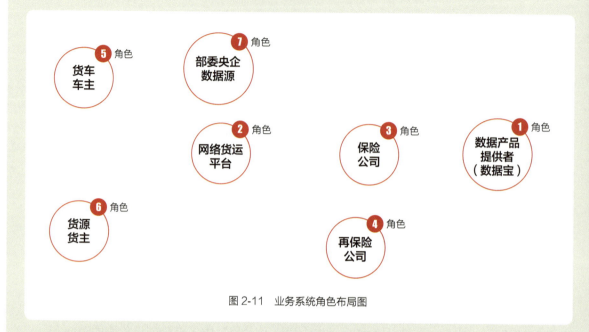

图 2-11　业务系统角色布局图

这些关联角色包括：

- 角色 1：数据宝，即数据产品提供者（提供清洗后的数据）。
- 角色 2：网络货运平台。
- 角色 3：保险公司。
- 角色 4：再保险公司。
- 角色 5：货车车主。
- 角色 6：货源货主。
- 角色 7：部委央企数据源（提供原始数据）。

这些关联角色组成了一个预设的业务系统。接着，经营者开始探索这些关联角色能否串成一个闭环的生意。

要想回答这个问题，就要分析这 7 个角色各自拥有什么关键资源能力。

- 角色 1——数据宝：能把全国高速公路上的货车经过收费站和龙门架的空载或满载历史数据和实时载重数据清洗与整理成可用的数据。
- 角色 2——网络货运平台：平台上聚集了大量货主与货车车主（司机），平台的主营业务与能力是撮合货主的配送需求与货车车主（司机）的配送运力。在货主端，平台收集他们的货源及配送需求，帮他们找到货车；在货车车主端，平台提供货源，让货车车主返程时有货可载。

- 角色 3——保险公司：虽然网络货运平台可以做到"货主配送需求—货车车主的运力"匹配，但平台不是万能的，如果网络货运平台没有成功匹配两方的需求，就会造成货车车主返程空载，产生损失。而保险公司可以提供保险产品，为回程时在平台上没接到单的车主提供理赔服务，为车主做风险管理。
- 角色 4——再保险公司：为保险公司的险种提供再保险。
- 角色 5——货车车主：具备配送运力。
- 角色 6——货源货主：有配送需求，具备支付订单的能力。
- 角色 7——部委央企数据源：提供原始数据。

我们再把每个角色所拥有的关键资源能力加入之前的图 2-11 中，就可以画出图 2-12。

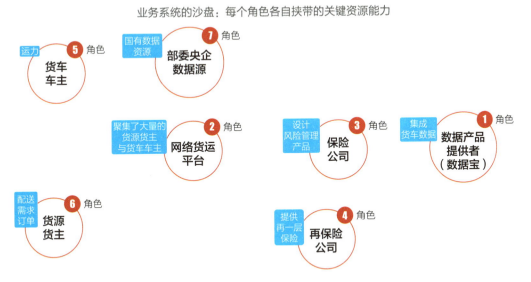

图 2-12　各业务角色的关键资源能力展开图

下面，我们尝试着寻找一种价值链，把这 7 个角色所执行的业务活动串起来，使其成为工作流，由此画出了图 2-13。在图 2-14 中，红色箭头代表业务活动，价值链的起点是数据宝

业务系统的沙盘：数据宝是组局者（"局长"），它把业务活动串起来，使其成为可闭环生意的工作流

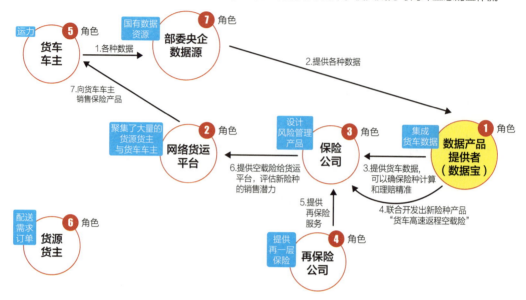

图 2-13　业务系统的工作流图

业务系统的沙盘：右下角的 4 个角色联合开发出"货车高速返程空载险"产品，最终通过网络货运平台，销售给货车车主；完整的业务系统中，可拆分出 A、B、C 三个业务结构

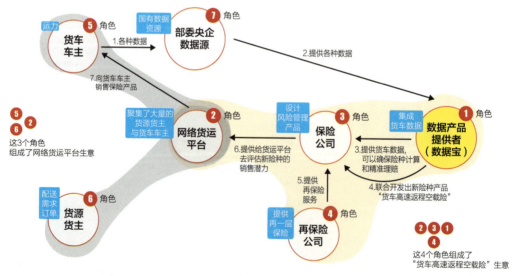

图 2-14　多方合作业务系统图

（法人角色）这个谋局的"局长",它在探索数据资产如何变现、可能转化成什么产品、可能做成什么样的生意。

从"业务活动3"到"业务活动7"的工作流逻辑为：

- 业务活动3：数据宝向保险公司提供货车经过收费站、龙门架的通行载重集成数据。
- 业务活动4：数据宝与保险公司依据这些数据联合开发新险种"货车高速返程空载险",并确保险种盈亏计算和理赔精准。
- 业务活动5：再保险公司提供再保险服务。
- 业务活动6：保险公司提供空载险给网络货运平台,评估新险种的销售潜力。
- 业务活动7：网络货运平台向货车车主销售"货车高速返程空载险",如果平台没有成功给返程货车匹配到货源导致空载,则由保险公司进行赔付。同时,网络货运平台也会优先分配货物给买了空载险的货车。由于空载险非常实用且价格不贵（100元）,受到了很多货车车主的欢迎。

需要说明的是,这个价值链还包含了上游的工作流,即：

- 部委央企收集各种车辆及载货实时数据。
- 部委央企将数据提供给数据宝。

最终,经营者完成了整体业务系统的搭建,如图2-14所示。

被串起来的工作流酝酿出了一个全新的业务,即"局长"数据宝联合保险公司、再保险公司、网络货运平台共同开发的"货车高速返程空载险"的销售与服务。

此时,业务跑通,产品出现,我们再回过头来为新业务定义"业务定位"：在网络货运平台向返程空载的货车车主销售"数据赋能下的场景化保险产品"。我们再进一步将这个整体业务系统中的三个主要业务结构拆分并展示出来。

- 业务结构A：数据收集与提供（由业务活动1、2组成）。
- 业务结构B：保险产品设计（由业务活动3、4、5、6组成）。
- 业务结构C：保险产品销售（由业务活动6、7组成）。

接下来,经营者就可以为每种角色匹配主体,组建商业共生体,4家合作方再对保险收益进行分成,实现多方合作增值再分配。

需要关注的是，数据宝之所以能成为"局长"，是因为它掌控了全局中最关键的资源能力——数据资产。这是企业发挥"杠杆资产"作用的一个极具代表性的案例，能利用较少的自有资源能力，撬动更多的利益相关方合作共赢。

此外，值得注意的是，在数据宝的业务系统搭建案例中，只以法人层面的粗颗粒业务系统做演示，所以，案例所涉及的所有角色都只细化到"法人角色"层面。但是，要让生意真正落地、跑通，经营者在设计业务系统时要把角色细化到细颗粒的"自然人角色"层面，还要把自然人角色间的业务活动充分勾画出来。这是因为，工作流的具体执行需要所有法人角色内部的一个个自然人角色来协作与衔接。

在完成业务系统的搭建后，我们还要从"人"的角度，思考如何让商业共生体更稳定且充满动能。

如果大部分业务活动被持续转化为数据宝手中的"数字资产"，且数据宝这个"局长"又愿意把集成的数据（多半是以 SaaS[⊖] 形式呈现的技术产品）开放给商业共生体中的所有参与者共享，让他们能实时看到货车运力状态、货源货车匹配效率等动态参数，那么，过去因信息不透明、不对称，以及合作方对产品及商机潜力有所质疑而导致的心存观望、不全力投入的困境就被破除了。合作方的态度将转变为笃定踏实、全力投入，商业共生体的动能也将由此变得更加澎湃。

至于 4 家合作方如何对保险产品的收益进行分成，其实有多种方式，需要各主体进一步探讨。

数据宝一旦走通了这种新业务逻辑，就可以将该模式复制到其他垂直行业的业务系统中，联合保险公司、再保险公司以及其他行业的平台去跨行业设计新的"数据赋能下的场景化保险产品"。

那么，搭建出完整的业务系统后，靠什么能量来支撑它的高效运转呢？接下来，我们将阐述在充满动能的业务系统背后起着底层燃料作用的交易系统。

⊖ SaaS，即 Software as a Service，软件即服务，用户通过云端获得软件服务，并且根据实际需求，按照使用数据、使用量或时长向软件厂商支付费用。

2.4 第三层"交易系统":绑定业务伙伴

设计好业务系统之后,经营者的下一个任务是设计交易系统,如图 2-15 所示。这是商业模式三层解构图的第三层,也是生意真正落地的关键。这一层次的工作同样包含两个阶段:一是将构想中的角色与现实中的主体相匹配,二是设计交易方式和交易结构。

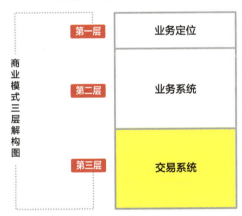

图 2-15 商业模式三层解构图的第三层

设计交易系统,从为角色配置主体或为主体匹配角色开始。因此,第一阶段的重点是主体与角色的匹配。在选择主体时,经营者自然希望能够找到对的"人",去组建商业共生体,最大限度地实现理想中的业务结构,让生意以更高的效率运行。但是,需要注意的是,在组建商业共生体时,要充分考虑到企业的发展阶段,为企业找到最合适的合作方,而不是最优(最高配)的合作方。

比如，企业规模较小时，要找小型代工厂合作，保证高性价比、高配合度和高弹性；而企业规模增大或是上市后，要找产能与交货良率匹配的大型代工厂合作。在企业规模不断扩张、量级不断提高时，经营者也会不断与商业量级更高的新主体开展合作，找到与新阶段的企业更适配的合作方。所以，随着生意的拓展，主体必然要不断"上车下车"，业务定位或商业环境发生重大变化时更是如此。

为角色配置主体时，经营者也面临一系列权衡取舍，比如在发展初期，是让多个主体承担一个角色（例如 AB 角，即每个岗位都设置两名责任人或供应商），还是让一个主体承担多个角色（一人多职），等等。

当主体与角色的匹配基本完成后，经营者就要进入第二阶段，即最重要的交易系统（价值交换机制）设计环节，为整个生意打下"经济基础"。交易系统设计是让商业共生体稳定、充满活力的关键。

虽然商业共生体的参与者多半会因为认同共生体的"大局"利益而加入，但每位参与者（也是利益相关者[一]）必然更重视追求自身的"个体局部利益"（不仅仅是收益等经济利益，还有商誉、稳定性等非经济利益），并希望通过使用对自身有利的交易设计方式，与主导企业（或其经营者）交易，或与商业共生体当中的其他参与者交易，使自己投入的价值实现增值，获得回报[二]。

因此，主导企业公平、稳定地为合作方分配利益，是商业共生体成立的前提，也是生意落地的前提[三]。主导企业或其经营者一定要站在全局立场，协调共生体的

[一] 世界经济论坛创始人克劳斯·施瓦布（Klaus Schwab）在其于 1971 年出版的著作《现代机械工程企业管理》（*Modern Company Management in Mechanical Engineering*）中提出，企业及其 CEO 不能只考虑股东及股东对利润的预期，还要考虑到企业所有的利益相关者（Stakeholder），因为它们存在互利共生关系，共同组成了商业共生体。只有整个商业共生体和经济运转起来，个人或单个实体才能有所成就。克劳斯勾勒出了一幅利益相关者星图，并且将利益相关者概念延展到经济、社会和环境领域，呈现出全球性利益相关者关联性。而罗伯特·爱德华·弗里曼（R. Edward Freeman）在其于 1984 年出版的《战略管理：利益相关者方法》（*Strategic Management: a Stakeholder Approach*）中对利益相关者给出的经典定义是"那些能影响企业目标实现或被企业目标实现所影响的个人或群体"。

[二] 魏炜，朱武祥，林桂平.商业模式的经济解释 II [M].北京：机械工业出版社，2014.作者认为，交易设计的选择以价值增值为基本的评判标准。

[三] BRANZEI R, DIMITROV D, TIJS S H.The equal split-off set for cooperative games[M].Banaca Center Publications, 2006: 39-46.

内部分配，使其合理合宜㊀。

在交易设计上，经营者除了要重点关注"第一交易"（企业与客户的交易），还要关注"第二交易"，即企业与除客户之外的各合作方之间的合作，要设计对应的"合作增值再分配"交易方式。交易设计内容涵盖一系列促成交易的交易活动，以及最终的交易方式（如买卖、租赁、授权、按使用付费等）与购买规则。

在"第一交易"的设计上，如果经营者设计得当，企业可以快速地将商品变现，获取更高的价值回报。同时，客户可以以最低购买成本换取最大价值。比如，过去的花卉公司在贩卖办公室观赏植物给企业客户时，多采用买卖（以货换钱）的交易方式，后来，交易方式改为租赁，一年起租，每周提供更换花卉服务。新的交易设计使企业客户的成本降低，使花卉公司的利润提高，交易双方同时实现价值增值。

在"第二交易"的设计上，与企业依靠变现内容从客户端直接获取收入不同，经营者除了要让所有合作方的资源投入价值都得到更大的增值外，还要统筹考量与每一方进行交易时的交易分配机制与交易风险承担的合宜性。比如，一家线下知名咖啡连锁企业（主导企业）与一个景区管委会合作，管委会提供咖啡馆场地、装修及设备费用，知名咖啡连锁企业提供设计与运营。这家咖啡连锁企业的交易设计是：每月单店净利润若在10万元以下，企业与管委会分润比例是4∶6；净利润若在10万元到20万元之间，分润比例是5∶5；净利润若在20万元以上，分润比例是6∶4。管委会对这个交易设计非常认可，认为双方都承担了风险，风险承担高者优先获得高分配㊁。

㊀ 袁纯清．共生理论：兼论小型经济 [M]．北京：经济科学出版社，1998．作者认为，按照能量和价值产生与转移的标准，稳定的共生关系可分为偏利共生、非对称互利共生及对称性互利共生三种。

㊁ 此处举的例子是常见的业务交易关系，用市场化的合作协议载明彼此在合作上投入的资源，以及各自获得分配的方式。这种"合作增值再分配"，通常无须通过成立合资企业建立股权交易关系（治理交易关系）。

交易设计是经营中最关键但最隐而不露的大智慧，好的交易机制会让每个主体都产生价值增值，并成为联结纽带，联结并绑定主体彼此的资源，共同支持业务系统的运营，最终让生意形成闭环。如果辅以一定的文化建设，还能进一步降低机制的实施成本。

现在，我们把焦点聚焦到交易系统上：到底什么是交易系统？它是由什么组成的？

事实上，所有的个别成交集合在一起就构成了交易系统。交易系统是由许许多多局部的交易结构共同组成的，而交易结构是所有参与合作的主体间（多个利益相关者间）的交易活动逻辑和利益分配方式，其中包括交易方式。交易方式既是价值交换的方式，也是交易内容的转让形式与支付方式⊖。

比如，企业内部既存在股东与股东间合作的局部交易结构、股东与高管（虚拟合伙人）间分润的局部交易结构，也有不同职能高管与不同职能内部中层间各种利润分配比例及方式的局部交易结构。

再比如，企业前台包含"品牌主（支付广告费）—整合营销机构（支付投放费与服务费）—投放中介（支付广告投放费用）—媒体"的营销交易结构，以及由"终端客户（支付货款）—经销商（支付提货费）—品牌商"组成的销售交易结构。而企业后台的技术、供应链、资本等环节也有交易结构，如"企业—产品联合开发—技术授权方""企业—物流—代垫资公司—上游零部件工厂"等交易结构，每一种交易结构当中都有着"利益流"的流动。

利益流包含两层含义：第一层含义是顾名思义的交易结构内利益分配与流动方向，第二层含义是交易结构内现金流的流动方向。对每一个商业共生体的参与企业来说，通过价值贡献获取收益、实现利润看似美好，但是，利润在应收账款回笼前只是未实现利润，只有应收账款回笼产生现金收入，企业才能支出，才能实现各种分配，所以，现金流就是企业的血液。一旦企业的现金流停止流动，经营者就要迅

⊖ 魏炜，朱武祥，林桂平. 基于利益相关者交易结构的商业模式理论[J]. 管理世界，2012，12（12）：125-131.

速思考如何加入新的交易角色，增加交易活动，让现金流顺畅地流动起来。

我们以为美食综合体解决现金流难关为例，来说明如何通过增加交易结构内的交易角色与交易活动来维持利益流的健康流动。

案例 2-7　交易设计之变：美食综合体融资难题迎刃而解

"我的生意太难做了！"2019 年春节，我接到了一通来自学生的求助电话。起初，我还有些许意外：这位学生并不是创业新手，而且生意模式也已成熟，怎么会遇到难处呢？

原来，他在位于北京最繁华商圈的一栋大楼内租下了 6 层楼，计划招揽 100 个美食连锁品牌商家进驻，想要打造一个全新的美食综合体。

这个生意简单来说就是"二房东"模式：整租、装修再分租给品牌餐饮商家。盈利来自向商家收取的固定月租和部分销售扣点，减去给房东的租金、前期投入和当下运营成本，剩下的就是他的净利润。这是一种典型的价差模式。

如果选址合理，好商圈带来的客流就是优质经营资源，会吸引大量品牌入驻。在这种情况下，还可能会有第二个盈利点——要求品牌转让一定的股份作为入驻的条件。

不过，看似成熟、清晰的业务，在实操时却出现了意外。原定于 2018 年 5 月开业的美食综合体，因为审批流程的原因，迟迟无法如期开业，直到 2019 年春节才得以部分开业。

延期开业直接导致我的这位学生流动资金短缺，出现了 3000 万元的资金缺口，他不得不到处找钱。因为公司的营业场所是租赁来的，去银行申请不到融资，合伙股东又不愿垫资，他自己也没有不动产做抵押，资金链即将断裂。

电话那头的学生，焦虑又无助。

听了他的情况，我颇有把握地说："咱们一起调整一下你的交易结构吧。"

其实，对美食综合体的生意进行分析后，就能发现，其优势经营资源是这栋楼附近的自然客流，这是非常稀缺的租赁资源，已经吸引了一批拥有忠实客群的知名品牌加盟商家入驻美食综合体，盈利可期。

在原来的交易系统中，品牌加盟商家的交易角色是美食综合体的承租方，现在，我们换个思路：是否可以让它们扮演"债权融资提供者"的交易角色？融资方式是美食综合体（二房东）向承租方提出优惠的预付租金方案：如果商家愿意一次性付清一年租金，就给它们打 9.2 折，本质上是美食综合体向其支付了 8% 的年利率。由于国内的银行有为优质中小企业提供 100 万元无抵押担保小额贷款的政策，利息非常优惠，这些知名的餐饮品牌加盟商家符合这一类无抵押担保小额贷款的申请条件，很容易申请到，因此，让它们一次性付清一年租金并不困难。

学生采纳了我的建议。不久后，他便来向我报喜讯：40 个商家愿意与他共渡难关，他们申请到了小额贷款并向他预付了租金。在这笔资金的帮助下，他顺利地跨过了这个坎儿。

复盘让美食综合体渡过难关的交易设计，其实就是企业在自己的交易结构中增加了一个新交易角色——由品牌加盟商家扮演的债权融资提供者。原本企业应该向银行直接融资，而增加了一个新交易角色后，就变成了承租的商家先向银行融资，企业再向商家融资。当然，增加交易角色的同时，企业的交易方式也产生了一定的变化，新增了两个交易活动：一是企业安排一些商家向银行申请小额贷款；二是企业为商家提供预付租金的优惠政策。

仅仅增加了一个交易角色，不可能跨过的坎就顺利地跨过去了。不过，交易角色并不是想增加就能增加的，其背后是"企业物业所处地域"这个优势资源的支持。也就是说，如果这家企业不在繁华商圈，没有大量的自然客流，也不知道国内银行有为优质中小企业提供 100 万元无抵押担保小额贷款的政策信息，这种操作是很难实现的。

最后，我要提醒的一点是，随着业务运营日趋成熟，一些企业构筑的商业共生体日趋稳固，主要的利益相关者会相互深度锁定，使利益结构固化，这会导致业务定位或商业环境发生重大变化时，现有利益生态结构往往被"锁死"。而优秀的经营者会有策略性地操作"上车下车"，让主体健康流动，从而不断解锁固化的利益结构。

2.5 第二层与第三层的关系：业务系统不变，交易系统改变

在很多人眼中，构建生意的各种要素纷繁复杂，梳理时往往是千头万绪、搅成一团。因此，本书的重要内容之一，就是协助经营者先把业务系统与交易系统这两个层次清晰地拆分开来，捋清头绪。

本节我们要说明的是，有时我们对比两个有着相同业务定位的"友商"时，会发现它们还有着相同的业务系统（工作流）。这时，若一方能在交易系统中做出交易设计创新，改变利益流，就有可能获得差异化竞争优势。

以苹果公司的 iPhone 产品线为例，它与富士康和立讯两家外包总装厂商的合作模式有很大不同，这一区别恰好能说明这种情况。在 iPhone 的供应链里，苹果自己不组装手机，而是将这一环节外包给了两家手机总装厂商（也称"组装厂"）：一家是富士康，另一家是立讯。苹果与两家组装厂之间的业务系统（工作流）是一样的，但是与两家的交易系统（利益流/现金流）却有很大不同。

在接下来的这个案例中，从组装厂的视角，可以看到立讯凭借着在交易系统上做出创新，最终弯道超车，从苹果公司拿到了更大比例的组装订单。

案例 2-8　立讯发力交易系统创新，抢走富士康订单份额⊖

苹果公司 2019 年全年营收为 2600 亿美元，其中 iPhone 产品线的销售收入贡献超 60%，iPhone 可以说是世界上最赚钱的智能手机，但是，苹果其实不是典型的手机制造商，而是更像一家聚焦于技术研发、商品开发和品牌营销等主要内部业务活动的公司，总装等较为次要的业务

⊖ 这个案例源于我在 2020 年 5 月对定制化生产及测试设备集成商 D 公司的访谈。

活动则几乎全都是外包的。

在 1976 年成立之初，苹果的模式并非如此。那时，苹果是自给自足的保守者，从设计生产芯片、主板等零部件到组装产品，再到物流运输都是由自己包揽完成。随着行业和专业分工的发展，苹果才逐渐专注于有限的核心业务活动。这个企业边界与运作方式是苹果经过 50 年的发展演化而来的。

在 iPhone 的制造环节，苹果主要有两类外部合作伙伴：一是设备厂（定制化生产设备及测试设备的集成商，SI），二是组装厂（委托进行手机总装的工厂，CM）。

苹果与多家设备厂保持着共同进化的动态关系，在制造设备及个性化测试设备的开发上，苹果内部的工程部门会与设备厂的工程部门不断进行深度共创。苹果会派工程师带头讨论并实地测试新工艺，并将结果反馈到组装厂的手机组装流程设计中。

- iPhone 业务系统的主要流程

在某个时期，苹果选择 D 公司作为设备厂，选择富士康作为组装厂，三方建立了稳定的合作关系，即苹果设计手机，D 公司提供制造手机所需设备，富士康负责组装。不过，苹果有分散供应商的策略，除了富士康外，苹果又引入了立讯这家供应商，由此形成了"苹果—D 公司—富士康"和"苹果—D 公司—立讯"两组三方合作的业务系统。

- "苹果—D 公司—富士康"与"苹果—D 公司—立讯"

分析业务系统内的业务活动，以及这些业务活动串成的工作流，我们会发现，这两组三方合作的业务系统是一样的，具体如下：

苹果 iPhone 部门内部的采购、工程和运维等角色会先与设备厂相关部门对接，针对设备早期设计进行共创。接下来，苹果采购部门将方案需求发给设备厂，设备厂会进行具体设计，完成设计后提交可制造性设计方案和报价，苹果审核通过后通知设备厂进行样机制作。设备厂完成样机制作后，通知苹果工程部门进行样品确认，苹果确认后通知设备厂进行设备批量生产，并让设备厂把设备直接配送给组装厂，由组装厂进行手机批量总装。

- iPhone 原有交易系统的主要流程

在"苹果（客户）—D 公司（设备厂）—富士康（组装厂）"的合作模式中，三方在业务流程上建立了稳定的工作流。而在具体交易流程上，苹果的采购部门与 D 公司在交易条款上达成一致后，马上签订合同，苹果直接向 D 公司下单采购设备，D 公司履约，将设备配送给富士康。

钱由苹果出，富士康验收后开具收货单给 D 公司，D 公司拿着收货单去找苹果请款，苹果确认收货情况后付款，支付周期是 30 天。苹果每年花在设备上的成本接近 100 亿美元，这是一笔巨大的开支。

- **竞争者立讯进行交易创新后的新交易系统内的主要流程**

库克时代的苹果一直奉行多元供应商政策，通过刺激供应商间的竞争来压低价格。为此，苹果扶植了立讯、仁宝等组装厂，鼓励它们与富士康展开竞争。

在"苹果（客户）—D 公司（设备厂）—立讯（组装厂）"的合作模式中，立讯为了争取到更大的订单，在交易系统上做了创新：苹果不需要出设备的钱，而是由立讯承担（立讯在资本市场上做专项项目融资），苹果的费用转化为立讯的费用，以此创造价值，但作为条件，立讯希望获得更大的订单。为了保证以后能争取到更大的订单，立讯还自愿进一步降低出货价格。

这项举措对苹果有很大的好处，使它省去了固定资产设备的投入，以及盘点设备、折旧和人力等费用，现金流一下子变得充裕了，苹果将这些现金流用于发展电动车之类更重要的未来战略业务，可谓双赢。

立讯的做法让交易系统内的交易流程产生了变化：苹果让立讯直接向苹果选定的设备商 D 公司下单采购，D 公司把设备配送到立讯设备部门，立讯验收后开收货单，D 公司依单向立讯开发票请款，立讯除了可以延长整个付款周期之外，还可以向设备供应商 D 公司收取设备总价值 5% 的返利作为管理费。

- **业务系统（工作流）不变，交易系统（利益流/现金流）改变**

立讯通过交易创新拿到苹果的大订单后，我们再来看"苹果—D 公司（设备厂）—立讯（组装厂）"这三方合作的业务系统，会发现它和原本的"苹果—D 公司—富士康"相比，本质上变化不大。从参与设计、审核后通知设备商进行样机制作、样品确认、通知设备商进行设备批量生产与交付……到手机组装交付，业务系统均未发生变化。苹果内部的工程部门仍然掌握着设备的设计主导权与设备厂的选择权，并且还会与设备厂进行设计上的深度共创，实地测试新工艺，并将结果反馈到组装厂的组装流程设计中。

立讯没有改变业务系统，它的着力点是交易系统的创新，重新设定了谁出资（项目融资的出资方）、谁付款（立讯），对资金的来源与支付都进行了调整。凭借这一交易系统创新，立讯从富士康手中抢走了大量订单。

我希望通过这个案例，讲解清楚如何把商业模式三层解构图中的第二层"业务系统"与第三层"交易系统"清晰地拆解开，分别进行分析。更重要的是，这个案例还说明，创新不一定在业务系统上，立讯在交易系统上的创新，就为其自身和苹果都创造了价值。我们可以用一句话对立讯与苹果的合作进行总结：不变的工作流，创新的利益流。

2.6 生意全局观：穿透三层结构的联动关系

至此，我们已经理解了商业模式三层解构图每一层的含义，那么，三个层次之间存在着怎样的关系呢？

不同的业务选择对应着不同的业务系统和交易系统，因此，三层解构图的三个层次之间有着紧密的联动关系。用三层解构图分析生意结构和指导生意构建，非常关键的一点是理解三个层次之间的联动关系。

在三层解构图中，一个层次改变，其他层次也会随之改变。而商机、资源能力、变现内容、业务结构、角色与主体、交易结构这些要素有任何改变，都可能改变整体的生意。理解了这一点，你就会明白为什么做任何决策都必须从全局出发。

我们来看传统家装与互联网家装的三层解构图，两者的第一层业务定位不同，自上而下联动的第二层与第三层也就大不相同。

传统家装的业务定位是家装公司根据客户需求和房型，提供硬装上的个性化设计服务，进行一体化设计加施工总包，由设计师直接与客户沟通，再外包给施工队进行施工。

互联网家装的业务定位是把传统的个性化家装服务标准化，家装公司提供硬装上有限的设计风格选项，提供每平方米固定价格的"一口价、包施工、包料、包工期"服务，进行一体化设计加施工总包。

在表 2-8 中，我们对这两种家装方式进行了对比，从中可以看出，在不同的业务定位下，两种家装方式的三层结构均不同。

表 2-8　两种不同家装方式对比表

三层解构图	传统家装	互联网家装
第一层 业务定位	• 家装公司根据客户需求和房型，提供硬装上的个性化设计服务，进行一体化设计加施工总包，由设计师直接与客户沟通，再外包给施工队进行施工 • 产品描述：个性化定制。按照每个个性化的设计报设计费；按照每个项目所需的材料与施工人力报施工费用	• 把个性化家装服务标准化，家装公司提供硬装上有限的设计风格选项，提供每平方米固定价格的"一口价、包施工、包料、包工期"服务，进行一体化设计加施工总包 • 产品描述：标准化套餐。每平方米 699 元 + 不同类型个性包，80 平方米以下的装修房屋占 75%；设立研发设计师职位，设计个性化标准套装
第二层 业务系统	• 客户需要自己挑建筑材料，要了解一定的装修知识，要紧跟项目流程，最后在结算工程款时更是要思路清晰	• 报价标准化、工序标准化、管理标准化、效果标准化 4 个标准化将装修变成了能够在互联网上展示和销售的商品 • 自主开发公司订单管理系统 • 自主开发 ERP，将流程拆解为工艺流程、资金流程与物流供应链流程
第三层 交易系统	• 装修公司拿到客户订单后会层层分包，先是分包给大工长（包工头），大工长再分包给小工长 • 小工长从手中掌握的劳务队伍中随机调配工人完成订单	• 打破原有的劳务外包模式，将小工长聘为内部项目经理，设计绩效激励制度 • 通过设计软件降低对高级设计师的依赖，聘用初级设计师等同于测量师

2.7 三层解构图与"设计—构建—验证"业务发展循环方法的结合应用

无论你是从零开始创建一个业务,还是创新既有业务的经营方式,都可以遵循"始于设计,终于验证"的逻辑,使用"设计—构建—验证"业务发展循环方法,有序地推动生意循环升级。

成功的生意一定基于正确的想法,这个想法就是我们所说的"设计"。经营者从一个想法出发对生意进行一段时间的构建后,就会知道这个想法是不是立得住。如果立不住,就要推倒重来;如果立得住,则要根据构建情况,继续修改完善。

构建了一段时间后,经营者必须停下来,拆解与透视生意实际上长成了什么样子,并和原来的设计进行比对,这就是我们所说的"验证"。

既然要比对,就需要用同样的框架,而且这种框架最好是可视化的,一目了然。正是基于此,我们发明了商业模式三层解构图这个可视化工具。

利用这个工具,经营者可以先设计自己的生意,经过一段时间的构建后,通过分析生意的状态,验证初始设计,进行修正,如此不断循环。

所以,"设计—构建—验证"业务发展循环方法不是一个理念,而是一个可以反复循环、不断使用的工具。一组"设计—构建—验证"为一个生意周期,如图 2-16 所示,经营者可以先从第一组开始做起,设定一个起始的设计时间和一个终止的验证时间。

在第一组"设计—构建—验证"循环的"始于设计"阶段,经营者可以用三层解构图去结构性地描绘初始生意(即经营者脑海中设想的生意的理想状态),再根据此设计进行生意的构建⊖,之后在设定的验证时间,再次使用三层解构图,分析

⊖ 构建指增删角色、拆分或重组业务活动、组合资源能力、与配置的主体进行交易绑定。

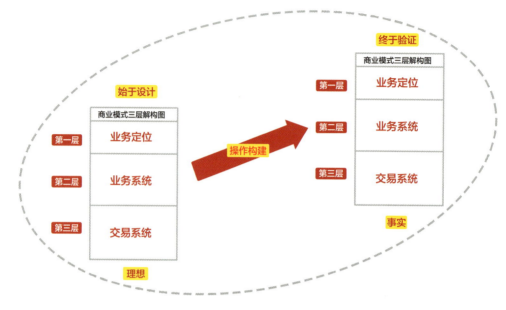

图 2-16 "设计—构建—验证"业务发展循环方法示意图

生意在这个时间节点上的实际情况（即生意的事实状态），经营者据此对比初始的理想状态与构建后的事实状态，进行验证。

很多案例表明，初始设计多半只是一种业务探索，后期进行验证时，很可能会被推翻，改变为新的设计，而且这种改变通常不止一次。

所以，初始设计的三层解构图和第一组"设计—构建—验证"循环非常重要。如果通过验证，生意成立，经营者可以继续升级发展；如果没通过验证，生意不成立，经营者就要果断止损、归零。

在本书第 8 章中，我会进一步说明，在第一组的验证结束后，如果生意成立，如何在验证的基础上进行"升级设计"，再进入第二组、第三组"设计—构建—验证"循环。多个循环依次推进，生意就会如图 2-17 所示，推动企业发展螺旋上升。

下面以诞生于 2014 年的国内知名原创短视频内容企业"二更"为例，来看看它的创始人丁丰如何带领企业经历三次"设计—构建—验证"循环。

第 2 章 透视生意全盘图景的商业模式三层解构图 | 083

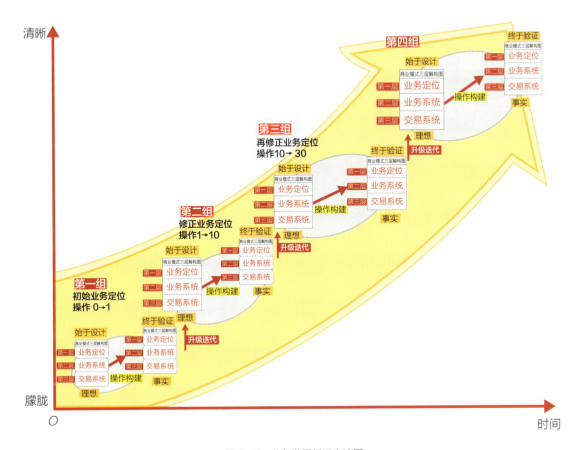

图 2-17 业务发展循环方法图

案例 2-9　二更三部曲⊖：一套生意的升级路

丁丰的身上有很多标签：媒体人、广告人、二更创始人……他创业三次，历经多年，能够越来越熟练地应用商业模式三层解构图加"设计—构建—验证"业务发展循环方法，设计并推进业务发展，不断提升经营段位。

第一次创业：直觉之旅，终于验证

早年，仅凭借自身经验和直觉，丁丰便开始了创业之旅，成立了浙江海腾文化传媒。这是一家有内容基因的广告公司，凭借专业的内容能力获得了省级电视台频道栏目的内容代理权，业务

⊖ 本案例由二更创始人丁丰提供并协助整理。

定位是制作精品栏目，并在栏目中融入植入式广告。

当时，丁丰认为，利用高质量内容创造差异化，就能通过错位竞争赢得生存空间。

但丁丰没想到的是，自己非常看好、认为具有内容差异化优势的创业项目在不久之后就暴露出问题。首先，浙江省内电视台的"时段资源"是个有限的地域性资源，这限制了创业项目的规模化扩张；其次，电视台对专业度要求高，广告主的需求又多样，因此，两端的沟通成本都巨大。最后，内容营销的业务系统需要精细化运营管理，只有管理好营销成本、设备投入、人员开支、人才流动、利润率等每个细微的环节，才能"抠"出利润，赚到"管理财"。若公司没有精确规划与精细运营的人才，很难持续盈利。

丁丰在实际运作并回头对该模式进行验证后，得出一个结论：这个业务的价值空间有限，在"事"的层面，业务系统运营复杂，在"人"的层面，交易系统要聚合适配者很不易，商业模式并不"性感"。

第二次创业：改变业务定位

丁丰的第二次创业项目是短视频公司二更，利用过去制作精品栏目的能力制作线上精品短视频。

这次他想得更清楚了：

- 业务定位：做新媒体，做有温度的原创短视频内容。
- 内容定位："发现身边不知道的美"，用半纪录片的表现方式，聚焦匠人精神，传递、坚守匠心与正能量。
- 业务系统：在微信公众号上吸引 C 端用户观看，产生流量，并持续提升用户黏性。
- 交易系统：前台为 B 端客户定制带有植入式广告的短视频以及为客户做视频分发，交易结构简单清晰，盈利点明确；后台针对团队推出"影视创作人生态"，聚合优秀的创作者，为他们提供成长的土壤与空间。

很快，二更抓住了新媒体内容营销的风口，获得了极强的用户认知与行业口碑。这使丁丰幸运地拿到了多轮投资，也萌发了更多的想法。他开始思考如何重构影视制作这个传统行业的业务系统，希望通过业务结构优化来提升效率和扩大利润空间。

随着企业的规模化发展，作为创始人的丁丰也步履不停。他积极走访行业内的优秀企业，学习"精益创业""单点突破""合伙创业"和"商业模式"等知识。尤其在业务定位、业务系统的搭建与优化、商业共生体的组建与优化方面，投入了更多的精力去思考和设计。

在创立二更的前六年，公司业务规模不断扩大，为了支撑每次上新台阶后的业务效率，原有的组织及人员能力必须不断调整。所以，对合伙人、高管及合作方都进行了优化，丁丰目睹各种内外部合作方"上车下车"的全过程，深刻地体会到在企业成长过程中各阶段、各合作主体配置逐步从低配到高配的重要性。

第三次创业：新技术赋能再升级

丁丰的最近一次创业，是集合 SaaS、5G 传输、云协作等多种数字化技术的一项视频制作新业务。他为这项新业务取名"视然数字科技"，希望用数字化技术改变视频生产方法，让客户在从提需求到收到交付产品的整个流程中都得到更舒适、更高效的体验。

这项新业务的业务定位是提供全域内容策划服务，以及利用视频服务平台提供数字化的一站式解决方案。服务形式不再只是根据客户需求进行单一的视频制作，而是升级为与企业客户共创共建"整体内容"。收益来自企业提供整体内容解决方案全案的项目费，和视频数字化生产服务过程中的增值收益，如二次剪辑和素材混剪服务。同时，新业务还扩展了视频内容的类别，为企业客户提供企业文化、企业品牌、用户运营、市场销售、内部培训等更全面的内容。更重要的是，新业务还致力于为每一个企业客户搭建内容分发、检索和储存的"数字资产库"。

平台自行研发的 SaaS，包含信息化产品与数字化产品，企业客户可以在 SaaS 上提出需求，这些需求都以数字化的形式呈现，系统能自动匹配后端的产能。在供给端，信息化重构了视频生产工作流，使生产效率大幅提升。同时，通过培训和能力标签等维度，数字化产品有效地让更多职业工种参与到生产系统中来，确保规模的可延展性。企业性质从内容驱动型转化为数字化产品驱动型。

在过往的创业进程中，丁丰一直在规划业务的交易结构，也一直想构建一套系统运营的交易机制，但始终难以落实。这一次，有了数字化产品，他得以将交易规范预先置入系统中，在系统支持下，平台运营采用了集中统一调度式的自动交易机制，这使所有合作方都能看到透明化的交易信息，并及时进行分配，由此产生了强信任。平台保障了交易的可靠性，更多的合作方不断聚合，业务规模也不受限制地扩大了。

丁丰经历了许多从零开始创业的人都曾经历过的多组循环：从第一次"设计—构建—验证"循环，进入第二次"重设计—重构建—重验证"循环，再进入第三次"再设计—再构建—再验证"循环，经营者的实践和认知不断深化，经营段位持续提升，企业的经营方向也变得更加明确，企业的商业量级也随之不断提高。

生意的发展是个无限游戏，没有终局，也不应该有终局。在外部环境大体不变的前提下，经营者在构建过程中对业务的理解会不断深入，并且会把资源能力、角色、业务活动、主体、交易活动组成的生意网编织得越来越完善。而如果外部环境发生重大变化（如数字化、AI时代来临、去中心化的敏捷小组成为常态等），经营者就有可能需要大幅重构或迭代业务，甚至进入全新的业务领域。

本章精华回顾

感谢你读到这里。从上一章给"生意"重新下定义，到本章重点阐述商业模式三层解构图和"设计—构建—验证"业务发展循环方法，我们的经营段位提升之旅已"挂挡起步"。现在，我们先休息一下，花点时间厘清思路，也让我有机会预告后面的精彩。

首先，三层解构图来源于经营思维与生意构建逻辑，是本书的核心理论，虽然现在看起来有些简陋，但其实大有可深入探讨之处。

其次，三层解构图呈现的是单一业务在单一时间节点上的状态，无法直接带你打通整个真实世界，但能够为这种打通提供基础。

最后，我们在"可视化"这件事情上是非常认真的。现在的三层解构图足够直观，但第二层和第三层无法容纳足够多的信息，无法完美呈现生意结构。为此，我们将在之后的章节中推出更好用、更强大的可视化工具——熊掌图、生意蓝图和生意密码"3169"，推动三层解构图的形态进化。这一方面可以进一步帮助设计和梳理生意各层次及全局；另一方面则可以通过追踪发展轨迹，呈现生意的动态变化。

在第3章，我们将进入三层解构图的第一层，详细讲解业务定位。

第 3 章

业务定位引领并决定着生意最终的样子

3.1 特斯拉从业务选择到业务组合的逻辑

3.2 重新认识业务

3.3 重新认识业务定位:"苹果核"中的 PMF 匹配与业态

3.4 找到业务定位的两种路径

3.5 盘点核心资源能力池

3.6 重新思考业务属性矩阵:价值型与走量型、2B 与 2C

3.7 开启不断探索新业务定位的旅程

在第 2 章，我们了解了经营者如何利用商业模式三层解构图进行生意构建，从确定做什么生意，到搭建生意所需的业务系统，再到设计交易聚合人，绑定资源支撑业务。

不过，我要提醒的是，单一业务是生意的最小单元，用商业模式三层解构图去分析的正是单一业务。在现实中，一项生意可能由不止一种业务构成。在第 7 章中，我还会对此进行详细阐述。

本章我们将聚焦三层解构图的第一层"业务定位"，重新认识业务，学习如何从众多模糊的商机（许多发散的业务方向）中找到清晰的商机（收敛到具体做什么业务，即业务定位），了解探索业务方向进而确定业务定位的过程。

接下来，我会详细说明业务定位即特定客群与满足需求的特定商品（实体商品或服务）之间的匹配。要实现二者匹配，经营者有两条路径可走：寻找市场需求缺口和现有资源能力转化。后者有机会创造出新的市场需求（价值地带），但尤其需要聚焦。

确定业务定位即"客群（人）-商品（货）"的匹配，也就是具体回答一项生意到底要"卖给谁-卖什么"的问题。而在"卖什么"问题上，除了要确定卖什么商品（或服务），还要确定由"在哪里卖""怎么卖""卖的业务活动"所组成的业态^㊀。业务定位引领并决定着生意最终的样子。

在了解业务定位的过程中,我们还将介绍两种不同的业务属性视角——2B 或 2C 业务、价值型或走量型业务,以及业务定位动态调整的本质、围绕业务定位的支持系统等多个关键知识点。

特别需要提醒的是,在 3.1 节中我将对特斯拉(Tesla)这个鲜活的案例进行分析,以特斯拉从业务选择到业务组合的逻辑有序地串起本章要讲的知识点与方法。

㊀ 业态(Format)最早是一个日文汉字词语。狭义的业态指的是零售业内各种实体店(百货店、超级市场、便利店、专业市场、专卖店、购物中心和仓储式商场等)的营业形态,后来扩展至线上或线下零售的形式。广义的业态应用行业广泛,包括餐饮、文旅、建材、酒店、物业、地产等,它指的是企业与客户接触的经营界面形式。日本的西武集团非常注重业态创新,其创始人堤康次郎去世后,次子堤清二接掌以西武百货为中心的西武集团流通事业部门,形成了与西武集团有别的季节集团。西武百货曾创造出许多零售品牌业态创新,包括巴而可、Loft、无印良品等。

3.1 特斯拉从业务选择到业务组合的逻辑

特斯拉是一个外行颠覆内行的经典案例。在短短不到 20 年的时间里，特斯拉就成了历史上市值最高的汽车企业，到 2021 年 10 月底，市值更是突破 10 000 亿美元。特斯拉都有哪些业务呢？读者不妨先试着回答一下这个问题。

作为一个每次都能成功的连续创业者，埃隆·马斯克（Elon Musk）在他 31 岁那年套现 PayPal 成为亿万富翁之后，选择继续创业。2003 年，他向特斯拉注资 630 万美元，成为这家电动汽车公司的新任掌门人，开始驱动这家公司呈指数级发展。

直观地看，特斯拉从事的生意是智能电动车业务。但进一步研究后你会发现，特斯拉其实是一家由**多业务**组成的公司，它既有电动车业务，也有储能设备业务，还有自动驾驶业务，以及为购车者提供分期付款的金融业务，而且每个业务都有自己的盈利方式。未来，特斯拉还有可能利用自动驾驶技术培育出租车业务。

因此，想要看清特斯拉的生意"全盘"，至少要分析四个行业——汽车行业、储能设备行业、自动驾驶（智能互联网）行业和金融行业的四种业务。

那么，特斯拉是如何找到这些业务，并清晰定义它们的呢？我们在寻找这个问题的答案时应遵循的思路和逻辑，正是 3.2 节要讲解的知识重点。

事实上，业务起源于商机，**商机是一种业务方向，一开始多半是模糊、朦胧的，经营者会不断地对其进行探索，直到找到清晰的商机，最终确定业务定位。**

业务定位是生意的核心，决定了一个生意接下来会长成什么样，如同苹果核里的种子决定苹果长成什么样。因此，我们把企业的业务定位形象地称为"苹果核"。特斯拉的生意中有多个业务，即有多个"苹果核"，属于多核驱动。

用"人-货"匹配理论分析特斯拉最主要的汽车业务与自动驾驶业务，我们可以得出如表 3-1 所示的内容。

表 3-1　特斯拉的两种业务

汽车业务	从"人"的路径出发，为年轻化、追求新鲜事物的精英人群提供外观简约、时尚、科技感与高级感十足的新能源汽车，满足他们展现个性的需求；从思考"人"未来的需求与场景出发，去组织资源，开发出全新的电动车
自动驾驶业务	从"货"的路径出发，马斯克亲任 AP（Autopilot，特斯拉自行研发的自动驾驶技术）团队的最高负责人，利用特斯拉自行研发的深度神经网络和人工智能软件编写技术，向 L5 级自动驾驶能力的研发进军，创造以前市场上不存在的深度智能汽车，满足用户过去未被发现的需求。也就是先从"货"出发，再去吸引早期使用者"人"

从表 3-1 中可以看出，从"人"或"货"任何一个方向出发，都可以匹配出不同的业务定位。

把特斯拉的汽车业务拆解开来看，特斯拉为"时尚及重视环保的客群"（人）提供"具有科技与时尚感的纯电动车"（货——性感商品）。从吸引"人"（消费者）的角度来说，Model 3 一上市，其时尚的跑车造型以及颠覆传统仪表盘的 17 英寸⊖ 中控大屏，就给外界留下了首创、震撼的印象。特斯拉汽车启动时那无与伦比的加速性，更是一下子打动了目标消费人群。

深究特斯拉把车这个商品做得如此"性感"的原因，是因为它从一开始就遵循着不一样的产品设计理念。它不像以前的汽车是由不同供应商各自开发局部控制器，而是用 IT 思维做汽车，塑造目标消费人群对汽车的新认知——用软件驱动汽车，由统一的中央控制器控制全车的功能，并借鉴智能手机，用线上下载技术（Over The Air，OTA）在线更新车辆中央操作系统。这些与众不同的产品设计理念重新定义了汽车，让汽车变成了消费性电子产品。

从纯电动车的核心技术来说，10 多年前，特斯拉就已经用由自行研发的电池管理系统驱动并串联在一起的电芯，保证供电效率（每度电行驶里程）在同级别车里最高，而且不会过充过放，也不会一块电池衰减得特别快而其他电池衰减得慢，这些软件技术形成了一种类似开源代码的协议标准。

⊖　1 英寸 =2.54 厘米。

被公认为特斯拉最大劲敌的另一家美国电动汽车公司 Rivian Automotive（简称"Rivian"），是另一个从"人"（市场需求缺口）的路径出发探索业务方向的经典案例。其创始人斯卡林格（R. J. Scaringe）和他的团队通过考察美国本土的实际市场，发现了另一个市场需求，找到了一个缺位的新市场——轻型电动卡车。这条赛道的业务包括把美国消费者非常喜欢的皮卡做成电动车，以及把 B 端商用市场的商用车做成电动货车。

Rivian 的行动力也很强，它的 R1T 纯电动皮卡已于 2021 年 9 月正式上市，而特斯拉的电动皮卡 Cyber-truck 的上市时间一推再推，马斯克透露的最新量产时间是 2023 年年中。在这条赛道上，Rivian 抢先跑了一步。正是因为找到了不同的业务定位，Rivian 有了"特斯拉杀手"的称号，并于 2021 年 11 月 10 日在纳斯达克上市，成为 2021 年全球最大规模的 IPO[一]。

用更通俗的说法来说，"人 - 货"匹配就是"人（卖给谁）- 货（卖什么）"。我们还需要对"卖什么"进一步分解，"货"除了是卖实体商品（或服务）本身，还必须包含由"在哪里卖"（场）、"怎么卖"（场景）"卖的业务活动"（满足需求的方式）组成的业态。业态是一种场景化的销售方式或服务方式，会影响接下来整个业务系统的设计。所以，对"人 - 货"中"货"的完整理解是商品加业态（"场""场景""满足需求的方式"）。

回到特斯拉的汽车业务上，我们来看看它设计的销售业态。特斯拉创造性地采用了网络直销加苹果公司式的线下体验店新业态，与客户建立了 DTC（直连用户）关系，该设计的好处是不仅能得到更丰富的用户反馈，还能把给中间商的销售费用节省下来。所以，特斯拉的销售业态是："在哪里卖"（场）即线上网络与线下购物中心，"怎么卖"（场景）即线下体验店，而"卖的业务活动"（满足需求的方式）是体验式的。

此外，在售后业态上，特斯拉也做了改变。特斯拉的电动车没有发动机与变速

[一] 彭斐. 当"水逆"期的特斯拉遇到上升期的 Rivian [EB/OL]. (2021-11-12). https://baijiahao.baidu.com/s?id=1716201672393477304.

箱，极易做售后保养，不需要依赖传统的 4S 店为顾客提供复杂的售后服务，因此特斯拉将售后业态改为自己开设直营维修中心。

一家企业找到自己的业务定位后，还要有足够的核心资源能力去实现它。我们把核心资源能力的来源分为三类，如表 3-2 所示。

表 3-2　核心资源能力的来源

核心资源能力的来源		
A	自己掌握的直系资源	经营者自身拥有的初始资源能力
B	可以增援的盟友	经营者能够调动的外部资源能力
C	需要引入的帮手	经营者需要努力引入和嫁接的外部资源能力

回溯特斯拉汽车业务的发展历程[⊖]，我们会发现：马斯克一开始就具备不凡的技术能力和品牌塑造能力（A），又能够调动美国的金融资源（B）为他的汽车事业提供资金支持。最后，他努力和中国政府达成合作（C），获得了快速量产的能力。有了这些资源，特斯拉才能使"卖给谁""卖什么"以及"在哪里卖""怎么卖""卖的业务活动"最终落地实现。

此外，每一个单一业务都有两重业务属性，一重是价值型或走量型业务，另一重是 2B 或 2C 业务。不同属性的业务对应的业务系统、交易系统及成长方式有本质上的区别，企业要慎选，也要聚焦。

特斯拉的业务属于 2C 与走量型。

区分 2B 业务还是 2C 业务，主要看企业瞄准的是企业客户还是个人客户，特斯拉主要经营的是将产品卖给个人客户的 2C 业务，其次才是将产品卖给企业客户的 2B 业务。

此外，商品或服务的标准化程度越高，尤其是有明确规格的标品，越需要上量销售，这类上量销售的业务即走量型业务；商品的捆绑化程度越高，尤其是那些没

⊖ 张假假，陈帅. 8 个月涨 5 倍：特斯拉 2500 亿美金市值是怎么炼成的？[EB/OL]. （2020-07-09）. https://baijiahao.baidu.com/s?id=1671706541928133526.

有明确规格的系统或者复杂的解决方案，越需要采用项目销售模式，这类销售业务即价值型业务。特斯拉没有为客户提供太多定制化的选项，因此，即便产品售价高，其业务依然只能算是走量型业务，而不是价值型业务。关于价值型与走量型、2B 与 2C，此处只是概述，在 3.6 中我们还会进行详细介绍。

再复杂的商业帝国，也是由一个个单一业务组成的。特斯拉在创立之初就专注于纯电动车的单一业务，甚至只专注于少数几个车款（如 Model 3），如此聚焦使它成为纯电动车第一品牌，并成功地建立了电动车生产的成本优势。

在现有业务的基础上，企业往往还会主动寻找能够协同互补的新业务，让不同业务不仅能独立共存，还能相依、互托，并由此建成企业的业务生态。这就是所谓的"红花配绿叶"，即流量业务和盈利业务的搭配。就特斯拉的案例而言，不断降价、薄利多销的汽车业务是流量业务；在汽车销量稳步增长后，特斯拉重点发力的与电动车业务互补的自动驾驶业务则是盈利业务。在第 7 章中，我会详细说明多业务组成的生态系统。

值得注意的是，在很多跨企业合作的业务生态系统中，参与主体之间的关系往往非常微妙，会形成联盟格局，很难由单一企业绝对主导。特斯拉也有自己的业务联盟。比如，汽车业务需要电池厂商的支持，于是，特斯拉先后与松下、LG、宁德时代等大型动力电池厂商合作形成业务联盟，参与电池的研发和标准制定。

最后，企业的业务定位是否一成不变？答案一定是否定的。企业成长首先要不断完善现有业务。但是，和产品拥有生命周期一样，业务自身也有生命周期，为了持续成长，经营者会不断地面向未来，探索与引进全新的业务定位和经营方式，向价值空间更大、更性感的业务定位迁徙。特斯拉也在不断寻找新的业务定位，并提出了不少脑洞大开的想法，比如正在进行中的自动驾驶出租车计划。

本章通过特斯拉的案例将接下来要阐述的各种框架与方法串了起来，同时，也让我们看到了特斯拉业务的各个侧面，以及它的过去、现在和未来。接下来，我们就通过更详细的说明，辅以丰富的案例拆解，带大家重新认识业务。

3.2 重新认识业务

我们的讨论从"业务"这个词开始。

照例，先抛出一个灵魂拷问：业务是什么？

在前面的章节中，我们经常提到"业务"这个词，业务的含义似乎很清晰，但我们迄今尚未给出明确定义。的确，和"生意"一样，"业务"这个词因为使用范围太广，含义常常不够明确。现在，我们对"业务"的用法进行梳理，我们日常所说的业务其实是指以下几项。

- 生意："我们公司是做新能源业务的"。
- 一个大生意内的板块："电池业务和电动车业务"。
- 经营活动类别："职能部门要服务好业务部门"。
- 销售活动："我天天出去跑业务"。
- 专业能力："业务不精，能力不强"。

由此可以看出，"业务"这个概念包含两个维度：上述前两项属于第一个维度，指向"商机"；第三到第五项属于第二个维度，指向"经营活动"。

我们之前讲过，生意是一位或多位核心经营者围绕至少一个商机开展的商业活动。因此，本书要探讨的主要是前两项中所提及的"业务"，也可以理解为"生意"的另一种说法。

基于此，我们将业务定义为：核心经营者围绕单一商机开展的经营活动。单一业务是生意的最小单元。

商业模式三层解构图的第一层是业务定位，在这一层，经营者要做的是业务选择，这对应业务的第一个维度，即商机（见图 3-1）。模糊状态的商机，我们称之为业务方向；清晰状态的商机，我们称之为业务定位。选择业务的过程，就是从模糊的业务方向逐渐找到清晰的业务定位。而经营者对业务方向的探索是一个广泛而发散的过程，要经过反复调研和论证。

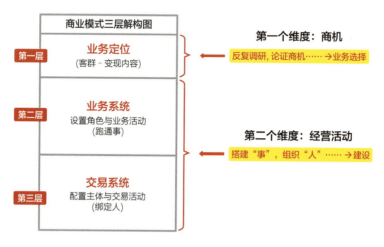

图 3-1　商业模式三层解构图

三层解构图的第二层和第三层对应的是第二个维度，即经营活动。第一层的业务选择，引领着第二层和第三层的建设。

在第二层中，经营者围绕第一层的业务方向或业务定位，设计整体业务结构，并搭建"事"，这需要经营者建立一整套业务活动系统工程，包含前台系统和后台系统中的支持业务。

前台系统包含直接面对客户的营销业务和销售业务，后台系统包含技术业务、供应链业务、资本与金融业务、政府业务，如图 3-2 所示。对于这六项支持业务，我们将在后面的章节中做专题探讨。

从这里到本章结束，我们会基于本书中的基准场景——由单一业务构成的生意，来讲述如何搭建"事"、组织"人"。你可能会说：很多企业的生意是由多业务组成的，比如苹果有电子产品、Apple Store、iCloud、音乐等多项业务，各个业务之间的关系盘根错节，单一业务如何能说清呢？

事实上，要做到清晰地分析每个错综复杂的、由多业务组成的生意，首先需要我们能单独地看待每个业务。如果我们用本书中的方法对每个单一业务基准场景逐一分析，再把几个业务组合到一起，全盘生意也就一目了然了。

回到对业务的认识上，我们可以清晰地看到：商机是业务的核心。从下一节开始，我们将深入研究三层解构图的第一层"业务定位"，探索经营者应该如何培养商业嗅觉和洞察力，以及如何提升发现商机的能力。

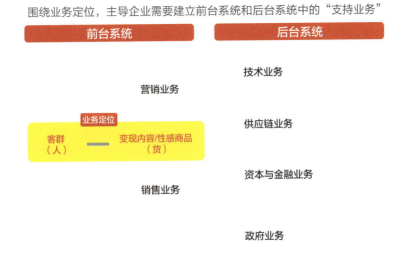

图 3-2　六项支持业务展开图

3.3 重新认识业务定位:"苹果核"中的 PMF 匹配与业态

前面我们讲过,业务定位是生意的核心,它决定了一个生意会长成什么样,如同苹果核里的种子决定苹果长成什么样。因此,我们把企业的业务定位形象地称为"苹果核"。

一个生意可以有多个"苹果核"。比如,你可能不知道麦当劳除了有众所周知的美式快餐业务外,还有鲜为人知的房地产投资与运营业务[一];美团点评既有到家业务(本地生活),也有到店业务、机票及酒店业务;香格里拉酒店除了住宿,还有餐饮、会议等业务;等等。这些企业都是典型的多个业务、多核驱动,而且,一个生意内多个业务板块间通常存在相互依托的关系。

在探讨每个单一业务的业务定位时,我们要重点明晰以下几个问题。

- 问题一:基础的业务定位到底是什么?
- 问题二:完整的业务定位包括哪些组成部分?
- 问题三:业态主要分几种,分别有什么作用?
- 问题四:随着移动互联网的深入应用,业态产生了哪些变化?

问题一:基础的业务定位到底是什么?

从本质上来说,业务定位是具有某种需求的客群与满足这类客群需求的商品(产品或服务)之间的匹配关系。经营者只要抓住了这种匹配关系,就抓住了业务定位。

[一] 克洛克,安德森. 大创业家:麦当劳之父雷·克洛克自传 [M]. 陈寅,译. 北京:中国经济出版社,2019.

基于多年为各种事业部规划营销战略（STP，市场细分、目标市场、对应的商品企划定位）的经历，我总结出了一个规律，并幽默地把它称作"人鸟理论"。这个名称源自一句经典的歇后语，"武大郎玩鸭子——啥人玩啥鸟"。这句话听起来粗俗，但不低俗。一个歇后语能流传几百年，一定有它深层的道理。这世界上，什么样的人玩什么样的鸟，什么样的鸟被什么样的人玩，有一种对应的规律。在商业上亦是如此，客群（"人"）和商品（"鸟"，也就是"货"）之间也有某种隐然的匹配关系。如图 3-3 所示，无论身处什么时代，业务都是以"人 - 货（鸟）"之间的精准匹配为起点的。

生意的最小单元，
是单一业务，
而每一个单一业务，
都是由一组"人-货（鸟）"匹配组成的

图 3-3 "人 - 货（鸟）"匹配

受此启发，我把构成商机的这种匹配关系称为"人 - 货"匹配。需要提醒大家的是，这里的"人"指客群，包括企业市场的法人客群和消费市场的自然人客群，而商业共生体中的"人"指合作主体，请注意二者的区别。

"人 - 货"匹配，其实是一种 PMF 匹配[⊖]。每一个单一业务都是由一组"人 - 货"匹配组成的。

⊖ PMF 最早是由 Netscape 的联合创始人马克·安德森（Marc Andreessen）于 2007 年提出的，他认为 PMF 是创业早期唯一重要的事情。PMF 有三个影响因素，分别是实际市场规模、目标客户的支付意愿和当前市场的解决方案是否充足。后来，史蒂夫·布兰克（Steve Blank）、肖恩·埃利斯（Sean Ellis）等人在此基础上进行了各种延展。

什么是 PMF？

PMF（Product Market Fit，产品-市场匹配）指的是产品适配市场需求，也就是在某条赛道上找到产品和市场的最佳契合点。许多增长专家认为，将某条赛道上的 PMF 做透、做到位，是创业早期唯一重要的事情，也是新业务部门负责人的第一要务。

要找到优质的 PMF，就要找到一个规模相对大的市场，并且能用一个"性感商品"覆盖这个市场。在寻找的过程中，需要不断验证预设的 CPS（C 即目标客户画像，P 即问题或真实痛点，S 即客户愿意为之付费的解决方案）[一]。如果有足够多的画像清晰的客户，愿意为你的解决方案付费，并且你能从中获利，这就意味着你找到了你的 PMF。PMF 不是一成不变的，需要随着市场与竞争的变化而变动，需要持续地进行动态调整。

"人-货"匹配引出了另一个概念——匹配质量。首先，有的匹配宽，有的匹配窄，匹配的宽窄意味着市场基数的大小与使用频次的高低，也就是价值空间的大小。比如，面向大众市场的宝洁或花王等日化产品，匹配宽，整体价值空间大；面向搬运重件的工人的机械外骨骼辅助搬运装备属于小众市场的专业产品，匹配窄，整体价值空间小。而手机这类具备通信属性的产品，匹配宽，满足人们的刚需且生命周期极长，属于"长坡厚雪"类业务。

也有的"人-货"匹配刚开始窄，调整后逐渐扩宽。像最初瞄准冲浪爱好者与极限运动者的 GoPro 运动相机，匹配窄，后来逐渐进入其他生活领域，扩大了目标客群，成为生活记录相机，匹配就变宽了。

此外，人对货的需求强度，造成了刚需品与非刚需品，从需求的迫切度上我们可以看出不同产品的市场增长性。

还有的匹配很巧妙，如拼多多，它并不用一二三线市场来划分"人"，而是认

[一] 阿什·莫瑞亚在其著作《精益创业实战》中提出，精益画布可帮助经营者通过 CPS 找到 PMF。

为"实惠"是一种普遍需求，买得起爱马仕包与高配 iPhone 的妈妈，也在乎一两元钱的"实惠"。拼多多的业务定位，是为更普遍的客群提供始终超乎消费者期待的高性价比产品。

问题二：完整的业务定位包括哪些组成部分？

简单地说，基础的业务定位——"人 - 货"匹配，就是"卖给谁"（人）、"卖什么"（货）。其中，"卖什么"往往必须匹配"在哪里卖"（场）、"怎么卖"（场景）、"卖的业务活动"（满足需求的方式），我们把这三个不可分割的要素的集合称为"业态"。在零售业与服务业中，业态概念的使用尤为普遍，比如我们常说零售业态、服务业态。

这里需要特别说明"满足需求"与"满足需求的方式"之间的不同。比如，做跨境业务的商务人士学习商业英语是一种刚性需求，但满足需求的方式可以有多种，如线下一对多的补习班、线上一对多的实时教学网课，以及线上一对一的实时教学网课等。相同的需求，很多时候有多种不同的满足方式。企业间的竞争不一定是"满足需求"方面的竞争，更多的是"满足需求的方式"方面的竞争。比如，家庭聚会时啤酒（需求）准备得不够，用户可以通过美团本地生活下单并找外卖小哥迅速送到家，也可以通过社区内团长所建的微信群下单让团长迅速送上门，这是现下社区生活中比较主流的两种"满足需求的方式"。如果一个啤酒品牌没有在这两种业态上布局，就会失去竞争优势。

所以，"货"指的不只是"商品"，还包括与选择使用的业态（场、场景、满足需求的方式）做精准匹配，这才是它的完整概念。完整的业务定位除了要完成"人 - 货"精准匹配外，还要完成"人 - 业态"匹配。

基于此，要把业务定位定义清楚，先要把业态定义清楚。

具体地说，业态是企业与目标客群接触的经营界面形式，每一种目标客群在其决策模式中都有偏好的业态。业态能影响整个业务系统的设计，尤其是选择同时使用多种业态的企业，在设计业务系统时会很复杂。

问题三：业态主要分几种，分别有什么作用？

最常见的销售业态（本节大部分探讨的是销售业态）由"在哪里卖"（场）、"怎么卖"（场景）、"卖的业务活动"（满足需求的方式）共同构成。

以护肤品行业为例，各知名品牌选择使用的代表性销售业态有所不同。

- 商场专柜业态：LA MER（海蓝之谜）、SkinCeuticals（修丽可）、Clarins（娇韵诗）、HR（赫莲娜）。
- 开架业态（集合店或生活店）：Curél（珂润）、d program（安肌心语）、freeplus（芙丽芳丝）。
- 开架业态（药妆店）：理肤泉、Avène（雅漾）。
- 院线业态（美容院）：Volmont（法尔曼）、Pola（日本宝丽）；修丽可在美国的主业态是美容院，属于医学术后品牌（但在中国的主业态调整为商场专柜）。
- 线上流量电商业态（淘宝、天猫）：御泥坊、PMPM。
- 线上私域（会员社交）业态：专有一批私域品牌。

以上每一种业态，都由各自特有的"场、场景以及满足需求的方式"组合而成。需要再次强调的是，此处所说的业态指的是销售业态，在销售业态之外，企业通常还会涉及各类服务业态。

举例而言，来自美国的 Costco（开市客）超市的销售业态是会员型量贩零售，并无太多独到之处，但在服务业态的"场、场景以及满足需求的方式"上它却进行了创新，设计出许多新的服务业态。比如，在得到会员的授权后，Costco 会为其提供免费的轮胎测压和加气服务，如果发现会员的轮胎需要更换，还可以以低于市价 1/3 的价格为会员换轮胎。在这里，"场"是 Costco 自营店，"场景"是在停车场，"满足需求的方式"是在停车场进行检测与更换轮胎。会员也可以授权 Costco 在购物期间为自己提供加油服务，"场景"仍旧是在停车场，"满足需求的方式"是在停车场进行加油，价格同样比一般加油站低很多。拿出部分利润来补贴会员，这就是

Costco 的策略。

大部分与时俱进的公司，在新科技出现后，都会迅速应用新科技调整业态。比如，携程的机票销售业务主要的目标客群是商旅人士，在过去 20 年中，其业态随着新科技的发展经历了三次重大变化。

案例 3-1　携程经历的三次业态变化

20 世纪 90 年代末期，刚创立的携程一反当时主流的线下门店面对面售票业态，让用户通过打电话给自营呼叫中心的客服人员来订票。用户在电话中确认航班与价格，提供信用卡信息，当场扣款成功后，携程把机票快递到用户家，整个过程都是客服人员人工操作。这个阶段的业态，"场"是自营呼叫中心，"场景"是用户打电话给自营呼叫中心的客服人员订票，"满足需求的方式"是携程客服人员与用户线上即时互动。

2000 年后，携程进行 PC 端转型，鼓励用户在 PC 端登录携程的网站，在线上自助订票。这个阶段的业态，"场"是自营线上平台，"场景"是用户在 PC 上自助订票，"满足需求的方式"是用户与平台用户界面（UI）进行人机交互。

2013 年后，携程转型成为一家基于移动端 app 的线上票务公司，鼓励用户通过手机访问携程的移动端 app，自助订票。这个阶段的业态，"场"是自营线上 app，"场景"是用户随时随地用手机自助订票，"满足需求的方式"是用户与 app 用户界面进行人机交互。

在这三个阶段，不变的是携程一直都经营机票销售业务，变的是"场""场景"以及"满足需求的方式"。一旦这些要素发生根本性变化，业态就会相应地变化。

纵观携程在三个不同时期的业态，其对应的业务系统完全不同，前台触达客户、品牌建设、销售等业务活动及其执行角色都有本质的不同，后台所需的技术支持、基础设施等也完全不同。

下面，我们再以营养健康品牌 LemonBox 为例，说明从传统时代步入移动互联网时代后，新的业态也会应运而生。

> **案例 3-2　LemonBox 的业态创新**
>
> 　　传统营养素商品的主力客群是 40 岁左右、出现亚健康状况、可支配收入较高的人群。产品多半是做成片剂或胶囊的标准品，进入的"场"通常是超级市场或连锁药店等线下门店；"场景"是开架式空间，客户可以看见陈列在货架上的琳琅满目的商品；"满足需求的方式"是客户在听取店员介绍后进行购买。
>
> 　　LemonBox 在"卖什么"上做了创新，从"卖产品"转为"卖服务"（捆绑着产品）：首先，为客户进行基因检测、验血验尿等一系列检测并提供数据。接着，针对不同的诊断结果，把五六种营养素以片剂形式配好，使其成为精准定制的营养品，并将其提供给客户。最后，在 app 上为客户持续提供营养管理、在线问询、健康测评等服务，并与客户签订 90 天的合约。
>
> 　　所以，LemonBox 除了"卖什么"发生了改变，在业态上也有所变化，"场"变成了自营的线上 app，"场景"变成了在线下为客户进行检测，"满足需求的方式"则变成了邮寄产品给客户，以及线上客服与客户的一系列交互活动。

　　这里需要注意的是，创新业态刚出现时，企业通常需要花费一定的市场教育成本。比如，腾讯从 2016 年春节开始，利用发红包场景大力推广微信支付业态，2017 年又在线下广布二维码扫码收款机，有了这两年的市场教育，微信支付才获得了较高的使用率。业态越复杂，客户接受和习惯的时间就越长，也就越需要经营者具备较强的营销传播与销售转化能力。

问题四：随着移动互联网的深入应用，业态产生了哪些变化？

　　过去几年中，随着移动互联网的深入应用，人们的生活方式和消费习惯普遍在线化、社交化、数字化，再加上视频、直播等新兴媒介以及达人分享、粉丝交流等互动方式的出现，无论是线下生意还是线上生意，新业态都层出不穷。

　　以零售业的业态为例，移动 B2C 流量电商（天猫 / 京东）、内容电商（拼多多）、C2B（小红书）、C2M（各种严选电商）、O2O（线上点线下送）本地生活方式等各种熟悉的线上业态早已融入了用户的生活。近两年，我们又看到了社交电商的兴起,如以社交裂变与会员分销为特点的云集、在社区内招募团长从事社区团购的兴盛优选。

不过,发展最迅猛的还是直播电商。不管是淘宝,还是抖音、快手,都在利用短视频触达并吸引客户进入直播间,在直播间点击链接购物。当然,在直播中,是用达人做混场直播的业态,还是配合着品牌自播的业态,考量的是业态矩阵。

此外,一种全社会正在探索的 DTC 系统[一]是否会成为数字化时代零售经营方式的全新范式,还有待发展和验证。

[一] DTC 系统是指企业整合多业态矩阵,直面消费者,包括整合线下门店、线上电商专卖店、基于微信的私域社交电商、直播电商等,甚至建立了自己独立的 app 和小程序。

3.4 找到业务定位的两种路径

不论是初创一个业务，还是半途接手一个业务进行转型，经营者都要认识到，每一种商业都有其生命周期，会经历成长期的高歌猛进、利润向好，然后大量竞争者涌入将行业推向成熟期，利润逐渐变薄，业务开始变得不性感，最终面临抉择——是继续坚守，还是寻找更性感的新业务？

答案是明确的，经营者需要不断地"宏观洞察发现趋势，微观洞察发现商机"，不断探索新的、更性感的业务方向，做"跟得上时代"的生意。

高段位经营者的洞察力和节奏感通常比普通经营者强，一旦发现某个商机的风口过去了，他们就会迅速前进去踩下一个风口。而普通经营者则不然，他们往往有执念，在某个风口赚到了钱，就容易紧抱着不撒手，而且喜欢将成功的模式固化成套路。一旦风口过了，商机的生命周期结束了，他们就有可能被时代所抛弃。

那么，究竟如何找到业务定位？是否有清晰可循的方法呢？

其实，找到业务定位的过程，就是找到明确的"人-货"匹配关系的过程。经营者通常会从发散性的探索开始，探讨不同行业或赛道的价值空间，即通过对朦胧商机的探索逐渐确认清晰商机。在最终确认商机之前，经营者还要评估取得适配资源能力的难易度，最终才会收敛与聚焦到具体的业务定位。

要想把握"人-货"匹配关系，经营者可以从以下两条路径出发。

第一条路径是从"人"出发，也就是从客群需求与商机场景出发，把人群研究透，始终关注对特定客群的核心供求缺口的探索，并为这些人群匹配价值。

第二条路径是从"货"出发，也就是从企业所具备的以及可调动的资源能力池出发，先创造价值（价值的形式可以是标品、系统或解决方案），再找到对应的人群。

由此，我们推导出找到业务定位的两条路径，如图 3-4、图 3-5 所示。

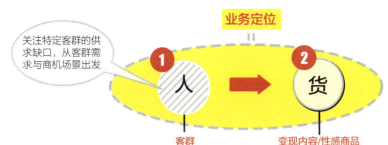

图 3-4　寻找业务定位的第一条路径

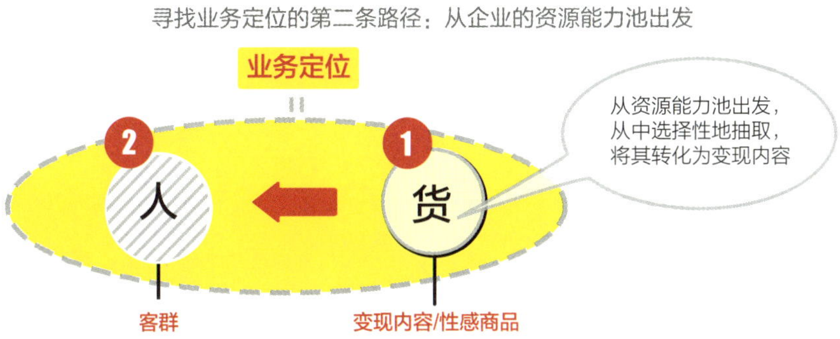

图 3-5　寻找业务定位的第二条路径

看起来，第一条路径似乎更容易理解和操作，也更常见。只要确认了清晰的需求与场景，经营者就可以不断地聚合适配的资源能力，进行落地。而第二条路径的探索性更强，经营者往往能广泛探索多种变现机会，从多种机会中找出市场价值空间更大的业务，挑中更"性感"的未来生意。

那么，这两条路径该怎么走呢？接下来，我们分别进行阐述。

第一条路径：从客群需求与商机场景出发

第一条路径比较好理解，举几个例子：2015年底成立的女性时装月租企业"衣二三"，瞄准了22~35岁的一线城市白领女性，这个客群往往在多种特定场景下有着装刚需，却因收入与支付能力的限制而无力购买，"衣二三"app专门为这类客群服务。上班或出差人群无法按时按点收取快递，为了满足这个客群的不在场收快递需求，丰巢应运而生。多年前Keep横空出世，让想要健身却无法承担高成本的健身"小白"群体可以通过app上的教学短视频徒手就地运动，从而省去了健身房、器械等花费㊀。针对外卖市场需求增长的趋势，美国出现了餐饮界的WeWork——共享厨房模式企业CloudKitchens。它为每个品牌设立独立厨房，厨房内有直播设备，吸引消费者在线观看专做外卖的餐饮品牌的厨房备餐直播。用户下单后厨房出餐，再由传输链将打包好的餐品运送给外卖小哥进行配送。

从需求出发找到的业务定位，成功概率通常较高，但也有不少关键失败点，其中最主要的一点是缺乏对客群需求与商机场景匹配在时机上的深刻洞察。许多经营者洞察到的往往是太超前于当下的需求，把未来的需求误判成当下的需求，导致找到的"人-货"匹配超出了客群的认知，让目标消费群体无法接受。

还有一个失败点是把滞后的需求误判成商机。很多经营者在为发现了一个新商机场景而兴奋不已时，浑然不知这个机会可能早已滞后于当下社会的需求，因为市场上客群（"人"——法人或自然人）的需求与期望日益高涨，而且节节攀升。企业过去提供的卓尔不群的商品与服务，在今天可能会被视为稀松平常。"人-货"匹配要避免"货"走在客群期望后面，企业要始终走在客群期望前面，至少超前半步。

㊀ 部分信息来源：① Keep访谈；② 杨文明，陈鸣珠. Keep：健身"小白"的创业之路[J]. 清华管理评论，2020（3）：104-111.

案例 3-3　前浪太超前，家政业务死在沙滩上

2000 年初，杨总发现了高档小区对家政服务的需求，经过深入分析后，他认为这是一个好生意。于是，他开始经营家政业务，业务内容是派钟点工阿姨去客户家打扫卫生，或做饭，或照顾孩子。

杨总对这个业务信心满满，但经营到 2006 年，他的公司居然亏损 3000 万元，他只好郁闷地关了公司。

按理说，杨总的家政公司是从满足客户家政需求出发的，业务简单清楚，为什么会以亏损收场呢？其实，仔细分析后我们会发现，在 2006 年这个时间点上，这个业务定位有三个"不成熟"。

客户认知不成熟

杨总公司当时的收费标准是一个钟点工服务 4 小时收费 150 元。在当时，即使是住在高档住宅楼里的富太太，也很难接受这个价位。因为在她们的固有认知里，一个钟点工阿姨的月薪最多也不过 1500 元。然而，富太太是从"包长工"的视角出发，而杨总则是从提供专业化培训过的"钟点工"视角出发，二者的认知完全不同。在当时，"钟点工服务"的理念太超前于客户的认知。

服务提供者对服务质量的认知不成熟

杨总公司的钟点工大多来自小城市，她们在入职培训时被要求入户脱鞋，可她们在自己家里从来没脱过鞋，常常忘记按照要求去做。公司的规定是做 100 个动作，她们却认为只要做到 70 个就可以了，公司交付的专业服务质量由此受到了影响。

技术不成熟

2006 年只有 2G 手机，服务提供方与客户的沟通并不像如今这般通畅，比如，手机没有定位功能，服务方没办法快速获取客户的准确位置信息，往往不知道客户是否在家，何时上门服务合适。到了 2016 年，基于位置的 LBS 服务已经很成熟，服务方通过 LBS 可了解到客户是否在家，再通过微信询问，就知道何时上门服务合适，客户被打扰的感觉大幅削弱。

总而言之，在那个时候，这个业务定位太超前。

到了 2016 年，市场与 2006 年相比已不可同日而语，客户对"专业钟点工"的认知成熟了，服务提供者的认知与执行水平也上来了，再加上智能手机与社交 app 的技术支持，服务变得更加高效、周到。此时，杨总又重新拾起了这个业务，很快就产生了盈利。

第二条路径：从企业的资源能力池出发

我们在第 2 章中将企业"卖什么"称为"变现内容"，企业将自身所掌握的能够调动或能够嫁接的核心资源能力集成起来，将其开发、转化成有形与无形的价值组合（商品或服务）即"变现内容"，拿到市场上去变现，获取收益。最容易直观理解的变现，就是在原材料的产地把原材料稍做加工，使其变成可变现的商品，如将铝材加工成铝锭或将驴皮加工成阿胶等商品。

在金融领域，企业可以将信用资产变现获取收益，如仓单与运单质押变现、担保变现、股票公开上市变现、资产管理变现等，变现的方式丰富且具有创新空间。

互联网领域的变现方式更加丰富多样：早期，百度等搜索引擎、淘宝与京东等流量电商平台，把用户到平台搜索商品关键词这个自然流量资源用竞价排名的方式向品牌广告主出售，按照点击次数收费，实现变现。之后，内容电商平台问世，出现了以达人为形象代表的"网红经济"，达人的核心资源（颜值、人格魅力与粉丝）与核心能力（内容创作）通过软广告（分享图文、短视频、购物笔记）、代言、直播打赏或直播带货等方式实现变现，而且方式越来越多样。

在这里，我们抽象地想象每个企业（或每位核心经营者）都有一个"资源能力池"，如图 3-6 所示，这里储存了它们过去积累的核心资源与能力。

回想前面我们讨论过的几个故事和案例，无论是"小顽犬"男孩，还是手握同一种坑口资源但经营思维却迥异的谢家兄弟，都是从一项核心资源或核心能力出发，寻找可变现的方式或场景，再带着目标去寻找互补的资源能力，最后形成了生意的闭环落地。

在现实的技术创业中，这种情形更为普遍。经营者往往从自己所掌握的一项新技术出发，探索商业化变现的途径。很多刚刚问世的技术往往第一眼让人感觉很平庸，几经探索也无法找到好的变现方式，却在不经意间被经营者发现了新用途，从而创造了庞大的市场，比如案例 3-4 中的反射技术。

第 3 章 业务定位引领并决定着生意最终的样子 | 111

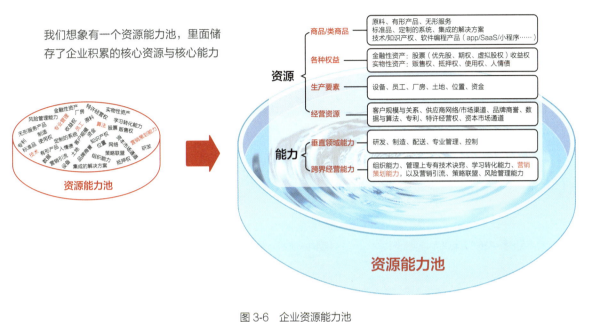

图 3-6 企业资源能力池

案例 3-4 好技术一度无路可走，柳暗花明显现商业价值大空间

2017 年，我在好友屈君的介绍下，认识了一位新朋友郭博士，他是东京大学材料创新领域的博士后。见到我，郭博士很热切地分享了他在光学薄膜材料上的自主知识产权创新成果。

在郭博士的成果中，有一项是光子晶体结构材料上的漫反射技术（DRIFTS），它的第一个应用是制造可折叠光子冷屏幕。这种屏幕不需要电，也没有热源，用投影机在这种屏幕上投放电影，屏幕画质极其清晰柔和，观看时眼睛会非常舒服。郭博士的另一项成果是光学滤波材料技术，它可以过滤手机蓝光，保护眼睛，他感觉这个技术可以向着手机蓝光过滤膜方向去开发应用产品。

在第一次交流时，我们还想象不出这两种技术能做成什么样的生意与业务，只知道它们可以作为电视屏幕的替代品，解决传统平板电视成本高、久看眼睛不舒服以及安装不方便等痛点。

2020 年再碰面时，屈君和郭博士的商业变现有了很大的进展，让我眼前一亮。当初的两种技术已经找到了三种变现方式，如表 3-3 所示。

表 3-3 郭博士的三种技术变现方式

技术变现方式	具体描述
运用在玻璃贴膜上当薄膜银幕	商业应用场景包括购物中心专卖店的玻璃、房地产售楼处样板房的玻璃、商业展厅的玻璃。这种薄膜银幕可以做到 100 寸，匹配一台投影机做成一个配套产品，价格仅为传统平板电视的 25%
运用在电梯的外墙上	与三菱电梯合作，把薄膜材料预先喷涂在电梯的外墙上，再在电梯里加装一台带有 Wi-Fi 发射器的投影机，就可以随时播放广告，进而取代传统楼宇广告中昂贵的电视屏幕
做手机防护产品	把材料运用在手机屏幕上，用以过滤蓝光，保护眼睛

发展到今天，他们已经研发出 4 种产品，有了自己投资的工厂，也有了合作的外包生产厂，生意实现了健康良性增长。这个业务的本质是贩卖高附加值的复合原材料（冷屏幕及过滤膜）给终端品牌，让品牌商做集成，而他们则专注在不断提升材料的科技含金量上。

这个真实案例告诉我们，经营者有了技术作为关键资源，不要先自我设限，认为一定要卖给什么样的目标客户，而应该先探讨各种变现内容与场景的可能性，这样才能扩大商机。

研发、制造、销售打印机的知名品牌惠普、爱普生、佳能现有的变现内容都是打印机硬件加耗材，假设它们从现有资源能力池中重新抽取资源能力进行组合，探索多种组合的可能性，会有哪些业务机会呢？再让它们从多种业务机会中挑出市场价值足够大的业务，又能挑选出哪个最"性感"的未来生意呢？我们以此为例，来进行一番探讨，读者不妨大胆想象。

案例 3-5　三种业务选择：资源能力的组合之变

惠普、爱普生与佳能这三家大厂的核心业务之一都是打印机硬件加耗材。以惠普而言，其自身拥有的核心资源能力是激光打印技术，以及各类生产要素（厂房、设备及员工）、经营资源（品牌和渠道）和经营能力（营销策划能力和销售管理能力）等。

如果从资源能力池出发，重新选择变现内容，惠普利用自身的资源能力至少能创造出三种不同的资源能力组合，给出三种变现方式，如图 3-7 所示。

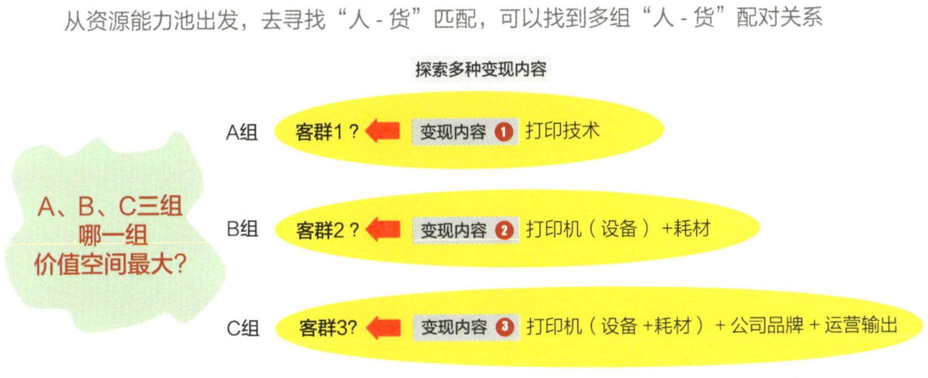

从资源能力池出发，去寻找"人 - 货"匹配，可以找到多组"人 - 货"配对关系

探索多种变现内容

A、B、C三组哪一组价值空间最大？

A组　客群1？　← 变现内容 ❶ 打印技术

B组　客群2？　← 变现内容 ❷ 打印机（设备）+耗材

C组　客群3？　← 变现内容 ❸ 打印机（设备 +耗材）+ 公司品牌 + 运营输出

图 3-7　探索"变现内容"

每一种变现方式对应的目标客群都不同，与客群的交易方式也不同。

第一种方式是把打印技术本身视为"技术商品"，瞄准有兴趣进入打印机市场的三星、华为等巨头，将它们发展成为企业客户，以技术授权为交易方式，按打印机实际生产量收取每一台的技术授权费。

第二种方式是把打印技术、生产要素以及公司品牌组合成为"打印机设备"，一方面以直销的交易方式将其卖给企业客户，收取资产转让费；另一方面以卖给渠道经销商的交易方式将其卖给中小企业与个人消费者，按打印设备与耗材出厂价收费。

第三种方式是把打印技术、生产要素、公司品牌、配套服务以及策划能力组合成"复印店整套系统"，匹配个体商户，交易方式是特许经营授权，收取品牌与服务系统授权费，以及设备与耗材的资产转让费。

这个案例展示出，惠普从其资源能力池中至少可以找到三种可以利用的资源能力去进行组合，实现变现，而每一种组合方式都对应着一个"人货配对 - 业务定位"。经营者若能经常以这种逻辑去思考问题，就能广泛探索各种新的变现内容与场景的可能性。

接下来，我们专门来探讨，每一位经营者或每一家企业不断积累与储存在其资源能力池中的"资产"都是些什么、如何分类盘点，进而有结构地去弥补自己的不足。

3.5 盘点核心资源能力池

在 3.4 中,我们总结出寻找业务定位的两条路径:从商机场景出发和从资源能力出发。无论走哪一条路径,要想把一个业务做起来,经营者都一定要有非常多的资源能力去支持它。

不同生意所需要的核心资源与能力截然不同,而且看起来五花八门、纷繁复杂。我将这些资源与能力视为企业成长所需要的"养分",将其归拢到一起,总结成"资源能力池",并对养分进行了分类。

资源能力池内的主要养分可以分为两类:"资源"和"能力"。如图 3-8 所示,资源包含商品/类商品、各种权益、生产要素、经营资源四大类,能力则包含垂直领

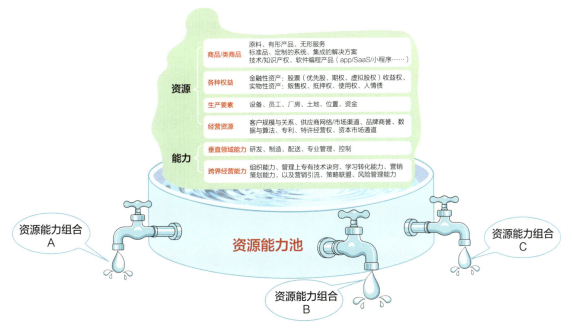

图 3-8 资源能力池及分类

域能力和跨界经营能力两大类。

这六大类资源和能力的内涵如下：

- **商品／类商品**：主要包括比较常见的原料、有形产品、无形服务、技术／知识产权。原料是类商品（接近于商品），有些稍做处理就能成为商品，如将小麦转化成面粉形式出售变现；有些不做处理就能成为商品，如很多水果采摘下来后就能直接出售变现。而有形产品根据复杂性的递增可分为标准品、定制的系统、集成的解决方案。复杂性越高，代表着捆绑的内容越多，变现的价值也由此递增。在技术／知识产权的变现上，我们可以以半导体厂商台积电为例，这家企业将其在制造工艺流程上积累的经验进行总结并形成知识产权（表现形式为专利），授权给其他厂商使用，并从中收取授权费。

- **各种权益**：主要指各类资产所拥有的不同权益，如股票收益权或实物性资产的使用权、贩售权、抵押权等。还有一些比较隐性、难以量化却真实存在的权益，如人际层面的权益，我们常说的"人情债"就属于这种权益。

- **生产要素**：主要指固定资产、人力资产、资金等。固定资产包括厂房、设备等，比较容易理解。在人力资产方面，入职头部企业的员工大多学历高、素质高、专业能力强，能够高效地自组织、自运营，他们就是高质量的生产要素。

- **经营资源**：主要指各支持业务环节中积累的有助于企业健康增长或规避风险的资源，包括客户规模与关系、供应商网络与市场渠道、品牌商誉、数据与算法、特许经营权、资本市场通道等。以品牌商誉为例，老牌汽车厂商丰田虽然出现过因设计瑕疵而召回的事件，但由于积累的商誉高，客户对品牌的信任感强，相对容易得到用户的谅解。

- **垂直领域能力**：主要包括在各种职能中所积累的垂直专业能力，如药明康德形成了高效的新药研发能力、台积电具有高端芯片制造能力、京东与顺丰具备优质的配送能力、许多跨国经营的大型快消品公司具备对绵密销售渠道的专业管理能力、内容平台对不合规内容具备控制能力等。

- **跨界经营能力**：主要指能在各种行业间转换使用的职能能力，包括激发组织活力的能力、带动企业成为学习型组织的能力、营销策划能力、风险管理能力等。

如果你想知道自己的生意缺少了什么资源和能力，可以对照图 3-8 来找找。

理解了图 3-8，经营者就可以应用资源能力池这个工具，定期盘点自身（自然人）以及企业（法人）有哪些分门别类的积累，这样在未来嫁接外部资源能力、寻找合作主体时，就能判断主体带来的资源能力是什么性质的，是否与自身资源能力具有互补性。有的主体带来的资源能力是资产密集型（资源资产，如牌照）的，有的主体带来的资源能力是技术密集型（IP）的，还有的主体带来的资源能力是资本密集型的、劳动密集型的……经营者要从中挑选出具有互补性的外部资源能力，不断将其注入自己的资源能力池中。

高段位的经营者，不但会不断地盘点与充分利用所拥有的资源能力，而且会在动态中积极扩大自己的资源边界，还会频繁地从自身以及企业的资源能力池中抽取资源和能力进行组合，每一种组合转化后，都可能是一种变现内容。他们还善于挑选出高潜力的变现内容，再根据其特点设计绑定的交易方式，实现资源能力转化变现，如图 3-9 所示。

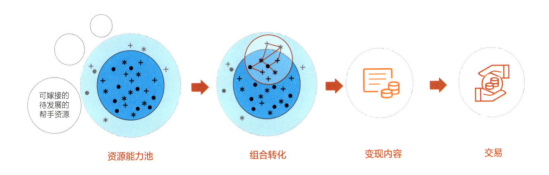

图 3-9　资源能力转化变现过程图

我们要强调的是，评估企业的价值不只是看财务报表上的资产，更重要的是看积蓄的核心资源能力。凡是能不断茁壮成长的企业，大都在发展过程中像水库一样不断蓄水，从而能对外输出，和更多的人合作。同时，它们还会为未来提早投资布局，积蓄面向未来所需的商业新养分（新的核心资源能力）。

很多企业热衷于通过并购扩大规模或经营范围，细究其真正的意图，可能不仅仅在于取得资产，更在于拿到标的企业积蓄的"资源蜘蛛网"，进而转化为自身的资源。而段位更高的经营者，可以不通过并购，而通过化竞争为合作的途径把竞争者手上的资源纳入自己麾下。

回到业务定位的实现上，在对资源能力池进行盘点后，经营者必须针对实现业务定位所需的全盘核心资源能力进行头脑风暴，拆解出到底需要哪些核心资源能力，再盘点这些核心资源能力在谁手上。

核心资源能力有三个来源：A 自己拥有的直系资源；B 可控可增援的盟友；C 待发展的帮手。唯有将 A、B、C 这三类资源能力汇齐，才能实现业务定位。

现有资源能力 + 可掌握外部资源能力 + 正在引入的外部资源能力 → 实现业务定位

然而，经营者们在开始一个生意时，初始资源能力条件不尽相同。有些经营者的资源能力条件优越，自身拥有的以及能够掌握和调动的外部资源能力很充足，只需引入和嫁接少量的外部资源能力即可；而有些经营者刚好相反，自身拥有的以及能够掌握和调动的外部资源能力很有限，需要引入和嫁接大量的外部资源能力。

需要提醒的是，许多经营者在经营初始盲目地认为自身拥有的资源能力条件已经足够优越，自己能够掌握和调动的外部资源能力也很充足，只需引入和嫁接少量外部资源能力，就一定能实现业务定位。然而，在经营过程中才逐渐意识到自身拥有的资源能力太少，自己能掌握和调动的外部资源能力很有限，需要引入和嫁接的外部资源能力非常多。但这时，他们才发现为时已晚，终究实现不了业务定位，如图 3-10 所示。

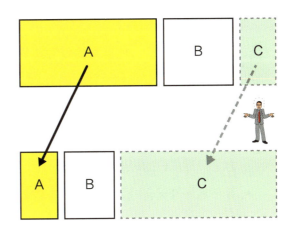

图 3-10 经营前后资源能力假设与实际对比图

从企业的资源能力出发确认业务定位的生意，如上一节讲到的惠普打印业务等，要不断地寻找和聚焦更优的变现场景，或是通过资源的聚合，首创新的业务定位，找到同行不曾进入的"无人区"。

从客户需求与商机场景出发确认业务定位的生意，如上一节讲到的丰巢和Keep等，要不断地引入和嫁接外部资源能力。最容易理解的案例是，美团在决定进入外卖领域前，犹豫许久难下决心，在研究了CBD人群的消费数据后才坚定了进军外卖的想法，并且将它在团购年代积蓄的核心资源与核心能力嫁接到外卖业务上，很快做到日活用户数达1000万。

这两条生意路径其实并没有优劣之分，成功案例都层出不穷。

从另一个角度来说，虽然有些经营者初始的资源能力条件不够优越，但在后期的经营中却能不断引入和嫁接外部资源能力，从而盘活生意。这是极其重要的"资源链接能力"⊖，具备这种能力的经营者总能通过当下已链接的资源，再去链接更多的资源。

⊖ 动态能力理论（Dynamic Capabilities Theory）认为，通过整合、构建、重新配置内外部资源能力，会生成一种新能力；C. E. Helfat 则认为动态能力是组织有目的地创建、拓展和变更其资源基础的能力，是一种可习得的、稳定的行为模式。

而其中那些极其优秀的高段位经营者，更是具备超级链接能力，会不断地延展自己的"资源蜘蛛网"，把自身的资源边界越扩越大，积累超级关键资源，打造出超级商业共同体（也就是超级资源能力共生体），最终成为商业巨头。

最后还要强调的一点是，我们发现很多经营者其实早已掌握了丰富的生意线索，也积累了足够的关键资源能力，然而"营养过剩"，不知如何变现，始终盘活不了资源。而高段位的经营者却不同，他们：

- 善于将平凡无奇或闲置无用的资源能力转化为高回报的变现内容；
- 善于转化别人看得见却不认为可变现的资源能力；
- 更善于挖掘别人看不见的资源能力的变现价值。

我们经常看到相同的资源在不同段位的经营者手上，价值千差万别，比如以下这个案例。

案例 3-6　豪宅的高明变现⊖

奥巴马当上美国总统后，就携妻女从芝加哥搬去了白宫，但他表示自己非常喜欢之前住过的那栋位于芝加哥海德公园的老房子，还说等任期满了之后他还会带着家人回去居住。这让他的邻居比尔高兴极了，立马就要将自己的房子出售套现，而且相信以"总统邻居"为卖点，一定能使房子卖个好价钱，于是，他将房子的售价定在了 300 万美元。

但是，比尔并没有高兴多久，很快他就发现，虽然很多人对他的房子感兴趣，但没人敢买，大家都担心住在总统的房子旁边会受到严密的安保和摄像头监控，没有什么隐私可言。

无奈之下，比尔只好做出让步，以 140 万美元的价格把房子便宜卖给了一个叫丹尼尔的小伙子。

让人意想不到的是，这个小伙子在买房后竟然改变用途，把房子改造成了幼儿园，并且号称这是全美最安全的幼儿园。很多富豪听说这附近有非常严密的监控，纷纷把孩子送到这里就读，

⊖ 虽然这个被广为引用的案例被上海宋和顾律师事务所的律师证实是个完美的虚构故事，但是它很好地说明了，同样的资源（房），变现方式不同，最终的价值就不同。

甚至愿意多付几倍学费。

不仅如此，因为往来的富豪名流多，房子外墙经常被媒体拍到，曝光率高，丹尼尔就进行了广告墙拍卖，引来众多大品牌参与竞标。

通过创新的变现方式，丹尼尔发了大财。

每个人身边的资源和机遇都很多，资源变现需要灵巧与机智，**变对了才叫资源增值，变不对就叫资源浪费**。如何挖掘和利用有限的资源和机遇，是我们每个人都要深思及学习的议题。

3.6 重新思考业务属性矩阵：价值型与走量型、2B 与 2C

世界上的生意千千万，"人-货"匹配五花八门。不过，我们还是可以从两个基本维度来观察和分析生意（业务）的属性。第一个维度：是价值型业务还是走量型业务？第二个维度：是 2B 业务还是 2C 业务？在聚焦业务定位时，经营者一定要想清楚所选择业务的属性。业务属性不同，变现内容的属性就不同，其对应的经营方式和成长方式也非常不同。

第一个维度：价值型业务 / 走量型业务

先来讨论第一个维度：你做的是价值型业务，还是走量型业务？

这相当于问：你的生意是价值型，还是走量型？我们可以通过两个要素来区分这两种类型。

- 生意创造的价值。
- 生意的复杂程度。

举例来说，建造京沪高铁和生产农夫山泉矿泉水，分别属于哪种类型的业务？很明显，商品或服务的标准化程度越高，尤其是有明确规格的标品，越需要上量销售，这样的业务就属于走量型业务，就像农夫山泉矿泉水的生产；商品的捆绑化程度越高，尤其是那些没有明确规格的系统乃至解决方案等非标品，越需要项目销售，这样的业务就属于价值型业务，建造京沪高铁就是价值型业务。

再举个有点特殊的例子：生产飞天茅台是哪种类型的业务？飞天茅台不是定制的，是标品，因而是走量型业务而非价值型业务。这个例子告诉我们，客单价高的商品并不一定就是价值型业务。

如图 3-11 所示，我们可以用一个金字塔来表示市场的群体数量分布，塔尖是头部市场，塔中是中端市场，塔底是大众市场。

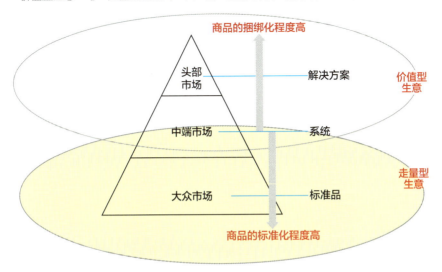

图 3-11 "市场 - 商品"对应形态图

处于这个金字塔不同部位的群体通常有着不同的购买偏好：

- 处于金字塔底部的群体通常偏好购买性价比高的"标准品"，包含有形实体性产品和无形服务性产品。不论是以实体为主、服务为辅的计算机，还是以服务为主、实体衍生品为辅的在线格斗游戏，都是产品，都具有标准化的特性。
- 处于金字塔中部的群体通常偏好购买具有"一定定制比例的系统"，即通常需要甲乙双方不断沟通、彼此投入共创才能产出的定制化产物。
- 而处于金字塔顶部的群体则通常偏好购买"由一组彼此间具有参数联动关系的系统集成的解决方案"，通常甲乙双方经历的深度共创过程，是高度定制化、高度捆绑化的。

处于金字塔上部的业务往往是价值型生意，捆绑化特征明显。越往金字塔下部走，走量型业务的标准化特征就越明显。金字塔上部的业务和金字塔下部的业务，本质不同，经营模式差异极大。

金字塔上部的价值型业务通常是项目型的，项目单价高，决策周期相对较长，捆绑的东西多。所以，在做这种业务的时候，一定要学会"说故事"，提高捆绑化程度，而捆绑最重要的是要创造需求和激发需求，而不只是满足需求。

金字塔下部的走量型业务提供的通常是客单价不高的标准化产品与服务。做这种生意的时候，最好要有"戳心"的概念，能够让客户一看到就买，缩短决策周期，提高运转效率。

我们以某知名日本高端护肤品品牌为例，来说明三种商品形态：解决方案、系统、标准品，如表 3-4 所示。

表 3-4　护肤品的三种商品形态

解决方案	面向高阶客户，在深度检测的基础上，对标理想肤质，与客户讨论希望达到的目标和实现的路径，之后为其进行更深度的护理并提供定制化解决方案
系统	面向皮肤呈酸性的女性，把五六种护肤品集合在一个礼盒中，有针对性地降酸，单价略高
标准品	面向入门级的大学生客户，设计并提供性价比高的补水产品

第二个维度：2B 业务 /2C 业务

再来讨论第二个维度：你做的是 2B 业务，还是 2C 业务？

这相当于问，你的商品是 2B 的还是 2C 的？这个问题的判断标准比较简单，就是你的客群是企业还是消费者。同样的商品，面对 B 端客户和 C 端客户时，属性完全不同。比如，你代理意大利某品牌冰激凌，是走酒店餐饮渠道，还是走商超零售渠道，门槛和做法截然不同。

价值型业务与走量型业务、2B 业务与 2C 业务，本身并没有优劣之分，关键是要根据自身资源能力，选择适合自己的生意。

以餐饮行业为例，你可以选择开价值型餐厅或走量型餐厅。假如你参股了五星级连锁酒店，或者有一帮朋友掌握着高端供应链资源，那你当然有条件开价值型餐厅。如果你没有这些资源，但在流程细节打磨和创新方面能力特别强，不妨向着可复制的走量型餐厅去努力。

企业在初创期或孵化新业务时，应该基于自身的关键资源能力选择适合的生意类型。如图3-12所示，企业在发展的初期阶段，最好聚焦于一个象限。

图3-12 业务属性分类图

对照业务属性分类图，读者可以分析自己的生意属性。你的生意是价值型还是走量型？2B还是2C呢？

3.7 开启不断探索新业务定位的旅程

大部分能持续经营 10 年、20 年的企业,其业务定位多半不会一成不变。在经营过程中,它们总会动态地根据业务的生命周期进行调整或转型(创新经营方式),或是积极开辟更有发展前景、处于朝阳行业上升期的新业务,也就是第二曲线,不会自满与僵化地死守现有业务。

有时是因为现有业务处于夕阳行业,发展乏力;有时是因为现有赛道饱和,进入红海竞争阶段;有时是因科技变迁,原来的业务定位中的市场消失。面对这些情形,优秀的经营者往往具有及时认错并止损的务实能力,不在没有前景的业务上打转,能适时认赔离场。

变,就会"焕新",我们看到许多企业在更换业务的过程中焕发了新生机。如图 3-13 所示,新希望沿着产业链从上游一直做到了下游,业务定位也经历了三次变化。

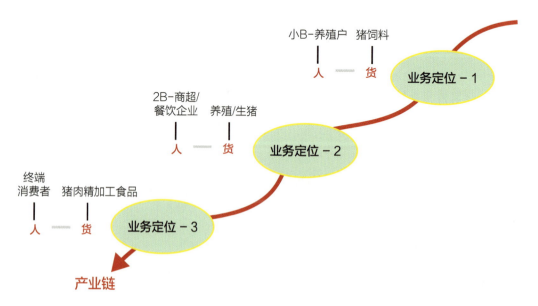

图 3-13 新希望业务定位变化图

案例 3-7 从饲料到食品，新希望业务定位的变迁

新希望的初始业务定位，瞄准了生猪产业链上游的饲料生产。此时，在"人-货"匹配中，"人"是养殖户（作坊或中小企业），"货"是猪饲料。

由于饲料市场竞争加剧等原因，新希望决定向下游拓展，业务定位也随之转变成生猪养殖，此时，"人-货"匹配中的"人"是下游的深加工企业或团餐企业等，"货"是生猪产品。

而后，新希望又进入了精加工食品领域，业务定位再次发生变化，"人-货"匹配中的"人"变成了终端消费者，"货"变成了猪肉加工食品。

由此可见，新希望并没有固守原地，而是一直在调整、优化自己的业务定位。

我们还可以来到最前沿的潮玩公司泡泡玛特，观察它主动调整业务定位的过程。

案例 3-8 泡泡玛特的业务定位转型路

2020 年，泡泡玛特在香港成功上市，一时吸睛无数。然而，在一次采访中，创始人王宁坦言，自己当初并没有预想到泡泡玛特今天的业务定位与业务模式，而是一路误打误撞，成就了今天的模样。

这是一家在密切关注市场变化、敏锐捕捉新商机、不断改变业务定位的过程中发展起来的典型企业。

创业之初，泡泡玛特的业务定位是潮流杂物渠道商，也就是聚集了各类创意商品的"格子店"。后来，泡泡玛特转型为经营潮流玩具的零售商，但本质上还是零售渠道，不掌握独家 IP 与货源，开店门槛低，店铺差异化程度也较低。再后来，泡泡玛特转型为融合 IP 签约、IP 孵化、自营零售与潮流文化推广的平台企业○。

今天的泡泡玛特，定位为潮流创意零售平台，把流行（"泡泡"/Pop）的 IP 与超市（"玛特"/Mart）的业态融合起来，让粉丝在线上和线下像逛超市一样自由选购潮流产品，只需要花

○ 资料来源：泡泡玛特访谈以及北京大学光华管理学院张一弛教授、案例中心研究员王小龙撰写的案例《口述创业史——为何是王宁？为何是泡泡玛特？》。

59元就能买到一款自己喜欢的IP公仔。这些用户的年龄多在18~35岁（平均27岁），以一二线城市白领等上班族为主。

泡泡玛特目前已经成为潮流玩具领军品牌，让过去小众的潮流玩具走进了大众视野，旗下聚合了一批知名IP设计师。他们以巧手孵化出精美的IP公仔，虽然它们不会动，也不会说话，但形态各异，自带能量，还拥有各自的粉丝群。这些公仔既是潮流玩具（pop toy），也是艺术玩具（art toy），具备艺术的商业化，也属于内容商业和粉丝经济的范畴。

移动互联网出现前，受众有很多时间去吸收、消化丰富的IP内容。但如今，已然成为消费主力的"Z世代"，没太多时间去听IP讲故事，反而追求"一见倾心"——因此IP的打造方式也要变！

以最有名的IP Molly为例，Molly是一个拥有湖绿色大眼睛的小女孩公仔，懵懂的眼睛里充满了对世界的好奇，但她没有表情。设计师认为，Molly的表情是粉丝心灵的投射：他们在悲伤时、骄傲时、得意时……总会把自己的心情投射到Molly身上。因此，Molly最重要的价值在于为粉丝记录一个时刻、一件事情、一个故事或一个人，甚至成为一个时代的私密日记。

泡泡玛特本质上和艺人经纪公司很像，只不过经营的是IP。它把各种IP分类，进一步分析用户定位，规划产品形象、发售周期和数量，摸索出从"路人甲"到"潮玩网红"的IP孵化体系。为了把潮流玩具生意做好，泡泡玛特必须把艺术家挖掘与管理、IP孵化运营、潮玩文化推广、消费者触达这几个支持业务做好，只有这样，才能最终"创造潮流，传递美好"。

现在，泡泡玛特又在个性化IP的基础上，找到了更适配的加速业态——盲盒玩法。从摇盲盒时的猜测与期待、拆盲盒时的兴奋与焦虑，到打开盲盒一刹那的惊喜或失落，短短的时间内，粉丝经历了喜怒哀乐，心理需求被完全满足。正因为如此，他们才愿意继续为这一份未知买单。

在本节最后，需要强调的是，无论是找到新的业务定位，还是调整现有的业务定位，都极其考验经营者对市场的洞察力与商业智慧。尤其是对现有的业务定位进行调整，若能调整得精妙与得当，往往能再度引爆生意。

比如，五菱宏光过去的主营业务定位是商用车，后来增加了一个新的业务定位——做"人民代步车"。为此，五菱宏光推出了MINIEV新能源汽车，入门版售价仅2.88万元，主打"小而方便"与"高性价比"。但问题是，这台汽车续航不到

170km，没有电池快充，没有配备空调，内饰简单到称得上简陋，因此，只给市场留下了定位低端、平凡无奇的印象。

但是，当业务定位从"人民代步车"调整为"人民时尚代步车"后，五菱宏光MINIEV新能源汽车就"开了挂"⊖。它强调产品价格近似小电动摩托车般亲民，且极具改造空间，顾客购买后可随心所欲地进行装饰与打扮，这使它突然间成为年轻女性心中时尚的"大玩具"。"五菱女孩"一度成为另类时尚的象征，社交平台上也出现了各种新奇的"魔改"展示。把车玩成时尚爆品，让五菱宏光MINIEV新能源汽车在一线城市与下沉市场都取得了不错的成绩。

本章精华回顾

作为商业模式三层解构图的第一层，业务定位引领并决定着生意最终的样子。因此，找到业务定位至关重要。在本章中，我们从"人-货"匹配的理论出发，重新认识了什么是业务、什么是业务定位、该如何寻找业务定位，以及应不断探索新业务定位。这是我们做生意时非常关键的第一步。

现在，我们已经用商业模式三层解构图完成了商业模式的初设计，接下来，我们要探讨的是如何用熊掌图来进行商业模式的精设计。

⊖ 刘寅斌, 龙美灵, 吴雪莉. 宏光MINIEV："五菱神车"如何炼就[J]. 商业评论, 2021（03）: 58-62.

　　一个业务可以被具象地分解成六个支持业务环,抽象地比喻成一个熊掌图。

　　熊掌中有两股结实的肌肉,代表组成生意前台系统的"营销业务环"和"销售业务环"。

　　熊掌的四个指头,分别代表组成生意后台系统的"技术业务环""供应链业务环""资本与金融业务环""政府业务环"。

第 3 部分

商业模式精设计

第 4 章　结构性、可视化地设计生意的熊掌图
第 5 章　用好熊掌图，精细化设计业务系统与交易
　　　　系统

第 4 章
结构性、可视化地设计生意的熊掌图

4.1　熊掌图的由来与基本应用逻辑

4.2　熊掌图的结构："掌"与"四指"

4.3　熊掌图功能Ⅰ：排列业务环，划定企业边界

4.4　熊掌图功能Ⅱ：高效布局与盘点内外角色

4.5　熊掌图功能Ⅲ：透视生意的轻与重

4.6　熊掌图功能Ⅳ：看清支持业务的优势与短板

4.7　熊掌图功能Ⅴ：追踪业务发展轨迹

4.8　用熊掌图看价值链上下游的联动

在第 3 章，我们认识了商业模式三层解构图的第一层业务定位以及如何找到并确认业务定位。确定了自己该干什么后，下一步自然就要问：该怎么干？

开展一项业务会涉及资源、人手等方方面面，它们的来源无外乎两种：

- 一是企业直接拥有与掌控的。
- 二是通过市场等外部合作方式获取的。

比如苹果公司，在创业早期，产品生产的各个环节如供应链、总装等都是自己完成的，后来，随着企业的不断发展，苹果的生产模式逐渐改为自己设计图纸、总装交给富士康，实现了外部化。这样操作的好处是，苹果可以集中精力做出最好的设计。

任何公司在开展业务前，都必须要做的一件事情是把业务系统涉及的业务活动都梳理出来，并确定哪些关键业务活动需要自己动手、哪些业务活动可以外包，从而实现有限资源的最高效运转。

本章将引导企业分三步解答以上问题。

第一步：用"1+2+4"模型，列出所有的支持业务环。

"1"指的不是业务而是客户,"2"是指2个与客户打交道的前台业务环,分别是营销业务环和销售业务环,"4"是指技术、供应链、资本与金融、政府这4个后台支持业务环。通过"1+2+4"模型,我们便可以推导出生意操盘手的可视化设计工具——熊掌图,如图4-1所示。

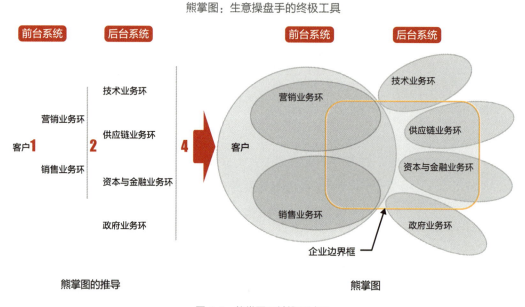

图4-1 熊掌图及其推导过程

第二步:根据当下的发展状况,确认"2+4"中哪些业务活动由自己做,哪些交给外部合作伙伴做,划定企业边界。

第三步:利用熊掌图进行业务整理。通过图4-1右侧的熊掌图,我们能直观地看到企业的<u>六大支持业务环</u>和<u>内外分工</u>,经营者可以有针对性地研究企业的长短板,明确企业内部业务活动的重心在哪里、以何种形式将资源引入内部,以及以什么形式构建与外界的关系。

总的来说,熊掌图有五大核心功能,对经营者的商业模式设计有<u>直接指导作用</u>,如图4-2所示。

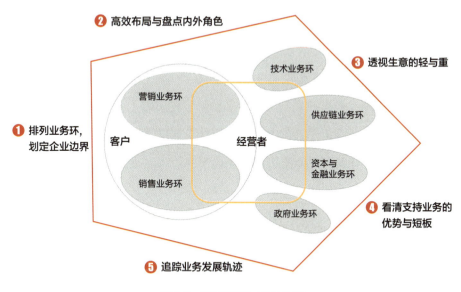

图 4-2 熊掌图的五大核心功能

- 排列业务环，划定企业边界：有序地排列和呈现繁杂的六大支持业务环，并且划定企业边界。
- 高效布局与盘点内外角色：先布局生意中所有重要的内外角色，再高效盘点与梳理这些角色，做到不重不漏。
- 透视生意的轻与重：生意的轻与重，在于企业自营业务活动的数量。利用熊掌图，经营者可以决定企业自己下场参与的比例，确定是重前台、重营销还是重后台、重供应链。主导企业在自己承担的业务活动中，甚至可以做极重的全价值链或者极轻的共享经济。
- 看清支持业务的优势与短板：利用熊掌图，经营者可以有意地放大或缩小熊掌中支持业务环的面积，可视化地呈现企业可在哪些支持业务环中扩大自营活动，建立突出优势。
- 追踪业务发展轨迹：把不同时期的熊掌图按照时间顺序列出来，清晰地呈现业务动态发展轨迹。

在 4.8 节中，我们还会了解如何用熊掌图观察价值链上下游的联动，但由于这部分内容不直接指导单一业务的发展，因此我并未将其列为熊掌图的核心功能。

如果用熊掌图来分析实际案例，我们会发现，一些企业的成功往往就源于对"1+2+4"模型进行了巧妙的设计或调整。比如，苹果公司的成功不仅要归因于乔布斯的灵感，更源于库克所做的重新界定企业边界、把非核心业务外包这一正确决定。美国的另一个巨头亚马逊，在其他电商选择依赖于第三方快递时，果断投入重金自建物流体系，以保证更好的用户体验，从而实现了成功。因此，运用熊掌图决定资源的内外布局，可以让企业在与竞争对手从事同样业务的情况下获得强大的竞争优势。

4.1 熊掌图的由来与基本应用逻辑

在介绍商业模式三层解构图时，我曾经承诺会引入更好用的可视化工具，更清晰、有序地展示业务系统和交易系统中的构件，更完美地呈现生意结构。现在，摆在你眼前的图 4-3 正是它——专门用于展示业务系统与交易系统的熊掌图。

"熊掌"这个名字的得来缘于一次偶然。

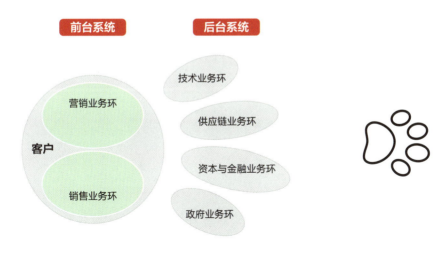

图 4-3　形象的熊掌图

我在课堂上经常用图 4-1 分析生意结构，但从未想过给它起个名字。直到有一天，一位学生跟我讨论时脱口而出：周教授，你画的那个"熊掌"如何如何，我这才意识到，这张图长得确实很像熊掌，后来我索性叫它"熊掌图"。

于是，这个工具有了一个可爱又威武的名字——熊掌图，同时也肩负起了重要的使命。

那么，熊掌图的结构为什么是这样的？"熊掌"中的那些环代表什么？这张图有什么功能？它最重要的用处是什么？我们来逐一解答。

我们已经知道，三层解构图的第一层是业务定位，即"人-货"匹配，这在道理上很容易理解，在视觉呈现上也很简单（见图4-4），却是整个生意或业务的核心。

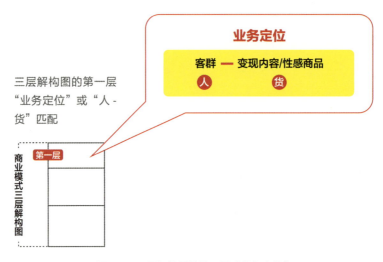

图4-4　三层解构图的第一层"业务定位"

接下来，围绕业务定位，我们进入三层解构图的第二层，搭建"业务系统"，如图4-5所示。

在这一层，经营者要基于对内外部资源能力的分析，决定哪些业务活动由自己承担（图4-6中虚线框内的业务活动为主导企业自己初步想承担的业务活动），哪些业务活动交给外部角色。经营者还要设计业务结构，即构想搭建前台业务和后台业务所需的全部内外部角色与业务活动，并将所有角色与角色、业务活动与业务活动间的工作流进行衔接，画成一张业务结构网，如图4-6所示。

我们看到，在如图4-6所示的业务结构网中，前台业务系统是由营销业务及销售业务两大支持业务组成的。其中，营销业务内，媒体投放及内容策划是由营销角色承担的，由多种营销业务活动组成。实际上，营销相关的角色与业务活动非常丰

第 4 章 结构性、可视化地设计生意的熊掌图 | 139

进入三层解构图的第二层"业务系统"

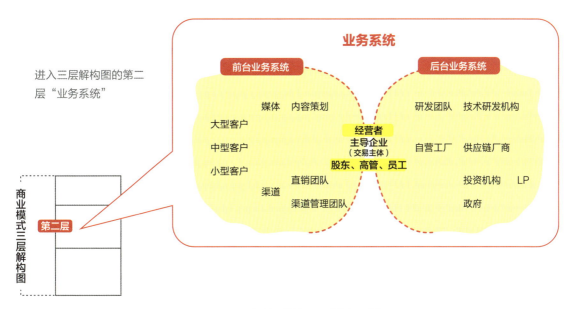

图 4-5 三层解构图的第二层"业务系统"

设计业务结构，画成一张业务结构网

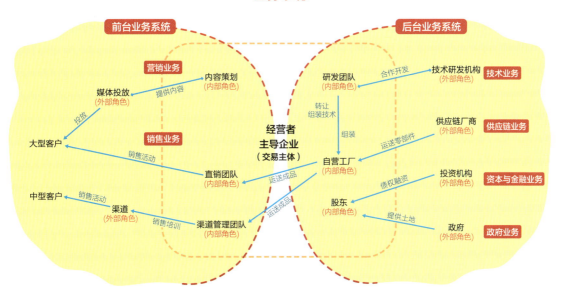

图 4-6 业务结构网

富，还包括市场策划、商品策划、产品设计、商品品牌内容策划、传播内容制作等。销售业务内，渠道销售、渠道管理和直销是由各种销售角色承担的，由多种销售业务活动组成。但在图4-6中，我对其进行了简化，只作为说明使用。

接下来，我们在图4-7中，把前台和营销、销售相关的角色与业务活动，分别用一个抽象的"椭圆形的袋子"收拢到一起，这个袋子就象征着一个支持业务环。就此，前台的营销支持业务环与销售支持业务环形成。

根据同样的方式，我们再把后台各种有关技术、供应链、资本与金融、政府[一]的角色与业务活动，各自归类、收拢到对应的袋子内，后台的四个支持业务环就形成了，并共同构成了后台业务系统。

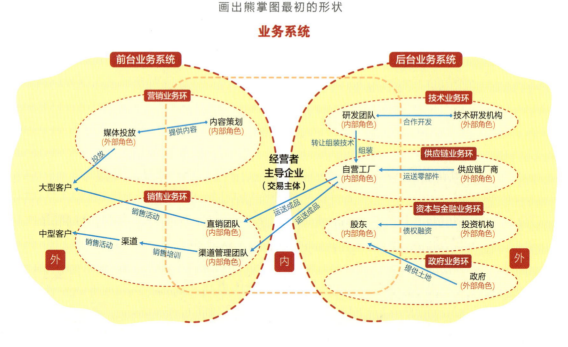

图4-7 六个支持业务环示意图

[一] 企业除了在市场上直接与客户和各种合作方对接，也与许多政府部门有活动往来，包括监管部门、工商注册部门、税务部门等，所以我把企业与政府各种职能间的活动对接也列为一种支持业务，放在政府业务环中。

请注意，正是在这一步的基础上，我们在图 4-7 中终于画出了"熊掌"的形状。

在前台和后台的业务系统中，六个支持业务环共同支持着"人-货"的价值交付。

如果你觉得图 4-7 有些复杂，我们可以绘制出更为简洁的熊掌图，如图 4-8 所示。

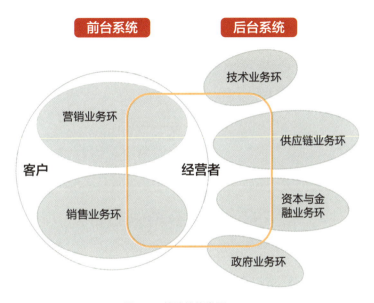

图 4-8　简洁的熊掌图

熊掌图左侧是营销业务环和销售业务环组成的前台业务系统，形状如熊掌的掌中的两股肌肉；熊掌图右侧是后台业务系统的技术、供应链、资本与金融、政府业务环，形状如熊掌上的四个指头。

这时，我们再把业务定位即"人-货"匹配这一生意的核心，放入熊掌的掌心位置，接着画出区分主导企业内外部分工的"企业边界框"，就得到了业务系统熊掌图的完整呈现，如图 4-9 所示。

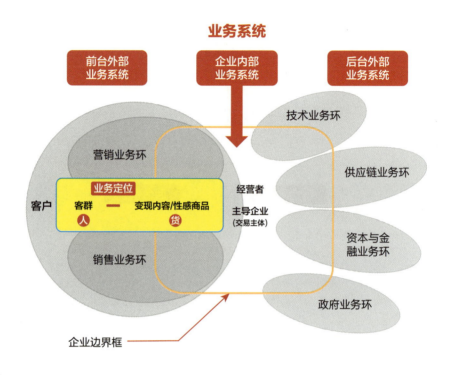

图 4-9 业务系统熊掌图的完整呈现

在代表"企业边界"的实线框内,所有角色与业务活动都由主导企业自己承担,而实线框外的角色与业务活动则由外部合作方承担。把所有角色放到设计好的位置后,我们就画出了清晰的业务系统内角色分工图,如图 4-10 所示。

接下来,我们再遵循从"设事"到"聚人"的逻辑,把熊掌图应用于三层解构图的第三层"交易系统",让核心经营者用全局视角,可视化地为业务系统中的每个角色找到适配的主体来承担其业务活动,并设计与每一主体的交易方式,建立稳定且有活力的商业共生体(人),支撑高效的业务系统(事)。

主导企业的经营者要在法人内部组建股东与董事会(后面随着生意的发展会不断调整与更新),引入高管层与员工队伍,与各种外部主体展开合作,支持"人-

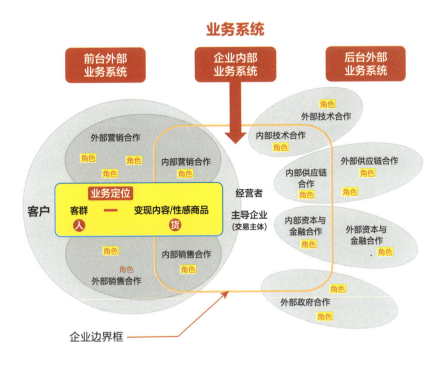

图 4-10 业务系统内角色分工图

 主导企业与核心企业

主导企业指的是业务（生意）的运营主体，它会为发展业务而推动组建商业共生体。主导企业同时也是一个视角，本书就是从主导企业的角度来设计业务定位、业务系统、交易系统的。比如，从小米的角度设计它的商业模式时，小米就是主导企业。概念上与之相对应的是"核心企业"，一般是指在某个行业的价值链里的上中下游位置占主导地位、谈判优势最强的主体。

货"的价值交付，让商机真正落地。

如图 4-11 所示，经营者通过设计交易以及聚合股东、高管、员工、各种外部合作方，组建起商业共生体，并形成前台外部共生体、企业内部共生体和后台外部共生体。由于商业共生体是通过交易建立的，所以，我们用"交易系统"来描述各成员间的经济关系。

至此，熊掌图这个可视化工具的作用已然明了。我们先把它套用在三层解构图的第二层，协助设计业务系统，再套用在第三层，协助设计交易系统。如图 4-12 所示，我们在三层解构图的第二层、第三层中置入熊掌图，在最右边展开熊掌图的六个支持业务环，并加入企业边界框及内外部角色与主体。最终，图 4-12 最右边的拆解图，就可以清晰、结构化地呈现出一个单一业务生意的全貌。

熊掌图完整、有条理地呈现了一个生意中业务系统和交易系统中的庞杂元素，非常显著地完善了三层解构图内部复杂构件间的结构性与"可视化"关联，从轮廓到细节更加全面、具体地展示出了生意的全貌，使经营者更易于对生意进行可视化设计。

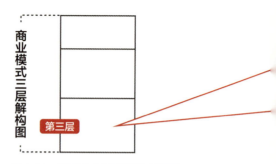

进入三层解构图的第三层"交易系统"

图 4-11 第三层"交易系统"展开图

熊掌图可以帮助我们清晰、结构化地呈现出一个业务的全貌

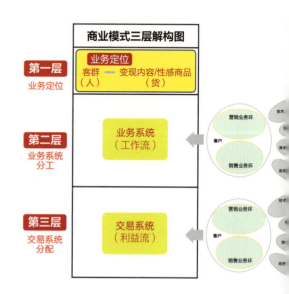

图 4-12 业务全貌展开图

第 4 章 结构性、可视化地设计生意的熊掌图 | 145

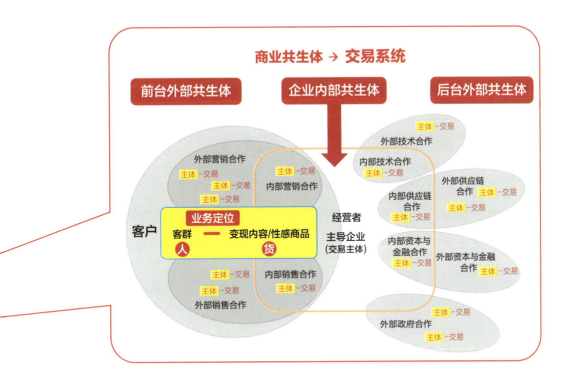

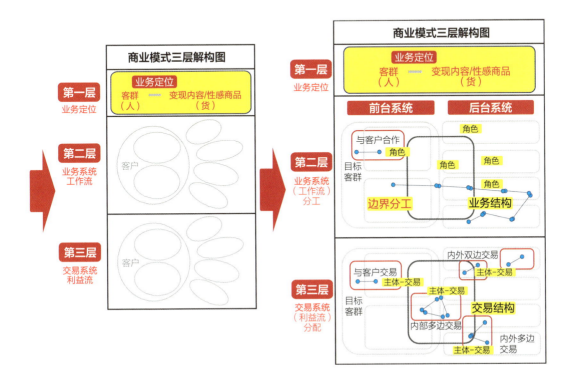

4.2 熊掌图的结构:"掌"与"四指"

熊掌图的六个支持业务环,就是熊掌的"掌"与"四指"。如前文所述,"掌"是企业的前台系统,由营销业务环和销售业务环组成,它们相当于掌上的"两股肌肉";而"四指"分别是技术、供应链、资本与金融、政府等四个支持业务环,是支撑生意的后台系统。

从整体来说,熊掌图体现的是结构性的联动反应过程。就像熊走路是用厚实的掌心先着地,位于熊掌图掌心位置的是最核心的业务定位,如图 4-13 中的黄色核心部位所示,它最先落地,起着自变量的作用。"客群 - 变现内容"的核心内涵若改变,作为因变量的六个支持业务环也会随之变化。

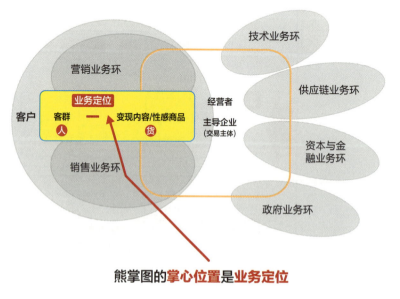

图 4-13　熊掌图掌心位置的业务定位示意图

如果把搭建整个生意的业务系统想象成搭积木，我们会发现，在熊掌图中，一批小积木（即业务活动）组成一个中积木（即子业务环，每个子业务环内都有各自的业务结构），几个子业务环组成一个大积木（即支持业务环），六个支持业务环则组成了业务的完整大结构。

我们可以以前台的营销业务环为例。营销业务环的核心功能是价值的创造与放大，它又包括市场策划、商品策划、内容营销、传播投放等多个子业务环。其中，市场策划是为了分析、找出价值空间大的赛道及品类，商品策划是为了策划出符合市场需求与消费潮流的商品，内容营销的主要工作是推出优质的商品文案及推广内容，而传播投放的任务则是实现营销内容的系统化与流程化分发，最大限度地传播品牌的促销信息并扩大公司的品牌影响力。把上述内容纳入熊掌图的营销业务环中，我们就可以得出图4-14。

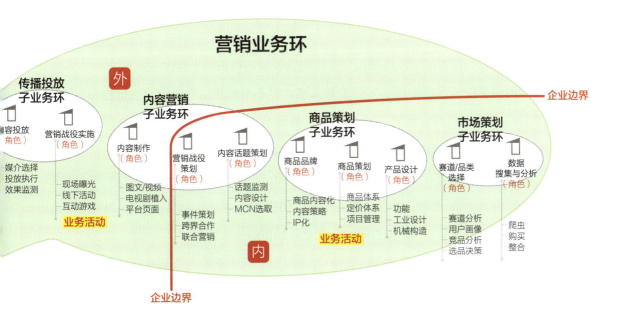

图4-14　熊掌图内部的营销业务环放大示意图

销售业务环亦是如此，它的主要作用是实现供需端的价值交换与转化，简单来说，就是销售成交。如图 4-15 所示，从售前—售中—售后的视角来看，销售业务环包括售前管理阶段的市场教育和需求调研、售中管理阶段的销售方案讨论和可能存在的招投标流程探讨，以及售后管理阶段的协助交付和客户满意度管理等多个子业务环；从渠道形态的视角来看，它包括直销管理、分销管理等多个子业务环。

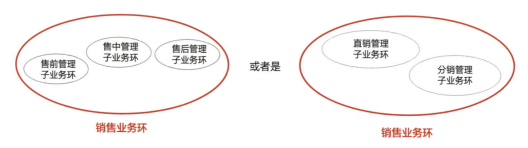

图 4-15　销售业务环中的子业务环示意图

再来看后台。后台业务系统由技术、供应链、资本与金融、政府四个支持业务环组成，它们作为运营支撑部门，支持前台的营销与销售工作。

前台系统会随着市场及客户的需求变化，不断调整运作方式与执行内容，而支撑其正常运作的后台系统，也需要根据前台系统的实际需求，动态地调整运作方式，从而持续地为其提供有效支撑，实现完整的商业运作。

我们也可以对后台的四个支持业务环逐一放大并进行详细说明，以资本与金融业务环为例，放大其内部的交易结构图，如图 4-16 所示。此处的交易结构图只是一个缩略图，在接下来的 5.5 节中，我会详细讲解这个案例。

正如熊掌的"四指"长短不一，后台系统的四个支持业务环在企业的职能专业和能力建设上也存在差异。

作为可视化工具，熊掌图有分析和设计两大功能。除了设计自己的生意，经营者还可以尝试用熊掌图分析其他生意，这种有益的练习能启发经营者或团队产生业务运作的创新思路。

大数据园区项目融资：用线和箭头标注交易活动、交易主体间的资金流向，再用号码标注先后顺序

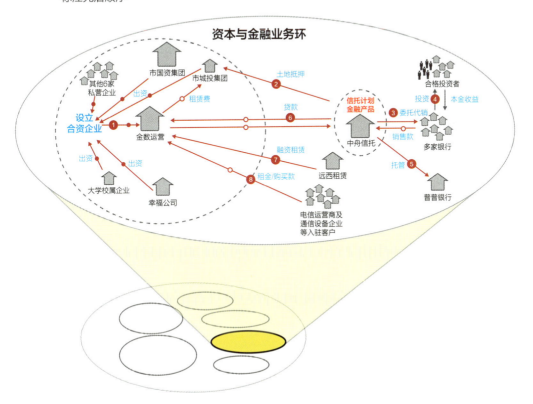

图 4-16　资本与金融业务环内的交易结构示意图

4.3 熊掌图功能Ⅰ：排列业务环，划定企业边界

熊掌图有五大核心功能，接下来，我们将逐一进行介绍。

第一个核心功能是排列业务环，划定企业边界。

企业经营中存在一些固有的边界，"边界"这个词在经营学中有多种不同的含义。

> **企业边界、业务边界与市场边界**
>
> 企业边界，指企业与外部合作方之间分工的边界。企业以自身核心资源与能力为基础，决定哪些业务活动由自己做，哪些业务活动通过市场交易手段找外部合作方来完成，同时促成内外部协作。在选择自己做还是去市场上找别人做时，企业主要考量的是哪一方来做专业效率和成本优势更高。当然，把外部合作企业加入业务系统内进行协作后，企业必须面对沟通与协作复杂化的管理挑战。
>
> 业务边界，指企业现有业务定位所划定的范围。企业若跨越现有业务边界，就是去经营与现有业务不相关的新业务，切入第二或第三增长曲线，进行多元化发展。比如，近年来业绩持续增长的映客，从直播业务切入社交业务（经营交友社区），不断拓展业务边界。
>
> 市场边界，指一个企业提供的产品（或服务）能最有效覆盖的细分市场或地理区域范围。企业若跨越现有市场边界，就是在现有业务方向不变的前提下，超越现有聚焦市场，开拓更广阔的细分市场或地理区域。比如，五菱宏光MINIEV刚开始瞄准都市潮妆出行女性市场，后来利用游戏出圈，瞄准游戏圈男性市场。

本书主要集中探讨"划定企业边界",目的是让经营者能够从主导企业的视角,正确选择自营与外包的内外分工方式。

实际上,每个公司定义好业务的完整大结构、明确所需要的角色与业务活动后,就会对划定企业边界[○]做出判断,简而言之,就是判断哪些应该由自己做,哪些应该去市场上找别人做。

主导企业通常会基于自己的初始基因(初始具备的关键资源能力)来做判断。因此,即使业务定位相同,企业对内外部角色的选择也会因初始基因的不同而有所不同。比如,国内电商行业的两大巨头,京东最早选择了自主建设物流业务,而阿里巴巴选择了由外部角色提供物流服务。

事实上,在划定企业边界时,经营者需要考虑的因素十分复杂,不仅要考量前面所说的"企业能力视角"下的初始基因因素,还要综合考虑文化因素(企业理念)、经济因素(交易成本、技术门槛、生产效率)、心理因素(心理安全边际)及政治因素(贸易开放度)等。

在实际经营中,我们可以用熊掌图辅助划定企业边界。就像盖章一样,我们把一个象征企业边界的"框"盖在熊掌上,如图4-17所示,掌与四指中被框住的部分,就表示是由企业内部承担的业务活动,而边框之外的业务活动,则需要企业寻找合适的外部合作者来承担。

选择企业边界,就是选择内外分工。在构建业务系统的过程中,总有一些业务活动是企业没有足够的专业资源能力去承担的,或者内部孵化与培养的速度可能极其缓慢。如果企业勉强自主运营,不仅效率低,而且成本高。在这种情况下,如果不是必须建立的核心"战略护城河",外部合作显然是更好的选择。

○ 刘易斯·M. B. 卡布罗(Luis M. B. Cabral)在其著作《产业组织导论(第二版)》中把企业边界分为横向边界和纵向边界。横向边界指的是企业生产产品和提供服务的数量与种类,纵向边界则是企业内部自建的价值链环节和管理层级的数量。本书中此处讨论的是刘易斯所指的纵向边界。

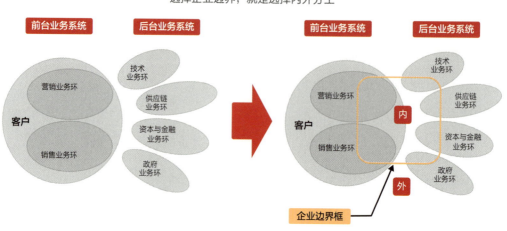

图 4-17　熊掌图功能 I

比如，对于前台系统中的销售业务环，许多医疗设备企业选择与区域渠道商合作，借助它们对当地医疗体系运行规律的认识、牢固的医院客户关系、成熟的销售团队、雄厚的财务实力，甚至是由它们建立的完善的售后服务和物流配送体系，来提升市场渗透效率。

而对于后台系统中的技术业务环，如果企业的研发能力有限，可以通过与实力较强的外部研发机构合作，把别人研发到"最后一公里"的成果转化为商品，然后合作推出，实现双赢。如户外服饰品牌始祖鸟（ARC'TERYX）之所以与面料供应商 GORE-TEX 合作，就是因为看中其压合技术为面料带来的防风、防水和透气效果。对于后台系统中的供应链业务环，一些服装企业由于自身在仓储物流方面缺乏经验和必要的资源，就找嘉里大通进行保税物流供应链或跨境电子商务供应链合作。

对企业来说，在设计业务系统时，合理地选择与外部企业合作的范围和方式，关系到后续的经营效率。

不过，在搭建业务的最初阶段，我们很难准确地划定企业边界，我们的判断通常只是一种初始判断（图 4-18 中左侧熊掌图中，我们用虚线画出企业边界框，代

第 4 章 结构性、可视化地设计生意的熊掌图 | 153

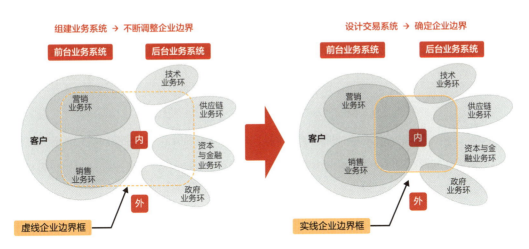

图 4-18 企业边界的调整

表暂定的判断），然后在设计交易系统时再予以确定（图 4-18 中右侧熊掌图中，我们用实线画出企业边界框）。从虚线到实线，往往会经历多次调整。

简单地说，对企业边界做出最佳判断的过程不可能一蹴而就，需要通过"认知—实践—再认知—再实践"的反复升级，不断调整与优化。

选择企业边界，实际上也是鼓励经营者依据行业属性，集中力量将优势打造成竞争壁垒。下面，我们以传统企业古方红糖转型的案例来说明主导企业如何重新进行内外部的分工与合作，划定最佳的企业边界。

案例 4-1　古方红糖的逆袭：专业分工为非遗生意插上现代化翅膀[一]

古方红糖公司位于贵州省黔西南，其传统制糖工艺是贵州省非物质文化遗产，凭借着一千多年"活化石"般的传统工艺，古方红糖被评选为贵州省老字号。最近十几年，古方红糖几经沉浮，既经历过高速发展，也面临过管理流程优化难以落地的挑战，企业发展和管理之间的矛盾日

[一] 资料来源于案例《古方红糖的年龄管理：造就不老的老字号》，此案例曾获得《哈佛商业评论》（中文版）2020 拉姆·查兰管理实践优秀奖。

益凸显。

在公司内部，管理层普遍老龄化，习惯于依靠经验做经营决策，且对新鲜事物的接受度不高。由于传承着历史悠久的非物质文化遗产，古方红糖的团队基本上是师傅带徒弟，老师傅既是技术人员，也有管理职责，因此，师徒之间既有上下级的管理关系，也有师徒的亲情关系。运营规模不大时，这种传统作坊式的经营方式还算有效，老师傅靠经验和记忆完全可以应对，基本能把握局面，管理问题不突出。但随着电商兴起，古方红糖的销量上升，企业规模突然增大，这时，企业内部的管理难度变大。面对内容增加、分工细化、各种矛盾凸显的情况，老师傅有些措手不及，无所适从。

为此，经营者采取了一系列变革措施，比如，起用年轻人，做年轻化、现代消费者喜欢的产品而不是"古人"喜欢的产品，等等。在管理梳理和业务流程再造方面，经营者则通过关键举措调整了"企业边界"。

古方红糖的核心业务环节有两个：一是制糖工艺，二是营销中的品牌管理与销售管理。对于除此之外的非核心业务环节，古方红糖都尝试着外包，让专业的人做专业的事。

按照这一原则，古方红糖首先将制糖的生产体系留在贵州，把品牌管理与销售管理迁到了山东，但这两个核心业务环节仍由公司内部自营。

其次，在制糖的生产体系中，公司将原来的砍运、榨汁等非核心工艺进行了外包，减少了制糖人员。比如，分装环节完全外包，仓储环节部分外包，天猫和京东旗舰店运营外包。这大大节省了仓储、电商发货等运营成本。

这些调整可以概括为四点：守住核心业务环节，砍掉增值不足的自营业务活动环节，增加外包，精简机构。许多运营型角色没有了，留下来的多是监督和管理角色。

由于对企业边界进行了调整，古方红糖得以从繁重的事务中脱身，效率大幅提升，并且发力扩大了自营营销团队的规模。从图 4-19 中，我们可以非常直观地看到调整前后的不同。

古方红糖的聚焦、降本、提效措施效果显著。2020 年，疫情之下，传统企业受到的挑战不小，但古方红糖却逆势实现了同比 176% 的增长，营收创历史新高。

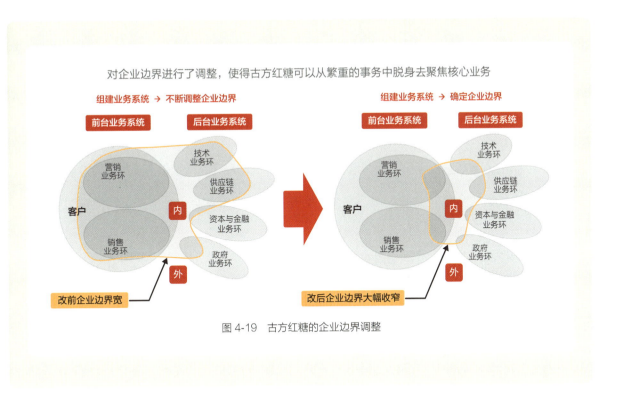

图 4-19 古方红糖的企业边界调整

4.4 熊掌图功能Ⅱ：高效布局与盘点内外角色

如果企业从事的生意比较复杂，或企业达到一定规模，业务系统和交易系统内的资源能力、角色、业务活动、主体、交易活动等元素就会十分庞杂。而熊掌图可以有序地排列和呈现这些元素，起到盘点的作用。盘点越细致、越有条理，就越有助于后续的业务系统搭建与商业共生体组建。

以城市综合体这种复杂生意为例，作为主导企业的运营商要改造旧城，就会涉及拿地、设计、拆迁、施工、招商、运营等一系列垂直又复杂的业务活动。我们可以利用熊掌图，以主导企业的视角，从粗颗粒到细颗粒一一列出所有业务活动以及需要的角色，如图 4-20 所示。

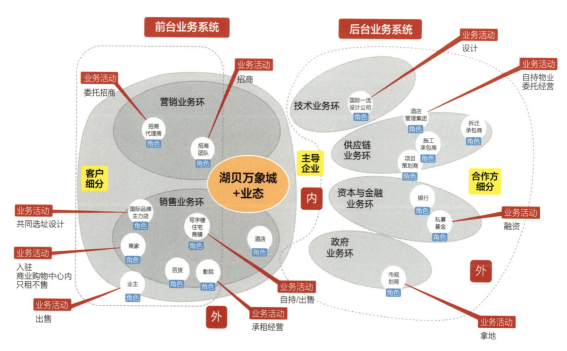

图 4-20　华润湖贝万象城旧城改造项目选择企业边界前

请注意，在图 4-20 中，城市综合体运营商还没有选择企业边界，也就是还没有分工。划定企业边界后，这张图可能会变成图 4-21 的样子。

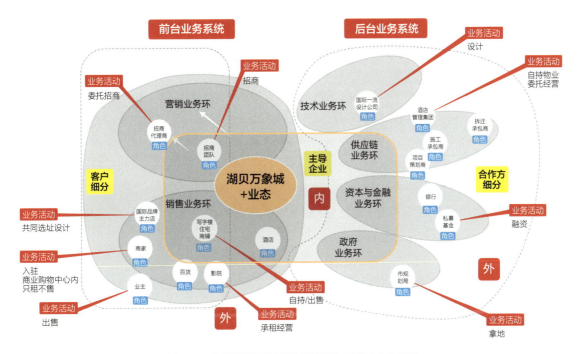

图 4-21　华润湖贝万象城旧城改造项目选择企业边界后

画好业务系统的熊掌图后，运营商（经营者）就可以接着画出交易系统的熊掌图，填入承担业务角色的主体，以及描述内部和外部的各项交易活动。

由此可见，即使是非常复杂的城市综合体，熊掌图也能细致地盘点出所有参与的角色，方便经营者统揽全局，精准操盘。

4.5 熊掌图功能Ⅲ：透视生意的轻与重

在划定企业边界、细致盘点业务系统和交易系统中的各种要素之后，经营者还可以利用熊掌图的抽象化功能，隐去庞杂的细微信息，站在更高处，俯瞰整个生意，一目了然地透视业务全局。

业务全局具有两类特征：第一类是本节所探讨的生意的轻与重，第二类是4.6节中所探讨的各个支持业务环的相对优劣势。我们先来看生意的轻与重。

如何评判生意的轻与重？

除了看固定资产投入的多少、员工人数的多寡外，更要看企业自营的业务活动的种类与数量。企业自营的业务活动越多，生意就越重，反之则越轻。

轻与重不是衡量一个企业发展水平的绝对标准。对处于不同类型行业、具有不同行业特点的企业来说，发展方式轻与重的选择，不仅取决于自身的发展需求，也取决于自身的开放性（可能会造成交易结构更复杂）或封闭性（可能会造成创新能力降低）。即使是同一企业，在不同的发展阶段也会有做轻和做重两种不同的选择。

从轻重的角度出发，我们可以把生意分为四种类型：前台重、后台重、极重、极轻。我们同样可以用熊掌图对这四种类型的生意进行形象化的展示，如图4-22所示。

第一种：前台重的生意

当企业边界框向熊掌的左侧移动，覆盖更多的前台部分时，这意味着企业倾向于对大部分面向客户端的业务活动进行自主经营，这种就是前台重的生意，如图4-22所示。

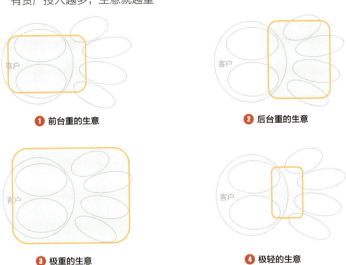

图 4-22 生意的四种类型

典型案例如国际鞋服品牌耐克（Nike）。作为全球头部的体育品牌商，耐克没有自有工厂，它只做设计和品牌推广，后台的生产与供应链服务则通过外包的方式完成。

第二种：后台重的生意

当企业边界框向熊掌的右侧移动，覆盖更多的后台部分时，这意味着企业倾向于对大部分后台支持业务进行自主经营，这种就是典型的后台重的生意，如图 4-22 中的②所示。

典型案例如台积电，其后台的技术研发以及生产制造全部由自己经营。这些业务环节既重资产投资，又重高级人力投入。

第三种：极重的生意

当企业边界框扩大，覆盖住整个熊掌时，这意味着企业倾向于把前台与后台业务活动全部自己包办，如图 4-22 中的③所示。对于这种生意，最形象的比喻是在缺少专业分工的旧时代，小县城中医馆的大夫除了给病人看病之外，还要亲自上山采药、采后煎药、做账房、提供售后服务。这类企业通常敢于内化各种职能，前台和后台绝大部分业务活动都能自给自足，不需要外部合作者分担。

极重的生意，需要以充足的资本和经验来支撑自营业务的高效运转。所以，这类企业通常深耕某个市场，或深度理解自身所处行业的价值链，积攒了丰厚的资本和经验。

典型案例如特斯拉，特斯拉是一个全包揽型的企业，电池、电控、充电……都是自己做的，甚至员工用的 app 也是自己做的。

此外，我们在第 3 章中介绍过的完美日记，在创业初期其实是一家很"轻"的公司。完美日记在公域与私域的运营上做得很"重"——搭建了全方位的内容流量运营体系（包括较大规模的数据团队与内容团队），并视之为必须持续建设的公司内部核心能力，但在其他领域都做得很"轻"，如将制造业务外包给大牌代工厂，销售端从一开始就是线上模式，没有布局线下门店。但是，随着规模扩大，完美日记逐渐走向极重的生意模式，企业边界框开始扩大，向覆盖整个熊掌的方向演进，比如，在渠道方面开设了许多线下直营门店，还筹建了自有智能工厂。

再如元气森林，在经历了 4 年的爆炸式发展后，它从产能完全依靠代工厂的"轻体量"迅速进化为拥有 5 个自营饮料工厂的"重体量"。元气森林的"重"还体现在人员数量的增加上：企业员工人数从 2020 年到 2021 年增长了近 50%，达到 6000 人，线下渠道管理人员增加得尤其多，他们管理着超过 18.3 万个传统渠道终端[1]。

第四种：极轻的生意

当企业边界框缩小，仅覆盖很小面积的熊掌时，这意味着企业承担比较少的业务活动，更多地选择与外部合作的方式来组建业务，如图 4-22 中的④所示。关于

---

[1] 苗正卿. 元气森林正在重组基因 [EB/OL]. （2021-11-05）. https://m.thepaper.cn/baijiahao_15222047.

这种生意，也举一个形象的例子：酒店行业中，规模小于 200 个房间的小酒店，自建什么样的专业团队都不划算，它们往往会尽可能地把可以外包的业务外包给各种专业的服务提供商。

要把极轻的生意做好，用很少的财力和人力就能撬动生意发展壮大，对经营者的要求很高。他必须是善于整合资源能力的高手，能聚合那些配合默契度高、能力强大的专业分工合作伙伴。

典型案例如互联网平台企业 Airbnb。作为全球最大的住宿服务平台，Airbnb 自身并不拥有房产，它主要投身于互联网基础建设和服务体系的构建，尤其是差异化的服务体系的建设。与它当时主要的竞争对手 Craigslist 不同的是，Airbnb 为房主提供了非常到位的服务，专门聘请了专业摄影师到每个房主家里拍摄照片，力求房间的极致展示。摄影师不仅展现了房间各个角度的美，还突出其特色细节，让人一看就想住。由此，Airbnb 迅速聚合了大量的优质房源。

在实际应用中，四种业务搭建模式的选择取决于企业自身的需求。若某方面资源优势明显，企业可以选择自营"重"模式，建设更具竞争力的业务系统。但现实是，很多企业并不具备充足的资源和资本去自营，通常需要向"轻"模式发展，利用自身拥有的某项优势资源，通过提高这项资源的杠杆率，吸引与撬动其他外部合作方达成合作。

4.6 熊掌图功能Ⅳ：看清支持业务的优势与短板

各个支持业务环的相对优劣势是业务全局的第二类特征，而熊掌图能帮助经营者看清支持业务的优势与短板。

前面提到过，后台的四个支持业务环即熊掌的"四指"长度各异，对应着企业在这四个领域的职能专业和能力建设上各不相同。实际上，这也适用于全部的六个支持业务环。

<u>对不同企业来说，每个支持业务环构建的复杂度都是不同的</u>，各自的竞争优势也存在一定的差异。为了更加清晰、直观地展示企业在六种支持业务上的优劣势，我们可以有意地放大或缩小支持业务环的面积，对它是优势还是劣势进行可视化呈现。

如图 4-23 所示，<u>支持业务环呈现的面积越大，代表着这个支持业务环内业务活动的复杂度与壁垒越高，企业在该业务领域的优势越明显。</u>

熊掌图演变为六环图，看清优势与短板
形象化地放大其中几个业务环，表明这几个环具备优势，环内的"脉络"设计得特别有新意且突出，"脉络"也就是节点与纹路，象征业务环中的"角色"与"业务活动"

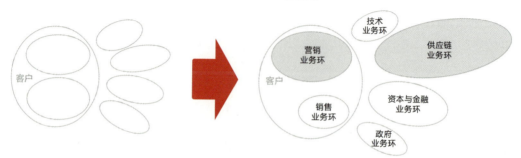

图 4-23　企业六个支持业务环选择性放大示意图

那些能超越同行、高速成长的企业，其经营者通常为其设计了超常规的发展路径。如果我们用熊掌图来分析其业务结构，很可能会发现，这些企业与其竞争者相比，在营销、销售、技术、供应链、资本与金融、政府这六大支持业务环中总有一两个是格外突出的。

"突出"意味着这个支持业务环在同行业中具备特殊的竞争优势，但是，要做到"突出"并不简单。这需要企业持续地投入资源、巩固核心生产要素或经营能力，或者通过业务活动的拆分与重组提高工作流的效率，或者通过设计创新的交易结构撬动资源杠杆。

一家企业如果有一到两个突出的支持业务环，那它通常在行业内就已经具备了一定的竞争优势。如果这家企业每个支持业务环都突出，且支持业务环之间能高效联动，那么，这家企业一定是行业内的高量级企业。像近些年来飞速发展的跨境自有品牌快时尚电商希音即是如此。它以 B2C 的形式存在，拥有独立网站和 app，大部分的支持业务环都很突出。如果这家企业还能组建或参与生态，与其他同量级企业形成跨界联动，很有可能会发展成为一个现象级集团企业。

经营者该如何有意地放大或缩小熊掌图上的支持业务环，来突出呈现企业的某些业务优势呢？我们来看一个案例。

案例 4-2　一张图看清药明康德

全球西药行业的专业化分工已经达到极高的水平，从药物发现、临床前开发、临床研究、制药到流通等多个环节，都有了专业的外包服务厂商。因为新药研发的技术含金量高，研发周期长，动辄需耗费 10 年以上的时间，而且研发成本很高，往往需要数十亿元资金的投入，制药企业若是自己投入研发，风险极高。因此，它们通常都会选择把部分研发环节委托外包给医药研发服务企业，药明康德最早主营的就是这部分研发任务的外包服务，后来，其外包服务业务逐步覆盖从研发到生产的全部环节，如图 4-24 所示。

有人称今天的药明康德为"医药界的富士康"，这是因为它的生意逻辑类似富士康，都属于"交钥匙"类型的代工模式。只不过，药明康德代工的是国际医药巨头和国内医药领军企业的新

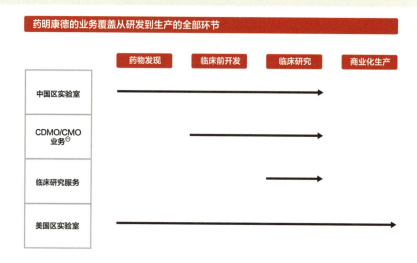

图 4-24　药明康德的业务覆盖图

药研发业务。发展至今，药明康德已经成为国内规模最大、全球排名前列的小分子医药研发服务企业○。

纵观药明康德的崛起，我们能看到它的几点"突出"。首先，如图 4-25 所示，药明康德是典型的前后台都做得很重的企业。具体来说，在六个支持业务环中，其技术业务环最为突出。作为高精尖研发服务行业的代表，药明康德在全球拥有 26 个研发基地与分支机构，近 80% 的员工属于研发人员。通过持续在技术业务环内纵向整合，药明康德逐渐建设起大而全的纵向一体化⑤新药研发服务平台。

虽然大量资源被投入到技术业务环，但这并不意味着它不重视前台的建设。实际上，药明康德已经建立了一套完整的销售体系，并且设计了与客户合作的四种交易方式，如表 4-1 所示。

除了技术和销售领域，药明康德在资本与金融业务环方面也具备一定的优势，成立了风险投资基金，收购各个细分领域的优质公司，建立起完善的生态链，全线布局研究服务平台。

○ CDMO 业务，即合同研发生产业务；CMO 业务，即合同研发业务。
○ 资料来源：①作者对药明康德的访谈；②石章强，王海刚. 药明康德产业链平台模式的馅饼与陷阱 [EB/OL].（2019-02-08）. https://baijiahao.baidu.com/s?id=1624875293038632306.
⑤ 纵向一体化又叫垂直一体化，指企业沿价值链的上中下游，把过去交由外部市场的业务活动内部化，自己经营并且整合衔接若干环节的业务活动，如研发、原料供应、生产、销售等。

第 4 章　结构性、可视化地设计生意的熊掌图 | 165

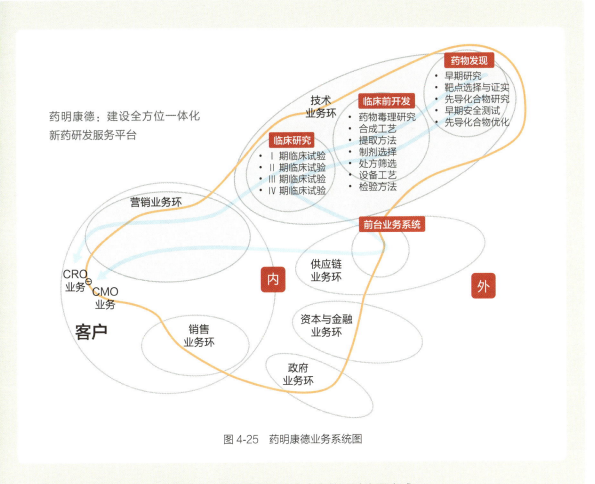

图 4-25　药明康德业务系统图

表 4-1　药明康德与客户合作的四种交易方式

传统的一次性交易模式	合同规模一般都比较小，可以"一手交钱一手交货"
根据完成进度进行交付的模式	也就是所谓的"交钥匙模式"，即客户满意后再支付相应比例的金额
纯结果导向的项目成本包干制	项目完成得越早，收入越多，反之则越少
销售分成制	合作企业投资新药项目研发，药明康德也投入部分自有资金以及技术进行合作，在新药成功上市后，双方会从销售提成与项目分红中获取回报

纵观药明康德的六个支持业务环，对内，面积有大有小，有优劣势之分，但是对外，与其他同行相比，每个支持业务环都具有竞争力，这正是其整体实力的体现。

⊖　CRO 业务，即临床试验业务。

4.7 熊掌图功能Ⅴ：追踪业务发展轨迹

熊掌图的最后一项核心功能是能够呈现特定时间点上生意全局的状态。如果把生意发展各代表阶段的熊掌图按照时间轴的顺序画出，我们就会看到一幅业务动态发展轨迹图。

如图 4-26 所示，经营者可以按照抽象的逻辑，运用熊掌图追踪企业发展每个代表阶段的总体规模、企业边界、各支持业务环相对优劣势的变化，以及各支持业务环内部资源能力、角色、主体的变化。

首先，如图 4-26 的 T1 所示，初创期的企业体量与客户基数通常较小，此时，我们用面积比较小的熊掌图来表（组建 + 设计）T1→T2→T3，发展过程中，每隔一段时间，都要总结与梳理商业共生体。熊掌图随着时间逐渐变大，象征企业经营的共生体逐渐壮大；最早选择的企业边界，也会不断发生改变

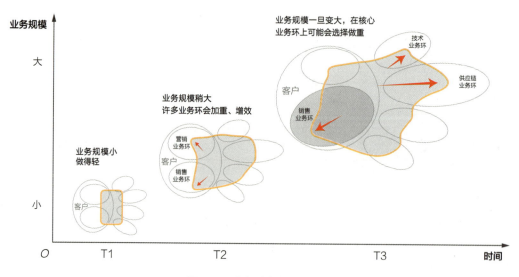

图 4-26　业务动态发展示意图

示。随着企业规模的扩大，前台与后台系统逐渐丰富化、复杂化，企业由此进入T2、T3阶段，这时，我们用面积不断变大的熊掌图来表示企业不断"长大"。

其次，随着企业规模走上新台阶，变化的不只是熊掌的面积，其内部的支持业务环、业务边界也会发生相应的变化。当然，每家企业的变化部位各不相同，比如，有的企业为了保障平稳运营，会自然地倾向于把更多的核心资源能力控制在企业内部，通过学习把原本交由外部合作方承担的重要业务活动转化为内部自营，或通过并购把合作方纳入内部系统。简单来说，企业越做越"重"，承担的业务活动越来越多，一步步变成重运营且重资产的企业，企业边界不断扩大。

也有企业会选择以夯实自身核心资源能力及规模经济为杠杆，把更多的非核心业务活动外包出去。同时，还会利用自己所掌握的话语权选择更优质的外包合作伙伴，制定及执行清晰的外包商管理策略。这带来的是企业边界向内收缩、企业涉猎的自营业务活动越来越少。当然，这也会导致企业过度依赖边界外的合作伙伴，给企业带来风险。

在每一个需要梳理的时间点上，经营者必须重新检视企业边界，审视企业是否因强控制思维而导致自营过重，偏离了原有的规划；或者，企业是否因强开放思维而导致自营过轻，出现了对外界资源过度依赖的问题。

最后，根据业务发展的需要，企业可能会增加或降低对特定支持业务环的投入，从而造成各支持业务环相对优劣势的变化。不论企业的规模如何扩大，经营者都要清晰地知道自身核心资源能力的建设方向，并且对其进行持续巩固，不断加强企业的专业化程度，将资源优势转化为具有竞争壁垒的核心优势，从而建立业务壁垒，获得合作上的更大话语权，提高利用合作方资源的杠杆率。

下面，我们就以跨境电商标杆企业安克创新为例，用熊掌图展现它过去十年的演变与成长。从采购到自主研发，安克创新经历了三个发展阶段，其业务定位以及相应的业务系统配套设计都发生了动态变化。我将从企业边界、支持业务环的收张以及自身核心资源能力建设的方向三个维度进行综合讲解[⊖]。

⊖ 周宏骐，陈赋明.安克创新：跨境电商里跑出的品牌创造者[J].商业评论，2021，7（213）：51-65.

案例 4-3 安克创新十年轨迹图：三次迭代、蓄力扩容

你可能很难想象安克创新是如何用短短十年的时间从"亚马逊充电宝一哥"成长为国内头部消费电子品牌企业的。

安克创新的创业故事可以这样高度总结：一群高学历且有顶尖公司工作经历的创业者，抓住了一个商机，从最初向供应商采购充电宝进行跨境电商销售，迅速过渡到自主设计、研发和销售。

2020 年，安克创新的营收达到 93.53 亿元，产品包括充电类、无线音频类、智能创新类三大系列，其中，Anker 品牌已经连续 4 年入选 BrandZ"中国全球化品牌 50 强"。它每年的营收中，97% 以上来自北美、欧洲、东亚、中东、东南亚的 100 多个国家和地区，全球用户数已经超过 8000 万。

如果仔细盘点，安克创新的十年可以被拆解为三个阶段，业务定位也经历了三次迭代，每次迭代都能走上新台阶，并且建立相应的业务系统。同时，在每个发展阶段，安克创新都积累了能够为下一个发展阶段提供充分支持的资源能力。

阶段一：出海型跨境电商，采销贸易，"亚马逊充电宝一哥"

2011 年创立后，安克创新（当时的公司名称为"海翼电商"）很快就有了一个外号"亚马逊充电宝一哥"。当时，它抓住智能手机爆发式增长、配件需求剧增的机会做起了跨境电商生意，业务定位为针对美国市场、在亚马逊平台上销售设计精美、品质良好的中国制造充电类产品（如充电宝、充电线等）。货源是从中国工厂选品、贴牌而来。

从图 4-27 中，我们可以清晰地看到，当时安克创新自营的关键业务活动较少，做得很轻，主要投入集中在营销和销售管理，以及外包代工厂管理上。

阶段二：出海型跨境电商，自主研发，委托代工，品类扩充

2013~2014 年，安克创新不再满足于做"充电宝一哥"，产品品类逐步横向扩充至声学、智能家居等，从买手型向研发型转变。主力产品逐渐转变为自主研发的产品，其业务定位也随之调整。

不变的是，亚马逊平台仍是其主要的销售渠道，产品由中国工厂贴牌定制。在业务系统内，公司开始基于亚马逊的 VOC（客户之声）做精准选品和产品微创新，同时采取精品爆品模式，加大对内容营销这类关键活动的投入，在 Facebook、推特、领英等社交媒体上积极运营。2014 年，公司营收达到 7.2 亿元。

通过图 4-28，我们可以看到，这一阶段，安克创新自营的关键业务活动开始增多，并且在

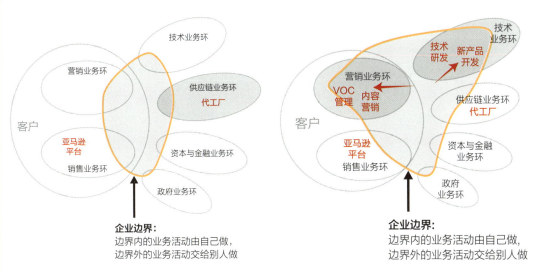

图 4-27　安克创新 2011 年的企业边界示意图　　　　图 4-28　安克创新 2014 年的企业边界示意图

品类微创新和内容营销上加大了投入。公司还自己设计程序，抓取电商平台上的 VOC 评价，对它们进行分析后反馈给产品团队以做出更好的产品。通过这种方式，安克创新诞生了很多令人惊喜的产品。此时的供应链采用外包代工模式，仍然做得很轻。

阶段三：全球布局，全渠道销售，多品类多品牌

在这个阶段，安克创新的业务定位又有了细微的调整，产品品类进一步横向扩展，同时拓展了沃尔玛、百思买等线下渠道。2017～2018 年，公司业务系统发生调整，2017 年 12 月更名为安克创新，从此告别贸易模式，致力于打造自主研发的品牌形象。除了研发产品，公司还开始孵化更多的品类和独立品牌，以"塑造一组标杆品牌"。

公司的终极目标是成为"全球化的智能硬件公司"，把世界各地的人才聚集在一起，创造和制造出世界级"中国智造"产品。2017 年，安克创新的营收超过了 39 亿元，2020 年达到 93.53 亿元，净利润 8.56 亿元。

通过图 4-29，我们可以看到，在第三阶段，安克创新自营的关键业务活动更多了，不仅加大了新品类的技术研发，还在产品开发上导入了 IPD（集成产品开发）变革和流程化管理，以支持规模化创新。同时，在独立品牌建设上，不同的产品和服务都有独自的定位、品牌名称以及宣传策略。

由于在美欧日市场布局了更多的线上、线下新渠道,安克创新销售环节的关键业务活动中有了更多的渠道管理。供应链依然没有变化,还是外包代工,做得很轻。

最后,如图 4-30 所示,在安克创新的三个发展阶段,其业务系统规模逐渐扩大并且改变,

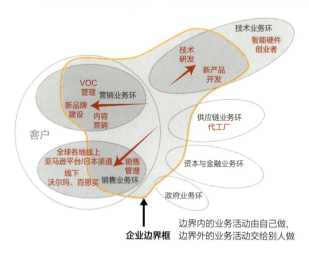

图 4-29　安克创新 2020 年的企业边界示意图

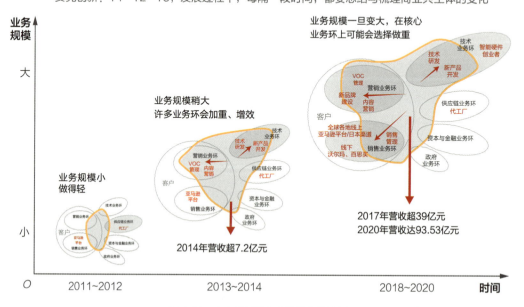

图 4-30　安克创新业务系统发展轨迹图

最早选择的边界在不断动态改变，对关键业务活动的投入也在不断加大。当然，这些都源于经营者的视野不断开拓、经营格局持续提升。

回顾过往，安克创新在短短几年里积累和储蓄了大量的资源能力，其中不仅包括技术人才与专利，还包括运营流程、赋能流程和支撑流程。最终，安克创新将这些积淀不断对外输出，换来了更可靠、优秀的合作方。

安克创新这两年还有新变化，在它新推出的"创业者集结计划"中，其自身定位变成了"战略投资人"和"赋能体"。安克创新鼓励内部创业，并为创业者提供资金、品牌、用户等资源能力，与其形成合作交易关系，实现共赢。

4.8 用熊掌图看价值链上下游的联动

在介绍熊掌图的核心功能时,我们曾用多个熊掌图并列的方式,展示业务的动态发展轨迹。在此基础上,我们还可以扩大熊掌图的应用范围,将其用于展示价值链上下游不同主导企业之间的关系。

过去,在观察产业价值链上下游生态的时候,经营者大多是在脑海中构建一些图像,然后粗略地进行分析。现在有了熊掌图的助力,我们可以先以上游的主导企业为核心绘制熊掌图,再以下游的主导企业为核心绘制熊掌图,最后把上下游的熊掌图以产业价值链为线索串联起来,这样就能一目了然地看出这个产业价值链的生态联动关系。

以鸡肉食品价值链上下游为例,经营者可以用熊掌图清晰地画出主导企业前台与后台业务活动设计与资源配置的特点,从而明确这家企业的企业边界以及运营的轻重。

如图 4-31 所示,上游主导企业是鸡肉批发商正大集团,下游主导企业是速冻鸡肉水饺制造商思念集团,当我们把产业上下游的主导企业放置在这个产业价值链上时,就可以看到每个商业共生体内部各主体之间的配套与联动关系。

对上游主导企业来说,自身所处的位置越靠近下游,越需要精细地描绘所有上游产业的熊掌图。这是因为,越靠近下游,企业在经营上越容易受到上游供应商的影响。详细地描绘出产业链的整体形态,有助于经营者清晰地掌握自身与上游企业的联动关系,有效地规避风险。

第 4 章　结构性、可视化地设计生意的熊掌图 | 173

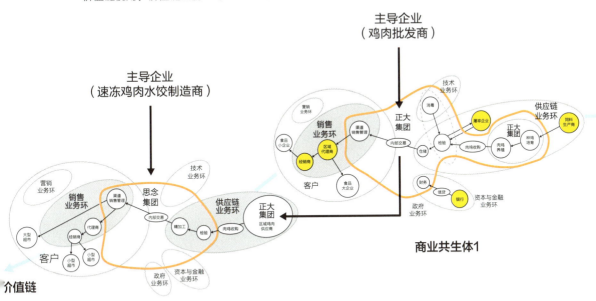

图 4-31　熊掌分析价值链示意图

本章精华回顾

本章介绍了可视化设计工具熊掌图，带领经营者了解了熊掌图的由来、结构、功能以及如何应用。经营者可以利用这一工具检视企业的每个单一业务在发展过程中熊掌大小、企业边界的变化，以及六个支持业务环各自业务活动的复杂度变化等。用好熊掌图，能使经营者看清特定时间点上生意全局的状态，而把多个时间点上的熊掌图并列，又能展示业务的动态发展轨迹。

请记住一点，当企业跨越了业务边界，增加了新的业务定位，形成多业务经营时，以上的方法同样适用，只是需要我们为每一个业务单独绘制出发展轨迹图，然后再将多个轨迹图并列，此时，各业务的消长状态便会跃然纸上，让人一眼看清。

在接下来的一章中，我们将运用熊掌图来描述及设计商业模式三层解构图中第二层"业务系统"与第三层"交易系统"，让经营者能够游刃有余地关照生意全局中所有的"合作"（分工）与"交易"（分配），做好细节设计。

第 5 章

用好熊掌图，精细化设计业务系统与交易系统

5.1 用无机熊掌图描述业务结构

5.2 从"无机熊掌图"到"有机熊掌图"

5.3 用有机熊掌图描述交易结构

5.4 用好交易蓝图，在有机熊掌图中设计交易结构

5.5 资本与金融业务环的交易结构案例

5.6 销售业务环的交易结构案例

5.7 用熊掌图通观全局的业务结构与交易结构

在第 4 章中，我们推出了熊掌图这个可视化工具，介绍了熊掌图的由来、结构和功能。在本章中，我们将通过案例继续介绍熊掌图在商业模式三层解构图的第二层"业务系统"及第三层"交易系统"中的具体应用，包括每个支持业务环的业务结构和交易结构画法、全局的业务结构和交易结构画法。

在前面的讨论中，我们更多地关注熊掌的结构与轮廓，呈现出了熊掌的整体，以及熊掌的两股肌肉和四个指头的轮廓，希望使经营者从整体上对熊掌有所认识。

下面，我们将深入熊掌中的脉络细节。每个熊掌的"掌"与"指"上的纹路都不一样。具象地说，每个支持业务环内都有工作流（业务流），是由角色与业务活动串起的；每个支持业务环内都有利益流，是由主体与交易活动串起的。我们将尽可能地把它们用可视化的方式展示出来，让你能比较不同熊掌在脉络细节上的差异。我们还将具体介绍熊掌脉络的画法，帮助经营者充分利用熊掌图的五项核心功能规划生意。

5.1 用无机熊掌图描述业务结构

商业模式设计（经营方式设计）从来不是一门只讲宏观的学问，不能只停留在描绘粗颗粒度的层面上。我们更重视设计它的微观构成，更关注中颗粒度与细颗粒度层面。

在中颗粒度层面上，熊掌图由六个支持业务环组成。现在，我们进入细颗粒度层面，聚焦熊掌图中每一个支持业务环内的业务活动，并画出由业务活动所形成的业务结构。

在熊掌图的每个支持业务环中，常常存在多个子业务环。我们先画出每个支持业务环内的子业务环，如图 5-1 所示。

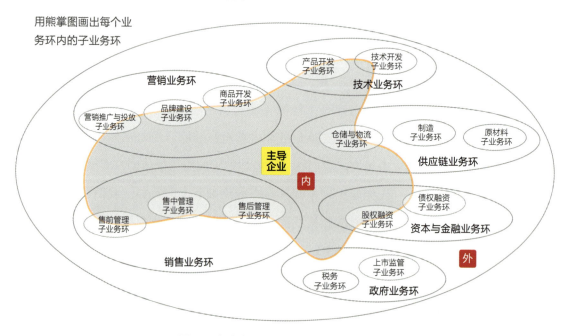

图 5-1 每个支持业务环内的子业务环示意图

以供应链业务环为例，如图 5-2 所示，我们看到它包括上游的原材料子业务环、中游的制造子业务环、下游的仓储与物流子业务环等。

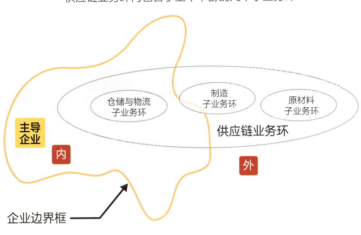

图 5-2　供应链业务环内的子业务环示意图

然后，我们画出每个子业务环内的内外业务角色，并明确各角色承担哪些业务活动。企业的业务活动由以下的从输入端到输出端的处理过程所构成，用一个等式来表达，即业务活动 = { 输入，处理规则，资源与能力，输出 }。

接下来，我们再画出各业务活动之间的衔接关系，并将它们串成工作流。工作流由一系列环节和工作步骤（也就是角色和业务活动）组成，并且业务活动之间有先后顺序和逻辑关系，有一定的指向[一]，如从订单至生产发货的工作流是：订单 → 接单 → 审核信用 → 工厂生产 → 发货。一个子业务环内的工作流，与另外一个子业务环内的工作流，二者之间通常有先后顺序的衔接关系，如图 5-3 所示，红色带箭头线段将支持业务环中各个子业务环按先后顺序串起。

㊀　哈默，赫什曼. 端到端流程：为客户创造真正的价值 [M]. 方也可，译. 北京：机械工业出版社，2019.

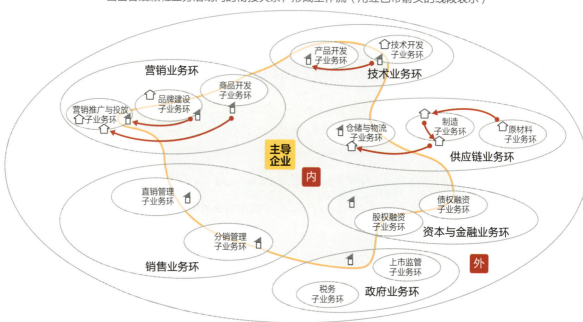

图 5-3　由业务活动串成的工作流示意图

抽象的无机熊掌图

在 2.4 节中，我们曾介绍过如何设计业务系统，本章将更进一步介绍具体的设计方法。

任何一个新业务在初始设计时，经营者都可以画出一张<u>熊掌图</u>作为自己的<u>商业背景图</u>，并在六个支持业务环内画出每一个子业务环。接下来，把一个生意所需要的内外部角色都放置在这张熊掌图上，它就会成为一张极抽象的<u>生意业务图，所有的角色都只具有职能名称，不具备姓名</u>。之后，经营者再定义出每个角色独立承担的业务活动，以及角色与角色之间协作的业务活动，并把所有角色与业务活动的工作流串联起来。如此由多个业务活动编织成的一张大网，就是业务系统。

<u>这是一个只有"骨骼"不具"血肉"的无机熊掌图，它帮助我们抽象地描绘出业务系统运作的全貌</u>。在下一节中，我们会在无机熊掌图的基础上，为每一个角色配置主体。有了真实的人，无机熊掌图才会变成有机熊掌图。

绘制角色与业务活动

在画业务系统中的业务结构图时，我们用一些固定的符号来代表执行业务活动的角色。如图 5-4 所示，我们用"空心房形"表示法人角色（公司/机构），用"空心半房形"表示企业内组织角色（事业部/部门），用"空心人形"表示自然人角色。

图 5-4　角色种类定义图

这些符号的引入，能帮助我们布局抽象的角色，梳理并确认所有角色存在的必要性，同时兼顾它们之间工作流衔接的高效性，然后完成业务系统的设计，等待接下来在交易系统中配置主体。

而对于角色与角色间业务活动的协作与衔接，我们用图 5-5 中的两种线形来表示：第一种代表业务活动的协作，协作过程中可能会发生价值共创；第二种代表业务活动的衔接，箭头表示工作流的传递方向，如仓储把货物交给物流公司。

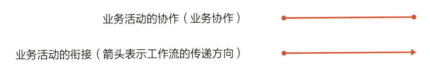

图 5-5　用线形表示业务活动的协作与衔接示意图

接下来，我们试着用以上的方法为以直播电商为阵地的某新锐品牌画出其业务系统中全部的角色与业务活动。

首先，我们用熊掌图作为商业背景图，把所有最重要的角色（抽象的身份或职能名称）分别放在这六个支持业务环中正确的位置，由此画出图 5-6。

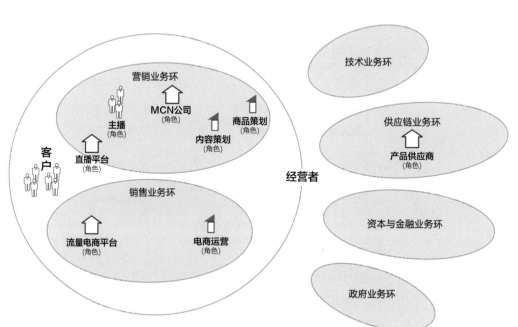

图 5-6　企业业务系统中的角色

在这里，我们能够想到的角色依次是：①产品供应商；②商品策划；③内容策划；④MCN 公司；⑤主播；⑥直播平台；⑦流量电商平台；⑧电商运营……把这些角色放在熊掌图中，我们就能看到清晰、可视化的布局。

然后，我们画出企业边界框，确定哪些角色是内部角色、哪些是外部角色，如图 5-7 所示。

最后，画出角色与角色间的所有业务活动串成的工作流，如图 5-8 所示。

下面，我们再尝试着画出第二章 2.5 节中 iPhone 案例的部分业务结构图，如图 5-9 所示。

首先，我们画出 iPhone 供应链业务环内的若干子业务环，包括原材料子业务环、制造子业务环、仓储与物流子业务环。

接下来确定企业的边界，哪些角色是企业的内部角色

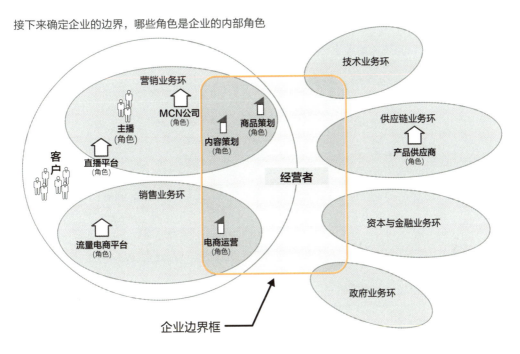

图 5-7　企业业务系统的内外部角色示意图

最后再把每个角色独立的业务活动、角色与角色之间的协作
与衔接业务活动明确地画出来

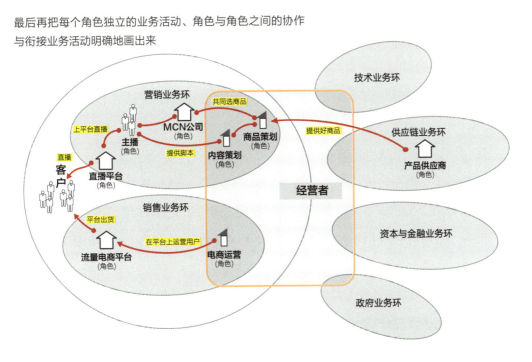

图 5-8　业务边界及工作流示意图

其次，我们画出子业务环中的角色（如设备厂和组装厂）与业务活动（如设备集成和组装），并明确各项业务活动由哪些内部与外部角色来承担。

最后，画出企业边界框，再将各业务活动串成工作流。

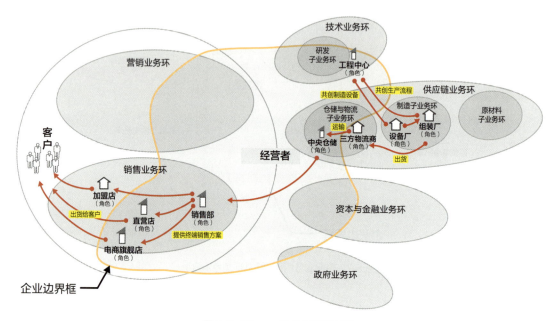

图 5-9　iPhone 部分业务结构图

无机熊掌图最大的作用是帮助经营者搭建出业务系统，使业务定位落地。不过，经营者往往会基于自身能力、经营理念以及行业对标，选择当下最优、最具竞争力的业务结构设计方式。因不同的经营者采取的业务结构不同，即使是在相同的业务定位下，最终搭建出来的业务系统也会呈现出不同的形态。

举个例子，美国的传统剃须刀领导品牌吉列主要采取的是线下分销的销售业务结构，2011 年，它占据了美国市场 72% 的份额。而创立于 2014 年、同样经营剃须刀业务的美元剃须俱乐部（Dollar Shave Club）秉持的是 DTC 理念，其销售业务结构是通过独立的网上商城进行销售。2016 年，这家后起之秀弯道超车，市场份额达到了 51%，成为剃须刀市场的老大，而吉列在这一市场的占有率则降到了 21%。

业务系统搭建完成后，接下来要做的是为业务系统内的所有角色配置主体，这是我们在接下来的 5.2 节中要讨论的主题。

5.2 从"无机熊掌图"到"有机熊掌图"

为了让业务系统这个"事"落地,让生意实现完整闭环运行,经营者需要聚合"人"(商业共生体),而商业共生体是由一系列交易组合起来的交易系统。

在上一节中,我们把单纯描述业务系统的熊掌图称为"无机熊掌图",而单纯描述交易系统的熊掌图也有一个名字,即"有机熊掌图",如图 5-10 右边的黄色标注所示。

高段位的经营者会把更多精力放在商业模式三层解构图的第三层,也就是交易系统上。交易的基础是经营者看中

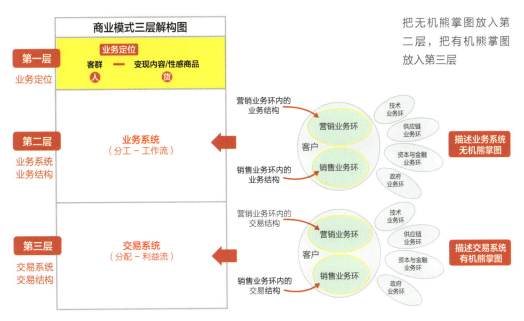

图 5-10 从"无机熊掌图"到"有机熊掌图"

了各个合作方手中的资源能力，这些资源能力能够有效地支撑三层解构图第二层"业务系统"的运行，所以经营者才要用交易的方式去进行交换，以绑定所需要的资源和能力。

要顺利实现可持续的交换，必须确保底层的经济基础是分配合宜的。因此，经营者需要不断琢磨各个合作方物质上分配与非物质上驱动的合理性，这样才能为业务系统的顺畅运行提供先决保障。

为什么要明确区分无机熊掌图与有机熊掌图呢？

因为**"无机熊掌图"往往反映了管理者的视角**。管理者会不自觉地把经营重心放在提升业务系统这个生意的"骨骼"的效率上，而容易对经济基础这个生意真正的"血肉"缺乏关注，并因此过度依赖于用制度与流程提高运营效率，而忽略了对组织活力的重视。而实际上，组织活力对生意成长至关重要。

相比之下，**"有机熊掌图"则更多地反映了经营者的视角**。经营者有老板思维，高度关注经济基础这些"血肉"，重视在两方对价交换或多方合作产生价值增值后进行合理分配⊖，如用合宜的报酬交换劳动效率，用未来的股权交换长期稳定的经营能力，用更高的荣誉交换研发成果，等等。这些得当的交易，会激发"人"的主动性，这种主动性的作用远远超越固化的制度与流程。

目前，我看到很多商业模式类书籍都把"无机"（业务系统）与"有机"（交易系统）混在一起，很容易令初学者混淆。在本书中，我尝试把这两个层次清晰地拆分开来，分别进行规划与经营，如图 5-11 所示。

回到无机熊掌图这个工具上，通过上一节的阐述，我们已经了解到，它可以协助我们优化业务系统，在主导企业的前台和后台的六个支持业务环中拆分原本庞杂的流程，划分出清晰的业务活动以及每个业务活动的权责归属，从而明确角色分

⊖ 经济学家阿门·艾伯特·阿尔奇安（Armen Albert Alchian）和哈罗德·德姆塞茨（Harold Demsetz）在文章《生产、信息成本与经济组织》中提出了团队生产理论，认为企业也是一种市场（合约结构），资源的所有者通过专业化的协作能够提高生产率，要素投入者之间合作能更好地利用他们的比较优势，合作生产和与外界交换所获得的经济效果，优于分别生产和与外界交换所获得的经济效果的总和。换言之，当通过团队合作获得的产出大于团队个人的分产出之和加上组织约束团队成员的成本时，就会产生团队合作。

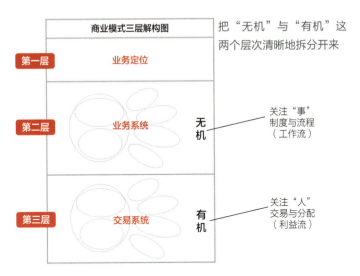

图 5-11　商业模式分层次解析图

工。同时，也可以合并一些业务活动，让更少的角色来承担，优化、精减多余的角色。

这种业务结构的重新调整，属于管理者通常会采用的流程改造与变革管理的范畴。很多时候管理者还会导入信息系统（IT），让这些业务活动自动化[1]，从而减少对执行主体（人）的依赖。这既能提高工作流效率，又能大幅降低人事成本。

然而，管理者画出的无机熊掌图通常处于理想状态。虽然逻辑合理，改造后也可以对共生体的运作效率起到极大的提升作用，但忽略了变革可能会冲击某些主体的经济利益，让这些主体原本所享有的利益减少甚至消失，导致变革很容易面临诸多抗拒与抵制，进而影响商业共生体的稳定与活力。

举例来说，许多国家的卫生部门都尝试导入医药电子集中采购平台，以提高采购、配送、库存的效率，但有很大一部分都因牵涉复杂的利益关系而不得不终止。

所以，经营者在无机熊掌图的基础上，还要另行绘制有机熊掌图，在进行业务结构优化的同时，把交易结构考虑进去。比如，检视一些重要合作方的利益是

---

[1] 萨拉·K. 怀特（Sarah K. White）在其文章中引用了 OPSRamp 工程副总裁的观点，即 ITSM（信息科技服务管理）自动化是组织简化流程以降低 "技术和业务服务成本" 的一种方式，它同时通过消除冗余和日常任务来提高组织生产力。怀特. ITSM 自动化改变业务的 6 种方式 [EB/OL]. （2018-12-12）. http://www.d1net.com/cio/ciotech/551032.html.

否会受到冲击，如果会，经营者需要设计让合作方利益损失降到最低的方案，或者通过新的配置让合作方在别处得到新的收益作为补偿，以保持商业共生体的稳定性。

以下的补偿案例，可以说明企业应如何在拥抱变革的同时考虑到合作伙伴的利益，从而留住合作伙伴，保持商业共生体的稳定性，避免在"事"上有了效率，"人"却都跑了。

> **案例 5-1　拿什么稳住合作伙伴？跨境电商企业给出了"补偿"方案**
>
> A 公司是一家跨境电商企业，几年前它的仓储基地自动化程度不高，分拣与个性化包装等要靠人工完成。仓储基地通常每日需要 2100 人，高峰期的用工需求更是达到 5600 人。为了解决用工问题，A 公司把人力资源工作外包给了一家仓储运营服务公司。无论平日还是节日高峰期，这家服务公司总是在需要的时候及时为 A 公司提供所需数量的人力，是个可靠的合作伙伴。
>
> 去年，A 公司引进了自动化分拣设备，分拣业务活动的用工需求一下子减少了 95%，但在圣诞节、春节等高峰期对个性化包装的人力需求还是很高。可是，外包人力服务公司算了一笔账后发现，只承接高峰期的业务，无利可图，并不划算，于是，主动提出解除合作。
>
> A 公司考量再三，认为节日高峰期的个性化包装业务的收益及利润非常重要，不能失去这个合作伙伴。为了留住这个合作伙伴，A 公司想到了一个办法——把市内配送业务交给这家服务公司，以此补偿它的损失。这个补偿方案让外包人力服务公司很满意。

这个案例提醒我们，交易设计之所以在商业模式三层解构图中处于第三层的位置，最重要的原因是交易设计直接关系到经济基础，是人与人之间、组织与组织之间维持高效与稳定合作关系的底层保障。只有基础保持稳定，业务系统才能保持长期高效运转。

5.3 用有机熊掌图描述交易结构

在讲解如何具体描绘交易结构之前，我们首先要明确，业务结构与交易结构实际上是两种本质不同的事物。业务结构图是一张工作关系图，表明一个角色执行的业务活动与另一个角色执行的业务活动之间的协作与衔接关系，最后串起了组织内的工作流。

而交易结构图虽然也是一张关系图，但显示的却是各个交易主体之间通过交易活动织起的利益关系网，串起的是多个主体之间的"利益流"。

以上提到的"交易活动"指的是交易各方以成交为目的而推动的一系列沟通（communicate）与交换（interchange）活动。这些活动包括询价、收集与确认交易信息、讨论与修订交易方案、讨价还价、签约、打款……一直到完成合约的履行等。

而"交易结构"指的是参与商业共生体的各个不同主体（利益相关者）在确定业务结构（如何合作）后彼此形成的交易活动逻辑与利益分配方式。

最简单的交易结构是双边交易，就是两个主体一对一、围绕产品或服务进行的交换或转让，比如你买我卖。

不过，现实中更常见的是由多个主体组成的交易结构。其中，最普遍的是"多方共生合作"下的交易结构。比如，2.5节中的苹果公司、设备厂、组装厂，它们之间形成的就是一种多方共生合作下的交易结构。又如图5-12中的融资租赁业务中，出租人（融资租赁公司）、供应方（设备商）、承租人（用户）之间也是如此。

还有一种经典的多边交易结构，是主导企业扮演"核心乙方"角色，带领其他乙方合作者共同拿出各自的资源和能力进行合作，生产出"变现内容"（"人-货"匹配中的"货"），在与甲方交易后，再对所获收益进行分配。

举个简单的例子，国内某知名商学院与法国时尚学院、巴黎商学院结成战略联

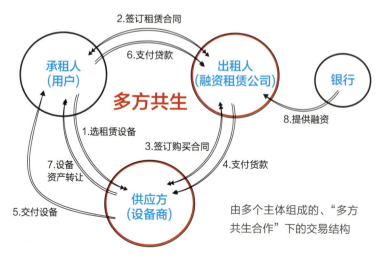

图 5-12　多方共生合作下的交易结构图

盟,共同推出高级时尚与奢侈品管理课程,三所学校共同提供师资,在中国与法国两地授课,由国内商学院作为主导者(核心乙方),面向中国学员招生与收费,最后三方再对所获收益进行分配。

又如,某游戏开发公司成功开发了一款线上爆款游戏。在这一过程中,核心乙方(游戏开发公司)带领内容原创作者、编剧、软件编程者、美术工作者、音乐工作者等各个乙方合作者共同完成了游戏的开发和增值,这是一种"复杂知识"加"复杂工程"的总集成。这之后,核心乙方通过游戏发行渠道(如腾讯或 B 站)将游戏分发给终端使用者,向游戏使用者(甲方)收费,并与各个乙方合作者达成不同的交易分配方式。

除了以上所介绍的多种交易结构外,我们还经常看到在资本运作上广泛使用、以套利为目的所建立的交易结构。

在了解了交易结构的概念以及最常见的交易结构后,下一步我们要做的就是把交易结构图画出来。

绘制交易结构图需要囊括一组要素,包括每一个交易主

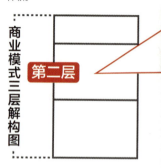

iPhone 业务系统:销售业务环及供应链业务环内部的子业务环和工作流

图 5-13　iPhone 业务结构图

体及其在交易当中扮演几个交易角色，以及每个交易角色获得的盈利点、盈利点的收益来源与支出去向、需要签订的合同等。

把上述要素组合在一起，就可以画出每一个支持业务环中的交易结构。具体的绘制可以分为三个步骤。下面，我们以前文 2.5 节中提到的苹果公司 iPhone 的供应链业务环为例，根据苹果公司与设备厂 D 公司、组装厂富士康的合作，逐步画出最终的交易结构图。

步骤 1：先画业务系统

绘制交易结构图的前提，是先站在主导企业内经营者的视角，以熊掌图为背景图，在上面画出业务系统层面的工作流，包括所有业务角色及主要的业务活动。按照这一方式，我们绘制出主导企业苹果公司与设备厂、组装厂这些角色间的业务结构图，如图 5-13 所示。

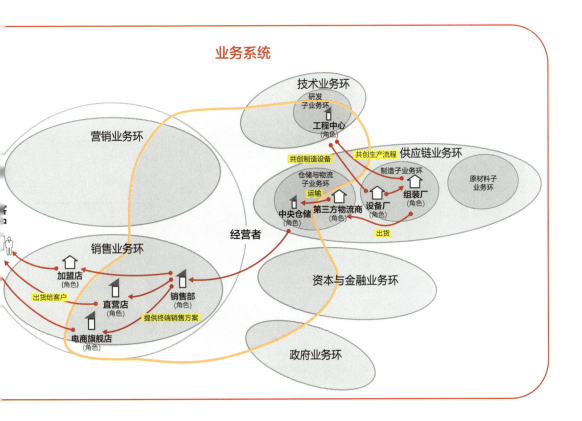

步骤2：在业务系统上配置交易主体及其交易角色

接下来，我们进入下一个层面，绘制交易系统。我们以上一步绘制出的业务结构图为基础，在上面填入每一个业务角色的交易主体及其扮演的交易角色。

业务合作中"业务角色"与交易中"交易角色"的区别

"业务角色"在整个业务系统中参与协作，产出运营效率；"交易角色"在整个交易系统中参与分配，产出收益及利润。比如洽洽集团的业务角色是"瓜子品牌商"，面向社会提供品质稳定的包装瓜子产品；洽洽集团又是个工商注册的"法人主体"（公司），它的交易角色是"商品卖出方"。

我们来更具体地看主体，可以将其称为利益相关者。交易主体（利益相关者）是真实的"人"，"人"又分成自然人和机构法人两类。

经营者在设计业务系统时，在企业边界内部与外部所配置的所有业务角色是抽象的工种/职称（比如销售员或采购员），或经营类型的（比如经销商或供应商），并不需要与真实的人名或机构联系起来。但是，在进行交易系统的设计时，经营者需要填入"主体"，也就是真实的"人"（有姓名的自然人或法人），之后再为这些主体配置"交易角色"，有时一个主体的交易角色可能不止一种。

同一个主体有时会同时扮演多个业务角色与相对应的交易角色。以英迈（Ingram Micro）为例，英迈是个法人主体，它首先扮演的业务角色是渠道经销商，对应的交易角色是商品买进卖出的转售者；其次扮演的业务角色是囤货者，对应的交易角色是出资人；最后扮演的业务角色是资金需求方，对应的交易角色是融资人。

业务角色与相对应的交易角色在商业世界中处处存在。仍以直播电商为例，"法人主体"美ONE承担的业务角色是"聚合网红的第三方机构"，保证网红能够稳定、持续地输出内容和商业变现；扮演的交易角色实际上是"代理商"，因为美ONE的盈利方式是服务费加佣金，即坑位费（商品上架费用，交纳了坑位费的商品才有资格出现在主播的直播间）加上销售佣金提成（提成为销售额的20%~40%，也有更高的）。后来又有了部分服务费加佣金、部分采销的混合方式。

在熊掌图上画出交易主体：iPhone、D公司和富士康

现在，为了便于一步步画出交易结构图，我们同样引入一些固定的符号作为设计图例。如图 5-14 所示，我们用"实心房形"表示法人主体，用"实心半房形"表示企业内组织主体，用"实心人形"表示自然人主体/个体工商户。实心意味着已为角色配置好了主体，若还没找到合适的主体，在图上可以继续用空心表示。

在步骤 2 中，如图 5-15 所示，我们在第三层的熊掌图中画出为业务角色所配置

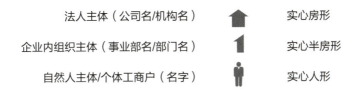

图 5-14 用符号表示交易活动中的几种"主体"

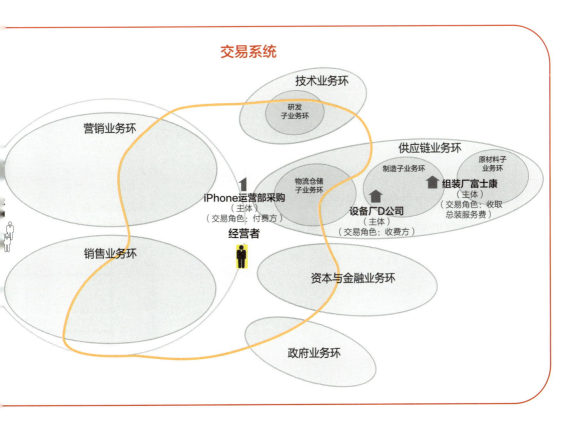

图 5-15 iPhone 交易主体配置图

的各个主体，包括为"设备厂"这个业务角色配置的"D 公司"，为"组装厂"角色配置的富士康，而富士康扮演的交易角色是"外包服务商"（收取总装服务费）。

立讯的加入，让苹果有了新的交易结构，在这个交易结构里，为"组装厂"这个业务角色配置的主体是立讯（法人主体）。立讯实际上扮演了两个交易角色，分别是"外包服务商"（收取总装服务费）、"资金提供方"。立讯把购买设备的费用全部精算好后，平摊到每个产品的总装成本中。

步骤 3：对应画出利益流

在列出所有配置的主体（及其扮演的交易角色）后，我们要继续画出支持业务环中各交易主体彼此之间的交易活动逻辑，也就是利益流。我们可以用图 5-16 中的几种线形来表示。

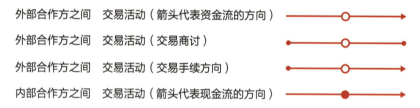

图 5-16 用四种线形表示交易主体之间的交易活动逻辑

从上往下来看，第一种线形表示资金在外部合作方之间从一个主体流向另一个主体的关系，主要的交易活动是主体之间的支付行为。我们要在线上写明交易活动的具体形式。

第二种和第三种线形属于同一类型，表示参与交易的主体之间的交易商讨及手续办理场景，包括询价、讨价还价、收集与确认交易信息、讨论与修订交易方案，以及办理交易手续等交易活动。这些交易活动都发生在外部合作方之间。

第四种线型与第一种线形一样，表示现金从一个主体流向另一个主体的关系，只不过交易活动在企业内部合作方之间发生，类似于内部部门间的结算。

画出 iPhone 与设备厂 D 公司和组装厂富士康的交易结构图

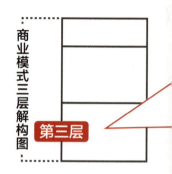

从企业外部合作和企业内部合作的视角来看交易性质和交易活动，我们可以把交易性质大致分成两类。第一类是发生在企业与外部合作方之间的市场交易，涉及合作方式与条款探讨、合同拟定等，我们用一条线和一个空心圆点来表示（见图 5-16）。在探讨合作的过程中，这类交易可能会体现出具有较高的复杂性。

第二类是发生在企业内部合作方之间的内部交易，不存在复杂的合同探讨等市场化交易过程，更多的是通过层级指令，或委员会、立项会等沟通机制来完成。所以，在沟通过程中，内部协调的复杂性相对有限。这类交易我们用一条线和一个实心圆点来表示（见图 5-16）。

接下来，我们画出 iPhone 与设备厂 D 公司、组装厂富士康的业务交易结构图，如图 5-17 所示。

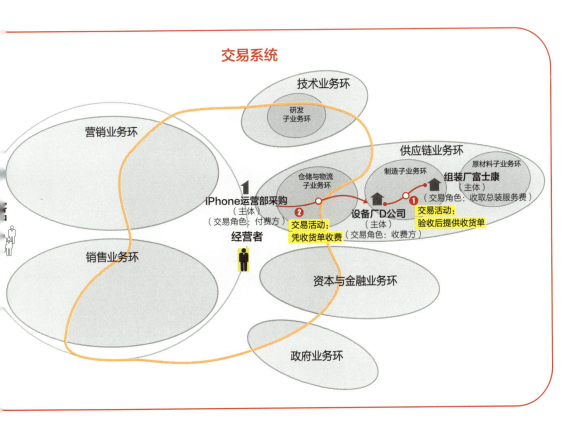

图 5-17　iPhone 与设备厂 D 公司、组装厂富士康的业务交易结构图

而在图 5-18 中，我们画出的是 iPhone 与设备厂 D 公司、组装厂立讯的交易结构图。

将这两张图进行对比，我们可以非常直观地看出交易结构与利益流的不同。二者在交易结构上的详细区别，请参阅本书案例 2-8。

当然，我们也可以在图中把所有交易主体间所需签订的合同全部罗列出来，但省去签订合同的罗列，则会让交易结构更加直观。

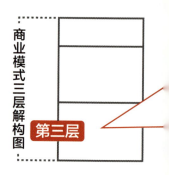

画出 iPhone 与设备厂 D 公司和组装厂立讯的交易结构图

第 5 章　用好熊掌图，精细化设计业务系统与交易系统 | 195

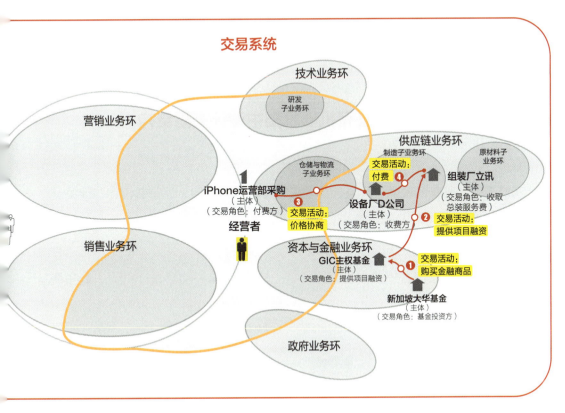

图 5-18　iPhone 与设备厂 D 公司、组装厂立讯的交易结构图

5.4 用好交易蓝图，在有机熊掌图中设计交易结构

在前文中，我曾多次强调，最能体现经营者经营段位的，就是其设计与促成交易的技能。而且，经营者除了要设计好第一交易，更要设计好第二交易。我们用图 5-19 来展示第一交易与第二交易的不同。

一个生意中企业与客户的交易，即"第一交易"。第一交易设计得当，能长期

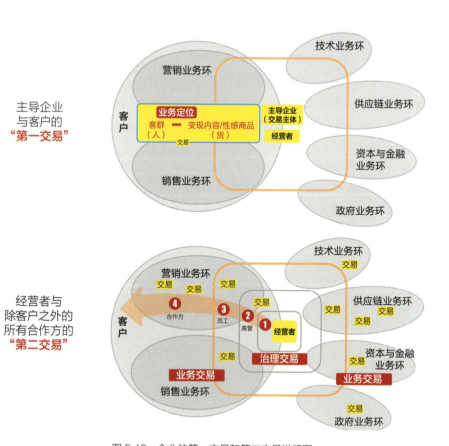

图 5-19　企业的第一交易和第二交易说明图

绑定客户，这是整个生意得以存在的前提和基础。不过，这是一种偏向"狭义"的交易设计。

从生意全局的高度看，"广义"的交易设计指企业与除客户之外的所有合作方之间的交易，也称为"第二交易"。它包含企业内部所有股东间的交易，以及股东与高管、企业与员工、企业与外部的所有合作方间的合作与交易。经营者必须从商业共生体全局的高度，与所有参与共生体的主体（包括法人和自然人）逐个进行闭环交易。

第二交易是为第一交易服务的，最终目的是让业务定位落地。

人生无处不交易，经营更是无处不交易。想要设计好交易，并且最终促成成交，需要经营者调动自己的"交易头脑"。

为了更形象地表达，在图 5-20 中，我们抽象地画出了经营者的"交易头脑"。

我们给交易头脑分个界——右侧为交易"前脑"，左侧为交易"后脑"，它们各自关注与处理的部分不同。前脑更关注逻辑层面的普遍的"事"，负责在"事"上设计交易方案；后脑更关注现实层面的具体的"人"，负责在"人"上设计博弈策略。

对图 5-20 做进一步拆解，就有了图 5-21。从图 5-21 中我们可以看到，负责

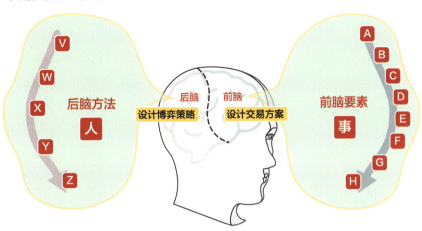

图 5-20 交易头脑构成图

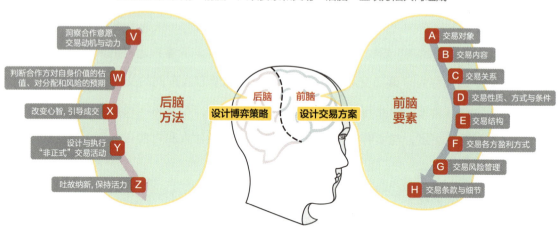

图 5-21 交易蓝图展开图

"事"的"前脑",用来设计交易方案,由八项构成交易的要素组成。负责"人"的"后脑",用来设计博弈策略,由五项促成交易的方法组成。图 5-21 是中颗粒层次的交易设计指导框架,因此我将其取名为"交易蓝图"。

当经营者困惑于如何设计和促成与某些合作方的交易时,可以用图 5-21 中的八项要素与五项方法作为指导清单,结构性地做全盘考量。

交易前脑的八项要素分别是:

- A 交易对象:和谁(法人或自然人)交易。
- B 交易内容:对每个人手中的权益(交易的标的物)进行再配置。
- C 交易关系:股权合作的治理交易关系或非股权合作的业务交易关系。
- D 交易性质、方式与条件:交易内容的转让形式与支付方式、成交的重大前提条件。
- E 交易结构:交易利益相关者之间的交易逻辑与利益分配结构。
- F 交易各方盈利方式:共生体参与方获利(包括收入与支出)的方式。
- G 交易风险管理[⊖]:管理在交易上可能出现的各种不确定因素;

[⊖] 奈特. 风险、不确定性与利润 [M]. 安佳, 译. 北京:商务印书馆, 2006.

- H 交易条款与细节：协议（合同）内部细颗粒度的权责归属规定。

这八项要素是协助完成交易方案设计的关键，彼此之间有着不可分割的强相关性，以及在设计步骤上需要遵循的逻辑性。

交易后脑包含了五项"促成交易"的方法，分别是：

- V 洞察合作意愿、交易动机与动力。
- W 判断合作方对自身价值的估值、对分配和风险的预期。
- X 改变心智，引导成交。
- Y 设计与执行"非正式"交易活动。
- Z 吐故纳新，保持活力。

这五项促成交易的方法，能帮助经营者洞察交易对象的心理状态，也就是观察对方想要什么、关注什么、担忧什么，并基于此设计与操作博弈策略。

"前脑"与"后脑"必须实时协同配合，进行一体化考量，这样经营者才能在与潜在合作伙伴探讨合作的过程中，动态设计出高质量的交易方案与能最终促成交易的博弈策略。我们再进一步把前脑八项要素与后脑五项方法的内涵做细颗粒度层面的展开，如图 5-22 所示。

这个细颗粒度层面的交易蓝图可以作为经营者在操作上的检查表，能指导经营者设计每一项具体的交易或交易结构。我的下一本著作《商业交易设计：隐性经营诀窍》（暂定名）将详细说明八项要素、五项方法的内涵与用法。

若要见树又见林，经营者就要把交易蓝图这个工具与观照全局交易结构的能力结合起来，把微观技术和宏观视野结合起来。如图 5-23 所示，经营者要把交易蓝图置入有机熊掌图中，用交易蓝图辅助设计全盘生意中的每一个交易。

此时，经营者从全局视角凌空观照整个第三层交易系统，会发现交易蓝图变成了一个立体三维图，如图 5-24 所示。经营者能一目了然地看清全盘交易中的各种交易结构，包括各种支持业务环中的交易结构以及跨业务环的交易结构，这是优秀

具体细颗粒度的交易蓝图：所有交易要素与方法内涵的展开检查表

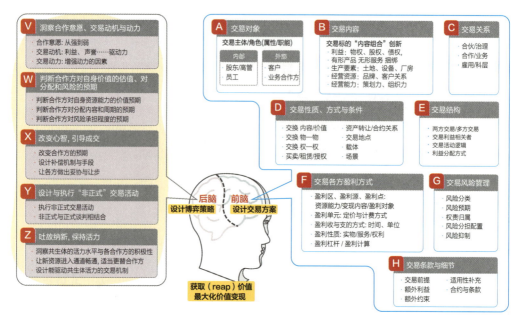

图 5-22　细颗粒度层面的交易蓝图

优秀经营者可以使用交易蓝图来辅助设计每一个交易的交易结构

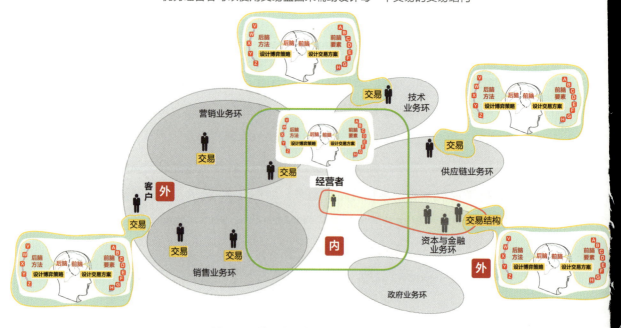

图 5-23　使用交易蓝图辅助设计全盘交易

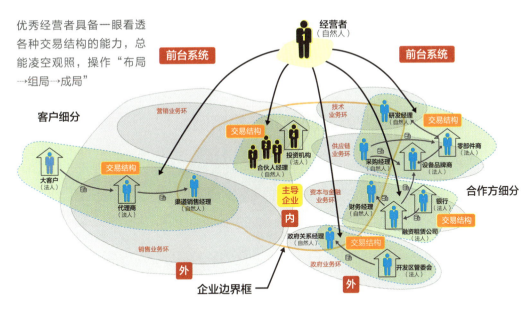

图 5-24　经营者凌空观照交易结构图

经营者经营段位的极致体现。

此外，除了能看清各种交易结构，高段位经营者更是深谙人性的高手，总能遵循人性来"经营人"，通过巧妙的交易设计与博弈策略绑住业务伙伴，聚人成事。经营者若想具备这种能力，就要进一步提升设计基本交易结构以及复杂交易结构的段位。我将在《商业交易设计：隐性经营诀窍》这本书中具体介绍这种超级经营者的隐性技能。

经营者除了要有宏观视野，能凌空观照整个交易系统，还要能深入个别的支持业务环中，进行微观操作。接下来，我们将在 5.5 节及 5.6 节中用两个案例来说明这一点，看看经营者是如何进入资本与金融业务环、销售业务环，更具体与细致地画出环中的交易结构的。

5.5 资本与金融业务环的交易结构案例

现在，我们把精力聚焦于有机熊掌图中的一个支持业务环——资本与金融业务环，了解在细颗粒层面上应如何设计交易系统，并画出如图 5-25 所示的交易结构图。

我们以一个具有代表性的案例，来帮助读者理解如何可视化地逐步画出复杂的、多主体参与的交易结构。

大数据园区项目融资：用线和箭头标注交易活动、交易主体间的资金流向，再用号码标注先后顺序

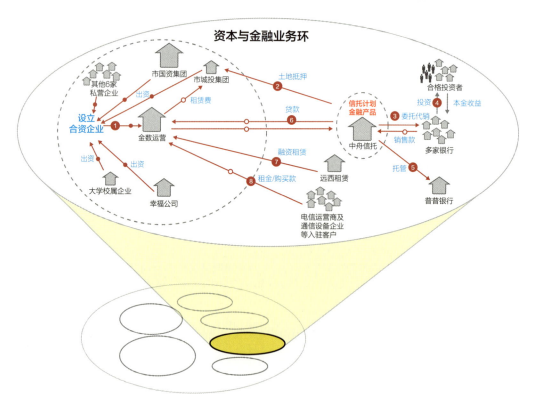

图 5-25　资本与金融业务环内的交易结构示意图

案例 5-2　设计好交易结构，轻资产也能撬动大产业园区建设⊖

本案例取材自东部地区 S 市的一个产业园区打造与运营项目。五年前，S 市启动了"大数据产业园区"项目，以市国资集团为主导企业，目标是利用市场机制引进社会资本，计划融资 12 亿元，作为园区建设的启动资金。

市国资集团计划邀请若干合作方，首先邀请了具有园区建设与运营经验的幸福公司，其次邀请了能提供土地资源的市城投集团，以及具有大数据应用技术与产品的大学校属企业等合作方，共同出资成立了项目运营公司，取名"金数运营"。

由于成立的是项目运营公司，所需的注册资金很少，轻资产即可上阵。所有合作方均以现金入股，市国资集团占股 35%，幸福公司占股 30%，市城投集团占股 20%，大学校属企业占股 5%，其他 10% 股份由另外五家私营企业持有。市国资集团的负责人建国担任合资企业董事长，公司总经理与主要的高管团队由幸福公司派驻，产业园区所需要的土地由市城投集团按政策优惠价格提供，大学校属企业入驻产业园区，成立大数据应用技术研究中心。

为了实现融资计划，顺利启动园区建设，金数运营董事长建国邀请自己熟悉的中舟信托公司负责人来到 S 市，希望他们为项目融资设计信托产品，用于产业园区首期开发。但是，信托公司提出了很高的融资要求，对此，建国和项目运营公司的高管都无法接受。

于是，建国又找到同是股东的市城投集团，定下加快土地开发进度的时间表，并请市城投集团协助将规划为园区的土地提供给信托公司作为质押，设立信托计划。由于园区建设及招商计划翔实，信托计划成了一个风险等级低的信托产品，融资成本大幅降低。

建国将这个信托产品推荐给几家地方商业银行，它们都很有兴趣并且主动找到中舟信托，要求加入信托计划成为投资人。这些银行很快就开始向机构投资者和自然人销售这个信托理财产品，没多久就募集到了 12 亿元资金，由普普银行作为资金托管行。

工程进度推进很快，不到一年半的时间，产业园区第一期就建设完成，物业（写字楼及厂房）通过验收，可以入驻企业。

为了提高产业园区第一期入驻企业的质量，建国与总经理逐一拜访电信运营商以及国内知名通信设备企业，向他们提供了优惠的入驻政策。接着，建国计划卖掉一部分物业，先回收 60% 资金，再通过自持物业的租赁收入，逐步回收其他资金。

⊖ 本案例经脱敏处理，其中的主体名字并非原参与者，仅供读者学习使用。

随后，建国邀请 S 市政府的智慧城市项目免费入驻产业园区，并与 S 市政府商讨，希望政府能够对产业园区的数据中心基础设施建设提供政策补贴，并提供优惠的用电政策。

同时，建国与远西租赁公司达成融资租赁合作意向，并提出让对方协助自己与提供低成本设备租赁的知名设备供应商合作，这样一方面保障了数据中心设备的高水平，另一方面也降低了产业园区初期的建设资金投入。

在一系列谈判与交易的推动下，大数据产业园区成为当时东部地区最具竞争力的大数据产业聚集中心，二期和三期项目迅速建设并投入运营，经济效益与社会效益很快显现出来。

这是一个成功的轻资产运作案例，所有参与者的投入都不大，**却利用杠杆撬动了社会资金协助建设。**

现在，我们尝试画出大数据产业园区项目资本与金融业务环内的交易结构。

第一步：确定交易的主体及其交易角色

这个项目其实并不复杂，以建设产业园区为主题，市国资集团是主导企业，金数运营是项目运营公司，中舟信托是资金筹集方。围绕这三个主要的合作主体，再结合其他外部合作者，我们列出了所有参与其中的主体及其扮演的角色：

- 市国资集团（主导企业）
- 幸福公司（具有产业园区建设与运营经验的运营商）
- 市城投集团（土地提供方）
- 大学校属企业（技术拥有者）
- 金数运营（项目运营公司）
- 中舟信托（信托计划管理人）
- 地方商业银行（信托计划承销渠道商）
- 普普银行（资金托管行）
- 合格投资者（机构及自然人投资者）
- 远西租赁公司（融资租赁方）
- 电信运营商及通信设备企业等（入驻客户）

接着，我们把大数据园区项目融资中所有参与的交易主体和每个主体各自的交易角色画在图 5-26 中。

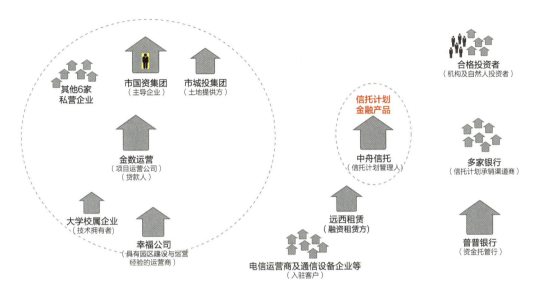

图 5-26　大数据园区交易主体和交易角色展开图

第二步：确定交易结构

围绕上述主体，我们能看到的交易行为有：

- 市城投集团以其持有的土地为金数运营提供抵押担保；
- 中舟信托设计信托产品；
- 普普银行为信托计划提供资金托管；
- 合格投资者通过银行渠道，购买中舟信托成立的信托产品；
- 中舟信托对金数运营发放信托贷款，金数运营按期还本付息。

接下来，我们再将这些主体依据交易活动的时间先后逻辑，用线与箭头连接起来，并在连线上备注交易活动的内容，由此画出图 5-27，即大数据园区融资交易局中的交易结构图。

同时，我们也可以用图 5-28，把所有交易主体之间所需签订的合同标记出来，这会让交易结构更加直观。

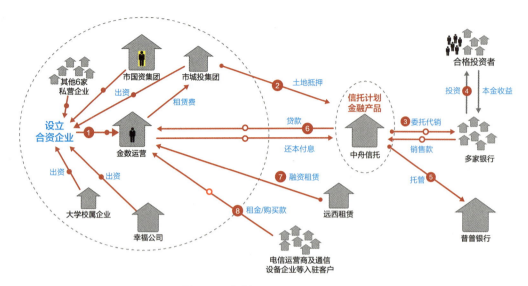

图 5-27　大数据园区融资交易结构图

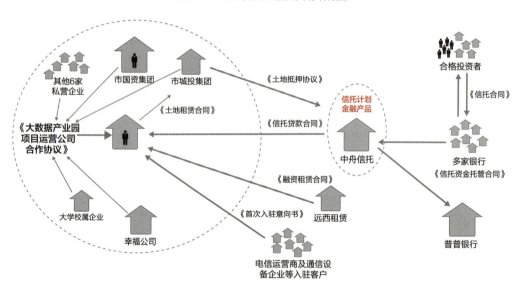

图 5-28　大数据园区融资交易主体间合约关系图

这个案例仅用于说明熊掌图内的资本与金融业务环的交易结构，也就是仅展示了整个项目融资的交易结构。

如果想要全盘呈现产业园区生意，还要把熊掌图的其他五个支持业务环内的交易结构都用这种方法展开，把生意每一个环节的完整交易闭环都画出来。在现实中，这就能成为一份令人信服的商业与融资计划。

5.6 销售业务环的交易结构案例

在这一节,我们进入有机熊掌图中的另一个支持业务环——销售业务环,可视化地画出它内部的交易结构,如图 5-29 所示。在接下来的案例中,我们将从细颗粒度层面去看湖泊淤泥处理机这个生意有几种交易系统设计方式。

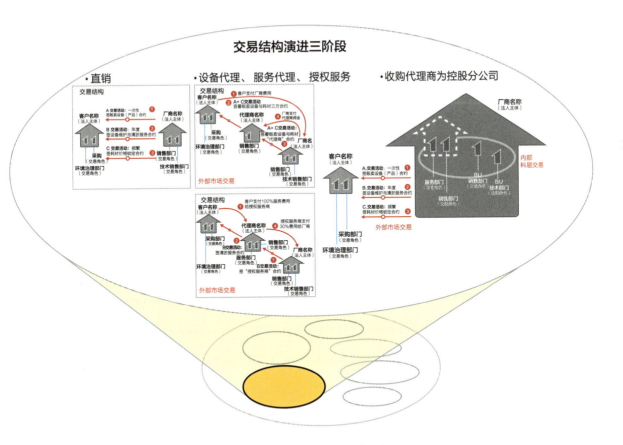

图 5-29 销售业务环内的交易结构示意图

案例 5-3 交易结构升级换代，破解湖泊淤泥处理机销售难题

各种工业与大型住宅建设过程中会产生很多污染物，这些污染物是如何处理的呢？在过去的20多年里，很多地方的做法是把石材加工废水、打桩泥浆等污染物直接排入河流湖泊。这带来了严重的后果，不仅会造成水生生物死亡，还严重破坏了环境。

随着中央政府对环保要求的提高、监管力度的加大，地方政府对河流湖泊的淤泥疏浚需求变得越来越强烈，各类解决方案也随之出现。其中，湖泊淤泥处理机和污泥脱水处理机的使用效果很好。它们可以将含泥量高的水吸上岸并自动挤压脱水，最终解离出清水，且无须添加化学药剂，耗能低，污泥回收率接近95%。如果将泥浆干压脱水，把淤泥变成可以堆放、回填的固态砖，还能出售获利。

不过，问题是各地方湖泊管委会要用上这套设备，不仅要购买设备本身，还要同时采购耗材以及人工操作服务。

一个年轻创业团队成立了一家集淤泥处理机和污泥脱水处理机研发、生产和销售于一体的公司。因为初成立，团队的商业量级不高，创始团队最初的理念是先把产品做好。他们相信市场竞争的公平性，认为凭着产品的科技先进性以及价格竞争力，不仅可以吸引到优秀的工程师和销售人员，更能直接面对终端客户进行销售。这种交易结构具体如图5-30下部所示。

这是一个非常简单的两方买卖交易，一共有三种交易活动。

- A交易活动：签订一次性贩卖设备（产品）合约。
- B交易活动：签订年度设备维护与清淤泥服务合约。
- C交易活动：签订一年有效的耗材价格锁定合约，之后依合约价格，进行频繁的耗材买卖。

相对应的业务结构也比较简单，如图5-30上部所示，包含以下两种业务活动。

- A业务活动：一次性安装调试设备。
- B业务活动：终年进行清淤服务，包括年度设备维护和不断按需提供耗材。

不过，这种交易结构并没有让这家公司的销售额取得明显增长，每次招投标就算他们把价格降得很低，也无法入选。后来，经投资人指点，创业团队才认识到，原来客户关系也是成功的关键要素，而且维系客户关系是有"客情成本"的。

于是，这家公司针对无法短时间建立客户关系的现实，对交易结构进行了调整，将其改为第

第 5 章 用好熊掌图，精细化设计业务系统与交易系统 | 209

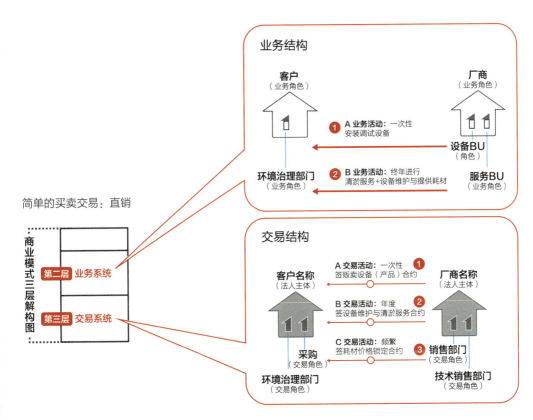

图 5-30 直销的业务结构和交易结构图

二阶段交易结构，引入了新角色——在每一个地级市找到与客户有长期业务往来的渠道商作为代理商，同时把交易活动拆解成两部分。

如图 5-31 所示，第一部分交易活动是与代理商签订贩卖设备与耗材合约，贩卖设备是一次性的，可能五年之后才会有设备升级的二次采购，而耗材是客户需要频繁购买的。

第二个特别的交易设计，是任命代理商作为公司的授权服务商，签订授权服务商合约，如图 5-32 所示。代理商可以销售清淤服务，并支付服务销售收入的 30% 给厂商，厂商提供技术培训，转让清淤服务所需要的所有技术能力。

如此一来，代理商不仅能得到每几年一次的设备销售收入和频繁的耗材订单，更重要的是锁定了长期清淤服务收入。通过与客户的长期合作，代理商能建立与终端客户深入的客情关系，也

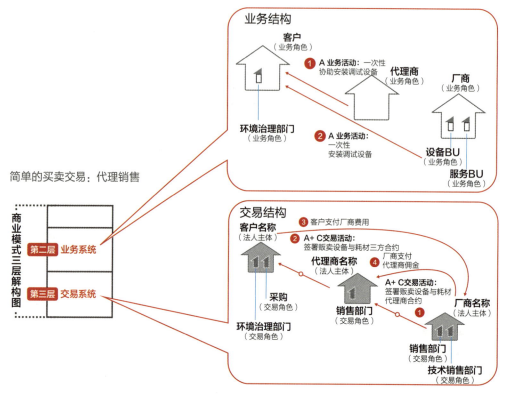

图 5-31　代理销售的业务结构和交易结构图

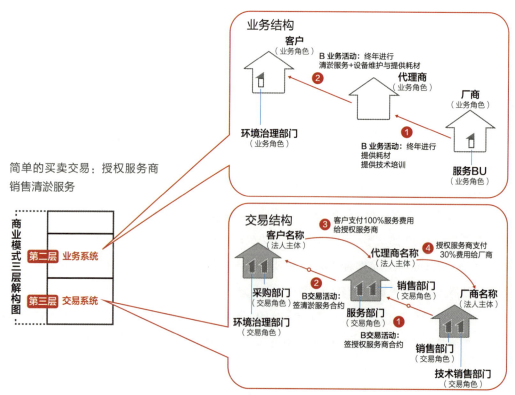

图 5-32　销售清淤服务的业务结构和销售结构图

为下一次的设备更新换代销售做好了准备。

凭借着第二阶段的两个交易结构设计，这家公司在五年后顺利地占领了很多地级市高达 70% 的淤泥处理机和污泥脱水处理机市场。不过，新变化又出现了。此时，许多新进入市场的竞争厂商开出了更为优渥的条款挖这家公司的合作代理商，希望代理商投至它们旗下。

该公司意识到了行业竞争的加剧，及时想出了应对措施，第三阶段的交易结构由此诞生。如图 5-33 最右侧所示，这家公司收购了代理商 51% 的股权，成为代理商法人的实际控股公司，代理商公司转变为这家公司在该地级市的分公司。公司内部还设计了同股不同权的激励制度，这让原本的代理商得到更有利的分配。由此，商业共生体更加稳定且有活力。

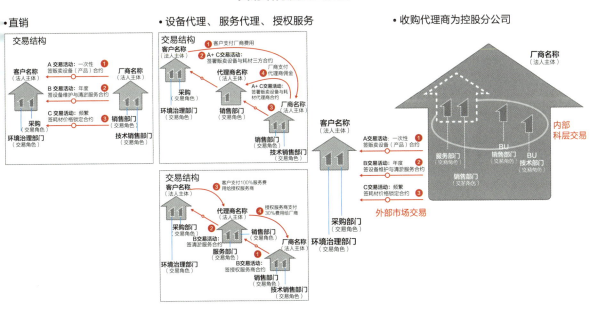

图 5-33 交易结构演进的三个阶段展开图

5.7 用熊掌图通观全局的业务结构与交易结构

在本章中，我们用熊掌图协助解析每一个支持业务环，把环内所有角色间的业务活动串联起来，让经营者看清了业务结构；把交易主体间的交易活动串联起来，让经营者看清了交易结构。

六个支持业务环虽然涉及的领域不同，但绘制业务结构图和交易结构图的逻辑却基本相同。用这种细部展开的方式，经营者可以触类旁通，将一个支持业务环的业务结构和交易结构绘制方法套用到其他支持业务环的绘制上，从而以可视化的方式成功展开一个完整的单一业务生意。

以一个支持业务环的绘制方法为基础，经营者可以画出全部六个支持业务环的业务结构和交易结构，最终用一张熊掌图通观全局业务结构和交易结构，如图5-34所示。

在具体画法上，经营者可以按照图5-35所示的逻辑去进行分解。首先，先画出第一层业务定位，然后在第二层画出熊掌图的六个支持业务环作为商业背景图，放上经营者与主导企业、业务角色与业务活动，再加上初步的企业边界框，完成业务系统的绘制。接着，进入第三层，为第二层设计的角色配置主体，画出主要主体之间的交易活动或资金流向，同时写出各主体之间签订的合同，完成交易系统的绘制。

用熊掌图描述全局业务结构与交易结构

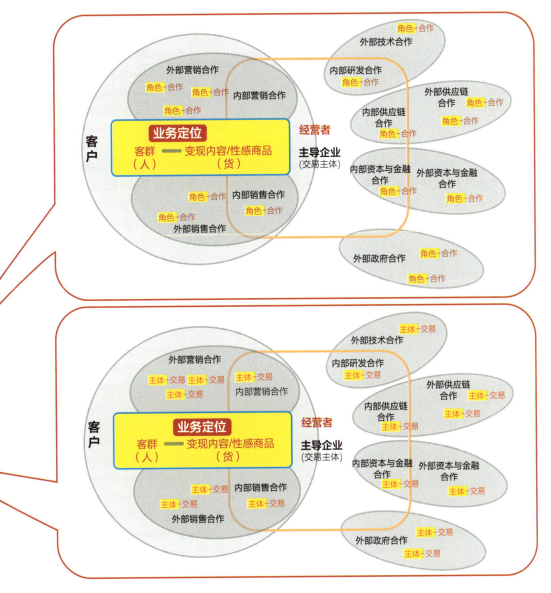

图 5-34 全局业务结构与交易结构熊掌图示意

本章精华回顾

在本章中,我们学习了如何利用熊掌图进行单一业务的业务系统、交易系统的精细化设计。这套方法带着我们向精细化构建生意又走近了一步。

在第 6 章中,我们将重点推出"生意蓝图",它是本书最核心、最重要的框架与工具。生意蓝图就是单一业务(生意最小单元)的"商业模式图",它具备可视化的立体结构和具体要素,能协助经营者把整个生意清晰、完整地描绘出来,并且能有效地指导生意的构建与修正。

单一业务全局描绘

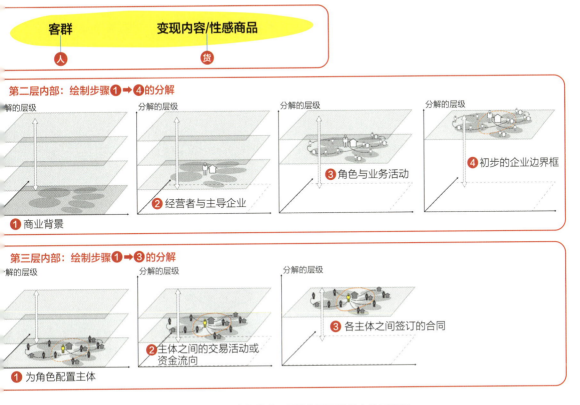

图 5-35 商业模式三层解构图画法的立体展开图

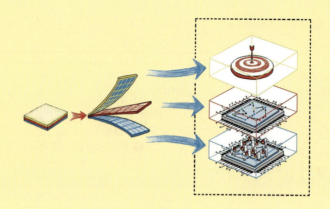

　　设计一套复杂的生意，如同设计一个由三层电路板构成的生意芯片，第一层定商机，第二层处理工作流，第三层处理利益流。

　　三层电路板之间，上下连通，层层联动，最终三者合为一体进行运营。

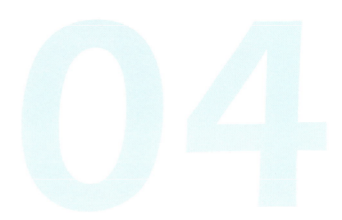

第 4 部分

商业模式的可视化设计与表达范式

第 6 章　生意蓝图：全盘联动设计生意的终极工具
第 7 章　盈利筹划：撬动盈利杠杆，直指经营利润

第 6 章
生意蓝图：全盘联动
设计生意的终极工具

6.1 生意芯片：从二维到三维看透生意

6.2 用生意蓝图与生意密码"3169"解构与设计生意

6.3 用生意蓝图解码蔚来汽车的商业模式创新

6.4 用生意蓝图解码 VIPKID 的商业模式创新

6.5 用生意蓝图透视竞争者商业模式的异同

6.6 用生意蓝图掌控生意的全局设计与发展

本章，我将带领大家进入本书最重要、最精华的部分——生意蓝图，也就是商业模式图。它是全盘联动设计单一业务生意的终极工具，也是商业模式的表达范式，能帮助经营者讲清楚自己的商业模式。

过去十多年，我在课堂上以及企业调研中发现，经营者面对的最大挑战就是讲不清楚自己的商业模式。很多经营者——无论是企业的创始人、董事长还是业务操盘手，往往都花了很长很长的时间还讲不清楚他们的生意。说不清，就很难干明白，这导致经营者自己很累，员工也不知道怎么才能帮得上忙。所以，我一直希望能构建出商业模式的表达范式，让经营者只用一个框架（最好是一张图）就能清晰地展示自己的商业模式，在描绘、表达、分析与设计上更有效率。

在这里，我们还面对一个新的灵魂拷问：商业模式到底是自己"长"出来的，还是设计出来的？

老一代企业家总是告诉我："我的生意是在草莽创业时代'长'出来的，后来根据实践效果与反馈又进行了调整……"他们总认为，一段全新的生意之旅始于脑中闪现的一个强烈的商机念头，再付诸勇敢无畏的行动，就会"车到山前必有路"。我认为，那是过去时了。

在今天这个知识创业时代，创业要讲科学，也就是要用好工具与方法。初创业务的经营者可以在生意的初始阶段，使用本章的生意蓝图将脑海中生意的初期图像描绘清楚，再着手构建。

先设计，后构建，想法在前，行动在后，这就是我们常说的"谋定而后动"。若起初"谋"不清，随后"动"的成本就会非常高。所以，经营者想开启一段生意，要先做"生意设计师"（想），再去做"生意操盘手"（做）。

不过，请你不要把做"生意设计师"想得太复杂、太沉重，经营者只要把本书前面介绍的"设计—构建—验证"业务发展循环方法放在心中，就会对生意有全局观和操控感。在设计阶段，也无须投入太多的时间做初始设计，只要在最开始多花一些心思把对生意（尤其是每一个单一业务）的"基本构想"（初始生意蓝图）梳理清楚，之后就可以不断运用灵活的经营思维和系统的生意构建逻辑进行生意的构建。每个循环的时间周期可以很短，经营者可依据收集的重要新信息或出现的关键新资源迅速升级设计，做出调整或迭代。

然而，这个先做"生意设计师"再做"生意操盘手"的简单路径，大多数人都没有遵循。在教学和辅导的过程中，我曾遇到很多正致力于创造一个新企业或新业务的经营者，他们中的绝大多数人在与我分享生意想法时，都充满激情，令我一次次深受感染。但是，不得不承认的是，他们多半只感性地表达了对机遇的渴望、对理想的憧憬，却很少理性地讲解其生意的基本内在设计。

没有基本的内在设计，一上来就直接进入构建阶段的生意，经营者通常会越干越辛苦，越干越迷茫。而且，在对生意进行了一段时间的实际构建后，再回头来看，经营者会惊觉，现实与自己最初的想法偏离甚远。当然，在经营者的不懈努力下，生意可能会有一定起色，但是，已经构建出来的底层基础与结构已很难改变。

还有一类初创企业或业务的经营者虽有设计意识，但真正着手设计时却发现：很多构想与生意中的庞杂要素缠绕成"一团"，令自己乱了头绪，无从梳理，更无从下手设计。

这"一团"包含"要做什么生意""所需要素（资源、能力）+ 事（研发、生产、营销、销售、物流、服务等）""人（拥有资源与能力的各种自然人与法人主体）"等生意的各种构件，它们搅在一起，相互联动与制约。

其实，经营者的这些困惑不难化解。我认为，就像复杂的芯片需要蓝图作为"施工图"一样，复杂的生意也需要蓝图来指导构建，我们把这张蓝图称作"生意蓝图"。高段位经营者不仅擅长设计这张蓝图，运用这张蓝图来指导生意的构建，更能根据实操结果反思蓝图、调整蓝图，从而将生意提升到更高的量级。这张蓝图就是本章要重点介绍的。

本章为经营者准备了一个空白的生意蓝图模板，它是协助经营者梳理头绪、设计单一业务生意的框架模板。经营者可以把生意的各种庞杂要素全都归整到这个可视化的模板中，把脑海中所有的模糊构思也填充进这个模板中，生成既有框架又有具象化细节的生意全景图像，从而把商业模式完整、清晰地表达出来。

生意蓝图还解决了现实世界中绝大多数经营者常常面临的难题——当他们尝试描绘自己的生意（商业模式/经营方式）时，通常只能用语言或文字来叙述，其他参与者很难完全领会其意图。而借助生意蓝图，经营者可以用可视化结构加上文字表述，把生意构想清晰、可视化地完整描绘出来，使所有参与者的理解都能对齐，便于后续展开结构性讨论，加速达成共识。

接下来，我们就从设计一个有三层"电路板"的"生意芯片"开始，系统介绍生意蓝图这个工具是如何推导出来的，以及如何应用。相信你熟练掌握后，定能达到更高的经营段位。

6.1 生意芯片：从二维到三维看透生意

如何才能一眼看透一个生意？

该用什么解构方式一眼看透一个生意？

我找到了一个抽象解构的视角——把一个复杂的单一业务生意，抽象地看作一枚具有三层电路板的芯片，我称之为"生意芯片"。生意芯片的每一层"电路板"，都有其独特的作用。看透了生意芯片，也就看透了生意。

生意芯片的推导过程如图6-1所示，图中最左侧是2.1节中曾阐述过的构建生意的三个层次，通过一一对应，形成

生意的解构：从商业模式三层解构图，到立体的"生意芯片"解构表达方式

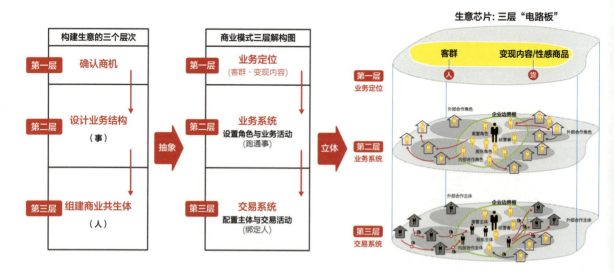

图6-1 从二维到三维的"生意芯片"结构推导图

了位于图片中间位置的商业模式三层解构图,我们曾用这个二维的三层解构图透视生意的全景图像。

现在,我们把三层解构图的每一层都向右与生意芯片的三层"电路板"一一对应,使其从二维转化为三维,使生意以更直观、更有立体感的三维全景图像方式呈现出来。

生意芯片是一个整体性的结构体系(见图 6-2 左侧),我将它拆解为三层"电路板"(见图 6-2 中间):第一层电路板承载着业务定位,就是商机;第二层承载着业务系统,流通的是工作流,让业务闭环;第三层承载着交易系统,流通的是利益流。生意芯片运行时,三层"电路板"是粘在一起的,不可分离(见图 6-2 右侧)。

设计生意芯片时,经营者既需要深入每一层进行设计,同时又需要进行一体化考量,因为层与层之间是上下联通的,彼此有着强联动关系,如图 6-3 所示。

芯片是一个整体性的结构体系,除了要一体化设计,还要分层进行设计

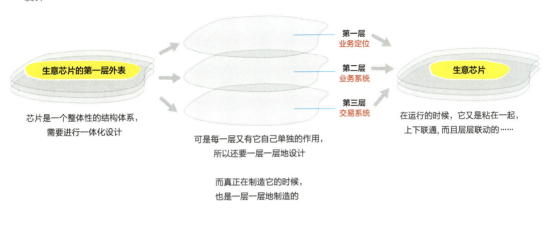

图 6-2 生意芯片层层设计示意图

图 6-3 右侧的生意芯片粗、中、细颗粒展开图可以指导经营者按"片、块、件"的逻辑设计生意：先从粗颗粒的"片"（一共有三层）开始，再规划中颗粒的"块"（每一层中分多少个大区块或小模块子结构），再进一步深入设计细颗粒的"件"（每个区块内的部件与"电流"流通方向）。由此，作为"生意设计师"的经营者就能逐步地、渐次递进地设计与绘制出生意芯片。

我把指导经营者一步步设计与绘制出生意芯片的指导模板，称为"生意蓝图模板"。经营者把脑海中所有的模糊构思逐步填充进这个模板，一张清晰、可视化的生意蓝图就呈现出来了，这张生意蓝图就是单一业务的商业模式图。在6.2 节中，我将详细说明如何填充。

生意芯片中有粗颗粒的"片"，每片中有中颗粒的"块"，每块中有细颗粒的"件"，即那些"经营结构要素"

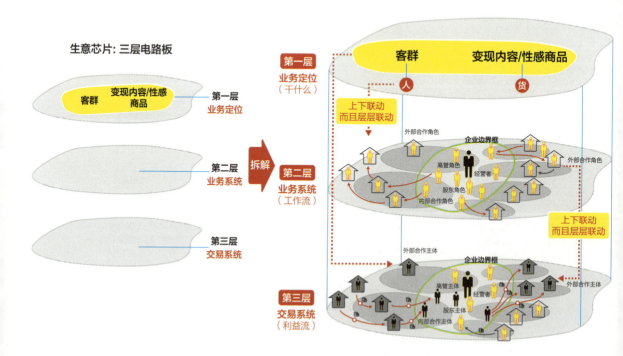

图 6-3 生意芯片粗、中、细颗粒展开图

切记，生意芯片的设计是一个结构性的系统工程，它不能一蹴而就，必须经历反复思考、琢磨、设计后再自我推翻、重新设计的连续过程。

还有，经营者亲手设计并逐步组装好生意芯片后，不能寄希望于"用一辈子"，而是需要主动升级。生意成长的过程，就是持续调整与迭代生意芯片的过程。优秀的经营者会主动地去优化或迭代生意芯片，不断地对芯片里的要素进行升级。

当然，经营者不光要学会设计单一业务生意的生意芯片，将来有了多个单一业务，经营者还要能设计出多个生意芯片，最后把它们放进一个集成的大型生意芯片中，由此形成多业务协同的生态型生意。

生意蓝图的应用范围有哪些呢？在我看来，主要有以下几方面。

- 清晰拆解：拆解与分析感兴趣企业的生意全景图像。
- 清晰描绘：画出初始生意全景图像。
- 分析对比：画出每个竞争者的生意全景图像，进行分析比对。
- 高效设计：利用这个立体、可视化的全盘联动设计工具，设计出更大的"生意价值空间"。
- 复盘验证：可视化地对比初始设计与构建后的现状，协助调整或迭代。

下面，我们先从描绘与分析自己的企业开始理解与应用生意蓝图。

6.2 用生意蓝图与生意密码"3169"解构与设计生意

在前文中,我们已经介绍过,生意蓝图模板是一套针对单一业务的、具有实用性的生意拼图指导工具。当经营者无法讲清楚自己的生意时,这个指导模板可一步步引导他把构想中或现实中某个时间节点的生意状态描绘出来,画出可视化的商业模式立体全局图像,由此,生意的全景与布局就清晰地呈现出来了。这张商业模式全景拆解图,可打通经营者商业认知的任督二脉。

拼乐高积木时,按照说明书一步步操作,我们就能把积木拼成预期的样子。生意蓝图模板就像是拼生意积木的说明书,它不仅有自己的整体结构,能指导经营者从全局思考,同时还提供了结构化的拼接方法。如图6-4所示,生意蓝图模板包含粗颗粒的生意芯片3层电路板(见图6-4左侧),其中第二层与第三层都分别加上了中颗粒的熊掌图("大块")和6个支持业务环("小块"),再加上从每一层抽离出细颗粒的经营结构要素⊖(见图6-4右侧,总共9项经营结构要素)。这些粗、中、细颗粒共同构成了商业模式的最底层,是商业模式不可或缺的基本构件。

接下来,我们来看图的最右侧,这些从每一层抽离出来的经营结构要素一共有9项,分别如下。

- 第一层业务定位层有2个要素:业务定位、变现内容;

⊖ 路江涌. 共演战略:重新定义企业生命周期 [M]. 北京:机械工业出版社,2018.
作者认为,如果把企业比作一个生命体,那么战略要素就好比构成企业战解的基因,而企业从小到大的发展过程就是战略要素的共同演化过程。这个过程通常分为四个阶段:创业阶段、成长阶段、扩张阶段、转型/衰退阶段。依此逻辑,本书中的9项经营结构要素就好比构成商业模式的基因,而商业模式的发展过程也可以被看作经营结构要素内涵的共同演化过程。

第 6 章 生意蓝图：全盘联动设计生意的终极工具 | 227

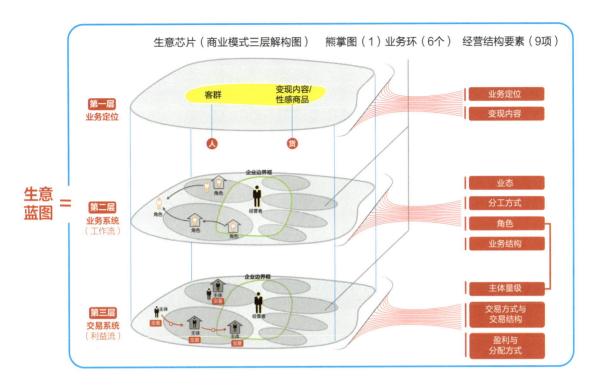

图 6-4 生意蓝图模板的全景示意图

- 第二层业务系统层有 4 个要素：业态、分工方式、角色（主要指业务角色，有资源与能力要求），以及由业务活动组成的业务结构；
- 第三层交易系统层有 3 个要素：主体量级（每个主体承担的角色/每个主体拥有的资源与能力量级）、交易方式与交易结构、盈利与分配方式。

经营者对生意蓝图模板有了结构性的理解后，就可以结合"设计—构建—验证"业务发展循环方法进行生意的构建。

在设计阶段，经营者需要将脑海中设想的各种模糊构思尽可能地填充到生意蓝图模板中，生成生意蓝图，完成初始阶段的商业模式设计。

接着，进入具体构建阶段。在这一阶段，经营者需要把 9 项经营结构要素的更多内涵对号入座地填入商业模式的三层。填入第一层，完善业务定位；填入第二层，搭建业务系统；填入第三层，构建交易系统（聚合人），组建商业共生体。在某个适当的时间点上，经营者还需要进行验证，即描绘出构建后的真实状态，找到升级生意的机会。

若外界环境（尤其是科技）变化小，经营者在升级生意时，可聚焦于调整 9 项经营结构要素。经营者对 9 项经营结构要素中的任何一项进行了调整，就等于调整了商业模式，经营方式会由此发生改变。如果同时调整其中 2~3 项甚至更多要素，现有的商业模式就有可能产生结构上的创新，带来结构升级。

接下来，我们用表 6-1 来阐述 9 项经营结构要素的具体操作性内涵。

表 6-1　9 项经营结构要素的具体操作性内涵

9 项经营结构要素	每一个经营结构要素的具体操作性内涵
业务定位	• 生意是经营者围绕商机开展的商业活动 • 模糊状态的商机，称为业务方向；清晰状态的商机，称为业务定位 • 业务定位是具有某种需求的客群（细分市场）与满足需求的商品（产品或服务）之间的匹配关系。匹配宽，市场总额大；匹配窄，就是小众市场 • 找到业务定位的过程，就是找到明确的匹配关系的过程，即从探索朦胧商机到逐渐确认清晰商机，最终明确商机 • 业务定位是生意的核心，决定了一个生意会长成什么样，引领着业务建设和经营活动 • 寻找业务定位的第一条途径是从"人"出发，从市场中特定客群需求与商机场景出发，把人群研究透，然后为人群匹配价值 • 寻找业务定位的第二条途径是从"货"出发，从企业具备以及可调动的资源能力池出发，先创造价值（价值的形式可以是标准品、系统或解决方案），再找到对应的人群
变现内容	• 企业将所掌握的能调动或嫁接的核心资源与能力，开发转化为一组有形与无形价值的组合（商品或服务的组合），这个组合即变现内容，将其拿到市场上获利，就是变现 • 初始生意或业务的经营者往往都是从一项核心资源或核心能力出发，寻找可变现的方式或场景，再带着目标去寻找互补的资源能力，最后形成生意的闭环落地 • 经营者不断寻找开发转化现有资源与能力价值的新方式，放大可变现内容的获利空间 • 经营者不断寻找新的资源与能力，开发转化出新的更有价值与吸引力的变现内容

(续)

9项经营结构要素	每一个经营结构要素的具体操作性内涵
业态	• 业务定位是"卖给谁,卖什么",其中,"卖什么"包含"在哪里卖""怎么卖""卖的业务活动",我们称之为"业态" • 业态出现在企业与客户接触的界面上,由与客户发生接触的"场""场景""满足需求的方式"(一连串业务活动)三个不可分割的要素共同构成 • 业态通常分为销售业态与服务业态,能影响整个业务系统的设计 • 销售业态由"在哪里卖(场)""怎么卖(场景)""卖的业务活动(满足需求的方式)"共同构成 • 服务业态由"在哪里服务(场)""怎么服务(场景)""服务的业务活动(满足需求的方式)"共同构成
分工方式	• 企业在构建生意的过程中,以自身核心资源与能力为基础,决定哪些关键业务活动需要自己做,从而构筑企业竞争壁垒 • 有一些业务活动是企业没有足够的专业资源与能力去承担的,内部孵化与培养的速度也可能极其缓慢。如果企业勉力维持自主运营,不仅效率低,而且成本高。在这种情况下,如果不是核心战略业务,外部合作显然是更好的选择
角色	• 商业是由形形色色的角色(此处指的是业务角色,而不是交易角色)组成的 • 角色是抽象的身份或职称(比如供应商或投资者) • 每一种角色必须拥有特定的资源与能力,才能承接其所负责的特定业务活动 • 在现有的业务结构中加入重要的新角色或删减原有角色,会极大地改变商业模式与经营方式
业务结构	• 一个单一业务(生意的最小单元)的业务系统是由六大支持业务环组成的,包括前台的营销业务环及销售业务环 • 每个支持业务环又包含许多业务结构,如供应链业务环由原料业务结构、生产业务结构、仓储及物流业务结构组成 • 业务结构通常包含一组由企业内外部业务角色通过彼此衔接的业务活动(价值创造相关的活动)组成的闭环工作流 • 一个企业业务的结构,是集成了许多业务活动的整合体。采用何种整合体方式,需要企业权衡取舍,采用了一种整合体方式,就不可能采用另一种整合体方式 • 波特的活动系统论⊖提出了业务活动之间具有整合性,组织各活动间的每一种互相配合、互相加强的方式,都是为了提升整个业务系统内各种业务结构的系统整合性,从而提高工作流效率

⊖ 波特. 竞争战略 [M]. 陈丽芳, 译. 北京: 中信出版社, 2014. 作者认为, 每一家企业都是在设计、生产、销售、发送和辅助其产品的过程中进行种种活动的集合体。

（续）

9项经营结构要素	每一个经营结构要素的具体操作性内涵
业务结构	• 系统整合性高的组织，业务结构内的业务活动间环环相扣，设计得非常周密，很难改变[一] • 许多公司通过流程改造或大规模信息化来提升业务结构上的运营效率，以此打造模式上的差异化
主体量级	• 设计交易系统时，经营者需要为业务角色配置合作主体（简称"主体"），即真实的"人"（有姓名或名称的自然人或法人） • 在为角色配置承担的主体时，由于主体的资源与能力水平不同，主体量级也分为高配、中配与低配，由此产出的业务效率水平也大不相同 • 每一个交易主体都会扮演交易角色 • 随着生意的扩展，合作主体也必然要"上车下车"，经营者要在生意的每个发展阶段，找到最适配的合作主体
交易方式与交易结构	• 交易方式就是价值交换的方式，涉及交易主体间的内容转让形式与支付方式 • 交易结构涉及参与合作的主体（利益相关者）之间的交易活动与逻辑，以及利益分配方式 • 一个企业的交易系统是由许多局部交易结构共同组成的，如股东与股东、股东与高管、销售渠道、供应链、资本与金融等，都是局部交易结构 • 交易结构的设计，若能让所有参与者都得到合适的分配，就能造就稳定的商业共生体 • 交易结构的设计，若能让所有参与者都得到超额的分配，就能激发每一位参与者的主观能动性，造就更高效的商业共生体
盈利与分配方式	• 从经营者的视角，考虑如何合理地给自己分配（自身的盈利方式） • 从各合作方的视角，考虑他们各自期望的盈利方式，设计各主要合作方的分配方式 • 从微观交易场景的视角，了解经营者在代表"企业"或"自己"的情况下，如何在每一个具体交易上提高自己的盈利效率 • 无论经营者处在两方交易场景中，还是处在多方合作增值交易场景中，都能用一组盈利工具来思考和分析如何提高自身的盈利效率 • 盈利工具包括资源盈利、对象盈利、多点盈利、计量盈利、分配盈利、杠杆盈利、算账盈利等

[一] 根来龙之. 创新的逻辑：优秀企业的商业模式 [M]. 汪婷，译. 北京：电子工业出版社，2015.

我们将在第 8 章详细说明该如何对 9 项经营结构要素的每一项进行调整，同时，让大家了解到，这些要素之间本来就具有相互联动关系，其中一个要素的调整，会引发其他几个要素的联动调整。

下面，我们先以分析小米的生意图景为例，帮助大家初步了解生意蓝图的应用。

案例 6-1　用生意蓝图分析小米的生意图景

2010 年刚创立时的小米并不是我们如今所熟悉的小米，当时小米为了生存曾开发过一些小 app，但很快就放弃了这些业务。这是因为小米明确了业务定位——用互联网的方式来做高性价比的智能手机，做"发烧友"喜爱的高配置、低价格的手机。小米的"为发烧而生"，由此走红。

明确业务定位后，下一步就要进入比较复杂的业务分工环节。手机的后台要有设计、制造、零部件采购等环节，前台要有市场宣传、销售渠道、售后服务等环节。

对传统手机厂商来说，第二层"业务系统"的设计一般是自己采购零部件—购买机器—建设工厂—组装手机，再借助线下的分销渠道进入运营商渠道及卖场，进行广告宣传和销售。简而言之，生产自己做，销售依赖外部渠道。

而小米的做法却颠覆了传统流程，它选择将手机生产外包，而把销售渠道抓在自己手上。小米把生产完全交给了富士康和闻泰科技等手机代工厂，在营销上，小米早期的做法是自己搭建网站做网络营销，并全程在网络上进行销售。2011 年 9 月 5 日，小米网正式上线，这是小米手机首次开放预订，互联网营销横空出世。

这种颠覆直接影响了小米商业模式的第三层"交易系统"的利益分配。

一方面，由于不借助外部的线下销售渠道，只在自己的官网或京东等电商平台进行低成本的网络营销，因此小米不用再分配利润给线下经销商，这部分省出来的利润就可以让给消费者。这种将利益从渠道转移到消费者的安排，让小米得到了"发烧友"的追随。

于是，就有了后来外界给小米的最强标签：价格厚道。在 2011 年 8 月 16 日的小米首场发布会上，外界对小米 1 的预期价格是四五千元，而台上雷军喊出的最终价格是 1999 元。9 月 5 日，小米手机首次开启网上预订，3 个小时内就卖出了 30 万台。第二次网上预订，小米又在 3 个小时内卖出了 10 万台。前后共卖出了 40 万台小米手机。

另一方面，小米将手机生产外包，这意味着可以将生产环节节省出来的部分利润让渡给代工厂，让代工厂赚手机销量上升带来的利润。小米由此节省了自己采购设备、建设工厂的成本，实现了自己与代工厂的双赢。

我们可以借助熊掌图的 6 个支持业务环，分析小米怎样设计业务结构和交易结构，看小米如何根据自己的业务天赋确认"2+4"支持业务环中哪些由自己做、哪些外包。

小米的天赋是雷军的话题制造能力、在互联网界的影响力、长期做天使投资人的融资能力，而小米的弱点是供应链管理能力、实体工厂经营能力。因此，这"2+4"的内外边界被划分得非常清楚：营销业务、销售业务、资本与金融业务、政府业务多被划分到内部，而技术、供应链等业务则更多地依赖外部。由此形成了清楚的熊掌内外划分，依照这种内外划分，小米开始寻找每个环节的执行者。

比如，对外的技术、供应链环节，雷军陆续拜访优秀的零部件厂商，找到闻泰科技帮忙生产、定制机型。双方以 ODM（原始设计制造商）模式进行合作，共同规划产品。对内的营销、销售环节，则采用了自己举办小米论坛、米粉节等一系列营销活动和网络销售的途径。

通过熊掌图里 6 个环节的分工和具体的交易结构，我们能很轻松地拆出一个生意芯片的三层结构。

当然，随着市场需求的不断变化，小米的生意芯片也在不断发生变化。

2016 年，中国手机市场的格局开始发生微妙变化。2016 年第三季度，OPPO 和 vivo 在中国市场的出货量分别达到 2010 万台和 1920 万台，分别首度成为中国市场的冠、亚军。2017 年，中国这个全球最大的智能手机市场首次出现年度下滑。与此同时，线上成为厮杀的红海，而深扎线下渠道的 OPPO、vivo 等手机品牌的销量开始迅速增长。

为了争取线下用户，小米的业务结构和利益结构必须顺应变化。

生意总是在不断发展与变化中的。原来以智能手机为主要生意的小米在经历了"设计—构建—验证"的第一个循环之后，开始了生意的升级，进入第二个循环。

在业务结构上，小米在销售端开始发力线下市场，开了一批小米之家和小米加盟店，利用线下渠道销售小米手机。业务结构的改变要求利益分配也随之改变。本来小米价格上的优势是因为它充分利用了高性价比的线上销售渠道，没有线下销售成本，但现在，小米必须考虑分配一部分利润给线下。

小米的应对策略是，小米手机依然是高性价比产品，但同时也是引流产品，小米之家和小米加盟店在销售手机时搭售更多高毛利的小米系产品（小家电、小数码产品），这样就设定了新的利益分配关系。在手机上，销售渠道分配到的利润少，消费者可以得到便宜；在小家电、小数码产品上，销售渠道可以分到更多的销售利润。

整个小米之家和小米加盟店生态链的建设仅仅用了四五年的时间，就实现了从依靠小米红利向反哺小米生态的转变。

为了让经营者更好地理解和运用生意蓝图模板，走出各种粗、中、细颗粒度要素搅在一起的混沌状态，我们又把复杂的图 6-4 拆解成图 6-5。

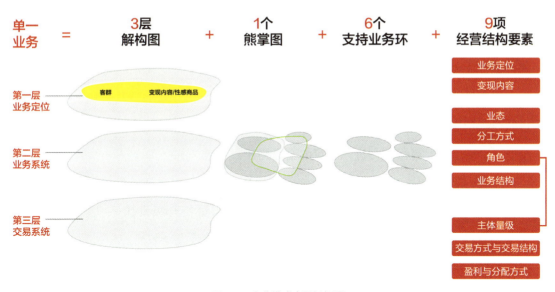

图 6-5　商业模式全景拆解图

从图 6-5 中，我们提炼出了能帮助经营者说清楚复杂生意的生意密码——"3169"，即"3 层解构图 +1 个熊掌图 +6 个支持业务环 +9 项经营结构要素"，如图 6-6 所示。

生意密码

3 1 6 9

"单一业务"商业模式的终极表达范式

图6-6 生意密码

这是一组能帮助你快速描述、表达、设计自己商业模式的密码。密码虽简单，内涵却丰富，它既能快速拆解任何单一业务生意，也能让生意的设计、构建与升级变得更清晰、有序。

经营者掌握了生意蓝图模板这个有效的生意拼图指导工具和生意图像表达范式，再加上熟记"3169"这个生意密码，就能从容地对商业模式的每一层进行设计。经营者能不断收集各种碎片化信息，将各种构想与信息按照"片、块、件"的拼图逻辑依次填入生意蓝图模板中，迅速画出一张三层立体的生意蓝图，掌握生意全局，也能迅速付诸行动，进入生意的全盘构建。

构建一段时间后，经营者还可以将每一层拆开检视，对比初始设想（理想）与构建后的现状（现实），发现差距，并接着对每一层进行升级设计……如此反复，生意就能不断循环升级，每一代生意芯片都能在新时代焕发新效能。

在本节结束前，让我们回过头来，直面一个所有经营者都关注的关键问题：商业模式的竞争，到底竞争的是什么？商业模式要形成竞争优势，到底要调整模式中的哪些要素？

我认为，商业模式的竞争，从本质上来说，就是企业在"3169"创新性上的竞争。那些竞争中的胜出者，其商业模式的优越性（也就是评估商业模式的标准），往往反映在企业能获得更好的业绩（收入/成本/利润）、客户关系、运营效率、风险控制，以及吸引更多优秀的合作伙伴（与投资人）参与上。

我要提醒经营者的是，当商业模式形成竞争优势时，经营者一定要清醒地认识到，自己到底在"3169"中的哪些部分形成了竞争优势，这些优势的护城河是否坚固，接下来还有哪些可调整或迭代的机会，可进一步巩固商业模式竞争优势。而且，请记住，就算你的企业今天在竞争中处于弱势，也不要气馁，只要能不断地在"3169"上进行创新，就有机会"后来者居上"。

6.3 用生意蓝图解码蔚来汽车的商业模式创新

经营者若想更好地掌握生意蓝图这个工具,需要通过商业案例来加深理解。接下来,我们用生意蓝图解码蔚来汽车的商业模式创新,帮助经营者更好地理解生意蓝图。

案例 6-2 用生意蓝图解读蔚来的商业模式创新[一]

在电动汽车新势力阵营中,蔚来一直不走寻常路。通过采访,我发现这个"时代的企业"在诞生时就有着不同的商业模式[二]。我对其商业模式进行了整理,如图 6-7 所示。

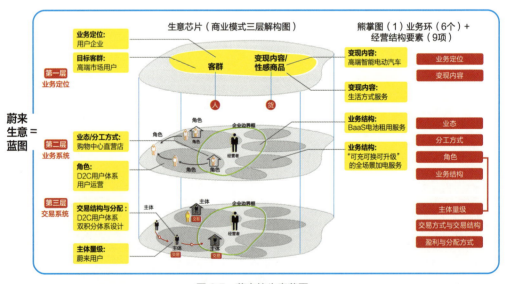

图 6-7 蔚来的生意蓝图

[一] 本案例内容主要来源于 2021 年 11 月 10 日作者对蔚来总裁秦力洪先生的采访,以及蔚来官方发布的文件《2021 积分攻略更新》《蔚来值规则 2.0 正式公布》《2022 年度 EPclub 入会规则公布》等。
[二] 周宏骐,陈赋明. 蔚来:定义"用户企业"[J]. 商业评论,2022(2):64-77.

首先，在经营理念上，蔚来重视和用户之间长期共存和互惠的"关系价值"。所以，在生意芯片的第一层"业务定位"上，蔚来把自己定义为"用户企业"：核心业务是为高端用户提供高端智能电动汽车；业务的根本是创造极致的用户体验；通过服务模式创新，让更多的服务变现，从而使自身成为目标客群喜爱的生活方式品牌。

其次，围绕着立业的理念与根本，在第二层"业务系统"中，蔚来做出了以下创新：

- 在销售业态上，蔚来一反过去依赖4S经销商体系的销售方式，采用了DTC（直接面向消费者）模式，在购物中心开设自营专卖店，直接触达用户，与用户深度互动。
- 用社群化方式运营用户，通过分享用车体验、招募车主志愿者、邀请新用户试驾等方式，让活跃度高的用户扮演推广者的角色。同时，通过社群内各种C2B反馈，持续不断地提升产品及服务品质。
- 用户可以通过"车电分离"的方式购车，即在购车时选择蔚来的BaaS电池租用服务，从而降低购车成本。
- 进行可换电的汽车设计，完成换电站的规模化布局，实现服务的可得性和便捷性。同时，蔚来还与电池资产管理公司、换电站建设企业、换电站运营企业这些业务结构内的新角色共同建立新的业务结构。

要实现第二层的业务系统创新，在第三层"交易系统"上，蔚来就要设计好与各合作方的交易方式。值得一提的是，基于与用户的业务交易关系，蔚来在业务前台设计了特有的"双积分体系"，其中，一个积分体系是通过物质奖励，激发用户的社区活跃度和良好的社区行为；另一个积分体系则是通过精神奖励，激发用户在社区里的成长和贡献行为，比如为社群自组织与治理创造价值的行为。这能有效支持D2C模式，促进用户分享与推荐，更激发了社群商业的自组织活力。

在业务后台，在BaaS电池租用服务方面，蔚来进行了独特的设计——用户所租用的电池归电池资产管理公司所有。因为电池是重资产，蔚来通过交易设计组建电池资产管理运营联盟，使若干企业共同分担运营成本。在换电站建设上，除了高投入自建这种方法，蔚来还通过交易设计，与换电站企业、换电站运营企业合作，降低重资产投入的成本。

可以说，蔚来D2C模式的成功密码，就是业务系统与交易系统的创新设计。接下来，我们着重对蔚来商业模式的业务系统和交易系统的设计进行分析。

我们先用图 6-8 拆解蔚来商业模式三层解构图的第二层、第三层，全面概括接下来要分析的蔚来 DTC 体系。

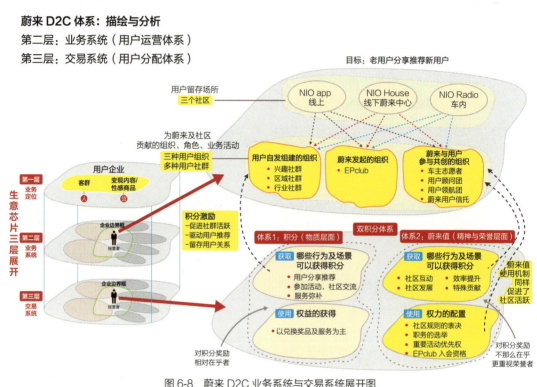

图 6-8　蔚来 D2C 业务系统与交易系统展开图

蔚来 DTC 业务系统设计：要建立用户运营体系，先建立用户社区，再建立用户组织

为了支持"用户企业"的业务定位，蔚来在业务系统上设计了一个叫作"涟漪模式"的用户发展模型，其内核是用户，往外是支持者和粉丝。蔚来通过涟漪效应发展新用户，即让满意度高的老用户形成口碑营销，推荐和吸引新用户进入蔚来朋友圈。

要做到这一点，必须做好用户运营。而要做好用户运营，首先要为用户提供留存场所，因此，蔚来建立了线上、线下两个用户社区，用户无论在线上还是线下都能和蔚来在一起，由此，蔚来不断地积累用户资产。不仅如此，蔚来还在社区里组建各种用户组织，并在用户组织里组建各种场景下的用户社群，最后体系化地设计与各种用户社群及用户高频接触的业务活动。这一切就构成了蔚来的用户运营体系。

蔚来建立的两个用户社区分别是：
- 线上社区：NIO app。它是为电动汽车爱好者以及品质生活追求者推出的移动生活应用程序，用户可以在线上表达看法、评论分享、参加社区活动、使用车主服务、探索惊喜商城等。
- 线下社区：NIO House。这是为用户打造的蔚来中心，在线下体验店的基础上，加入了办公、休闲、阅读、成长、聚会、城市文化服务等多种功能，为线下用户接触提供了场所。

每个社区内都有各种用户组织，其中既有用户自发组建的组织，也有蔚来为给用户提供参与共创途径而建立的组织。

在用户社区内，用户可以根据兴趣、区域、行业等自发组建社群，如依兴趣组建美食爱好群、依区域组建各地车友会等，并可以组织各类社群活动。最值得一提的是，蔚来用户自发组建的行业社群，即各类垂直专业社群，如餐饮行业群，这类社群需通过用户信托认证，有明确的入群标准，如成员必须有相关从业资格证或经营证明等。社群有明确的使命、愿景、价值观，有活动计划，并能创造价值，还有管理及换届机制、财务透明机制等各种机制。

蔚来为用户建立的组织也有很多，比如用户俱乐部 EPclub，它服务于为蔚来做出卓越贡献的用户。什么是做出卓越贡献的用户？我们可以看看 2022 年度 EPclub 会员的构成：截至 2021 年 12 月 10 日蔚来值总值排名前 120 位的用户、年度蔚来值增长最快前 60 位的用户，以及各区域公司蔚来值前 2 位的用户。EPclub 每年会组织各种各样的专属权益、公益活动及其他精彩活动。

蔚来还为用户提供多种参与共创的途径，比如定期招募车主志愿者、用户顾问团（NIO Day 用户顾问团、NIO Power 用户顾问团等）成员、用户领航团成员（预发布软件和产品的深度体验者，为产品迭代提供建议的用户）等。蔚来鼓励车主及用户（包括共同用车人）积极报名参与，分享用车体验和生活方式，为蔚来献计献策。

蔚来的 DTC 交易系统设计：独特的交易设计，促进了用户社区发展与社群自治

近两年，在 DTC（直接面向用户/用户分享推荐）模式下，如何设计高效的用户成长体系与长尾的用户运营机制成为热门议题。人们尤为关注的是如何设计出能更有效激活粉丝经济、驱动社群商业的交易机制，使交易分配驱动用户推荐，实现用户的高效自组织、自治，最终放大用户资产。

蔚来创新设计交易系统的前提是，随着移动互联社交的发展，蔚来减少了过去在传统户外媒体上的广告投放，把这些市场费用省下来分配给客户。蔚来采取的分配机制能更好地激活"用户资产"，让用户活跃起来，帮助蔚来推荐新用户，并且吸引用户留存与保持活跃，让用户一直待在蔚来平台上，这是蔚来在创立早期能够出奇制胜的关键之一。

在交易分配机制设计的创新上，蔚来最重要的手段是通过设计"积分权益体系"，在用户的全生命周期中，将用户扮演的角色（身份标签如车主志愿者）定义清晰，将用户的行为标签化及量化，并设计创新的积分奖励方式，让用户在获得奖励的过程中产生为社区贡献的行为，在积分兑换使用的过程中也产生为社区贡献的行为。

这个分配机制（积分权益体系）的各种算法参数如果都设置得非常高明，能极大地促进用户在社区中的参与度及成长，最终实现用户的高黏性（留存）及高活跃度（互动），并产生用户推荐用户的裂变效应。

在分配机制的具体设计上，蔚来不仅有创新的"用户积分权益规则"，还建立了"双积分体系"，这两种积分体系的作用各不相同。

- 第一个体系："积分"体系

"积分"最重要的作用在于鼓励用户在社区内的良好行为，维护用户关系，促进社区活跃，权益的获得多属于物质层面，以兑换奖品及服务为主，这对重视积分兑奖的用户能起到很好的促进作用。

在积分的规则权重上，蔚来更重视用户的关键节点，因此，用户获取积分的主要方式有参与线上社区签到、评价、晒单、发起或参与线下社区活动、购车及邀请试驾、用车福利（加电服务、助力环保等）及车主关怀。

在积分的使用上，用户可以用积分兑换奖品及服务，比如，用户可以在 NIO app 线上兑换礼物，也可以在 NIO House 线下蔚来中心兑换饮品、图书借阅权益、空间租赁权益等。同时，积分在社区里的应用场景十分广泛，不仅可以用来兑换奖品，还可以用于打赏（在线上社区看到好的内容用积分点赞）、发积分红包等。

- 第二个体系："蔚来值"体系

"蔚来值"最重要的作用在于记录用户在蔚来社区里的互动（成长）和对社区的贡献，蔚来值的设置有着特别的巧思，它能使用户得到参与社区大型活动的资格，以及共同建设社区的荣誉。蔚来的用户中有很多高净值人群，只靠积分这种物质激励是很难吸引他们做贡献的，而蔚来值与积分形成互补，通过精神与荣誉层面的激励来吸引他们。因此，蔚来值不仅促进了社区活跃，更促使用户为了满足精神需求与获得荣誉感而积极参与社区自组织活动，参与社群的治理迭代，为蔚来做贡献。

用户可以通过四个贡献维度获取蔚来值：社区互动、社区发展、效率提升和特殊贡献。比如，用户在 app 中连续签到 100 天可以得 10N[①]，原创内容进入 app 首页推荐可以得 10N/ 篇，积极参与或自发组织各类活动可以得 1N~20N/ 次。除此之外，通过用车行为良好提升了蔚来社区乃至社会的出行效率、共享自己的资源、为社区献计献策等行为也能获得蔚来值。

在蔚来值的规则权重上，蔚来更重视社区发展，如成为新车主用车人，可获得 1000N；推荐好友购置新车，好友成功提车，可获得 100N。

蔚来值的用途有很多，比如，用户可通过蔚来值获得社区大事件投票权加成、更高的热门活动参与概率、app 签到补签卡、EPclub 入会资格等。

蔚来的车主与非车主都可以获得积分与蔚来值，只要是在蔚来 app 注册的用户都会自动进入双积分体系，通过参与活动与为蔚来做贡献得到积分与蔚来值。

通过以上案例，我们看到，蔚来不仅通过设计、制造优秀的智能电动汽车创造价值，也不仅在业务系统中通过提高用户体验创造价值，更通过交易设计创新创造了价值。而通过交易设计创新创造价值，有时可能比通过产品创新创造价值更加重要。

[①] N 为蔚来值的单位。蔚来值记录着每一位用户在蔚来社区里的互动以及对蔚来社区的贡献。

6.4 用生意蓝图解码 VIPKID 的商业模式创新

在这一节，我们用生意蓝图解码 VIPKID，对其进行拆解分析。在此，我要特别说明的是，这家教培机构原本经营的是少儿在线英语教育业务，采用北美外教在线一对一的授课方式，"双减"政策[一]出台后，它遵循政策终止了原本经营的业务，转而开始探索一系列面向未来的新业务。本案例解析的是政策推出前处于高速成长期的 VIPKID 的商业模式，探讨当时其生意蓝图内各种要素设计的独到之处。

案例 6-3　用生意蓝图看 VIPKID 生意全景：如何重新定义业务模式[二]

像很多初出茅庐的创业者一样，米雯娟在最初创业时没有想过，公司会发展成什么样。因此，当她回顾天使轮商业计划书时，不禁感叹："写得特别简单，跟现在做的事也不太一样。"[三]的确，创业者通常无法在创业之初就设计好生意的最终场景，但只要他们拥有正确的思维、逻辑与梳理工具，就能把不成熟的初创生意逐渐发展升级为理想生意。

在创办 VIPKID 之前，米雯娟开设过线下少儿英语培训机构。当时，她既当老师，又当后勤主任，还做过校长，白天发传单，晚上讲课。培训机构逐渐壮大，师资力量一度达到 200 多人，学生也有 2000 多名，年营业额更是做到了 2 亿元。尽管如此，米雯娟一直认为，培训机构做的还是传统教育，风起云涌的新技术并没有为教育行业带来太多提升或变革。

米雯娟心中一直藏着更大的期待：究竟该如何利用互联网工具和新方法改造传统的线下英语培训？

[一] "双减"政策指的是中共中央办公厅、国务院办公厅印发的《关于进一步减轻义务教育阶段学生作业负担和校外培训负担的意见》。

[二] 本案例主要依据自 2019 年 5 月起作者对 VIPKID 创始人米雯娟以及团队的多次采访。

[三] 周宏骐，刘梦羽，胡坤.VIPKID：从 0 到 1，把英语培训重新做一遍[J].企业家信息，2019（12）：116-119.

毫无疑问，第一件要事就是找到业务定位。

2013年，米雯娟开始调研，她与合伙人用半年时间了解了京沪50多家在线教育公司，发现外教质量不高是家长最大的痛点。虽然官方数据称中国有3万名外教，但即便在北上广深等一线城市，想找到一个好外教依然很难。针对这个发现，米雯娟有了新想法：何不尝试用互联网技术直接对接北美老师资源与中国学生呢？互联网技术可以助力实现"美国小学在家上"。由此，她明确了业务定位，如图6-9所示，这也是VIPKID生意芯片的第一层"业务定位"。

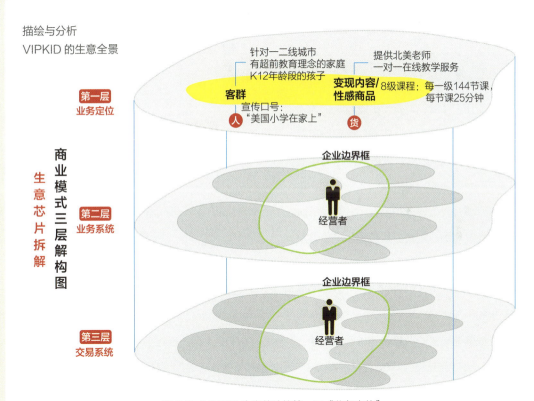

图6-9 VIPKID生意芯片的第一层"业务定位"

2014年，VIPKID上线了最早期的产品——图片及录制课程；2015年初，VIPKID切入"一对一少儿在线英语教育"细分赛道，用户画像是一二线城市、中等收入、有超前教育理念、时间价值高的家庭。这一时期的VIPKID以每月30%的增速高速增长，市场占有率接近70%。找准了业务定位，团队朝着正确的方向奔跑。

VIPKID 跑得很快，不只在于业务定位准确，也在于米雯娟成功设计了支持其实现业务定位的业务系统，即生意芯片的第二层——由六个支持业务环共同支持的"人-货"价值交付，如图 6-10 所示。

接下来，我们进入第二层"业务系统"，看看 VIPKID 在各种角色与业务活动设计上的创新与独到之处。

- 前台之营销业务环

在课程策划上，公司重视课程的自主创新研发和用户体验。其课程研发团队由 400 多名经验丰富的资深老师组成，他们所研发的 8 级课程包含与 K12 教育阶段不同年龄的孩子一一对应的兴趣启蒙、基础夯实、技能提升、综合飞跃等分类内容，并且同时对标中国考试等级、剑桥少儿英语、雅思以及欧盟的语言标准。

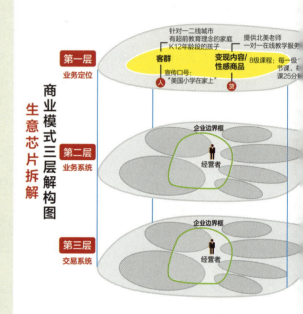

图 6-10　VIPKID 生意芯片的第二层"业务系统"展开图

在产品设计上，VIPKID 的 app 简洁易用，交互性强，并且内部设置了一批孩子很容易学习和使用的小工具。

在服务营销上，课程强调以学生为中心，建立了 VOC（用户反馈）系统，每个月都会收到超过 10 万条用户反馈，其中包括很多关于产品体验和服务体验的改进意见。技术团队采用 3E 评估[○]指标，驱动产品不断进步及迭代。当所有人各执己见时，用户反馈是实现协同的黏合剂。

在营销传播上，许多使用后感觉体验很好的家长自发地在朋友圈分享孩子读绘本、与外教有趣互动的好玩瞬间，引爆了裂变传播。

- 前台之销售业务环

传统线下教学一直有班级概念，但到了线上，班级概念变为个人自学。VIPKID 针对这一转

○ 3E 评估，即从产出（Efficacy）、效率（Efficiency）和效果（Effectiveness）的角度评估。

第 6 章 生意蓝图：全盘联动设计生意的终极工具 | 245

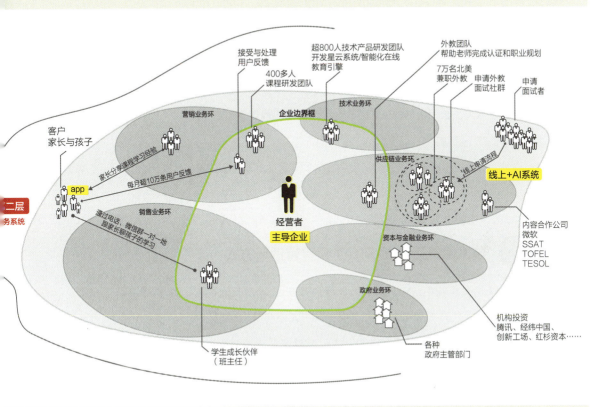

变设计了"学习成长伙伴制"。公司员工担任学习成长伙伴（班主任），每个人通过电话、微信群负责 200 个家庭，与家长进行一对一交流，"因人制宜"地为孩子设定学习目标和学习节奏。当然，他们还有另一个身份，即销售员，在陪伴中完成再次销售。

- 后台之技术业务环

海量课程背后是强大的技术支撑。VIPKID 拥有超过 800 人的技术团队，自主开发了"星云系统"，覆盖全球 35 个国家的 5 条核心跨海专线，并在全球 16 个国家的 55 个城市建立了中心传输节点。他们还开发了"智能化在线教育引擎"，通过人脸识别、语音识别等手段，对教学质量和老师质量进行把控。即使每个月有两三百万节课，指标考评也能实时精细到每一节课。

- 后台之供应链业务环

课程讲授工作由优秀北美外教承担。最早的 10 位种子老师是米雯娟一个一个说服加入的，但短短几年内,这支 10 人的种子队伍已经发展成为 7 万人的庞大团队。

教师团队如此快速壮大的主要原因是,公司利用 AI 筛选技术实现了远程面试、权威测评、背景调查,从数万个申请中挑选录取 5% 的老师。新老师的申请、面试、签约,都能在线上完成,一位老师从应聘到录取,再到上第一节课、领第一次薪水,通常仅需要一两个月的时间,技术极大地提升了效率。公司内部的外教团队会帮助老师完成认证和职业规划,团队也会到北美各地区支持老师的线下活动。

此外,供应链上还有许多外部内容合作公司,包括微软、SSAT、TOEFL、TESOL 等。

技术赋能后的 VIPKID 师资管理新方式

利用技术工具,VIPKID 把教师的注册申请、面试、签约环节都搬到了线上。技术赋能后的师资管理新方式,包括以下几个步骤:

第一步,利用 AI 筛选技术,通过关键字筛查简历对教师进行初选打分。比如,VIPKID 招聘教师的标准中有"学士学位""K12 美国学校教学经验""教学有趣、有启发性"等多个关键词,如果教师的简历中没有这些关键词,系统就会自动将其淘汰,并生成一封感谢信,告知对方哪里不符合标准。申请者即便被拒,依然体验很好。

第二步,VIPKID 在菲律宾设立了一个服务中心,可 24 小时在线预约面试,让前来应聘的教师感受到高质量的服务。在线上面试过程中,公司主要分享企业文化理念,并介绍接下来的申请流程以及各种要求,这也是吸引优秀教师的销售过程。进入第二阶段的面试后,公司会提供一套线上学习材料,供申请者自学。学成之后,应聘者才能获得一次真正的面试考核机会,时长为一个半小时。

第三步,众包式的人选人,让有经验的、用户反馈和评价特别好的老师来筛选候选人。申请者要先试讲半个小时,有经验的教师考官会及时直接地进行反馈、演示和测评。这个做法充分利用了资深教师在教育行业里的地位和影响力,一个经验丰富的资深老师会让新老师立马服气。

第四步,背景调查。通过和专业调查公司合作,对申请者的信用、学历、工作履历等进行复核,若与事实不符,则一票否决。

特别值得一提的是，VIPKID 借助移动互联网社交平台，按照不同的兴趣和专业，建立了不同的社群，如专门在 Facebook 以及 Instagram 上推广的社群、面试新老师的社群（面试官参与模拟面试）、提升现有课程质量的社群（参与教学研究）、辅导有意向当老师的人的社群（开办线上线下培训课程，协助应聘者提高成功率）、辅导现有老师提升教学能力的社群（每个月举办小型聚会，有时 1 个月可办 100 场各种主题的工作坊，在线下指定地点密集学习，由有经验的老师进行辅导），等等，形成了各种生态。这些社群内有志愿者，也有很多通过贡献换取额外收入的老师。

VIPKID 还在美国几大城市招募人才担任城市经理，负责运营各种老师的社群活动，推动老师自组织、自运营，共创共享经济，这些规则不仅提高了老师对 VIPKID 的黏性，还提升了他们的协作效率。对那些做出较大贡献的老师，VIPKID 会邀请他们参加线下教师大会，授予他们荣誉，对他们进行精神激励。

除了激励机制，VIPKID 还通过严格的淘汰机制保证教师队伍的优胜劣汰，如规定老师几天或几次失约就会永久下线，不守合作规则或缺课较多者，都会被淘汰出局。违规有复活的机制，但是违规太多会被永久下线。

- **后台之资本与金融业务环**

业务的快速发展伴随着大规模的融资。VIPKID 的投资机构有腾讯、经纬中国、创新工场、红杉资本、北极光创投、真格基金、云锋基金等。

- **后台之政府业务环**

VIPKID 是线上英语教育的头部企业，与主管部门保持经常性的沟通互动。

以上就是 VIPKID 业务系统中六个支持业务环及子业务环的简单介绍，尽管是高度概括的讲述，但也可以从中看出 VIPKID 在每一个业务环都开发了工具，部署了专业角色，制定了业务活动流程。这些业务环的高效运转，支撑着业务定位的落地生根，进而推动 VIPKID 在方向正确的前提下"跑得飞快"。

有一次，米雯娟率领团队赴美国参加 VIPKID 北美教师大会，在当地遇到了一位从 Uber 离职的司机，在聊天中，司机抱怨 Uber 漠视规则，给司机的奖励太低。受此启发，米雯娟意识到生意不仅要关注"业务"，更要关注"人"。于是，她希望进一步了解公司每个参与者最核心的利益点，让组织始终保持活力，驱动业务增长"不仅快，而且稳"。此时，VIPKID 走进了熊掌图生意芯片的第三层，开始进行交易系统的利益流设计。

如图 6-11 所示，在 VIPKID 组建的商业共生体中，每一个主体都有其利益诉求。现在我们进入第三层"交易系统"，看看 VIPKID 在各种主体与交易活动设计上的创新。

- **家长（消费决策者）的利益诉求**

家长最在意的是孩子在线上做什么、外教质量如何、孩子学得好不好。针对该诉求，VIPKID 增加了软性考核，每次课程后，教师都会对孩子的学习进行评估，并给出评估报告，反馈孩子的学习成果，同时提供录像回放片段。家长可通过这些方式对教学成果进行监测。

另外，学费也是家长考虑的核心问题，北上广深等一线城市线下外教费用约 600 元/小时，一般中产阶层家庭难以承受。为了解决家长的这一痛点，VIPKID 通过课程设计，把收费标准定为每节课 25 分钟，学费 140 元，这是绝大多数普通家庭都支付得起的标准。除此之外，VIPKID 还设计了"老带新"的转介绍机制，老用户推荐成功可以获得赠课。每个月新增的学生里，65% 由老用户推荐而来。

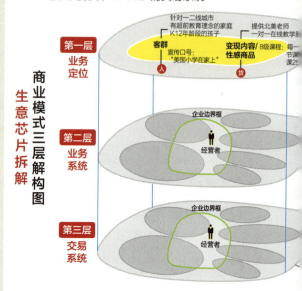

图 6-11　VIPKID 生意芯片第三层业务系统展开图

- **孩子（使用者）的利益诉求**

孩子最在意的是开心、有成就感，所以，VIPKID 在课程中特别添加了热身唱歌、互动游戏、动画视频等，让孩子沉浸式享受课程的游戏感和趣味性。课程还特别设计了进阶制度，孩子一进来，就会萌发闯关晋级争上游的念头，由此提高孩子对 VIPKID 的黏性。

- **教师团队（服务提供商）的利益诉求**

VIPKID 的 7 万多名北美外教是商业共生体的重要伙伴，他们关心的是收入和尊重。对此，米雯娟一直坚持"教师成功"的理念。平台把教师的满课率提高到 90%，对教师最大的吸引力在

第 6 章 生意蓝图：全盘联动设计生意的终极工具 | 249

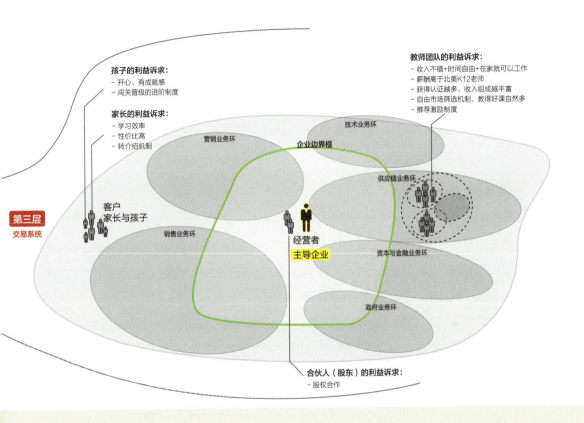

于"收入不错 + 时间自由 + 在家就可以工作"。VIPKID 支付给教师的薪酬可以高达 20 美元 / 小时，对比北美普遍三四千美元的月收入，一位优秀兼职教师在 VIPKID 赚到的薪水可谓非常丰厚。课程从 1 级到 8 级，教师若是想教不同级别的课程，需要通过晋级考试。获得认证越多，可以教的课就越多，学生"池子"就越大，收入组成就越丰富，教师的 LTV（Life Time Value，生命周期总价值）也会逐步增加。

除了物质回报，VIPKID 还建立了针对教师的 VOC 系统，教师可以发布任务卡寻求帮助，公司逐个为其服务、解决问题。

此外，VIPKID 还设计了"苹果分"机制，用户（家长和孩子）可以对北美外教的授课质量打分，对教师进行个性化评价，系统会把所有评价公开在教师的主页中。评价机制营造了相互比拼、重视自我管理与提升的氛围，当教师看到其他教师的分数比自己高，就会马上思考该如何提升自己，这使教师不再只接受被动管理，而是主动进行自我管理，关注自身的信用体系。

后来，平台还建立了学生网上选课抢课机制，只要一位教师的课评价好，放出的课立刻会被抢光。这个自由市场筛选机制，实现了平台、教师、学生的多赢。由此，好的教师更愿意留在平台上，开更多的课。

同时，VIPKID 也面向教师推出了推荐激励制度，每推荐成功 1 位可拿到 100 美元的介绍费，据说曾有推荐者三个月内介绍成功了几百位教师。YouTube 上，有 10 万多位才华横溢的北美教师发布视频，组成了"推荐官亚生态"。此外，有经验的教师通过协助 VIPKID 培训讲师、做课件、录制视频可以获得额外的收入。

- 主导企业内部利益诉求

公司初创时，米雯娟是大股东，同时负责战略、财务、产品。与此同时，她邀请了某外企高管担任股东合伙人，负责外教以及国际化运营。后来，她又请来互联网资深技术高管担任股东合伙人，进一步提升在线教学平台技术产品和体验。除了这三个主要股东之外，公司还引入了天使投资人，以及后来的多轮投资机构参与股权投资。

在米雯娟的带领下，团队实现了最初的梦想，用互联网方式把传统的线下英语培训行业重新做了一遍，打破了传统培训行业的规模局限，成功地开辟了新的赛道。

当我在 2022 年初再次采访米雯娟时，她表达了对未来的憧憬：VIPKID 有技术积累、有精准引流能力，正在设计新的商业模式，未来将转建新的生态。

6.5 用生意蓝图透视竞争者商业模式的异同

策划任何业务，首重知己知彼。

当我们观察同一条赛道的多个竞争者时，如果发现它们的业务定位是一样的，往往会误认为它们的生意也是一样的。事实上，在拥有不同商业头脑的经营者的设计和操作下，每个生意的全景图像多半不同。

如果我们用生意蓝图把每个竞争者的生意全景图像展示出来，并层层拆分，对每一层按照"片、块、件"的维度进行对比，就能看出它们在商业模式上的本质异同。

在以下案例中，我选取了两家做美妆业务的公司，进入它们各自生意的每一层，进行细致扫描、一一对比，在微观层面对二者的商业模式进行比较。

案例 6-4　新锐美妆品牌 Unny Club 和完美日记：相同的业务定位，大不同的工作流和利益流

近几年，市场上出现了许多新锐彩妆品牌，它们的业务定位普遍是针对 18~24 岁的年轻女性群体提供高性价比的眼影、唇膏、唇釉、眉笔等彩妆用品。

苏州 Unny Club 与广州完美日记是其中的佼佼者，我们以二者为例，用生意蓝图绘制出立体图来做对比分析，如图 6-12 所示。从中我们可以清楚地看到，两个品牌具有相同的业务定位，但各自的业务系统和交易系统设计却差异极大。

- Unny Club

首先看图 6-12 左侧的 Unny Club。在业务系统上，以销售业务环为例，Unny Club 采取的是私域流量转公域流量的打法，重视开发 B+C 链路。B 指的是淘系的分销店铺（小 B），如买手店、红人店、网红店等。这类店的店主可能做了十几年化妆品代购生意，有人格魅力，在圈子里有自己的粉丝群，长期运营几十个活跃微信群，形成了自己在微信群中的私域流量。

Unny Club 与这些"店铺私域"合作,把产品分销给店主,借助他们的微信私域先把产品卖出去,让消费者用上,有了好的体验后,消费者自然会进行口碑宣传,并介绍朋友到公域(淘宝或天猫)购买。老客户介绍的新朋友搜索产品信息,会推升品牌的搜索排名,甚至使其成为类目榜单的榜首,由此 Unny Club 就会得到更多的公域流量。再辅以购买淘宝直通车(当用户用品牌为产品设置的关键词进行搜索时,淘宝就会向用户推送产品内容,并按点击次数向品牌付费)流量加持,销量就会越来越高。

Unny Club 深刻理解彩妆销售的新逻辑[一]:必须先在线上卖爆,线下才能上架。以前美妆品牌要在线下的 CS[二]、药妆连锁、KA[三]等渠道上架产品靠的是关系与上架费,而现在好的线下渠道要求更严苛了,还需要品牌在线上有流量与声量。

对于如何"打红"一个产品,Unny Club 也有

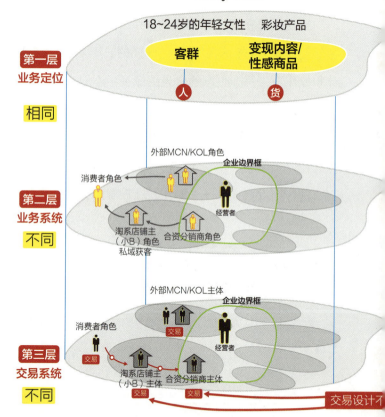

图6-12 Unny Club 和完美日记生意蓝图对比分析

[一] 部分信息来源:① 2020 年 7 月作者在苏州对 Unny Club 陶晓萌的访谈;②陶晓萌 2020 年在兔展直播分享的"跨境美妆小众品牌的分销养成之路"。
[二] CS 指的是 Cosmetic Shop,化妆品店渠道。
[三] KA 即 Key Account,指的是综合大卖场渠道。

一套自己的体系：遵循工业化"种草"与"拔草"的逻辑，在抖音、快手、小红书、B 站、微博等平台上将产品充分曝光，为此，公司内部有一套挖掘带货达人的奖励机制，瞄准那些将红未红的达人，批量邀请他们宣传自己的产品。

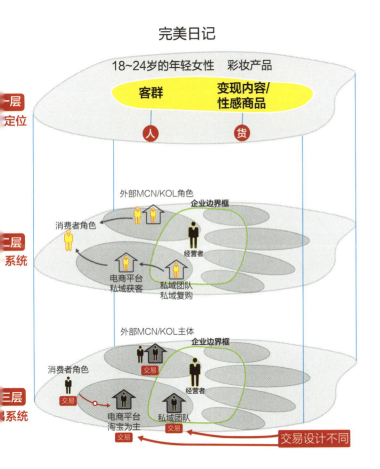

在交易系统上，由于大分销商的让利条件苛刻，且不断压低进价，Unny Club 的自身利润很难保障，因此，Unny Club 摒弃了与大分销商的合作，而是采用单品独代制，例如把眼影和腮红看作两个完全不同的市场，每一个市场找一家公司（分销合作伙伴）来分销。

Unny Club 选取的分销合作伙伴通常是出身于大分销商、由三四个人组成的小型个体公司，Unny Club 与他们合资，由 Unny Club 控股。Unny Club 会把一个专营品类的分销权交给一家分销公司，但是 Unny Club 不参与分配经营利润，而是将其全部让给销售合作方。Unny Club 建立了超过 100 个这样的合资个体公司，拥有超过 2000 人的销售团队。这些个体公司再将产品分销给各种小 B 店铺，而 Unny Club 的工作就是进行渠道管理，目标是组建国内最大的分销体系。

- 完美日记㊀

我们再来看图 6-12 右侧的完美日记。在业务系统上，以营销业务环为例，完美日记有自己的量化选品策略，强调选品精准。完美日记具备内容能力，绝大多数内容由公司内部团队制作，然后由它所控制的商务团队对接 15 000 名关键意见消费者（KOC）与关键意见领袖（KOL），发动他们进行淘宝直播，或在微博、公众号、小红书、抖音等内容平台进行"种草"。完美日记早期在社交媒体营销的投入占了总传播费用的近 20%。由于自身内容能力强，完美日记甚至还孵化了自己的 MCN 机构。另外 80% 的传播费用则投入在精准效果广告上，包括在巨量引擎、直通车、广点通、微博广告中心等几大公域站内购买效果广告。

再以销售业务环为例，完美日记只做 DTC，也就是直接对 C 端，中间没有任何经销商、分销商。他们引导的 KOC 内容传播，淘系达人直播带货以及在淘宝、天猫、抖音等投放效果广告的行为，让新用户对完美日记的产品产生了兴趣并直接在公域电商平台下单，实现初次销售转化。之后，完美日记又将新客户引入基于微信生态的私域流量池，通过"小玩子"（粉丝运营专员）高频次的微信社群维护，提高用户的复购率并延长其生命周期。所以，完美日记在销售业务环主要的业务活动，是在公域端获客、在私域端留存并提高复购率，采取的是公域转私域的打法。

在交易系统上，2017 年微博、淘宝等一级平台精准投放广告的价格已经非常高昂，于是，完美日记转投小红书这个二级平台，采取 KOL"种草"模式，重点与有 2 万 ~5 万粉丝量的 KOL 合作，当时这些 KOL 收费并不贵，仅为 2020 年时的五分之一到三分之一（2020 年，一篇图文帖子大约报价 1200 元，一篇短视频帖子大约报价 2200 元）。2017 年这种低成本的小红书 KOL 玩法，让完美日记抓住了当时的新流量红利。

2018~2019 年，抖音平台开展了扶持计划，出现了一波品牌扶持红利，一批二三线品牌借机获得了爆炸式流量，完美日记也享受到了低成本的流量红利，当时的合作价格也仅相当于

㊀ 部分信息来源：① 2020~2021 年作者对完美日记的访谈；② 微信公众号增长黑盒（Growthbox）发布的《通过数据挖掘，我们研究了完美日记的两大增长策略》《12 000 字全面解读完美日记：从组织架构到增长策略》。

2020 年的三分之一。

此外，完美日记还同步发力于微信私域端拉新，通过福利政策发动微信群中的粉丝用户推荐自己的闺蜜进群，并且利用贴吧、知乎、QQ 群等平台与广泛的人群交流，只要发现潜在消费者，就将其拉入完美日记微信群。

从 2019 年开始，KOL 引流模式成本日渐增长，KOL 为了增强自己的粉丝黏性，不断向完美日记争取更优惠的价格，完美日记的利润不断被压低。还有，优质 KOL 并不具备独家专属性，KOL 的带货销售成本也在不断提高。于是，完美日记开始寻找新的流量入口，开起了线下新零售店。截至 2021 年 4 月，完美日记已在 100 多个城市开了 200 多家直营店。

运用生意蓝图，我们可以清晰、可视化地展示 Unny Club 与完美日记这两个品牌的生意全景图像，对两个品牌的业务系统层、交易系统层进行对比，并且清晰地指出每一层中有哪些相同和不同之处——这正是可视化工具的强大之所在。

6.6 用生意蓝图掌控生意的全局设计与发展

设事聚人不能仅靠模糊的构思，而生意蓝图的特点就是能协助经营者把脑海中关于生意的模糊构思，清晰、可视化地呈现出来。有了生意蓝图这个结构模板与拼图逻辑，经营者就可以先把自己对生意的原始构想与竞争者现状清楚地描绘出来，对比彼此的模式，进而在生意芯片的每一层平面图上对自己的生意进行结构化的初始设计，之后再进入操作构建阶段，从而有效地掌控全局设计，推动发展。

同时，我要提醒读者，用生意蓝图这个立体、可视化的设计工具来协助设计商业模式时，要注意三层生意芯片之间在设计上是紧密联动、相互制约的，它们从上至下传导：第一层改变，会连带下面两层改变；第二层改变，会连带第三层改变；当然，第三层改变，也会反向连带改变第二层。

基于此，商业模式设计要掌握每一层间的联动关系。比如，在第三层，我们通常会为业务角色配置主体，但更常见的做法是，根据已找到的主体所拥有的资源能力丰富度与可靠度，我们再决定这个主体在第二层可以承担几种业务角色，所以，第二层的角色与第三层的主体之间始终存在着动态的相互影响关系。

由此可见，在现实商业世界中，经营者将脑海中初始的模糊商机逐步转变为成形的清晰商业模式的过程，并没有按部就班的公式化发展路径可遵循，经营者也不一定会完全按线性逻辑来做事。在生意芯片的设计过程中，极少有初始业务能顺着从上至下、从第一层到第二层再到第三层的理想构建逻辑来构建。

事实上，在新事业的初始阶段，往往有着多种多样的商业模式设计切入口与实际构建路径，构建的过程往往就像拼拼图一样，到底先拼什么、后拼什么，并没有先后顺序。我总结出了五种常见的路径，如图6-13所示。

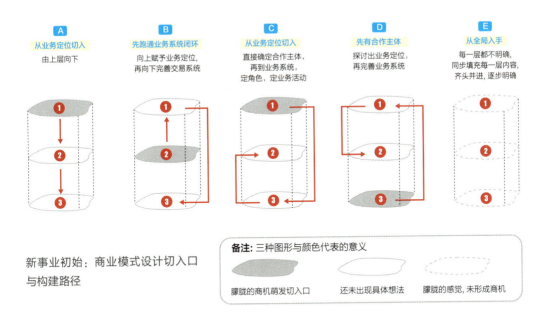

图 6-13　生意构建多种路径图

- A 路径：经营者从第一层切入，先明晰业务定位，再向下到第二层，之后再向下到第三层，先盘事，再盘人。
- B 路径：经营者发现隐约有商机，于是先把第二层业务系统的工作流跑通，并把"人"安置进去实现"事"的闭环。生意成了，再向上回到第一层，赋予生意业务定位，之后，再更换合作主体，把不太适配的人优化出去，邀请更好的人进来。
- C 路径：经营者有了第一层业务定位，直接进入第三层，找各种亲朋好友作为合作主体，再回到中间第二层业务系统，为每个合作主体定下具体的角色与业务活动，让大家跑通业务流程，最后再综合调整。
- D 路径：经营者先有了第三层的合作主体，与其共同商议出第一层的业务定位，再回到中间第二层，给每个主体分配角色与业务活动，并跑通业务系统，构建工作流的闭环，也就是先盘人，再盘事。

- E 路径：更普遍的方式是经营者对这三层都不明确，一开始就从全局入手，三层齐头并进探索，一手盘事，一手盘人，模模糊糊地填充每一层内容，逐步明确全局。

无论走的是哪一条路径，只要经营者能熟练使用生意蓝图这个具有全局一体化设计观的工具，并且理解生意芯片三层之间、9项经营结构要素之间始终存在着动态的相互影响与联动关系，那么，无论商机灵感来源于哪一层、构建的路径是哪一种，经营者都能遵循"设计—构建—验证"业务发展循环方法，先设计出初始的理想生意蓝图，接着进行操作构建，不断地在三层之间迅速跳转，填充内容，同步做着"明确商机，跑通事，聚合人"的全盘联动有机动作，如图6-14所示。

从"朦胧生意蓝图"逐渐走向"清晰生意蓝图"

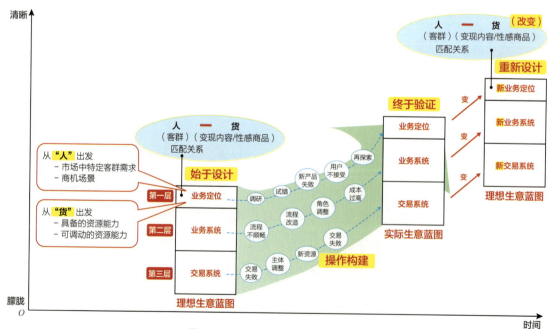

图6-14 生意蓝图由朦胧到清晰的演进图

操作构建一段时间之后，经营者要停下来进行验证，看看实际生意蓝图长什么样、生意能不能跑通。很多案例表明，初始的理想生意蓝图往往只是一种业务探索，操作构建出的实际生意蓝图很可能会将其推翻，或被重新升级设计。

从初始的、朦胧的生意蓝图到最终的、清晰的生意蓝图，通常要经历多次曲折反复的重设，如图6-15所示。

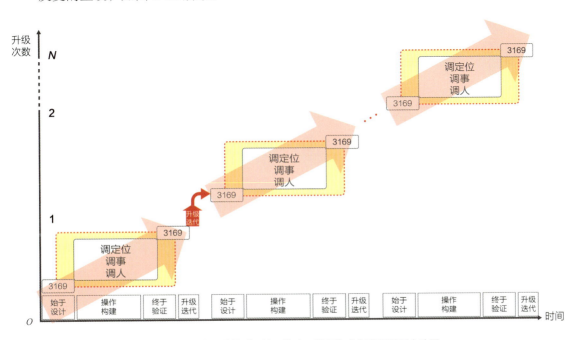

图 6-15　业务的多轮"设计—构建—验证"业务发展循环方法图

在本章结束之时，我还要强调一点，我们所说的商业模式全局一体化设计观，不仅包括关照三层全局、层层考量，更重要的是要掌握好层与层、要素与要素之间在设计与构建上的全盘联动关系。

本章精华回顾

本章详细地说明了生意蓝图的结构与组成要件，以及如何把要件的内容逐步填充进结构模板，最终呈现出一个清晰、可视化的生意蓝图。经营者如果能牢记生意密码"3169",以及娴熟地使用生意蓝图模板,以后不论遇到什么生意,就都能如庖丁解牛般对其进行层层拆解,在顷刻间描绘出一个生意的全景图像,解开生意成败的密码了。

此外,在生意的发展过程中,希望你能遵循"设计—构建—验证"业务发展循环方法,在生意的初始阶段,应用生意蓝图这个工具迅速描绘出构想中的商业模式,接着操作构建一段时间,再应用生意蓝图描绘出实际的商业模式,对比最初的设想,进行验证,并根据验证检讨结果,发起生意升级迭代。只有这样,你的生意才能不断跃升到更高的台阶。

第 7 章

盈利筹划：撬动盈利杠杆，直指经营利润

7.1 梳理企业盈利模式的"8 颗青苹果"

7.2 两方交易场景下的盈利工具

7.3 多方合作增值交易场景下的盈利工具

在第 6 章中，我们讲到 9 项经营结构要素是生意蓝图不可或缺的基本构件，包括业务定位、变现内容、业态、分工方式、角色、业务结构、主体量级、交易方式与交易结构、盈利与分配方式。对于前 8 项要素，我们在前面的内容中已经进行了阐述，而对盈利与分配方式则着墨较少。在本章中，我们将重点对盈利与分配方式进行讲解。

之所以将盈利与分配方式作为单独一章，是因为它对生意经营起着至关重要的作用——经营的最基本目的就是盈利。我们用商业模式三层解构图、熊掌图、生意蓝图等可视化工具对商业模式进行设计的最终目的，也是使企业获得利润的持续增长。

本章首先为经营者提供了一个"梳理企业盈利模式的框架"，它能通过一套完整的"算账逻辑"协助经营者思考如何提高企业的盈利率。然后，从微观交易场景的视角，去了解经营者在代表"企业"或"自己"的情况下，如何在与每一个合作方的具体交易上提高企业的盈利率。我们还提供了一组包括资源盈利、对象盈利、多点盈利、计量盈利、分配盈利、杠杆盈利、算账盈利等在内的盈利工具，使经营者无论处在两方交易场景中，还是在多方合作增值交易场景中，都能用其来提高企业的盈利率，从而实现企业的不断增长。

7.1 梳理企业盈利模式的"8颗青苹果"

为了达到经营的最基本目的——盈利，经营者需要一套能够<u>产出利润的指导逻辑与方法</u>，用来不断检视自身盈利状况、持续优化企业价值变现效率，从而交出靓丽的经营报表。

从企业经营的视角，我们提供了一个"梳理企业盈利模式的框架"，如图7-1所示。这个框架首先检视企业是否处于高额利润的经济活动领域与场景，再看投入与嫁接的外部资源可否高效变现，然后过渡至微观层面的"从哪些角色处收钱"（收

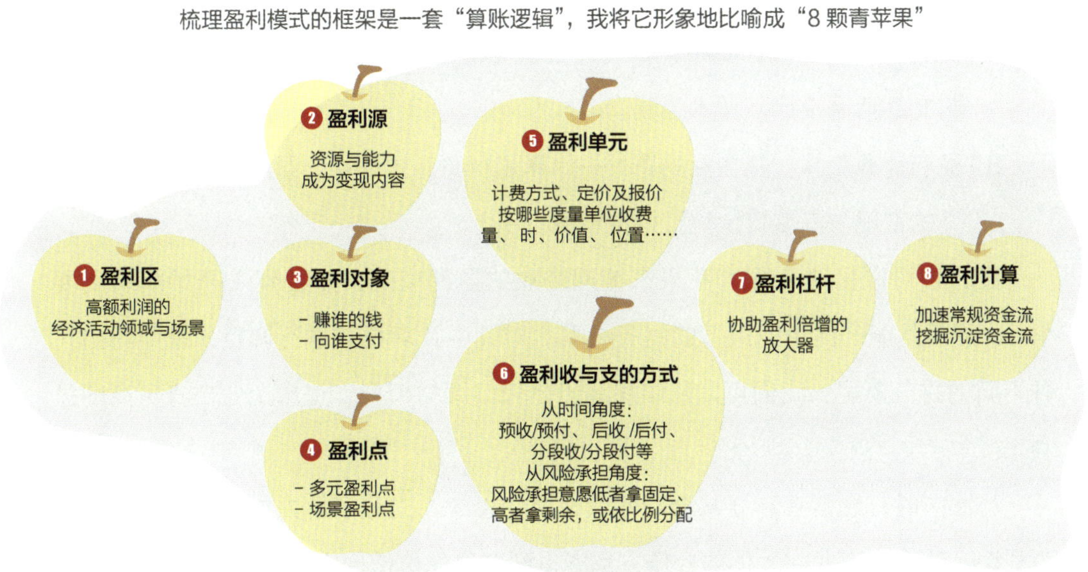

梳理盈利模式的框架是一套"算账逻辑"，我将它形象地比喻成"8颗青苹果"

❶ 盈利区
高额利润的
经济活动领域与场景

❷ 盈利源
资源与能力
成为变现内容

❸ 盈利对象
- 赚谁的钱
- 向谁支付

❹ 盈利点
- 多元盈利点
- 场景盈利点

❺ 盈利单元
计费方式、定价及报价
按哪些度量单位收费
量、时、价值、位置……

❻ 盈利收与支的方式
从时间角度：
预收/预付、后收/后付、
分段收/分段付等
从风险承担角度：
风险承担意愿低者拿固定、
高者拿剩余，或依比例分配

❼ 盈利杠杆
协助盈利倍增的
放大器

❽ 盈利计算
加速常规资金流
挖掘沉淀资金流

图 7-1　企业盈利模式梳理框架图

益来源）、"可以收几种钱""怎么收"等问题，最终考虑给谁分配（支出去向），由此形成一套完整的"算账逻辑"。

我把这个梳理企业盈利模式的框架（包括涵盖范畴）形象地比喻成"8颗青苹果"，这8颗青苹果就是协助经营者思考企业如何提高盈利率的8项要素。

1）盈利区：企业是否在高额利润的经济活动领域与场景下进行商业活动[一]，要去做更"值钱"的事情，少赚天花板很低的"小钱"。

2）盈利源：将资源与能力进行创新或创新组合，转化为新的变现内容。

3）盈利对象：收谁的钱，赚谁的钱；付钱（分配）给谁，又找谁来付钱。

4）盈利点：总收益来自哪些盈利点，盈利点单一还是多元。

5）盈利单元：计费度量单位、计费方式、定价及报价。

6）盈利收与支的方式：从收钱与付钱的时间角度（预收/预付、后收/后付、分段收/分段付等），从风险承担的角度（风险承担意愿低者拿固定，高者拿剩余；各方都承担风险时，则依承担风险较高者拿更高的比例）。

7）盈利杠杆：能撬动盈利率的发力点是什么，也就是投入哪些关键要素能撬动更高的盈利回报，其中包括资源投入（例如消费品的明星带货）、业务活动与交易活动设计、技术工具。

8）盈利计算：算一笔盈利的账——计算盈利源、盈利点、盈利单元和盈利杠杆下的常规与沉淀资金流，挖掘利润。

经营者可以用这8颗青苹果来梳理企业的盈利模式，从要素1开始梳理到要素8，最后就能产出企业经营的财务模型。对其中几项要素进行调整，就能得出几种不同的财务模型，我们可以从中挑选出比较健康的模型，追求企业自身更高的盈利率。

与此同时，经营者还要从全局考量，换位思考，充分了解内外部主要合作方的盈利率，让构成商业共生体的合作方都能得到应得的价值回报，如图7-2所示。

[一] 斯莱沃斯基，莫里森，安德尔曼. 发现利润区 [M]. 吴春雷，译. 北京：中信出版集团，2018.

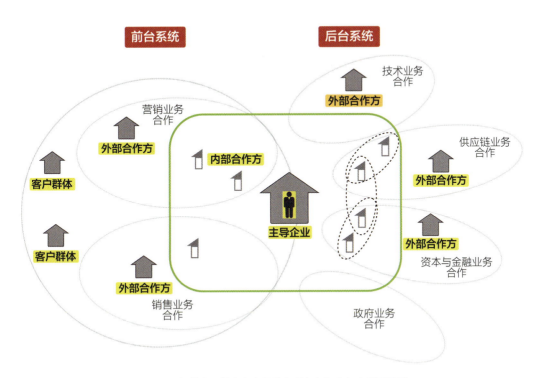

图 7-2 经营者要能全盘考量以实现自身与参与方共同盈利

高段位经营者的厉害之处正在于此：他们心思缜密，比别人想得多、想得深，不但能想明白自己怎么赚钱，还能想清楚怎么让别人也赚到钱，以此确保商业共生体中所有合作方的多赢，从而维持共生体的稳定性、活力与可持续性。

7.2 两方交易场景下的盈利工具

接下来，我们从微观交易场景的视角，了解在经营者代表"企业"或"自己"的情况下，如何在与每一个合作方的具体交易上提高自身的盈利率。

在这里，我们提供了一套能协助经营者在交易场景下提高自身盈利率的盈利工具，并且把这些盈利工具集合起来，构成了一个具有完整框架性的"盈利盘点表"。低段位经营者可以通过不断使用盈利盘点表，持续提升企业的盈利空间，同时使自己进化成为高段位经营者。

盈利盘点表就像是一个盈利考量点清单，经营者在交易场景中可以用每一个盈利工具来进行比对、思考，检视是否遗漏了某些可能帮助企业提升盈利率的维度。如表 7-1 所示，我们列出了盈利盘点表内的盈利考量点。

表 7-1 盈利盘点表

盈利工具	两方交易	多方合作增值交易	
资源盈利	- 新品类 - 品类形态（产品、系统、解决方案） - 内容重组变现	- 加出新价值	创新 → 超额利润
对象盈利	（使用者海底捞，位置好）客流贡献大（商场）- 少收费 （其他使用者）客流贡献小（商场）- 多收费	歌迷 流入 品牌 流入 歌手 流出 供应商 政府赞助 流入 主办方 流出 场地	流入−流出 = 利润
多点盈利	（迪士尼）- 多场景盈利 （惠普）- 售前、售中、售后	A 租客 B 商户 园区开发运营合作方 C 土地增值	A + B + C −成本 = 利润
计量盈利	- 理解对方 - 重选计费度量单位 - 改变计费方式与价格	消费者 品牌商家 商场	迅速成交、降低空置率 → 利润 包月租金、销售扣率
分配盈利	- 收钱的安排 - 预付、后付、分期付	- 业务合作：固定、剩余、分成 - 股权合作：业务类型 　人力股、资金股（控制权） - 业务合作+股权合作：综合考量分配	设置分配 → 利润
杠杆盈利	- 物流效率杠杆 - 财务与资本杠杆 - 人格魅力杠杆 - 科技工具杠杆	加盟商 品牌方 - 品牌商誉杠杆 - 特殊制度杠杆	发力点 → 利润
算账盈利	- 现金流理财管理 - 现金流支出管理	- 财务预算管理	成本管理 → 利润

盈利盘点表：聚焦于交易时，各方如何考虑在每种交易场景下的盈利策略

将盈利盘点表作为思考盈利的完整框架，并充分利用这些盈利工具，使经营者无论处于两方交易场景，还是多方合作增值交易场景，都能提高自身的盈利率，如图 7-3 所示。

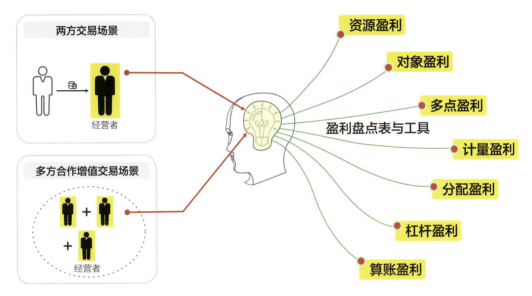

图 7-3　微观交易场景下提升盈利的多种考量点示意图

接下来，我们先讲解在两方交易场景（甲乙两方交易）下盈利工具的使用。

1. 资源盈利

资源盈利首先考量的是乙方将各种资源与能力进行组合，形成能提供给甲方的各种变现内容。变现内容可以是单一的标准产品，可以是通过捆绑资源形成的定制化系统（例如整套定制化的加工生产线系统），也可以是进一步捆绑形成的复杂定制化解决方案（例如企业外购的定制化代加工、定制化物流、定制化仓储、定制化配送构成的综合解决方案）。如果乙方具备独有的资源能力，<u>就能组合出具有差异</u>

化的、其他乙方提供不了的变现内容。乙方还可以通过"内容再重组"实现价值再造，获取溢价收益以及超额利润。

由资源与能力组合而成的变现内容，若仅以产品形态出现，就相当于乙方将资产一次性贩售给甲方，比如贩售汽车（资产转让）；而若以服务形态出现，则乙方可以向甲方提供汽车租赁服务合约（合约关系）。

2. 对象盈利

对象盈利的创新包括多种情况：

- 探索并找到新的收费及付费对象。
- 改变传统的"谁受益，就向谁收费""谁受益多，就向谁多收费"，以及收入理应来自"直接用户"这些受益方的惯例。
- 改变"谁贡献，就向谁付费"等常规的收支逻辑。

比如，商场把最好的位置租给海底捞这个受益方，本应收取更高的租金，但实际上反而收取的是低租金，因为海底捞为商场带来了大量客流，本身也是贡献者。

3. 多点盈利

顾名思义，多点盈利就是有多种收益来源。

从收费对象的视角看，我们希望经营者打破常规，创新思考，不只从客户端收费，还要从合作伙伴处挖掘出更多的盈利点（这还涉及对象盈利范畴）。例如，智能手机品牌除了向用户收取硬件费，还通过内置在手机里的应用商城向各 app 公司收取下载佣金及分成费。

从在单一用户身上挖掘盈利点的视角看，品牌若能赢得用户认可，建立起良好的客户关系，就可以扩充品类。例如，许多认可家电品牌戴森的用户，除了会买这一品牌的吹风机，还会买吸尘器。又如，迪士尼主题乐园对单一客户有门票、住宿、餐饮与衍生品等多个盈利点。

从产品的视角看，经营者除了可以在产品上收费，还可以收耗材费。

从项目全生命周期的视角看，经营者，如惠普可以思考在售前、售中、售后各阶段是否有盈利点。

4. 计量盈利

计量盈利是大多数人容易忽视的概念。优秀的经营者能够洞察每个合作方的付费诉求、付费意愿以及付费能力，并据此主动、弹性地重新选择计费度量单位，或者改变计费方式、调整定价逻辑，让客户感觉物有所值，从而愿意交易、愿意支付，也让自身从中获取更大的收益。

例如，聪明的搬家公司在接到教授客户的订单时，会根据教授书籍既多又重的特点采用以箱子数量计费的方式，这会让教授客户觉得很划算；而在处理小孩子比较多的家庭的订单时，搬家公司又会根据塑料玩具多、体积大但重量轻的特点，采用以重量计费的方式，让客户觉得划得来、值得用。

5. 分配盈利

分配盈利主要考量的是收钱与付钱的方式，"收钱"是指我们从别人处得到自己该有的分配，而"付钱"是指可以找哪些人一起来分担费用，以转移成本承担主体。此外，分配盈利还包括交易条件的设置，如支付的时间安排、支付方式（预付、后付、分段付、分期付）、支付的形态、币种与支付地点安排等。

6. 杠杆盈利

杠杆盈利是通过小的发力点，撬动更大的收益[一]。也就是说，以少量的投入，对那些能发挥利润杠杆作用的要素施力，从而得到超额的利润回报[二]。

常用的杠杆有以下几种。

- **财务与资本杠杆**：通过资本加持，能迅速扩大经济规模，跨过规模线，产生规模效益，获得更高的收益。

[一] 斯莱沃斯基.盈利的艺术[M].蒋丹芸，李倩，王丽川，等译.北京：电子工业出版社，2017.
[二] 伯恩斯.细节决定利润[M]苏鸿雁，译.北京：中信出版社，2012.

- **科技工具杠杆**：运用 LBS（基于位置的服务）信息技术，做到货物的精准配送，能提高"运能"，即在单位时间内用相同数量的运货车能运输更多的货物。
- **营销杠杆**：营销杠杆包括很多种，比如通过名人推荐、信用背书等人格魅力杠杆，获得更高的销售收益；又如，通过文案内容发挥"情绪杠杆"的作用，提高商品感知价值，再加上广告投放杠杆，提高商品价值溢价；再如，服装业顶尖买手通过"选款敏锐度"这种采购能力杠杆，提高选中爆品的概率，获得更大收益。

7. 算账盈利

算账盈利也很重要，比如对现金流支出做到谨慎管理，杜绝非必要支出，精打细算下"掐"出更多利润；或者对自身持有的现金流做理财管理，提高营业外理财收入。

7.3 多方合作增值交易场景下的盈利工具

在两方交易场景下,盈利工具发挥着巨大的作用,那么,在多方合作增值交易场景下,经营者又该如何使用盈利盘点表中的各项盈利工具呢?接下来,我们就对其进行说明。

1. 资源盈利

在资源盈利方面,每个合作方都拿出具有独特性的资源和能力,就会形成价值叠加,从而创造出新价值,企业由此就能获得溢价收益以及超额利润。比如,某知名潮服品牌创始人具备选款及抖音直播带货能力,也积累了品牌方信任资产,自从他与具备运营抖音账号及拍摄优质短视频能力的合作方联手后,双方价值叠加,企业收入及利润均大幅增长。

2. 对象盈利

在多方合作增值交易场景下,各个合作方通常能一起运营较大的项目,因此,在对象盈利方面可以进行创新。比如,在探索新的收费及付费对象上,可以进行更灵活的思考,不仅向直接受益方收费,也可以向直接受益方和第三方收费,还可以将原先仅向直接受益方收费转为仅向第三方收费。收费对象增加,收益就会增加,此时若能找到更多人来付费,就能产生更多利润。

比如,歌手与演唱会主办方合作增值共同举办演唱会,他们既可以向歌迷收取演唱会入场费,也可以向品牌露出的赞助方收取赞助费,还可以向在演唱会中贩卖衍生品的厂商收取通道费。同时,他们还应找更多人来分担成本或付费,如找政府赞助场地，找服装品牌赞助服饰，找想蹭演唱会主唱歌手热度的二线团体伴唱并向他们收费。高明的对象盈利创新，就是将原本要支付的伴唱费等成本转化为收益。

3. 多点盈利

多方合作增值交易场景中最有机会产生多个盈利点，比如，渠道型企业可以在已建设好的通路网点上引入更多的品牌（品类）；便利店 7-Eleven 引入代缴水电费等更多服务；产品型企业每与合作方联合开发出一条新产品线，都相当于增加了一个新的盈利点；平台型企业如滴滴，从最早的网约车与出租车撮合业务，到进入代驾领域，再到增加外卖业务，不断挖掘新的盈利点。近年来，美团、抖音等平台型企业都在不断地挖掘新盈利点。

4. 计量盈利

计量盈利是指在多方合作增值后，拆账时每一方所使用的基础计费度量单位和计量方式的调整都有可能提升各自的盈利率。

5. 分配盈利

分配盈利主要有三种设置：固定、剩余或分成。在多方合作增值交易场景下，通常承担风险高者会倾向于收取剩余，承担风险低者拿固定；或者谁贡献更大，谁收取剩余，通常项目的组局者是项目真正的经营者，关照全方位的经营与价值创造，而参与者只在自己的业务范围内创造局部价值，价值贡献差异下经营者多半拿剩余，而参与者拿固定；还有一类情况是，若每位参与者贡献的价值与承担的风险都高，就会考虑采取分成的方式。

6. 杠杆盈利

在多方参与的合作中，杠杆盈利指的是某一方通过小的发力点撬动整个项目的高收益。比如，在消费品品牌商与渠道商的合作中，品牌商极强的商誉就是一种杠杆，渠道商借助品牌商商誉水到渠成地推销产品，就是对商誉杠杆的利用。再如，特殊制度也是一种杠杆，是撬动收益的发力点，如一家知名工业设备品牌商在与代理商合作时，设置了严格的条件——对代理商未达标的罚责，以及若产品表现不如预期，客户便可以退款或一对一交换等，这些制度能吸引更多企业客户安心购买，产生长期合作。

7. 算账盈利

算账盈利在多方参与的合作中也很重要，每一个合作方都需要精打细算。比如要算好售前的投入，将所有人力与设备成本都考虑在内，并且要考虑是否在一定投入范围内免费，超出部分则进行额外计费；又如，在售后服务方面，需要言明具体的服务等级，以及超出部分如何进行额外计费。这样的细算才能"掐"出利润来。

本章精华回顾

在两方交易场景和多方合作增值交易场景下，你的盈利模式分别是怎样的？当你在使用盈利盘点表及各项盈利工具时，是否想到了<u>盈利的新突破点</u>？

经营生意的最基本目的就是盈利，而盈利盘点表就是一套能够帮你创造利润的指导逻辑与方法，也是撬动更多经营利润的工具列表。

高段位的经营者总能把各项盈利工具应用于与每一个合作方的具体交易上，从而不断提高企业的盈利率。

多业务生意的各业务之间,要能够共存、相依、互托,才会具有协同效应。

第 5 部分

多业务组合成的商业模式，赋予企业更多可能

第 8 章　多样化的生意形态：从单一业务生意到多业务组合生意

第 8 章
多样化的生意形态：从单一业务生意到多业务组合生意

8.1 单一业务是商业大厦的基石

8.2 一树多花的多业务组合生意

8.3 单一企业主导的生态型多业务生意

8.4 多企业合作的联盟生态

8.5 探索新业务，寻找未来生意

第 8 章 多样化的生意形态：从单一业务生意到多业务组合生意

前面几章我们重新认识了业务，也了解了如何寻找一个单一业务生意的业务定位，以及找到后如何组织关键资源和能力去实现业务定位。在本章中，我们将把目光聚焦到企业中那些由多项业务组合而成的各种生意形态上。

我们曾强调，为了清晰介绍本书中的核心方法，我们先将讨论的范围限定为针对由生意的最小单元——单一业务构成的生意。因此，本书前几章中介绍的商业模式三层解构图、熊掌图、生意蓝图都聚焦于单一业务来探讨怎么描绘和设计生意框架，怎么把生意做好。

但是，如果企业只从事一项业务，很容易因业务过于单一、缺乏其他协同业务的配合与烘托而陷入发展的瓶颈，最终单一业务难以壮大。因此，许多企业在发展过程中会构建多项业务，从而形成由单一企业主导的多业务组合，最终还有可能形成生态型多业务组合。

在接下来的几节中，我们会对企业中常见的三种生意形态分别进行探讨。

第一种，由单一业务构成的生意，也就是一个企业只做一件事。如太二酸菜鱼只做餐饮，甚至产品也比较单一。

第二种，由多项业务组合成的生意，也就是一项企业同时经营多项业务。比如，在拆解麦当劳的生意时，我们发现它是由两个业务组成的，第一个是美式快餐厅业务，第二个是房地产投资业务。麦当劳经常会在具有高扩充性与成长潜力的商圈投资买地开麦当劳快餐厅，除了通过经营快餐厅得到回报之外，还通过所购地块未来的价格增长得到土地增值回报。

第三种，生态型多业务生意，也就是一个企业同时经营着多项业务，并且这些业务彼此之间能共存、相依、互托。如万达广场，它通常在新城区建设商业综合体，把多种各自独立的业务放进同一个空间，比如在综合体里建商场，在商场旁边建写字楼，在写字楼旁边开五星级酒店，同时建造住宅与游乐场，这些业务彼此共存、相依、互托，形成了生态型多业务生意，且业务之间互相支撑，共同壮大。我们在7.3节中会重点阐述企业构建生态型多业务组合生意的轨迹和方式。

除了这三种生意形态，还有一种形态也值得关注，就是"联盟生态"。当多个企业共同合作时，就会构成联盟生态。联盟生态包括行业型联盟生态和社区型松散联盟生态。

不过，在面对复杂的多业务生意时，我仍然希望你能先将多业务生意拆分为一个个单一业务，然后再用本书中的框架和工具对每一个单一业务进行分析，这样才能起到抽丝剥茧的作用。

了解这些，是为我们面向未来寻找更性感的新生意做准备。未来，新生意可能更加丰富绚烂、充满想象力，那么，什么机制能把我们引领到新生意的彼岸？在本章的最后，我们将打开"自创设""并购""内部基础资源和能力向外转化"三扇门，为经营者提供开辟未来新生意的三种方向。

8.1 单一业务是商业大厦的基石

再复杂的商业帝国，也是由一个个单一业务组成的。

事实上，很多厉害的大生意，仅由一个单一业务构成。比如，在2C领域，保时捷专做汽车，TUMI专做商旅产品；在2B领域，INA专做轴承，Haworth专做办公家具，康宁最早专做玻璃……如果我们继续罗列下去，这个清单可以无限长。

在本节中，我们将简要探讨由单一业务构成的生意。先来看看优衣库这个专注于单一业务并不断扩大经营规模的例子。

案例 8-1 优衣库长尾经营的奥秘：另类聚焦[⊖]

在服装零售行业，紧跟时代流行趋势、款式多、价格低的"快时尚"模式一度异军突起，Zara和H&M这些国际快时尚品牌因此崛起，它们能迅速捕捉当季流行趋势，新品变换频率极高，多款少量，价格亲民。但在激烈的市场竞争中，不少品牌开始受困于产品滞销和库存积压，在财务和品牌形象方面承受着双重压力。

而优衣库较为成功地克服了行业的典型挑战。

优衣库是聚焦单一业务的典型企业，研、产、销高度自营，实现了垂直一体化。它拒绝了"快时尚"路线，不断调整产品结构与经营方式。产品组合重心从多款式配合潮流升级转向追求优质面料和高性价比，产品以基本款为主、联名设计款为辅，这些都有效延长了服装款式的生命周期。

由此可见，聚焦单一业务的企业只要能不断调整产品结构和经营方式，就能发展壮大。

⊖ 部分信息来自极致零售研究院推出的内田文雄、王晓峰等对优衣库商业模式的探讨。

由单一业务构成的生意，优势在于专注、聚焦和简洁。这种生意形态尤其适合初创企业，使企业更有机会快速发展壮大。

但是，从长远来看，无论是初创企业还是成熟企业，若要持续聚焦单一业务，必须善用发现思维，根据自身和外部环境的状况，不断调整和创新单一业务的经营方式。太二酸菜鱼案例就能说明这一点。

案例 8-2　太二酸菜鱼：产品极致和运营极简[⊖]

太二酸菜鱼是"网红"酸菜鱼品牌，这个品牌其实是一家传统餐饮集团的创新之作。

1995年，九毛九集团从海南的一家山西面馆起步。经过20年的经营，到2015年，这家传统餐饮集团在全国已经拥有99家店。在完成原始积累和规模化后，九毛九集团开始感受到餐饮"下半场"的压力，产生了迫切的转型需求。经过反复思考与验证，九毛九集团决定升级现有经营方式，推出全新品牌——太二酸菜鱼。

截至2022年12月31日，太二酸菜鱼的门店数量已经达到450家，主要集中于一二线城市。自推出以来，它每年的营收增长均超过120%，其母公司九毛九集团能于2020年在港股上市，离不开它的助力。业务单一到极致的太二酸菜鱼，是如何做出这番成绩的？

在产品方面，太二酸菜鱼面市时，酸菜鱼虽然已经流行，但通常不会成为单一的主菜，而且菜品定位偏向中低端。而太二酸菜鱼的产品策略却不同，第一，它遵循"奥卡姆剃刀原理"[⊖]，最大限度地聚焦酸菜鱼，核心产品只有标准口味的三种不同分量的酸菜鱼，加上配菜和饮料，合计仅有22~24个SKU。第二，它奉行类似巴奴火锅的极致"产品主义"，把资源集中投入到产品上，最大限度地保证食材质量、口感和出品的稳定度。

在体验方面，太二酸菜鱼的店面设计和服务走的是极简路线，定位为"纯吃饭"餐厅，不拼桌、不加位、不外卖，甚至规定4位以上客人不接待，只提供必要服务。顾客需要自己扫码点单、结账，茶水自助。这达到了充分突出核心产品的效果，创造了每天平均5次的翻台成绩，这

⊖ 邱燕.一条酸菜鱼，年赚12.7亿，这才是商业模式的秘密! [EB/OL]. （2020-09-26）. https://xueqiu.com/2684655177/160038938.

⊖ 奥卡姆剃刀原理讲的是"如无必要，勿增实体"，也就是说，用较少的东西同样可以做好事情。

一成绩甚至超越了海底捞。

在品牌营销方面，太二酸菜鱼针对年轻群体采用人格化策略，用漫画形式凸显"二"文化；通过门店导流，为品牌公众号沉淀了 500 万 ~600 万粉丝，并聘请年轻人进行内容策划和运营，为铁粉专门建立社群。

总体看来，太二酸菜鱼这个单一业务生意的创新经营方式有两方面很关键：一方面是产品极致，即保证食品好吃、食材质量过硬，加深消费者对产品的认知和记忆；另一方面是运营极简，有效提升运营效率、降低运营成本。此外，引入符合时代趋势的网红品牌调性策划和营销策略也是太二酸菜鱼经营方式的重要变革⊖。

⊖ 吾老湿. 餐饮品牌的突围：单店盈利模型的建立 [EB/OL].（2020-05-31）. https://www.shangyexinzhi.com/article/1928781.html. 作者认为，若要提高餐饮营业额，就要进行产品结构优化，重要的手段是打造爆品。爆品战略的核心是顾客端受众宽度，以及消费场景是否受限制。

8.2 一树多花的多业务组合生意

企业发展到一定阶段与规模，往往会寻找第二增长曲线，也就是从单一业务走向多业务，从而形成由单一企业主导的多业务组合生意。在一树多花的生意形态下，企业通常会面临两个议题。

- 议题一："企业的整体统领性定位"与"每个业务的个别定位"，如何实现上下呼应的一体化协同？
- 议题二：在多业务组合下，该如何规划业务分类，并针对不同业务类别进行区别管理？

接下来，我们对这两个议题分别进行探讨。

议题一："企业的整体统领性定位"与"每个业务的个别定位"，如何实现上下呼应的一体化协同？

当我们探究"这个企业从哪里来"时，会发现大多数经营者在创业早期除了会提出使命、愿景、价值观，还会提出一个朦胧的企业定位，而这个早期的企业定位，往往与企业发家的第一个业务的业务定位十分相近。

然而，在探讨"这个企业要到哪儿去"时，我们观察到，大多数企业的整体统领性定位是随着越来越多新业务的加入而不断动态调整与修正的。

案例 8-3　快手的三次企业定位调整

早在 2013 年，快手[上标圆圈]刚刚转型为短视频社交平台时，只有单一业务，就是让用户通过 app 制作并分享短视频，快手通过广告收入获益。当时，快手用"记录世界，记录你"来高度总结自己是做什么的，创造什么价值。这个广告语既说明了企业定位（企业是做什么的），也说明了当时的单一业务定位（这个单一业务是做什么的）。

随着企业的发展，快手增加了直播业务板块，而且规模迅速扩大。快手对企业定位也相应地进行了调整，广告语随之变成了"在快手，看见每一种生活"。一个清晰的企业定位囊括了短视频及直播这两个业务。

之后，快手又"长"出了电商业务，将内容电商化，由此发展成为内容平台及电商平台双平台。此时，快手有了短视频、直播与电商等多业务，企业定位也相应地转换为"拥抱每一种生活"，高度统领所有业务，清楚地说出企业的价值主张。

当然，也有许多企业始终坚持初创时的企业定位，不论后续开辟了多少新业务，其企业定位始终不变，而且每个新增业务都在持续巩固与增强其原有的企业定位。例如，有书在 2014 年成立时确定的企业定位是"终身教育服务者"，希望协助有学习意愿和动力的人进化，一路走来，这家企业的定位始终未变。虽然有书每一到三年就会增加一个新业务，逐渐从单一业务衍生成为多业务组合，但这些新业务都能支持这个整体统领性的企业定位。

案例 8-4　有书的多业务组合生意

有书的创始人雷文涛说，有书一开始就有一个明确的初心和方向，所以不会来来回回地换赛道。在每个发展阶段，有书都能抓住当下的性感业务，业务的逐渐扩充使它成为多业务组合的企业。

○ 快手的前身是"GIF 快手"，是一款用来制作和分享 GIF 图片的工具。2013 年 7 月，"GIF 快手"从工具转型为短视频社交应用，后于 2014 年 11 月正式改名为"快手"。

- 2015 年推出的第一个业务,是"有书共读",用技术手段运营社群;
- 2016 年推出的第二个业务,是轻交付的知识付费产品;
- 2019 年推出的第三个业务,是知识服务(录播成长主题内容 + 作业 + 答疑)。

接下来,我们对有书的生意进行详细分析。

2014 年初到 2015 年底是有书的探索期,在这一时期,有书瞄准朦胧的商机方向,不断寻找业务定位。当时,有书团队发现中国人的阅读量太少——以色列人每年人均读 60 多本书,美国人每年人均读 20 多本书,法国人每年人均读 30 多本书,而中国人每年人均读 4.5 本书。他们朦胧地感觉到,推动大家多读书,或许是个很大的商机。不过,具体以什么方式推动,他们当时并不清楚,也没有资源。

基于这个判断,创始团队开启了探索之路,开始做与阅读相关的事情。最早,他们在北京发起读书会联盟,把各个大学读书会的社团负责人拉到一起,帮大家组织学校的读书活动。

在做这件事的过程中,他们对用户的理解逐步加深,对业务方向也有了感觉,但直到此时,这个业务方向仍只是一种直觉——感觉应该做一款能让用户保持持续自主学习与不断向上状态的产品。

追随着这种感觉,有书团队首先做的是基于地理位置共享图书的 app,通过这个 app,用户可以互相分享、借阅图书。他们还在一些城市做了基于社交的产品,通过用户共同喜欢的书进行好友关系的匹配,让用户以书会友。除此之外,到线下社区推动社区阅读,也是他们曾经尝试过的业务。不过,到 2015 年底,线下这条路也没有走通,于是他们又转到线上,尝试建立各种读书社群,用"100 天读 33 本书""读 5 本书提升你的情商"这样的主题来吸引用户加入。尽管他们做了很多尝试,但几乎所有的业务都不温不火。整个团队当时只剩下"一口气",差点就干不下去了。

2015 年底,有书迎来了突破期,终于有了第一个走通的业务——"有书共读"。这个业务是用技术手段运营社群,他们把力量聚焦于活跃的社群,尝试把这些群做得更极致、规模更大。在这些社群里,他们以"一周读一本书,读完 52 本书,就能成为更好的自己"等为主题,鼓励更多人加入读书的行列,同时,把读书拆解为早上读书和晚上读书,并且使读书场景化,经常发起一些话题让群友共同讨论,要求群友每周写一篇读书笔记。这些举措达到了很好的效果,越来越多的人受到鼓舞,加入社群。

接着，有书又推出了一句广告语："你有多久没有读完一本书了？"这句广告语很抓人眼球，因此用户开始快速增长。于是，有书团队的所有人都开始专注于社群运营，他们每天运营的社群数量高达 1 万个。他们迅速提升技术能力，通过自动化手段将社群活动产品化，使其可复制、可规模化，同时使用户有更高的价值获得感。

业务跑通之后，2016 年 6 月，有书推出了第二个业务，轻交付的知识付费产品。这个业务最早聚焦于英语和国学共读。说它"轻"，是因为用户买了也不用服务。有书和另一家知识服务公司得到在同一个月推出付费产品，正好抓住了知识付费的红利期。

然而，到了 2019 年，市场变了，有书随之又推出了新业务——知识服务，产品的形态是"录播成长主题内容 + 作业 + 答疑"，也就是线上训练营。有书把价格提高，把服务做深，旨在真正解决用户的问题。

比如，有书有一个价格为 4000 元的产品，是以 30~50 人的小班教学方式，让学员在 60~90 天的时间内，在线共同学习如何做短视频博主、如何涨粉、如何运营自己的账号。学员每周进行 4~5 天的学习，每天在线学习时长为 40 分钟的短视频录播内容，学习后要做 15~30 分钟的作业。完成后提交至社群，有专门的助教采用交互方式对学员进行辅导，为其答疑解惑。每半个月左右有书会组织一次讲师直播答疑，针对近期所学的内容为学员集中答疑。

对有书这个单一企业主导的多业务组合生意进行拆解后，我们会看到它每个业务的收入结构：以线上为主的"成长服务业务"占总收入的 70%，而这个业务又分为两种业务，其中，"深度主题成长服务"占 90%，"轻内容服务"（有规划地完善会员知识体系的内容）占 10%。除成长服务业务外，新媒体广告业务占比超过 10%，电商服务业务占比大概 10%。之前的知识付费产品变成了一个基础服务产品。

有书在七年间围绕"学习成长"形成了三个业务，下个阶段有书会增加什么业务呢？现在，他们正在探索升级，希望新业务能创造更多用户终身价值（LTV）。

不论我们探讨的是一个企业不断增加新业务板块并动态调整其企业定位，还是企业定位始终不变但企业总有新业务增加，有一点是确定的，那就是大多数企业在其发展道路上会自然而然地向构建多业务进发，从而形成单一企业主导的多业务组合生意。

议题二：在多业务组合下，该如何规划业务分类，并针对不同业务类别进行区别管理？

关于多业务组合生意，我们发现，最重要也最难回答的有三个问题。

- **第一个问题：怎么规划业务布局，业务又如何分类？**

这个问题要回答哪些业务要按现有方式继续经营，哪些未来业务要投资孵化，哪些主营业务要转型，哪些业务要放弃，由此将业务分为几种属性。无论是快手还是有书，在发展成多业务组合生意后，都会面临业务布局的规划问题。

最需要规划业务布局的典型行业是科技业，在科技型企业中，主营业务的生命周期往往非常短，今年还能贡献高利润的性感业务，明年很可能就会成为拖后腿的夕阳业务，因此，企业必须频繁地对各种业务布局进行规划。一旦布局不慎（如对未来技术路线的判断与押宝错误），今天的行业巨头就可能在转瞬之间从云端跌入谷底，不得不经历长期的阵痛，甚至很难恢复过来。

以昔日的彩电霸主长虹为例，2005 年长虹提出要在等离子屏方面加强布局，彼时国内等离子屏和液晶屏的市场占有率为 3∶7，大部分厂商都已站队液晶屏，等离子屏明显式微，但长虹仍向这个方向押宝，最终摔了大跤。再比如英特尔，2005 年乔布斯邀请其为最初的 iPhone 开发手机 CPU，但英特尔拒绝了，把机会拱手让给了 ARM。英特尔由此错失了进入移动互联网业务的入场券，ARM 则在此后拿下了 95% 以上的市场份额。

- **第二个问题：怎么管理多业务组合？**

这个问题要回答针对主要（主营）业务、投资孵化的未来业务、转型业务与放弃业务，如何做好区隔管理。

- **第三个问题：每个业务怎么做？**

这个问题要回答如何设计每个业务的业务模式（经营方式）。一旦业务模式选错，很可能导致企业的盈利水平下降，甚至使企业进入亏损的旋涡，因此，业务模式不仅要选对，而且要不断进行调整或迭代。对于这个问题，我们在第 4 章、第 5 章、第 6 章中已经进行了详细的解答。

在这里，我们重点要回答的是第一个问题与第二个问题。杰弗里·摩尔（Geoffrey A. Moore）在其于 2015 年出版的《梯次增长》（*Zone to Win*）中提出了对不同属性的业务进行差异化分类与管理的方法，他先把一个企业在经营中的多个业务分别划入三种"界"（Horizon）内，每一种界内的业务发展规律都不同，如表 8-1 所示。经营者需要思考在这三种界内如何最好地配置资源。

表 8-1 三种界内业务各自的发展规律

三种界	每一种界内的业务发展规律
界 1	在即将到来的财务年度，在企业的经营计划中，这些业务属于贡献利润的业务，而且确定性大
界 2	在接下来的 2~3 年里，这些业务会经历显著的以负现金流换增长，一旦完成业务规模效应的积累，就会开始为企业贡献利润，而且可实现的确定性大
界 3	在接下来的 3~5 年里，企业持续以储备金投资于这些未来业务的研究与发展，但可实现的不确定性大

接下来，他把三种"界"又拆分为四种"域"（Zone），如图 8-1 所示。

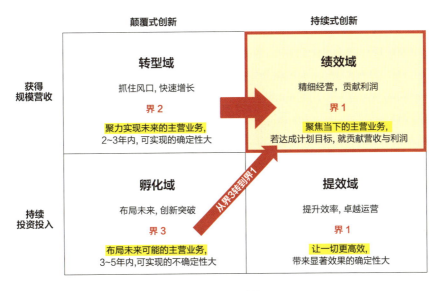

图 8-1 四域的分域管理图

每种"域"都具有不同的业务属性，需要进行"分域管理"（Zone to Win，ZTW）㊀，给不同"域"匹配不同的管理机制、衡量指标和分配政策，同时对应着建设或快速引入核心资源与能力。

这四种"域"应该如何理解呢？接下来，我们分别说明。

1. 绩效域

对一个企业来说，位于图 8-1 右上角"绩效域"的业务，是企业当下的主营业务，只要企业对此类业务不断进行模式调整，做持续性创新，并且能达成计划目标，它们就能源源不断地为企业贡献利润。

2. 转型域

位于图 8-1 左上角"转型域"的业务，会让企业看到颠覆式创新以及具有可实现的确定性高成长潜力的机会，这种机会不是进入新业务领域，而是通过迭代现有业务的经营方式，转型而不转行，让现有业务迅速嫁接新时代的科技与思维，成为未来的主营业务，支撑企业未来的利润贡献。这能使企业尽快度过亏损增长阶段，尽快完成业务规模效应的积累。

管理"转型域"的最大特点，就是不能要求此域中的业务当下就贡献比较高的利润。这类业务需要企业在 2~3 年的转型培育中通过高费用投入沉淀核心资源与能力，为创造更高的毛利打下坚实的基础。企业在运营这类业务时，可能会因为费用超过毛利水平而出现阶段性亏损，但只要企业能耐心熬过这段阵痛期，就能等到它们实现盈亏平衡，取得收入的高速甚至超高速增长。

比如，在智能化大潮中，联想制定了 3S 战略㊁，希望成为各行业智能化变革的赋能者。因为 3S 战略，联想重组了组织架构，整合了与这三个"S"相关的各类产品、技术和人才资源，形成三大业务集团，即智能硬件业务集团（IDG）、基础设施业务集团（ISG）和方案服务业务集团（SSG）。其中，最为引人注目的是全新的组

㊀ 摩尔. 梯次增长：颠覆性创新时代的商业作战手册 [M]. 唐兴通，郑常青，译. 北京：机械工业出版社，2020.
㊁ 3S 战略指的是智能物联网（Smart IoT）、智能基础设施（Smart Infrastructure）和行业智能（Smart Verticals）。

织SSG，联想把其业务列为"转型域"高增长业务，由其推动整个公司向着"服务导向"转型，为各行各业提供智能技术和智能解决方案。

3．孵化域

位于图8-1左下角"孵化域"的业务，是企业决定投资孵化的新业务，也被视为具有颠覆式创新的价值地带。比如，腾讯孵化出了微信，字节跳动孵化出了抖音。企业会勇于在这里布局，也理解"成长的不确定性高"，明白需要持续投资3~5年。对于这类业务，企业采用的是里程碑管理，而不是预算制管理。企业通常让这类业务独立成长，不受主营业务板块现有制度的干预。然而，一旦发现它的方向及发展不如所愿，就会快速断臂，不会因为恋战或迟迟无法决断而导致不断失血。

4．提效域

位于图8-1右下角"提效域"的业务，是企业的基础建设业务，如品牌、营销、供应链、IT系统等，它们是保证企业高效运营的基石。许多企业因为内生出的提效域业务非常高效，干脆将其分拆出去，令其独立面向市场，这些业务最终会成为能为企业带来高利润贡献的主营业务，阿里云、京东物流以及正在飞速发展的飞书都是典型的例子，它们原本都是内部部门，后来实现了外部市场化。

在一家企业里，经营者需要兼顾这四种域，并针对各个域内的不同业务发展规律采取截然不同的管理风格。多业务组合生意之所以很难经营，主要是因为很难兼顾具有不同属性的各种业务，要在KPI考核、预算分配、人员招募、组织设计方面同时做到区隔化管理。

我们常常会看到一家同时经营着多业务的企业出现大问题，究其原因，要么是用管理绩效域主营业务的方式管理转型域业务，要么是用要求绩效域主营业务的标准要求孵化域中的不确定性业务，导致迟迟无法实现创新。现在，很多企业常用的做法是，针对作为第二增长曲线的、2~3年内能见效的转型域业务和3~5年内能见效的孵化域业务分别成立新的独立事业部（SBU），并让它们自主经营。

8.3 单一企业主导的生态型多业务生意

我们之前探讨过，只经营单一业务的企业容易因缺乏其他协同业务的配合与烘托而陷入发展瓶颈，构建多业务才是主流。其实，大多数企业发展到一定阶段都会主动寻求能够协同互补的新业务，并使各个业务独立发展又相依、互托，从而形成企业的多业务生态，如图 8-2 所示。

单一企业集团内，由集团作为内部生态主宰者，自组建生态型生意，推动业务与业务间的协同

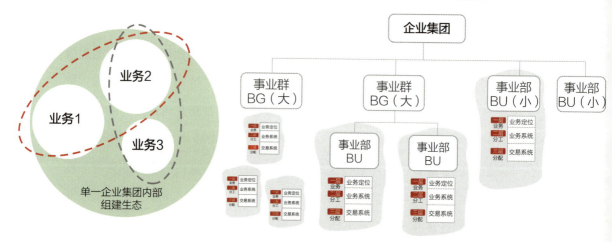

图 8-2　单一企业自组建的多业务生态图

接下来，我们要继续探讨具有生态协同效应的各种业务组合方式。

较为常见的一种业务组合是<u>工具型业务和场景型业务搭配</u>。如阿里巴巴旗下的支付宝是工具型的支付业务，后来阿里巴巴收购了饿了么这个场景型的本地生活业务，并使工具

业务与场景业务搭配，从而形成了良好的生态协同。

除此之外，还有所谓的"红花配绿叶"业务组合，即<u>盈利型业务和流量型业务搭配</u>。比如，今日头条和抖音的内容业务对用户免费，它们负责贡献流量、吸引用户，为真正带来利润的广告业务奠定基础。

还有一个典型的案例是中骏集团旗下长租公寓品牌"方隅公寓"的运营。中骏集团设立了基金管理、资产开发、租赁运营三个业务板块，其中，租赁运营（长租公寓业务）是微利的流量型业务，而基金管理（金融业务）是真正的盈利型业务。

案例 8-5　中骏打造具有生态协同效应的多业务组合

中骏集团的主营业务是地产开发，2017 年，它进军长租公寓业务，创立了长租公寓品牌"方隅公寓"。

当时，行业中的大多数公寓运营商仅聚焦在"经营长租公寓"这个单一业务上，主要经营方式是直营，也就是承租物业，投入资金装修改造，再招租房客，自己做二房东运营长期服务。当然，也有一些公寓运营商采取的经营方式是托管其他物业公司的长租公寓。不论是直营还是托管，公寓运营商的利润都来源于租金差（租金减去成本）。如果算一笔生意账，公寓运营商多半不是亏损就是微利。

"FUNLIVE 方隅"这个品牌进入市场后，也面临同样的挑战，经过多次模式迭代，中骏集团最终决定在原有的"公寓运营"这个单一业务之外，引入金融业务。中骏集团建立了"方隅资本"（基金），以基金管理的形式引进其他实力雄厚的资金方（LP）与其共同投资收购优质的公寓项目，并交由方隅运营。

此外，中骏集团还同时成立了"方隅资产"（开发）业务板块，经营优质公寓开发业务，专门开发具备高升值回报率的房地产项目（含优质公寓项目），并在未来以基金购入优质公寓项目，以此辅助基金管理业务的开展。

最终，中骏集团建立了由基金管理、资产开发、租赁运营三个业务板块所组成的生态型多业务生意。至此，中骏集团的生态型多业务生意全景如图 8-3 所示。

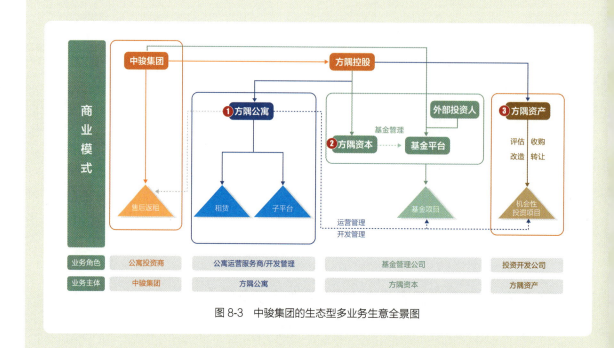

图 8-3 中骏集团的生态型多业务生意全景图

单一企业主导的生态型多业务生意可以分为多种类型：天然型生态、逐步延伸型生态、平台型生态、价值链型生态、多业务同时布局型生态。接下来，我们一一进行阐释。

1. 天然型生态

有些企业从创立之初就天然具备生态型多业务属性，并且必须是生态型多业务生意。比如，迪士尼乐园是由游乐设施业务、酒店业务、餐饮业务、零售与 IP 衍生品业务共同组成的庞大的游乐空间，这注定了它一定是生态型多业务生意；再比如，阿里健康想要做药品网售业务，就必须搭配线上问诊业务、医药流通业务和销售业务等形成生态，这样才符合申请的资质要求。

这些企业构建了多个各自独立却彼此互补的业务，最终形成了多业务间共存、相依、互托的生态协同效应。如万达广场城市综合体内有商场、写字楼、酒店等业务，所有业务各自独立运营，每个业务背后的商业共生体也很少有微观上的交集，但它们共同构成了生态型多业务体系。

不过，每一个业务首先都要在其赛道内与现存的垂直竞争者厮杀，这是业务存活的根本。

2. 逐步延伸型生态

有的企业一开始经营单一业务，后来逐渐向多业务延伸，最终发展出生态型多业务体系。比如，阿里巴巴一开始只经营淘宝（C2C 电商业务），后来逐步培育出了阿里妈妈（广告业务）、蚂蚁金服（金融业务）、阿里云（云服务业务）、羚羊（数据业务）。阿里巴巴同时经营着这几个业务属性不同的大型业务，通过这些业务的生态化协同，构筑更高的协同壁垒，之后再通过收购饿了么（本地生活业务）做进一步补充，提升生态的协同效率。这些类型不同却互补的业务组成的生态系统，甚至超越了由上下游企业组成的价值链型生态系统。

我们再来分析本地生活服务领域的美团是如何开展多业务生意的。

案例 8-6　美团生态的打造：从生活服务"长"出多业务协同

如果你问美团到底是一家做什么生意的公司，王兴可能会给出这样的回答："美团只做一件事，做出售服务的电子商务平台。"⊖

如今，美团已经成为一个业务多元化的综合生活服务平台，但它最初的起点是单一业务——团购。

美团成立于 2010 年，早期是做团购网站的，借鉴了团购鼻祖 Groupon 的模式：每次促销活动上架单个或几个"超低价 + 标准化"商品，形成高流量抢购的大促效应，再以流量作为谈判筹码，向新商家索要超低供货价及平台服务费，超低价又反过来促进流量的聚集，如此循环。

在后续的发展中，美团确定了"让中国人吃得更好、活得更好"的使命，并围绕这一使命进行布局，一步步拓宽业务边界，不断增加业务板块，向生活服务一站式电商平台努力，打造生活服务的生态集团。

⊖ 部分信息来源：①访谈；②袁国宝. 美团没有边界，王兴不知恐惧[EB/OL]. (2021-04-26). https://business.sohu.com/a/463014073_101032.

2013年，美团上线外卖（到家）业务。2015年，收购大众点评（到店）业务，然后又收购了电影、酒店、旅游、买菜、打车等多项业务，由此便形成了集团内部的业务联盟。2019年，美团进一步把生意升级为"工具+分发"平台，希望通过单车、出行、充电等共享经济以及原有的服务内容分发业务，实现更好的生态协同。

与此同时，美团竞争者阿里巴巴也在暗中发力。阿里巴巴以"让天下没有难做的生意"为使命，做出了国内最大的流量电商平台。2018年底，阿里巴巴合并饿了么和口碑网两大业务，成立本地生活服务公司。在淘宝、天猫、高德以及支付宝等多种内部生态业务的赋能之下，阿里巴巴开始在O2O生活服务领域与美团展开正面竞争。这种竞争已不是某个单一赛道的竞争，而是演化为一个协同生态与另一个协同生态的竞争。

再回过头来看美团。近十年来，通过组建与并购，美团在集团内形成了20多项业务，它们被归类为几大板块——到店事业群（餐饮、酒店、民宿、门票）、到家事业群（外卖、配送、闪购）、平台、买菜、优选、快驴（餐饮供应链）、金融服务、交通（网约车）等。

分析美团打造的生态型多业务生意所形成的生态协同效应，我们会发现，它包括以下几部分。

从客户的角度看，他们享受到的协同效应是可以在美团获得一站式生活服务，方便快捷。

从每个独立业务的角度看，它们可以共享沉淀的客户资源。美团认为，那些想要下馆子、点外卖、看电影、旅游、租车、用共享单车的人，基本上是同一个群体。所以，通过高频的外卖与及时配送服务，加上高频的共享工具，可以做到"高频带低频"，让高低频消费协同、本地与异地协同，从而带动酒店、旅游等业务的增长。

从商户的角度看，从店铺选址到业务建立、材料采购，再到支付都可以在一个生态系统中完成，美团一站式支持商户生意的完整闭环，这也是一种高效的协同。

3. 平台型生态

平台型生态指的是面向某个目标群体，企业占据某个位置，打通并经营一个有利可图的双边市场。这个位置通常处于分散需求和分散供给的交会处[一]，能产生一个交易平台（Marketplace-trading Platform）。主导运营此类平台的核心企业

[一] 侯宏. 平台思维与生态思维的联系与分野 [EB/OL].（2020-09-05）. https://mp.weixin.qq.com/s/m3XYhmAVnPtGBJD6QSwzaA.

（Keystone Corporate）组建了市场联结型商业生态，把顾客（买家）、企业（卖家）和其他各类组织联结在一起，如最早的 Uber、Airbnb 和 Booking.com。但双边市场的背后，是由交易、广告、支付等几个单一业务共同组成的平台型生态。

4. 价值链型生态

在价值链型生态中，主导企业往往通过构建分布于价值链上下游的业务，让价值链上所有业务彼此互补。例如，小米集团从价值链上游的产品业务（做货）出发，逐渐延伸到下游的电商业务（做场），最终既做"货"又做"场"。

早期，小米聚焦于发展手机、电视、机顶盒这类 3C 产品业务，后来发展到做电商业务，打造了"小米有品"精选电商平台。电商平台除了销售小米品牌、米家品牌及生态链品牌产品外，还销售拥有设计、制造、销售、物流、售后等完整链条能力的第三方品牌产品。小米将其在价值链上游积累多年的商品开发能力，赋能于生态内孵化的企业，鼓励这些企业开发爆品。[⊖]

5. 多业务同时布局型生态

我们以 B 站为例，来理解多业务同时布局型生态。B 站这个新兴的内容平台，从创立伊始，就同时建立及运营着三个群体——有创意的 UGC（用户生成内容）UP 主、优质 PGC（专业生产内容）来源方、忠诚的用户（粉丝），后来延伸到第四个群体——广告商，形成了以内容吸引用户、以用户吸引广告商的"内容—使用者—广告"三边模式（如果把 UGC 与 PGC 都归为内容，就是三边；如果将其分开，就是四边），由此打造出了一个内容平台生态圈。在这个生态圈中，无人能够取代或简化其中的任何一方[⊖]。

B 站只有运营多边群体之间的强交互，才能把自营的多业务，包括版权内容业务、游戏联营业务、IP 衍生品业务、广告业务、UP 主的经纪业务等有效地建立起来，实现内容平台生意的完整商业闭环。

⊖ 吴越舟，赵桐 . 小米进化论：创建未来商业生态 [M]. 北京：北京联合出版公司，2021.
⊖ 陈威如，余卓轩 . 平台战略：正在席卷全球的商业模式革命 [M]. 北京：中信出版社，2013.

案例 8-7　B 站打造"用户社区 + 内容创作者社区"双生态，建立自营的生态型多业务生意⊖

如果要用一句话来说明 B 站做的到底是什么生意，你会怎样回答？B 站自己的回答可能会是"创立一个 Z 世代的内容乐园"，也就是开发并运营粉丝经济潮流下的内容平台。

从 2014 年公司化运营以来，B 站这个平台就由有创意的 UGC UP 主、优质 PGC 来源方、忠诚的用户三方共同组成，后来延伸出第四方——广告商。平台的第一端绑定 UGC UP 主，他们自主进行生活、娱乐、科技、时尚及其他领域的 UGC 内容创作；第二端绑定优质 PGC 来源方，包括游戏、影视（如国产剧、番剧、纪录片）采购等；第三端则绑定那些爱玩、会玩且有共同语言的 Z 世代年轻粉丝用户。

B 站平台除了由四种参与方共同组成之外，还需要深度运营两种社区生态——内容创作社区生态与用户社区生态。B 站不但要把两种生态各自运营好，还要运营好两种生态的强交互，只有这样才能最终实现商业化变现。因此，B 站所做的是非常重视双生态运营的生意，其每一个生态生意中又有多项业务。

接下来，我们分别介绍这两种社区与生态。

- **内容创作社区与生态**

内容创作生态围绕各种新鲜文化构建，组合了多个垂直内容板块。内容生态的形成，得益于运营团队对各种 UP 主的扶持，这使他们能横向为几个垂直内容板块提供优质内容。在这种运营模式下，UP 主创作的高质量内容视频播放量占到平台整体的 80% 以上（其余内容是 B 站向电影公司、动漫公司等内容创作机构采购的）。

UP 主的内容范围从原本的 ACGN（动画、漫画、游戏、小说）逐渐扩展到生活的方方面面，涉及国产剧、番剧、纪录片、时尚、科技、综艺等更多领域的垂直内容，还包括在 PUGC（由用户自制或原创的高质量视频内容）模式下由 UP 主制作的高质量视频内容。平台利用弹幕交互机制，促进用户与 UP 主进行内容共创。同时，为了聚合更多创新内容，B 站还以投资机构的身份，对文化娱乐的内容企业进行了投资。

⊖ 部分信息来源：① 2019~2020 年作者对 B 站的多次访谈；②路西 .B 站 12 年：做社区，共识比效率更重要 [EB/OL].（2021-06-28）. http://new.qq.com/rain/a/20210627A08O6O00.；③陈梦竹，杨仁文 . 哔哩哔哩 80 页专题深度——从"人货场"看 B 站社区生态的养成 [EB/OL].（2021-02-27）. https://baijiahao.baidu.com/s?id=1692839004119009943.

- **用户社区与生态**

B 站深度运营的第二种社区生态是用户社区生态。B 站将优质内容优化分发，吸引粉丝用户并在社区产生高留存，使各种 UP 主获得广泛关注。然后，通过设计好的管理规则，如社区礼仪考试等，提高互动发言的门槛，营造好社区环境与氛围，同时努力让粉丝破圈体验不同的垂直内容，进一步打通 Z 世代的各种子群体。

那么，拥有两大生态群体的 B 站如何操作变现呢？

首先，用户社区生态内就有许多可变现的业务。第一个业务是版权内容业务（包括动画、电影、电视剧和音乐），可以靠会员年费变现。第二个业务是游戏联营业务，可以通过收取游戏订阅费、计时费、各种充值费，以及从出售游戏中的稀有角色与道具、IP 衍生品等这些交易中收取佣金来变现，变现内容更加丰富。游戏联营一直是 B 站的收入贡献主力，只是 2021 年该收入贡献占比降到了 50% 以下。第三个业务是通过二次元电商——哔哩哔哩会员购赚取自营 IP 衍生商品的利润。除此之外，B 站还可以通过电竞俱乐部、MCN 孵化以及二次元社群等小业务板块变现。

其次，在内容创作生态中，B 站成立了 MCN 公司"花火平台"，进入了经纪业务。该平台为入驻的 UP 主对接广告赞助商，然后通过 UP 主拍摄的植入广告短视频变现——从 UP 主的收益中抽成。此外，UP 主还可以进行直播，通过用户打赏收费，平台则从中抽取一定比例的费用作为渠道服务费，不过这个业务的收入很有限。

对于 B 站这个新兴内容平台，分析师们普遍认为，B 站的运营主要有以下三个特点：第一，营收结构相对单一；第二，游戏收入占比曾经过高，最近逐年下降；第三，会员付费率低。虽然平台给予用户很强的归属感，让会员为了"信仰"充值，但付费的比例相对较小。另外，由于平台属性，B 站在获取传统视频网站的贴片广告收入上一直非常谨慎。

因此，对体量尚小但能量充沛的 B 站来说，经营的核心在于在手握 Z 世代用户、占据二次元用户阵地、建设生态的同时，找到更好、更长期的稳定的变现方式，从而使平台生意的运营实现可持续的高效率。

8.4 多企业合作的联盟生态

单一企业自建的多元业务会构成生态型生意,而**多个企业共同合作,会形成联盟生态**。联盟生态圈内伙伴的集体行动,一方面可以直接创造生态优势,另一方面可以优化行业结构,巩固竞争优势。这种集体行动通过两条线分别影响企业的竞争地位和产业结构,第一条线是与企业有业务关系的伙伴,第二条线是与企业有竞争关系的同业者所构成的集体[⊖]。

联盟生态包括行业型联盟生态、社区型松散联盟生态。

1. 行业型联盟生态

我们先来看第一条线,**主体是在业务上有合作关系的伙伴**。例如,在由手机厂商与软件开发商组成的联盟生态中,参与企业会与生态共同进化:一方面,硬件的升级会带来生态系统的提升,而软件开发商为了匹配生态系统的需求,也会主动升级软件产品;另一方面,软件产品的超前发展,也会推动生态系统的升级,从而引导手机产品的更新换代,如为配合顶尖手游产品而设计制造的专业游戏手机就是一个典型例子。

再来看第二条线,**主体是某个行业中的多家友商**。为了共同推动行业的技术研究或标准制定,这些企业往往会形成联盟格局,彼此进行价值共享,以共同进化达成目标。不过,由于参与者之间的关系微妙,联盟通常无法由某一个单一企业绝对主导,联盟生态中的核心主导角色和参与角色并不明显。

⊖ 廖建文,崔之瑜. 企业优势矩阵:竞争 vs 生态 [J]. 哈佛商业评论中文版,2016(7):110-119.

不过，在某些行业中，如果某个企业掌握的核心资源与能力在该细分领域占到了头部位置，在组成联盟生态时就会成为该生态系统的核心主导角色（也就是主导企业）。例如，在智能手机产业中，除明星企业苹果外，半导体 IP 供应商 ARM、芯片设计商高通、芯片代工厂台积电等，都是很有话语权的主导企业。

在行业型联盟生态中，还有一些关键配角。它们虽然不是生态系统的主导者或主要推动者，但堪称"王者配角"，甚至能跻身世界 500 强，如康宁。

案例 8-8 "王者配角"康宁玻璃

康宁是一家制造特种玻璃的世界 500 强企业，也是 iPhone 生态系统的核心参与者，可以说苹果对其高度依赖。从 2007 年的 iPhone 初代产品到 2020 年的 iPhone12 系列，所有 iPhone 设备均采用康宁玻璃作为屏幕。同样，苹果也为康宁的研发贡献了力量，先后向康宁提供了 2 亿美元的技术工艺研发资金，帮助康宁创造了近 1000 个新岗位。因此，康宁的业务发展，甚至技术研发、生产管理等经营环节，都与苹果紧密联系在一起。

不过，业务过于单一，且长期依附特定生态系统，会导致企业发展受到严重制约。为了避免陷入这样的困境，康宁走上了以玻璃技术为核心的多元化经营道路，成立了多个不同类型的业务部门，针对不同市场，如汽车制造、生命科学器皿、移动消费电子产品、超高密度光缆等，与各生态中的主流厂商合作研发。这使康宁不仅分散了对单一生态过度依赖的风险，还利用所吸收的新资源与新能力进行了自我升级。

2. 社区型松散联盟生态

除了在行业内部参与分工，企业也可能与来自其他行业和生态的伙伴跨界合作，寻求信息、资源和能力的交换，从而捕捉商机。这类生态更像是一个遵循共同游戏规则的社区，各主体间的关系非常灵活、松散，没有任何一方强势主导，如图 8-4 所示。

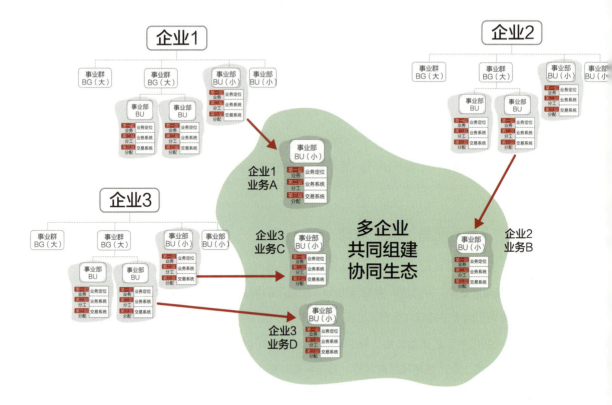

图 8-4 多企业共同组建的协同生态图

例如,飞利浦医疗科技就多次参与过这一类型的跨界合作,包括由学术实验室、机器人公司和创业公司组成的创新生态系统,由医院设备供应商和软件供应商组成的交互生态系统,由数字医疗合作伙伴基于远程医疗 app 打造的生态系统,等等。这些新生态就像科技领域的专业俱乐部,虽然参与者之间没有紧密的业务关系,但可以共同探索新的商业机会。

很多企业为了持续成长,会仔细寻找与未来发展相关的业务方向,甚至连弱关联的业务领域也不放过,然后与相关企业组成联盟生态,共同探索未来能够合作共赢的生意。不仅仅是创业企业如此,谷歌、苹果和 Meta 等行业头部公司,也会积极参与多个生态系统,寻找新的机会。

由此可见,行业型联盟生态和社区型松散联盟生态中的各个参与者之间的关系是不同的,一个是强关系,一个是弱关系。

8.5 探索新业务，寻找未来生意

企业最根本的目标是持续盈利，为此企业需要不断与时俱进，探索新的成长机会和路径。

企业要成长，首先需要不断完善与创新现有业务。但是，和产品一样，业务本身也有生命周期。当某种需求不复存在时，以这种需求为前提的业务也就完成了历史使命。比如，随着识字率的提高，代写书信这个生意就逐渐消失了。或者，需求仍然存在，但由于科技等因素的变化，相关的生意需要采取全新的经营方式，比如租售 DVD 的实体店被流媒体播放平台取而代之。

回顾历史，我们可以发现，那些基业长青的企业多半勇于告别过去，拥抱变化。一方面，它们<u>不断检视自己的发家业务，如果发现这一业务不再符合时代潮流，就会迅速升级经营方式，甚至直接将其淘汰</u>；另一方面，它们会引入和重组新时代所需要的资源与能力，尽快开辟符合时代趋势的新业务。我们来看一个著名企业的案例。

案例 8-9　惠普：不执着于发家业务，一直在寻找性感生意

惠普成立于 1939 年，最早起家的核心业务是电子测试与测量业务。在经营中，惠普始终关注业务的成长方式和成长速度。20 世纪 60 年代，惠普通过并购取得了图形记录仪研、产、销公司的经营权，从而进入绘图仪行业，之后又以同样的并购方式进入医学仪器设备行业和分析仪器行业。1968 年，惠普自主研发出第一台台式科学计算器 HP9100A。

20 世纪 80 年代，惠普开始进入个人电脑和打印机市场。1999 年，惠普将起家的测试与测量业务拆分出去，成立安捷伦公司，同时把公司资源向信息科技行业全速转移，并以 IT 为主轴，形成个人计算机、打印机以及企业服务三大业务线。

企业该如何探索新业务，寻找未来生意呢？企业取得新业务的方式，主要有自创设、并购、内部基础资源与能力向外转化三种。

1. 自创设：内部培育与孵化

很多成熟企业在看到未来业务机会时，大都倾向于在组织中设计一套内部创业机制，鼓励内部创业，或与外部合作。比如，ABB（奥迪、宝马、奔驰）看准了新能源汽车的发展趋势，在2018年开启纯电动车充电桩业务，创立了新的事业部门，自主经营研、产、销。又如，通用电气、德尔福、博世都看准了数据驱动的智能商业发展趋势，布局各种传感器，进入物联网业务领域。这些新业务的开展都是通过一套组织内创业机制去实现的。

还有一些企业专门设立了内部培育与孵化平台，用于探索新业务，一个著名案例是 Google X 实验室。它是由谷歌母公司 Alphabet 创立的部门，不涉及谷歌的核心业务，独立运营，专注于将疯狂的想法转化为产品原型，如智能隐形眼镜、不会传播疾病的蚊子、送货无人机等。目前，Google X 最知名的成果 Waymo 已经自立门户，成长为自动驾驶行业的头部企业。

2. 并购：外部资源嫁接，1+1>2

并购这种方式不需要过多解释，就是企业通过买下其他企业的控股权，从而便捷地获取新能力。例如，在最引人注目的科技领域，苹果这类领导企业经常通过收购一些"小而美"的公司，让主营业务的服务范围更完整，从而创造出"1+1>2"的效果。如苹果收购人工智能公司 Inductive 及 Voysis，以改善 Siri 这个语音助手的机器学习能力。

有些企业进行并购是为了高效地提升市场占有率或进行区域扩张，比如惠普并购康柏。

有些企业则通过前瞻性的并购，进入全新的业务领域，找到新的可持续增长路径。以 Adobe 为例，因为有 PDF、Photoshop、Flash 等成功产品，Adobe 的软件业务在市场上占据绝对优势。但2009年，CEO 山塔努·纳拉延（Shantanu Narayen）

判断，在接下来的十年里，人们的生活与工作时间会有相当大一部分消耗在智能手机上，因此公司应当转入 SaaS 模式，以此提升产品的灵活性，强化与用户的联结。基于这个判断，Adobe 以 18 亿美元收购主营网络数据分析的 SaaS 公司 Omniture，借此获取第一个云构建模块，这为日后企业的云转型提供了人才和技术基础。⊖

此外，有些企业进行并购是为了构建集团生态，前文提到的阿里巴巴与美团就是典型的例子。

很多成功企业为了探索新业务，都会把自创设和并购两种方式结合起来，不断寻求自我完善，下面案例中的 Salesforce 就是其中的代表。

案例 8-10 自主创新与并购同行：科技巨头 Salesforce 的 5 次破圈⊖

1999 年，37 岁的甲骨文高级副总裁、俄罗斯裔美国人马克·贝尼奥夫（Marc Benioff）创办了 Salesforce。贝尼奥夫在 15 岁时就创立了 Liberty 软件公司，从南加利福尼亚大学毕业后进入甲骨文工作，26 岁就成了甲骨文有史以来最年轻的副总裁。在他的带领下，Salesforce 成为市值千亿美元的软件巨头。

观察 Salesforce 的成长历程，我们会发现它在不同阶段持有不同的发展理念，我将其概括整理如下。

第 1 阶段：营销和销售战略的创新助 Salesforce 打开销售局面

1999 年刚成立时，Salesforce 聚焦于 CRM（客户关系管理软件）产品。通过免费试用等病毒式分销手段，公司迅速打开了局面，同时，它高举"本地部署软件终结者"（no software）的旗帜，开创了基于云端的 SaaS 时代，让软件在云计算时代成为像水电一般的公共事业，用户只需使用简单的订阅服务就可以享受。此举让软件的企业服务方式乃至整个软件市场都发生了根本性变化。

⊖ 司欢. 出品 PS、PDF 的 Adobe 如何成了顶尖 SaaS 公司？[EB/OL].（2020-06-02）. http://www.Sohu.com/a/399203005_120560044.

⊖ 部分信息来源：①2019 年作者对 Salesforce 的访谈；②桑明强. 市值 1300 亿美元！揭秘 CRM 王者 Salesforce 的崛起逻辑 [EB/OL].（2020-03-27）. https://pro.huxiu.com/article/347171.html；③郭娟. Saas 领域的标杆 Salesforce 千亿美元市值养成记 [EB/OL].（2018-06-12）. https://www.sohu.com/a/235394735_640930；④吕建伟. Salesforce 生态和 SAP 生态有什么不同？[EB/OL].（2020-06-16）. https://www.huxiu.com/article/363267.html.

第 2 阶段：建立中心社区平台，聚集更多的产品和开发者

2004 年在纽交所上市后，Salesforce 开始谋求做大，建立了 PaaS 生态。一方面，它建立了一个中心社区平台，让更多新兴 SaaS 公司的开发人员在 PaaS 平台上使用 Salesforce 开放的底层工具创建 SaaS 应用程序与产品。同时，还通过收购其他 SaaS 公司，把产品线扩大到原有 CRM 范围以外。另一方面，Salesforce 在成功让各种软件开发公司转变为 SaaS 型的在线应用服务提供商（ASP）后，鼓励它们把在 PaaS 平台上开发的软件产品出售给 Salesforce 社区中的用户。平台聚集的产品越来越多，开发者也越来越多，由此形成了像滚雪球一样的正向循环的平台生态。

第 3 阶段：发布 force.com 收费业务

2008 年之后，Salesforce 发布了 force.com 收费业务，进入大型企业客户市场。Salesforce 提供开发者平台及服务，允许企业客户在 force.com 架构上部署自己的应用程序。于是，企业客户的内部开发者在 PaaS 上按照自己公司的业务发展需求购买营销云、商务云、销售云以及服务云等，然后把公司使用的多种软件和数据进行整合，形成一套更好用的 SaaS 产品组合，并按照使用量付费。

第 4 阶段：借助资本力量，扩大产品与服务的边界

在 2012 年之后的移动时代，Salesforce 的关键词成了"收购"。借助资本力量，Salesforce 收购了 60 多家公司，将更多产品和能力收入囊中，包括社交客户服务工具（将 Assistly 改造为 desk.com）、社交媒体监控平台（将 Radian6 改造为 social.com）、智能关系平台（将 RelateIQ 改造为 SalesforceIQ）、电商平台（通过收购 Demandware，拥有商务云）等，并对这些公司进行改造和整合，使 SaaS 产品线更完整、业务体系更加结构化，如表 8-2 所示。

表 8-2　Salesforce 的 SaaS 产品线

社交客户服务工具	社交媒体监控平台	智能关系平台	电商平台
Assistly → desk.com	Radian6 → social.com	RelateIQ → SalesforceIQ	Demandware → 商务云

第 5 阶段：用 AI 分析与机器学习技术改造现有产品

在接下来的发展中，Salesforce 开始减少培育新兴的 SaaS 公司，而是努力用 AI 分析与机器学习技术改造现有产品，提升自身作为平台和套件的智能能力，让真正强大的技术变得更易

于支持用户使用 SaaS 软件。2017 年，Salesforce 推出了 AI 产品 Einstein，这款产品可以直接从社交网络中抓取各类数据，生成分析图表，反向驱动销售。2018 年，Salesforce 收购了 AI 智能营销工具 Datorama 和基于云的应用集成服务商 MuleSoft。2019 年，Salesforce 又以 157 亿美元全资收购数据可视化公司 Tableau，使企业客户可以通过数据分析更好地发掘市场机会并做出相应决策，这也是公司有史以来最大的一笔并购交易。

经过 20 年的发展，这家股票代码为"CRM"的公司早已跃出初创时的场域，成为市值超过 2000 亿美元（截至 2020 年 10 月）的综合性软件巨头。

3. 内部基础资源与能力向外转化：基建变现

在一些企业中，原本为支持主营业务发展而建设的基础设施，在企业发展到一定阶段时也可以灵活转化为变现内容，面向外部市场，成为一种新业务。

例如，亚马逊在发展初期，为应对圣诞节等高峰期的巨大流量，开发了灵活可扩展的云计算系统，该系统在 2006 年作为面向外部企业客户的 AWS 业务（Amazon Web Services，亚马逊云科技）上线。企业内部的基础建设变现，成为对外营业的新业务[⊖]。

本章精华回顾

通过本章，我们了解了生意的形态原来可以如此丰富多彩。我们既领略了单一业务独立运营的成功，也看到了<u>用不同的业务组合方式拼搭出的各种多业务生意</u>，以及企业与企业间的联盟生态。请记住这些拼搭方法吧，这些都是我们构建创新生意的有效工具。

在第 6 部分，我将介绍在关键时间点升级生意的两条路径，以及每条路径的系统执行方法。

⊖ 部分资料来源：①作者对 AWS 的访谈；②刘佩雯. 为什么云计算服务是亚马逊先做出来，而不是 Google? [EB/OL]. (2019-07-18). https://36kr.com/p/1724092596225.

具有商业敏感度的经营者,面对席卷而来的后浪,会不断通过内省与外求,去掌握新时代的经营方式。

第 6 部分
商业模式的升级

第 9 章　升级生意的两条路径

第 10 章　掌握时代的生存法则

第 9 章

升级生意的两条路径

9.1 生意升级的必要条件:你具有商业敏锐度吗

9.2 生意升级的原因、最佳时间点与两条路径

9.3 升级路径一:调整 9 项经营结构要素,让生意更出众

9.4 升级路径二:以 9 项经营结构要素嫁接 4 项经营环境要素,让生意迭代成"时代的生意"

9.5 不可抗力催生的商业升级新机会

9.6 直面 30 组灵魂拷问,助你升级为经营型经营者

先做个简单回顾：在第 6 章，我们学习了描绘、分析与设计生意的终极工具生意蓝图，也就是商业模式图。我们用它在设计阶段具体地描绘出脑海中预设的生意全景，接着按照这个预设去进行生意的具体构建。在构建了一段时间后，我们再次使用生意蓝图这个工具，描绘构建后的真实生意全景，并且审视构建结果，进行验证。简单来说，就是将最初预设的理想与构建后的现实进行对比和检验，看看哪些可行、哪些不可行，哪些构建遵循了原先的预设、哪些构建偏离了原先的预设，并做清晰的总结。如此，我们就走过了一个完整的推动生意发展的"设计—构建—验证"业务发展循环周期。

在本章中，我们要介绍的是在一个业务发展循环周期结束、下一个业务发展循环周期开始前的时间点如何设计生意的升级，如图 9-1 所示。

生意需要升级，本章提出了两条升级路径：

- **升级路径一**　在经营环境不变或微变的前提下，针对 9 项经营结构要素做调整（Adjustment）。最常见的是在局部对 1~2 个要素频繁地进行小幅度调整，当然，适时对多要素进行大幅度调整也是必要的，那会产生结构升级，让你的生意成为从同行中脱颖而出的出众生意。

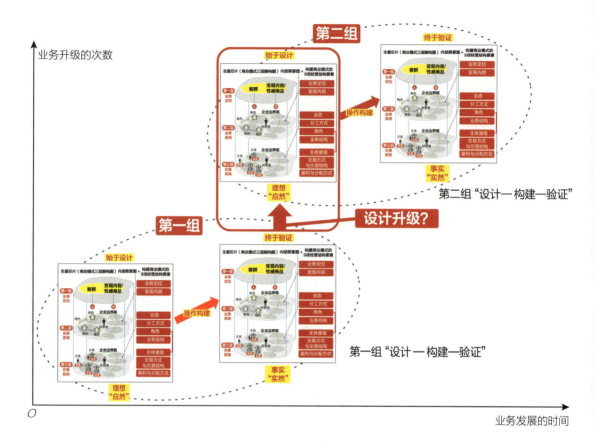

图 9-1　升级时间点示意图

- **升级路径二**　在科技、思维、消费、政策等经营环境要素出现<u>巨大变化</u>时，及早把握这些巨大变化带来的机遇，踩对时代的点，<u>把 9 项经营结构要素与新的经营环境要素进行嫁接</u>。嫁接得越多，生意升级的幅度就越大，甚至会全面进化，出现迭代式（Iterating）改变，你的企业也会由此成为<u>跟上新时代经营主流的"时代企业"</u>。

对经营者来说，小幅度的局部调整是常规动作，易于掌握与操作，而一旦牵涉到大幅度的结构升级，甚至是超大幅度的迭代式全面进化，即经营方式的范式转移，经营者通常会感到迷茫，会问：如何判断何时启动？其实，最佳时机就隐藏在经营者的商业敏锐度（Business Acumen）之中。在本章一开始，我会阐述经营者如何训练"内省"、如何驱动"外求"，以不断提升自己的商业敏感度。

9.1 生意升级的必要条件：你具有商业敏锐度吗

现在，很多经营者一定已经迫不及待地想踏上生意升级之路。但在这之前，我们要先问自己一个问题：我们还要做哪些准备？

在本书中，我不断地强调经营者和管理者在本质上的不同。经营者为了推动现有业务的持续增长，会不断求变，想方设法地升级生意，频繁地对其进行调整，或踩对时代的点对其进行迭代。那些段位高的经营者，尤其具备洞察升级机会的商业敏锐度，这正是实现生意升级的必要条件。

具备商业敏锐度的经营者，会不断观察生意的各种质性与量性指标，捕捉经营效率的点滴变化；会通过客户满意度数据，察觉营销与销售各环节的变化；会通过供应链数据，察觉生产、物流、仓储各环节的变化；会通过财务数据，察觉利润与现金流的变化；会通过各种变化，判断企业当下的经营状况。

这种对变化的敏锐度，使他们能迅速找到调整的切入点，对业务定位、变现方式、盈利方式进行调整，或找到对这些指标与数据负责的角色、岗位及执行的主体，分析角色（以及角色所执行的业务活动）的适存性和主体量级的适配性，对其进行适当调整，或改善交易方案去激励他们做出改变。

以上提到的商业敏锐度，会驱使经营者聚焦企业内部，进行内省，自觉检视 9 项经营结构要素，找到其中某几项的改变机会，使生意实现从内省出发的升级，使企业保持持久的竞争力。不过，这带来的改变程度是有限的。

更卓越的经营者，通常具有更强的商业敏锐度。这种商业敏锐度不仅会驱使他们内省，还会引导他们侦测企业外部变化所带来的机会，进行外求。他们不仅能敏锐地捕捉到市场变化的信号，并由此辨识出这种变化是一种新趋势，是新商业时代到来的象征，还能洞察其背后的新科技、新社会思维、新消费方式、新政策导向等一系列深层次的结构变迁，识别出这些新的经营环境要素，并深入发掘其中蕴含的新商业机会和新经营方式。

以新科技为例，它往往能驱动新商业形态或新业务的出现。如5G带来的网络速度提升造就了网红直播带货业态的兴起，抖音因此迅速崛起，成为新的流量阵地，也成了新时代的赢家。

从外求出发寻找升级机会，能使经营者挣脱已有经营思维的桎梏与运营惯性的束缚，挖掘更大的时代机遇，重构出适应时代需求的新生意。

经营者想要培养与训练自己的商业敏锐度，尤其要学会从外部寻找机会和侦测变化。有一种最简单的方式，就是分析自己熟悉的某些行业过去20年的商业升级历程，并对自己提出一系列问题：20年前，哪家企业是当时行业内的领导企业？15年前，哪家企业取代了它成为新的领导企业？10年前，又有哪家企业颠覆了它们？今天，最新的行业领导企业又是谁？

通过这样的拷问，经营者可以对每个时代的"时代企业"的特征进行高度总结，了解它们究竟掌握了哪些在当时那个时代必备的经营环境要素，由此成为那个时代的代表企业。

现在，我们理解了经营者的商业敏锐度是生意升级的必要条件。然而，事实上，许多管理者直到被提拔至中层以上的管理岗位后，才切实地意识到商业敏锐度不足给自己带来的巨大局限，意识到这是自己之所以是管理者而不是经营者的关键原因之一。

所以，我希望你能更早地认识到，多年的管理经验和专业沉淀不一定能使你成为经营者，也未必能培育出经营者所需具备的商业敏锐度，除非你意识到自己要从管理者转变为经营者，并有意识地提升自身作为经营者的商业敏锐度。

在对商业敏锐度有了全面认知后，接下来，我们要深入了解生意升级的两条路径。

第一条路径是从内省出发，进行结构内的升级。 方法是检视9项经营结构要素中的每一项要素，针对任意一项或一项以上进行调整，从而实现商业模式调整，以及经营方式创新。

第二条路径是从外求出发，进行跳跃式升级。方法是把 9 项经营结构要素中的每一项要素与新时代的经营环境要素进行嫁接，结合新时代的资源和能力，大幅度改造现有业务。这带来的结果可能是商业模式的迭代（转型不转行，产生全新的经营方式），也可能是企业的整体转型（创造新业务，造就新商业物种）⊖。如果经营者选择走第二条路径，从本质上说，就是在不断地升级企业的核心资源和能力，以匹配新时代的需求。

⊖ 安东尼，吉尔伯特，约翰逊. 双重转型：如何重新定位核心业务并实现颠覆性创新 [M]. 慕兰，啸程，译. 北京：人民邮电出版社，2021.

9.2　生意升级的原因、最佳时间点与两条路径

你可能会问：为什么一定要升级生意呢？

最简单的回答是，生意最初的设计往往颗粒度太粗，在实践中经营者会发现各种导致其无法落地的原因，比如：

- 一开始觉得性感的变现内容通过不断验证却被发现是个伪需求；
- 商机的市场空间太小，收入与成本不匹配；
- 业务逻辑无法形成闭环，需要经过多轮修补与升级，才能实现生意的闭环。

进一步的回答是，强悍的竞争者率先自我升级，搅动了原先的竞争格局，迫使经营者不得不走出舒适圈，迎接挑战。如果仍然墨守成规地硬扛着，就难逃被逐渐淘汰的结局。

世界变化得很快，新技术或新消费很可能在一夜之间驱动商业环境发生剧变，像 ChatGPT 可能带来的颠覆就让各行业"细思极恐"。善于创新的竞争者或"门口的野蛮人"，极有可能抓住新技术与新机遇，快人一步掌握新的经营法则，颠覆现有商业游戏规则，重设新规则。面对这些挑战，你能做的唯有积极捕捉变化的规律，迅速采取行动，进行自我升级。

升级设计的最佳时间点是"设计—构建—验证"的一个业务发展循环周期结束、下一个业务发展循环周期开启之时。比如，在从 0 到 1 周期结束、即将进入从 1 到 10 周期时，经营者应为生意设计出升级版的商业模式。

要升级生意，经营者需要掌握一组最本质的经营底层要素。这些经营底层要素分为两个层面。

- **内部基础因子→经营结构要素**

企业内部基础层面的要素，即组成生意的内部基础因子，我们称之为"经营结

构要素"。在外界环境不变的情况下，仅调整这些经营结构要素，就能让生意升级，并从竞争中脱颖而出，成为出众的生意。

- 外部变动因子→经营环境要素

企业外部环境层面的要素，即驱动商业环境产生质变的外部变动因子，我们称之为"经营环境要素"。这些外部变动因子都是新时代涌现出来的新型关键资源和能力，若经营者能抓住并运用好它们，就能使生意跃升为"时代的生意"。

那么，经营者该如何调整与运用这些要素，如何设计生意升级呢？有两种可选的路径，如图9-2所示。

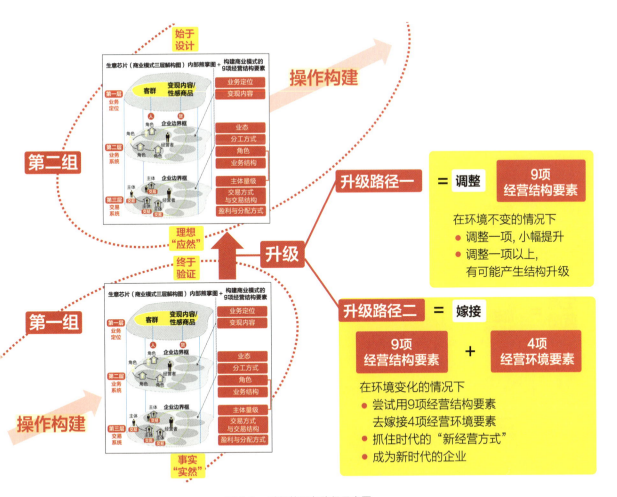

图9-2 升级的两条路径示意图

升级路径一：调整 9 项经营结构要素，让生意出众

在第 6 章介绍生意蓝图时，我们曾经讲过，每一种商业模式都具备 9 项底层细颗粒的构件，我们将其称为"9 项经营结构要素"，如图 9-3 右侧所示。经营者可以从内省出发，审视这 9 项经营结构要素，检视生意（业务）在现有经营环境下最需要调整的"症结"。

- 在业务定位层，思考是否需要根本性改变业务定位（人 - 货匹配关系），即从根本上改变生意本身，或在目标客群不变的情况下针对变现内容进行重新组合。
- 在业务系统层，思考是否要调整业态、分工方式、角色、业务结构，以提高业务效率。
- 在交易系统层，思考是否要调整主体量级，以及是否要改变交易方式与交易结构、盈利与分配方式。

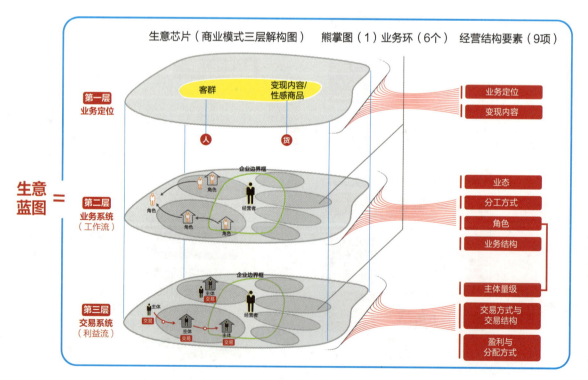

图 9-3　生意蓝图中的 9 项经营结构要素

随着规模从小到大，企业会经历不同的成长阶段。每一个阶段（"设计—构建—验证"业务发展循环周期）结束时，如果外界环境的变化不大，经营者仅对这9项经营结构要素进行适当调整，就能使生意升级。经营者做出的调整以及由此产生的结果可以分为以下几种情况：

- 改变或调整其中一项经营结构要素，有可能调整出差异化的生意；
- 调整1~2项要素，有可能带来生意的局部优化；
- 如果同时调整多项要素，有可能会产生生意的结构升级。

不论调整的幅度是大还是小，都能使企业的商业模式升级为优于同一时期同行竞争者的、出众的商业模式。

请注意，对经营结构要素的调整强调的是，在经营环境变动不大的情况下，经营者不需要嫁接外部环境要素，而仅需要对内做出审视与调整。事实上，许多创业者因为不能熟练掌握经营的底层构件，在调整经营结构要素方面的能力薄弱。这导致他们的业务在成长到一定规模后，因为经营结构要素原先的构建与随后的调整不善而无法继续成长。

不过，经营者不能只向内自省，更不能因为沉醉于对经营结构要素的调整而忽视对环境变化的侦测。对时代变迁的后知后觉，会让企业落后。当同行竞争者都已拥抱环境变化并利用新时代的方法"武装"竞争优势时，内省多、外求少的企业往往才会幡然醒悟，但此时已"追赶莫及"。

所以，接下来我要介绍比第一条路径更重要的第二条升级路径。

升级路径二：用9项经营结构要素嫁接4项经营环境要素，让生意迭代成"时代的生意"

除了上文提到的调整经营结构要素的能力薄弱外，还有一类企业的发展阻力来源于对经营环境变化的不敏锐、后知后觉甚至无反应，这导致它们被新兴的竞争者赶超或颠覆。

这种情况最常发生在模式成熟与运营稳定的大型企业身上。它们在某个时代获得了成功，但也正是因为其已建立的业务系统结构化且稳固、商业共生体体量大，导致它们对环境的变化不敏感。即使理解了环境带来的冲击，也无法弹性应对，不能迅速采取有效的转型行动。

这种过去曾辉煌一时的大企业在新时代却遭遇失败的故事屡见不鲜，例如未能成功转型的柯达、被移动互联网时代淘汰的一号店（B2C 模式的网上超市）。我们今天看到的那些能穿越周期留下来的大企业，多半都付出了极大的代价，打破原有的业务系统与商业共生体，经过艰难的转型与重塑才获得了重生。

当经营环境发生巨变时，卓越的经营者不但能侦测到这种变化并踩在时代的点上，还能迅速着手考量新时代的经营环境要素，及时应变以拥抱新时代的生存法则。他们会仔细审视 9 项经营结构要素是否能与 4 项经营环境要素嫁接从而产生新的商业机会，把原有的生意在新时代重新做一遍，让企业穿越周期、焕发新的活力，始终成为"时代的企业"。

驱动商业环境发生本质变化的外部变动因子，即"经营环境要素"。它们不仅是新时代的商业特征，更是新时代的关键资源、关键能力与运行方式。我将其总结为 4 项，如图 9-4 所示。

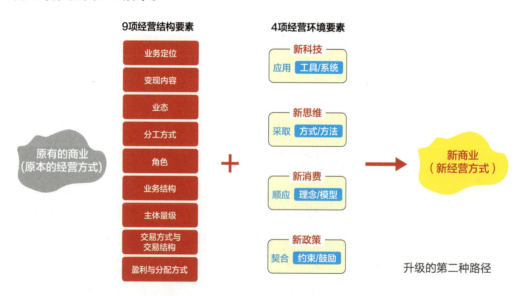

图 9-4　9 项经营结构要素嫁接 4 项经营环境要素示意图

这 4 种经营环境要素分别是新科技、新思维、新消费、新政策。若是按优先级来进行排序，排在最前面的一定是新科技，突破性的新科技往往会颠覆原有的商业基础建设，同时带来新的思维与巨大的社会关系变化。新消费群体的崛起也是重要的环境要素，通常会带来新的消费观念与消费行为，促进新需求的产生，驱动新供给。此外，政府的新政策、新法规对驱动商业环境变化也起到深远影响。

现在，你已经大致了解了生意升级的两条路径，那么，具体该如何操作呢？接下来，我将在 9.3 节、9.4 节中详细论述。

9.3 升级路径一：调整 9 项经营结构要素，让生意更出众

前面我们已经讲过，在外界环境变化不大的情况下，经营者仅调整 9 项经营结构要素中的一项（见图 9-3 右侧），就能升级现有生意。若一次调整多项，有可能使企业实现结构升级，成为领先于同一时期同行竞争者的出众企业。

那么，如何对 9 项经营结构要素中的各项要素进行调整呢？我对每项经营结构要素可能面临的状况（挑战）、相应的调整方式以及由此产生的作用进行了梳理，供读者参考使用，如表 9-1 所示。

表 9-1　9 项经营结构要素的调整方式表

9 项经营结构要素	可能面临的状况（挑战）	相应的调整方式	产生的作用（案例）
业务定位	企业利润空间变小，行业进入生命周期的成熟期	改变业务定位	找到新业务定位及赛道，如 2.2 节中讲到神州数码在 20 年间调整了 3 次业务定位，新希望及泡泡玛特也曾经多次调整业务定位
	按照原先的业务定位切入的市场还不成熟，用户没被培养起来	放弃原先的业务定位，先从事其他业务定位，待市场成熟后，再重启原先的业务定位	在适当的时机重启业务定位，如 3.4 节中讲过的家政公司，在 2000 年市场对付费家政服务接受度低时不得不放弃原先的业务定位，而在 2016 年市场与技术成熟时重启业务定位后，业务不断增长，迅速获利
	技术产品驱动的业务定位因为技术开发难度大，始终没有开发出产品，业务定位无法落地实现	放弃原先的业务定位，或利用现有的技术找到新的应用市场	被迫改变，如某创业者在 2015 年萌生了一个技术产品设想：用户用智能手机拍下自己看上的鞋服，把照片上传到平台上，平台通过大数据，找到照片上的鞋服产品，为用户提供产品信息和购买链接。但因技术不达标，这一设想无法实现

（续）

9项经营结构要素	可能面临的状况（挑战）	相应的调整方式	产生的作用（案例）
业务定位	按照原先的业务定位切入的市场空间小	不断寻找价值空间更大、吸引力更强的新业务定位	主动、积极地寻找新业务定位，如深圳来画（LAIPIC）最早做的是为用户手绘出想要说的故事，并以视频的方式展现出来。但因为市场空间小，不得不寻找价值空间更大的业务定位。经过不断调整，来画成了在抖音生态中为用户提供短视频智能制作工具与模板的平台，现在又进入了虚拟数字人业务
业务定位	不断寻找价值空间更大的业务定位	选择有限的2~3个业务定位，组建几个业务小组，同步经营，实施赛马机制	寻找高潜力的业务定位，如完美日记考虑过电子烟、宠物食品业务，最后进入了美妆赛道
变现内容	现有资源能力的潜在价值没有被有效地发掘出来	针对各种变现内容，进行创新的组合优化，通过拆分或重组，提高产出的利润	实现资源能力的价值最大化，如早期商业模式研究者把"商品的部件拆分与组合"视作重要的商业模式创新方式。20世纪初，金·吉列抛弃了剃须刀的一次性售卖模式，发明了"刀架+刀片（一次性耗材）"组合模式，并降低低频的刀架（基础）定价，同时提高高频的刀片（耗材）定价，让耗材成为主要的长尾盈利来源。由此衍生出来的还有"打印机+墨盒""家用游戏机+游戏软件""利乐包机器+耗材""咖啡机+胶囊"等组合模式
变现内容	现有资源能力的变现价值较小	在现有变现内容的基础上，加上新的变现内容，进行捆绑	加入新的资源能力，加入新的变现内容，通过捆绑提高收入，如"高价商品+低价服务""电梯+维修服务""低价引流商品+高价服务""洗牙+做牙套"等组合模式

（续）

9项经营结构要素	可能面临的状况（挑战）	相应的调整方式	产生的作用（案例）
变现内容	现有资源能力的变现价值较小	在现有变现内容的基础上，加上新的变现内容，进行捆绑，但提供的不只是标准品（或服务），而是通过不断捆绑更多变现内容，提供系统的解决方案	加入新的资源能力，加入新的变现内容，通过捆绑提高收入，如专注于为酒店行业提供服务的直客通原本提供的是SaaS软件，只是工具、标准品。但在捆绑了更多变现内容后，它所提供的东西就成了"工具+内容策划+落地服务"一站式解决方案
变现内容	发掘资源能力的潜在价值	为别人眼中变现不了的资源能力找到可以变现的方式	开发出新的变现方式，比如，曾经的历届奥运会主办国都是亏损的，但1984年美国洛杉矶奥运会却实现了盈利，它将过去奥运火炬手传递火炬等不能盈利的内容转变为变现内容卖给赞助商；再如，网络游戏加线下场景，创造出新的旅游打卡点，收取门票并提供高质量的全程摄影服务。将数据资产进行变现也属于新的变现方式
变现内容	发掘资源能力的潜在价值	把别人眼中平庸的资源能力转化为独特的、有吸引力的变现内容	开发出独特的变现内容，如大理的美人鱼酒店在山坡上面对着无敌的洱海美景，但像这样"卖海景"的同行很多，于是，美人鱼酒店加入了荡秋千这个别人眼中很平庸的变现内容，由于这个秋千有特别美的特殊拍摄视角，现在美人鱼酒店已成为大理房价最高、入住率最高的酒店之一
业态	社会上出现新的"满足需求的方式"，比原来的更高效或更便捷，导致客户向新的业态迁徙	拥抱与迁入新业态	以新业态吸引更多的用户，如传统的夫妻店业态逐渐被现代化的便利店业态所覆盖；再如，与山姆会员店相比，消费者更喜欢去开市客（Costco）这种创新式的仓储会员店购物

（续）

9项经营结构要素	可能面临的状况（挑战）	相应的调整方式	产生的作用（案例）
业态	单一业务形成的业态单薄，无法与多业务组成的生态型业态竞争	在原有单一业务形成的业态的基础上，引入更多的业务，组成多业务生态型业态	多业务生态型业态的服务更全面，盈利点更多，如二三星级酒店通常只有住宿业务，加提供简单早餐，而五星级酒店则是由住宿、餐饮、会议、健身、旅游等多种独立业务组成的多业务生态型业态，给客户提供多样、全面的服务，因此客房价格高
	适合单一时段与单一服务场景的业态单薄，盈利有限	在原有的物理空间、原有的单一时段与单一服务场景的业态的基础上，引入更多的服务场景与时段，组成多场景、全天候的业态	在有限的物理空间里引入多场景，形成了全天候的业态，而且每个时间段都有强场景的客流。如意大利食品集市品牌Eataly是一个针对都市白领的，分布在城市写字楼的，集农场、餐厅、零售于一体的集市，早上可提供早餐，10:00~12:00可提供咖啡，12:00~14:00可提供午餐，14:00~17:00可提供下午茶，17:00~20:00可提供啤酒及鸡尾酒，20:00~23:00可提供西式情调晚餐
分工方式	价值链整合一体化的企业，从原物料、生产、物流、仓储到品牌建设、销售全部自营，这导致其投入资产重，许多业务环节缺乏市场化竞争，因此成本高且内部协调弹性低	内部角色外部化	在专业分工成熟的产业中，将部分内部角色（业务活动）外部化，交给合作伙伴，不但能降低成本，而且能提高效率。如新能源汽车产业中的大多数车厂都向专业的电池生产厂商购买电池，并要求电池商驻厂，协同生产
	关键角色（与业务活动）外部化后，企业缺乏核心能力的积累	外部角色内部化	进行核心能力的建设与积累，如安克创新在渠道品牌阶段，由于自身的研发能力弱，不得不向代工厂（OEM）选品贴牌采购，而进入产品品牌阶段后，则构建了自己的产品研发能力

（续）

9项经营结构要素	可能面临的状况（挑战）	相应的调整方式	产生的作用（案例）
分工方式	关键角色（与业务活动）外部化后，外部化角色参与整体协同的效率低	外部角色内部化	进行核心能力的建设与积累，如在移动互联网时代，"碎片化"使内容营销的时效性成为品牌的关键竞争能力，越来越多的品牌将过去的内容策划、设计、投放外包模式改为自建一体化的内容团队模式，提升整体协同与市场反应效率
	企业在关键业务活动区域的竞争优势不够突出	在关键业务活动区域加强自营建设，让角色更向内部集中	因角色更向内部集中，产生了集中的内部业务规模与效率优势，如希音建立了具有一定规模的内部信息化与数据化团队
角色	在流程创新中，新的工作流覆盖了过去旧的工作流	新的工作流淘汰了原有的两个工厂角色	提升了业务系统的效率，如2.3节中提到的木材跨境生意，木材商人提出的创新工作流减少了两个外部角色，为企业创造了更高的利润
	用户的不便利，背后隐藏着引入新角色解决问题的机会	引入新角色（新业务活动），跑通新业务	引入了新角色，跑通了过去不存在的业务，如因为有了美团跑腿业务，消费者习惯了在线下单，但痛点是若人不在家就无人代收。现在，给门店店长多加一个代收角色后，消费者可以将货送到社区门店，由门店店长代收。门店店长因为经营社区团购，成了社区团购的"团长"
	DTC品牌的出现	减少原有角色（减少原有业务活动）	找到去中间化、减少角色、提升业务效率的机会，如新锐DTC品牌服务精众群体㊀，并且对目标群体进行直销，减少了过去中间商的角色

㊀ 国家广告研究院发布的《中国精众营销发展报告2012—2013》中指出，精众是拥有积极向上的价值观，追求并引领高品质生活，具有活跃的、共同的消费符号的人群聚合。精众群体是指企业在市场发展各阶段均需要同步甚至优先关注的人群。

（续）

9项经营结构要素	可能面临的状况（挑战）	相应的调整方式	产生的作用（案例）
角色	超级个体的出现	增加新角色，减少原有角色（减少原有业务活动）	提升了业务效率，如网络上达人直播的出现，使高质量的达人主播取代了线下许多平庸的销售员
	从自营企业转向经营平台	减少原有角色（减少原有业务活动）	减少了原有自雇的内部角色，如链家和它孵化出的贝壳找房，链家从事的是线下房产中介业务，有大量自雇经纪人，而改为贝壳找房平台模式后，公司就不再需要经纪人这个角色，而是与各种房产中介公司合作，聚合和赋能全行业的优质服务者
业务结构	现有的业务结构内，各种业务活动组成的工作流效率低下	通过流程改造或大规模信息化，提升业务运营效率	大规模的信息化极大地提升了运营效率，比如，京东投资建设十多个"亚洲一号"电商物流中心，并在仓储与分拣环节通过设计自动化立体仓储与自动分拣，重组这些环节的业务结构，实现了高效的自动化作业流程，支持"千县万镇24小时达"。再如，一家境外健康检查中心创新经营方式的特色，就在于设计以客户为中心的业务结构，提升客户端体验。围绕客户（体检者）的健康检查过程，这家企业进行了工作流改造，把过去"客户等机器"转变为"机器等客户"，大大缩短了客户的健康检查时间
	生意的前提是必须建立某些特殊的业务结构，这样才能完成业务的基础模型建设	只有建立了这个特殊的业务结构，才能开展生意	建立了特殊的业务结构，支持赚取微薄利润的生意，如7-Eleven便利店在日本开了20 000多家，全球门店多达71 100家，其过人之处不仅在于商品结构与服务细节，更在于特殊的业务结构设计。7-Eleven在开新店之前，会先以一个县为核心建立物流中心，然后围绕着这个物流中心高密度地开200家店，以形成规模效应，降低成本

（续）

9项经营结构要素	可能面临的状况（挑战）	相应的调整方式	产生的作用（案例）
业务结构	现有的科层组织规模大，分工细，部门墙重，协作效率低，市场竞争意识不强	在内部业务系统中对一批角色及业务活动进行拆分与重组	将大组织拆分与重组为许多面向市场自己经营、自负盈亏并自定分配的小型阿米巴组织，使每个组织都有了更强的组织活力。如某出版集团，将旗下许多事业部进一步拆分为一个个自负盈亏的小工作室。再如，海底捞火锅曾将内部供应链上中下游的部门拆分成独立运作的一个个小公司，进行市场化经营
业务结构	现有的科层组织规模大，分工细，部门墙重，协作效率低，市场竞争意识不强	在内部业务系统中对一批角色及业务活动进行拆分与重组	在小型自负盈亏的阿米巴组织之外，许多企业将垂直的专业角色及业务活动集中起来，重组成赋能中台，如服装品牌衣恋集团成立了中台咨询部门，有内容营销、电商运营、私域运营、供应链管理等方面的专业角色及业务活动，对旗下30多个独立品牌进行赋能
业务结构	在内容平台电商化时代，传统电商平台流量下降，而抖音内容电商平台流量上升，品牌必须快速应对	在外部业务系统中对一批角色及业务活动进行拆分	将线上销售的渠道业务结构进行拆分，将销售配置在更多新兴的电商渠道，如零食、母婴、保健品品牌除了在淘系上进行常规运营外，多半还通过抖音、快手等渠道进行运营
主体量级	现有的合作主体低配，使合作产出效率低	为角色配置更高量级的承担主体，配置资源与能力水平更高的主体	提高产出效率，如通过与更有实力的经销商合作，与更有档次、更大规模的外包工厂合作，与技术能力更强的外包研发团队合作
主体量级	在与某个主体合作的过程中逐渐发现其具备更多的关键资源与能力，而且具备良好的信用	让一个主体扮演更多的角色	提高产出效率，如某企业的一个合作主体原来只扮演外包工厂角色，后来发现其研发能力强，于是又让其成为合作研发伙伴，与其共同成立联合研发中心。因为这个合作主体提供了垫资服务，企业又发现它资金实力强，而且信用可靠，于是邀请它入股企业，成为股权合作股东
主体量级	企业的某个关键的外部合作角色若仅由一个主体承担，则有可能出现过度集中的风险	把一个角色让更多的主体承担	提高产出效率，如苹果的iPhone不会只找富士康一个主体为其代工总装，还会找立讯，以降低供应商过度集中带来的风险

（续）

9项经营结构要素	可能面临的状况（挑战）	相应的调整方式	产生的作用（案例）
交易方式与交易结构	企业内部的资深员工缺乏培养后备干部的动力	设计内部交易机制，资深员工培养出好的后备干部后，未来能从后备干部所创造出来的绩效中获得收益	交易设计让资深员工产生培养后备干部的动能，如海底捞有内部师徒制的交易结构设计，让门店店长像细胞一样不断分裂，培养出好徒弟开新店
	大部分中小企业受限于资金实力，无法直接购买大型设备	设计融资租赁、经营性租赁，或依使用量付费等交易方式	破除企业在购买能力上的障碍，迅速完成交易，达成合作，如许多专业的大型设备公司通常会自己设立租赁公司，或与融资租赁公司合作，为资金实力有限的客户提供融资租赁服务
	代工厂（乙方）发现委托方（甲方）需要大量资金研发未来产品	乙方联合投资机构（资产管理公司）募集大量资金，为甲方先垫付生产设备集成商所需费用，缓解甲方的资金需求压力	代工厂（乙方）为委托方（甲方）解决资金需求问题，从而得到了甲方更大的订单，如2.5节中立讯通过交易结构的创新拿到了苹果的大订单
	项目方需要建设项目，有资金需求，需要融资	项目方设计交易结构，引进带有多元关键资源能力的各种主体，通过合资、土地质押、设计信托产品、银行债权融资等一系列操作，完成项目启动	成功的轻资产运作，如5.5节中产业园区通过设计交易结构换来外部融资
	设备商无法在短时间内建立客户关系，难以完成销售转化	找到每一个与客户有长期业务往来的地级市渠道商作为代理商	重设交易结构让销售取得明显增长，如5.6节中的湖泊淤泥处理机团队通过调整交易结构，一下子突破了销售瓶颈
盈利与分配方式	收入与利润不如预期	思考利用"资源盈利"工具，捆绑更多的资源与能力，"+"出新价值	通过捆绑，提升了收入与利润，如通过捆绑资源，把标准品变现内容变成定制化的系统，或进一步捆绑成为复杂定制化的解决方案

（续）

9项经营结构要素	可能面临的状况（挑战）	相应的调整方式	产生的作用（案例）
盈利与分配方式	收入与利润不如预期	思考利用"对象盈利"工具，对资源贡献者减少收费，对资源使用者增加收费	找到更多收费的对象，比如对流量贡献者减少收费，对流量使用者增加收费；再如商场减收星巴克的租金，增收星巴克周边商户的租金
	收入不如预期	思考利用"多点盈利"工具，从更多的产品品类、更多的场景中或在售前/售中/售后找出更多的盈利点	多盈利点加起来产生更多的收益，如广州的长隆野生动物园增加了儿童游乐馆品类，又增加了水上游乐馆品类，每个品类中还有单独收费的场景
	收入不如预期	思考利用"计量盈利"工具，弹性选择计费度量单位，或改变计费方式，调整定价逻辑	让客户感觉物有所值，愿意交易，愿意支付，如有的麻辣烫按食物的重量收费，有的按盘收费，食量大的人就觉得按盘收费更划算
	利润不如预期	思考利用"分配盈利"工具，转移成本承担主体，同时思考如何合理地分配利益	更多的合作伙伴一起承担成本，如演唱会、论坛找赞助商，再如各种拼团逻辑
	收入不如预期	思考利用"杠杆盈利"工具，通过小的发力点撬动更大的收益	凭借外部资源加持，迅速提高收益，如通过财务杠杆扩大生产规模，再如通过超级达人人格魅力的杠杆扩大销售规模
	利润不如预期	思考利用"算账盈利"工具，对现金流支出做到谨慎管理	杜绝非必要支出，精打细算下"掐"出更多利润，如经营者应在营销推广投入、采购支出、企业内部运营等成本计算上仔细检视，看看是否有降低非必要支出的空间

9.4 升级路径二：以 9 项经营结构要素嫁接 4 项经营环境要素，让生意迭代成"时代的生意"

第二条升级路径是以 9 项经营结构要素嫁接 4 项经营环境要素，让生意迭代成"时代的生意"。在对这条路径进行详细讲解之前，我们首先要了解成就新商业的 4 项经营环境要素。

每当我们探究优秀企业的创立缘起和成长历程时，往往会发现这些企业有一个共同点：它们大多在某个新时代掌握了新商业特征，抓住了该时代的商业机遇或应用了新的商业运作方式，进而迅速崛起，从自身所处的行业中脱颖而出，成为"时代的企业"。当然，也有一些基业长青的企业，总能看清时代大势，顺势应用新时代的运作方式，从而使自身保持生命活力，穿越各种周期。不过，这类企业并不多。

如何与新时代保持同步？优秀的经营者始终拥有动态思维，能够随时侦测科技、政策、消费趋势等外部环境的变化，持续学习新时代的生存法则（新的经营要素、方法与逻辑），并且能拥抱变化，迅速应变。

不过，在现实中，许多企业在形成了稳健的运营机制后，经营者就容易自满，在经营生意时往往会陷入思维惯性与行为定式，缺乏动态思维，对环境的变化反应迟钝。这类经营者属于运营型经营者，在时代交替中，他们很容易被"后浪"取代。

经营者必须认识到，每个新时代来临时，都会出现推动商业变革的"关键变因"，我们将其称为"新时代的经营环境要素"，如图 9-5 中间所示。企业若能嫁接这些要素，就有可能从原本的经营方式转向新的经营方式，推动企业自身的商业改造。

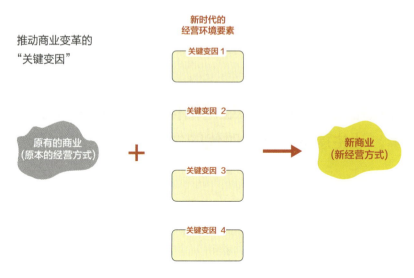

图 9-5　推动商业变革的关键变因

主动、积极地拥抱这些关键变因（经营环境要素）的经营者，能在推动商业变革时掌握主动性；而那些消极的经营者，可能在一段时间后才发现竞争形态的变化，当他们认识到并着手进行商业变革时，已经处于被动的状态。

拥抱就是嫁接，我们把企业需要嫁接的经营环境要素分为四大类，分别是粗颗粒度的新科技、新思维、新消费、新政策，如图 9-6 中间所示。

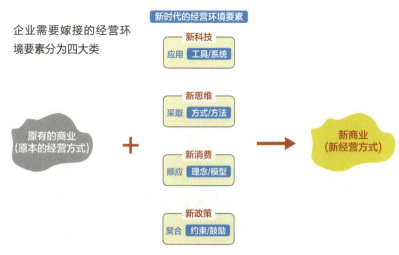

图 9-6　四大类经营环境要素图

如果我们把这四个经营环境要素拆解为中颗粒度的要素，就会得出以下四点：
- 新科技给这个时代带来了新的工具与系统；
- 新思维给这个时代带来了新的方式与方法；
- 新消费给这个时代带来了新的消费理念与决策模型；
- 新政策给这个时代带来了新的约束与鼓励。

我们可以再把这些中颗粒拆解为细颗粒度的时代生存法则，如此细化得出的正是新时代必须嫁接的要素的具体内涵。接下来，我们以商业 3.0 时代为例，看看这个时代 4 项经营环境要素的具体内涵有哪些，如图 9-7 所示。

商业 3.0 时代的主要特点是"移动 + 社交"。这个时代因其特有的技术——移动终端、社交软件、大数据以及云计算，催生出了在线化、社交化、数据化等经营特征。

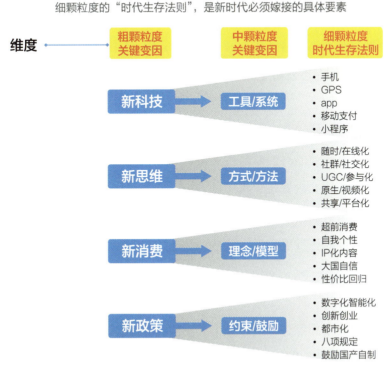

图 9-7　商业 3.0 时代环境关键变因的细化拆解图

- **新科技**

最重要的经营环境要素是新科技。新科技创造出的新商业往往超出我们的想象,尤其是颠覆性新科技的出现,容易给旧商业带来毁灭性影响。企业最基本的生存要求,是插上新科技的翅膀进入新时代,找到新的生存模式,避免被残酷淘汰的命运。

颠覆性新科技的出现往往会带来人类社会未曾有过的新生意,我们将其称为"商业新物种"。比如,飞机问世后出现的航空公司。再如,商业 3.0 时代,在移动终端科技的推动下,"内容平台""超级商业个体"等商业新物种接连出现。大众点评及口碑等内容平台为用户提供店铺搜索、定位及点评等功能,由此汇聚了海量数据,形成了"数据能量场",让消费者和餐厅多方受益。头部主播等"超级商业个体",作为创业型小团队,既没有自己的产品,也没有自己的工厂,通过达人直播带货(现在被称作"达播")的方式盈利。这种新生意刚出现时很多人觉得不伦不类,但它却有着极强的实卖性以及自进化性。以 2021 年"双十一"为例,据统计,两位头部主播直播间当日合计成交额达 189 亿元。其中一位主播团队 2020 年收入超过了中国 60% 的上市公司(2307 家)的年净利润水平,这在传统商业时代是难以想象的。

还有一类新科技属于突破性基础建设,比如计算机、手机、无人驾驶技术等可广泛应用于各垂直行业的科技。这些突破性基建型科技在扩散后还会发展出一系列延伸性应用技术,比如内置于手机中的 GPS、app、移动支付、小程序……它们带来的是新的工具与系统,从根本上改变了人们的工作与生活方式。

这些细颗粒度的新科技应用,就是企业在这个时代必须嫁接到原有经营方式上的具体生存法则。

今天,如果开车的时候没有 GPS 导航,我们或许找不到目的地,物流企业的配送车也做不到高效精准配送;没有 app,我们没办法打车或叫外卖,企业也无法做到向工厂移动下单;如果没有手机扫二维码的移动支付,我们可能连在路边买包子都成了难题，商场也无法实现门店支付。这些都是当下的新生存法则。

- **新思维**

<u>新思维带来的是工作、生活的新方式与新方法</u>，企业的经营方式可嫁接的新思维有很多。如在线化，今天的消费者已被培养出了"即想、即找、即互动、即得"的习惯，想到就随时随地下单，而且可选择的消费链路很多，许多决策链条变得非常短。企业过去的电话客服中心转变成随时在线的多媒体客户服务中心，才能满足客户即想即得的需求。再如社交化。现在人们想要讨论一件事情，第一个动作往往是建个微信群或钉钉群，把相关人员拉到群里，在群中互动、共创，这使越来越多企业开始导入移动沟通与群办公工具。

新思维带来的新方式与新方法的具体内涵非常丰富。以资本市场的新估值方法为例，过去，资本市场的评估通常以资产回报率为主要指标，迈入移动互联网时代后，流量估值、用户资产估值等新评估方法开始流行，最近又有了"用户数字化资产估值"的新概念。比如，新茶饮品牌喜茶最重要的资产正是通过数字化方式沉淀下来的 2000 万个私域用户。只要能经营好这些用户，以每位用户创造的年消费价值 700 元计，喜茶的估值就是 140 亿元，这就是资本市场的估值新思维。同时，资本市场不再只重视财务绩效，而是开始重视环境、社会和公司治理绩效。由于全社会对 ESG⊖价值理念关注度的提高，ESG 评估也成为重要的估值评价维度，这要求商业 3.0 时代的企业把经营重心从过去的聚焦于自身利益转向更多地关注社会利益。

- **新消费**

2019 年，中国人均 GDP 迈入 1 万美元大关，许多城市的人均 GDP 甚至超过了 2 万美元，居民的可支配收入有了很大提升，消费者因此对"场"有了更高的

⊖ ESG，Environment，Social and Governance（环境、社会和公司治理）的缩写，即从环境、社会和公司治理三个维度评估企业经营的可持续性与对社会价值观念的影响。

要求。以前人们去商场购物，在意的是"买不买得到"，现在在意的是"买得快不快""体验好不好"。消费者对"货"的要求也从重视基本的质量和功能升级到对颜值、IP、故事、包装的丰富诉求。此外，消费者还会通过自主搜索和线上社交信息交换，消除品牌信息不对称的问题⋯⋯

一言以蔽之，消费者的理念变了：他们拥有更多元、新颖的消费理念与决策模型，如超前消费、彰显自我个性、重视 IP 化内容、Z 世代的大国自信、不盲从名牌、回归性价比等。

- **新政策**

新政策具体表现为政府的鼓励与约束政策。[一]比如，政府鼓励创新创业，鼓励企业数字化转型，希望全社会能共同富裕。政府大力扶持发展的重点产业如芯片、环保、生物科技、新能源汽车成了商业 3.0 时代重要的风口与赛道。

如今，时代的变化不再以年计，分秒中尽是崭新的气象和崭新的经营环境——新的技术工具、新的思维与工作方式、新的消费偏好、新的政策。在环境要素的内涵日新月异的变化中，优秀的经营者唯有具备动态思维，持续侦测环境变化，拨开迷雾，快人一步总结出新的生存法则，并迅速用原有的经营结构要素嫁接当下的经营环境要素，才能走出混沌，把生意顺利带入迭代上升的通道。

接下来，我们就如图 9-4 所示，把 9 项经营结构要素分别拿出来，尝试着一一嫁接商业 3.0 时代 4 项新的经营环境要素，找到把生意迭代成"时代的生意"的机会。

我们首先要强调的一点是，企业原有经营结构要素中的一项或多项若能巧妙地与新时代的经营环境要素嫁接，就有可能创造出新的经营方式，形成新的商业模式。具体的嫁接方式如图 9-8 所示，我将通过真实的商业案例来进行详细讲解。

[一] 达利欧. 原则 [M]. 刘波，綦相，译. 北京：中信出版社，2018. 作者认为，领导人和社会自上而下地做出大多数决定，要求每个人都知道自己的角色以及如何发挥自身的作用，追求"以德治国"，通俗地说，生产力创造的机会和成果带来的利益是广泛分配的。

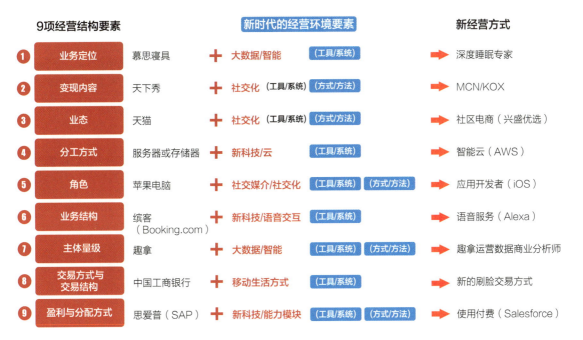

图 9-8　经营结构要素嫁接经营环境要素产生新的经营方式示意图

嫁接方式 1：业务定位 + 新科技→新业务定位

企业以业务定位这个经营结构要素嫁接新科技这个经营环境要素，就能得到新业务定位，慕思寝具的案例就说明了这一点。

案例 9-1　慕思寝具：从床垫研、产、销一体化品牌到深度睡眠专家

慕思寝具位列中国床垫品牌前三名，其主营业务是寝具（尤其是床垫）的研、产、销，过去的主要业态是线下直营店及经销商的线下门店。

移动互联网及智能科技出现后，慕思很快投入到智能床垫的研发上，并开发出了利用床垫上的传感器记录睡眠状态的智能床。智能床能记录每个使用者入睡后的睡姿以及翻身次数，通过机器学习判断其深度睡眠时间、状态，并自动调节床垫的形状，促进使用者进入更深度的睡眠。

如图 9-9 所示，慕思在原有业务定位上嫁接了智能科技工具，只要技术臻于成熟，就能考虑重新定义业务定位。其嫁接逻辑如下：

慕思寝具业务＋智能数据科技→重新定义业务定位为"深度睡眠专家"

如图 9-9 所示，慕思寝具原有的主营业务定位是"中国床垫研、产、销一体化品牌"，嫁接了经营环境要素的"智能科技"后，就能考虑转变为新的业务定位——"深度睡眠专家"。"深度睡眠专家"这个业务定位使慕思有了更宽广的经营范围，交易内容也更加丰富，可以延伸到各种智能床上用品、移动 app、知识付费、协助深度睡眠音频产品等。

新的业务定位让品牌跨越原有业务边界，围绕"提升人的睡眠品质"开辟出了更大的价值想象空间。

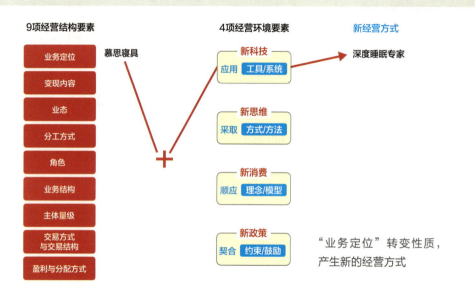

图 9-9　业务定位嫁接环境要素举例图

嫁接方式 2：变现内容＋新科技/新思维→新变现内容

当变现内容与新科技或新思维嫁接在一起，就会产生新的变现内容。如国内领先的营销与推广平台天下秀最早以微博广告为主要变现内容，通过嫁接移动社交的方式与方法，整合新的资源，就产生了新业务及新变现内容。

案例 9-2 天下秀的全新蜕变

天下秀早期的变现内容是在微博上为甲方（广告主）投放广告，以及提供数字营销与运营服务。当社交媒体转变为移动社交形式时，实时信息与交互成为主流，红人账号和直播间崛起为新的流量入口。

如图 9-10 所示，天下秀看到了红人的内容营销价值和分销价值后，在原有变现内容上快速嫁接了移动社交技术与方式，开拓了 MCN 新业务，聚合了一批拥有百万粉丝的微博大 V。嫁接后的新变现内容是为品牌商提供图文笔记及短视频拍摄、在微博/头条进行社交内容分发等服务，相比之前，企业利润大幅提升。

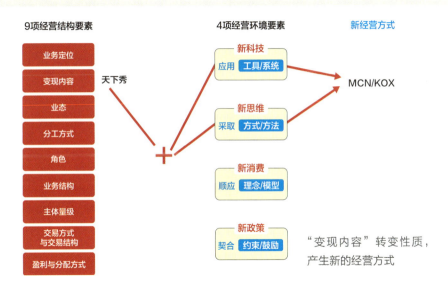

图 9-10 变现内容嫁接环境要素举例图

接着，天下秀成立"腰部"及"腿部"红人（内容创业者）交易平台业务板块，投入人力和技术研发并搭建起 WEIQ（红人营销）平台，连接商家与红人，基于大数据技术，为红人与企业提供撮合与交易服务。除此之外，天下秀还开辟了直播电商代运营业务，筛选并签约孵化红人，让他们为品牌商提供直播服务。

这种嫁接的逻辑为：

　　图文短视频广告（广告服务及投放变现内容）+ 科技（直播）/ 社交化（KOX）
　　→ MCN 经纪公司变现

嫁接方式 3：业态 + 新科技 / 新思维 → 新业态

业态与新科技或新思维嫁接到一起，就会产生新业态。社区电商就是这样兴起的。

案例 9-3 社区电商的全新运营方式

淘宝、天猫与京东都属于传统流量电商业态，它们通过各种线上线下触点使商品信息触达消费者，引起消费者的兴趣，把消费者吸引到平台上进行搜寻、互动，最后转化成交。

而社区电商等新的电商业态却截然不同，它们在传统电商业态基础上嫁接了移动社交技术与方式——招募在社区里积累了很多熟客并与其建立了信任关系的杂货铺或小餐饮店老板作为"团长"，让他们通过微信社交方式使商品信息触达消费者，并通过频繁地"软互动"转化成交，如图 9-11 所示。

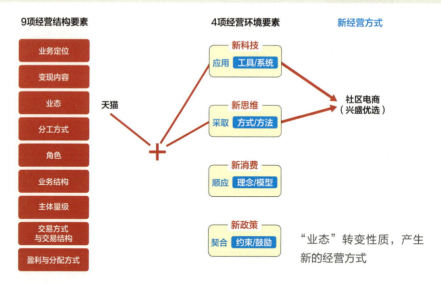

图 9-11　业态嫁接环境要素举例图

具体而言，团长通过微信建社群，在微信社群中向熟客以及通过各种方式拉入的新客推荐高性价比的优质生活用品及生鲜产品，客户通过微信社群下单订货，团长（群主）可以就近提供配送及售后服务，也可以以门店为提货点让客户自行到店提货。

在团长的本地化运营服务下，社区电商业态比传统电商还要即时、便利。客户与团长线下有温度的交互，让客户更加信任团长，增强了店家与客户的黏性。

这种嫁接的逻辑为：

电商平台 + 微信社群 → 社区电商

嫁接方式 4：变现内容与业态 + 新科技 → 新变现内容与新业态

变现内容与业态嫁接新科技，就有了新的变现内容与新业态，比如惠普。

案例 9-4　变现内容与业态变化

惠普、IBM 这类科技企业过去的变现内容主要是提供硬件（服务器和存储器）和售后服务合约，以及为企业客户做 ERP（软件合作伙伴 SAP 的 ERP 软件）的定制开发服务，将软硬件集成后，在企业内部数据中心（IDC）做本地化部署，或是托放在具有专业供电与空调环境的第三方数据中心。这些企业销售给客户的硬件能提供算力，支持企业级软件的运行，让客户能稳定地使用软件工作。此时，这些企业的销售业态是"直销 + 招投标"，服务业态是"企业或第三方机房部署 +（乙方）派工程师进行定期维护与临时维修"。

云计算技术出现后，新型服务商伴随而来，他们直接向芯片和储存元件供应商购买关键零部件，然后自己组装服务器和储存器，再用自研的云运算与储存管理软件，在自建的厂房里进行集中式管理。

就此，这个行业的变现内容发生了重大的变化。如图 9-12 所示，在嫁接了云计算科技后，过去的硬件变现变为服务合约变现，同时出现了新的业态，即"云服务中心中央管理"。

值得注意的是，在这种转变中，企业客户的原始需求及购买目的不变，都是获得可以稳定使用的算力。但企业过去雇人管理机器的业务活动不见了，所有的算力都被外包给云计算服务商，可以按月或按使用量付费。新的业态让硬件采购大大减少，服务采购成为主流。

这种嫁接的逻辑为：

硬件变现（原有变现内容）+ 云计算技术 → 服务合约变现（新变现内容）

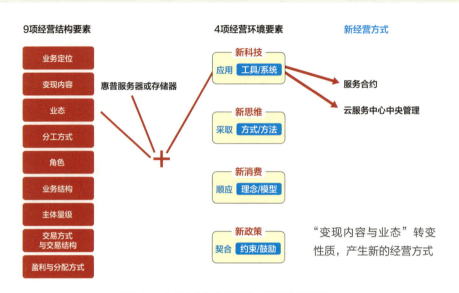

图 9-12　变现内容与业态嫁接环境要素举例图

企业或第三方机房部署 / 乙方派工程师进行定期维护与临时维修（原有服务业态）+ 云计算技术 → 云服务中心中央管理（新服务业态）

嫁接方式 5：分工方式 + 新科技 → 新的分工方式

在案例 9-4 中，我们看到，硬件时代的大部分企业客户必须购买服务器、储存器以及应用软件，还要请外部信息系统集成商承办软硬件集成，在自己的数据中心内做本地化部署，向各种供应商购买售后服务。于是，在分工上，外部合作伙伴负责集成及售后服务，大部分企业客户则自己运营数据中心。

但是，当云计算技术与云服务商出现后，大部分企业客户嫁接了新科技，分工方式发生了变化，如图 9-13 所示。很多企业停止了自建、自运营本地化数据中心，转而向智慧云服务商采购虚拟主机的算力服务，并且直接在云上采购小型化 SaaS 服务。

这种嫁接的逻辑为：

原本自运营 + 云计算技术 → 采购更多的专业外包服务

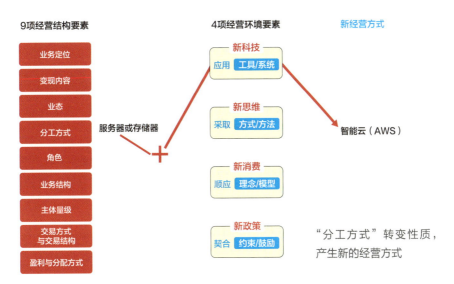

图 9-13 分工方式嫁接环境要素举例图

嫁接方式 6：主体承担的原有角色 + 新科技与新思维 → 新主体承担的新角色

传统的营销推广方式是企业通过各种信息渠道，使商品信息触达客户（付费决策者）与用户（使用者）。在传播上，客户与用户通常是被动的接受者角色。

但是，当客户与用户用上了移动社交 app（微信、钉钉等）后，他们就从原来被动接受者的角色，转变为具有主观能动性的反馈者角色和再传播者角色。企业还可以通过社群建设，把具有个性化的反馈者聚合起来，让他们成为产品创新网络中的一员，甚至引领或主导企业的产品迭代思路。

如图 9-14 所示，安卓和苹果把产品系统的积极用户（使用者角色），通过嫁接新科技与新思维，转化为反馈者（应用开发者或超级使用者角色）。他们重视建立应用开发者社群，并通过各种形式的活动，邀请超级使用者优先内测，让他们为产品提供创新性意见。

此外，大部分互联网公司都希望把开发者用户变为非传统意义上的合作者，让他们用互联网公司的开源代码设计出自己的技术产品（app 或 SaaS 产品），再在平台上销售，谷歌与百度还会组织用户参加开发者社群和大会。

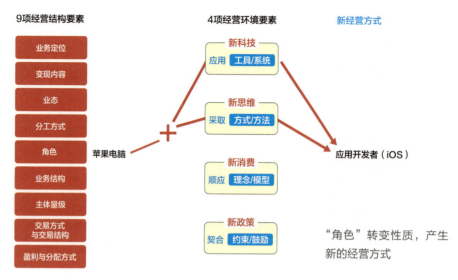

图 9-14 角色嫁接环境要素举例图

这种嫁接的逻辑为：

专业公司内部开发软件 + 社交化 → 引入应用开发者承担软件开发角色

嫁接方式 7：业务结构 + 新科技 → 高效的新业务结构

过去，各个垂直领域都有自己的 app。如买机票，上携程；订外卖，搜本地生活服务商美团或饿了么；遇到不懂的问题，问知乎；寻路查路线，上高德地图或百度地图……打开若干个 app，用户要花不少时间。

但是，具有自然语言人机交互功能、以完成任务为导向的语音助理（如亚马逊的 Alexa、阿里巴巴的天猫精灵、谷歌的 Home、百度的小度、小米的小爱同学等）出现后，它们可以为用户提供集成化的全方位服务，通过手机一站式连接各种 app，实现任务导向型人机自然语言交互。用户通过语音就可以指挥这些智能助理，如让它们帮买机票、叫外卖、在开车回家之前先开启家里的空调等。这背后是物联网技术对智能硬件的连接。

服务的业务结构由此产生了变化。用户只要用一个语音服务平台就能直接连接各个垂直服务平台，省去了一次又一次打开各种 app 的时间，业务活动效率由此得到了极大的提升。如图 9-15 所示，用户可以通过 Alexa 打开酒店及住宿在线预订平台 Booking.com，更加便利地获取服务。

这种嫁接的逻辑为：

垂直 app 服务 + 智能语音助理 → 智能语音助理高效一站式服务

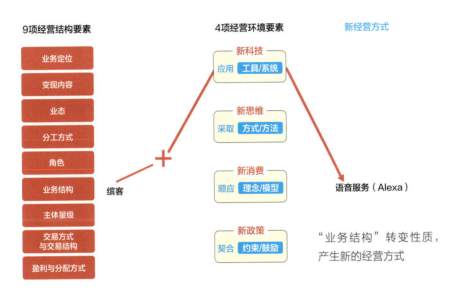

图 9-15　业务结构嫁接环境要素举例图

嫁接方式 8：原有角色 / 主体量级 + 新技术 → 新角色 / 新主体量级

企业的成长是一个不断跃上新台阶的过程。每上一个新台阶，往往需要增加过去没有的新角色与新业务活动，同时要为新加入的角色引入更高量级的主体，并且淘汰原有角色，或保持原有角色不变但替换承担这些角色的主体。

例如，经营楼宇广告、移动零售机（自动贩售机）、充电宝这些业务的企业，在营收规模不大时，做的都是传统生意。但是，当企业规模突破临界点、呈指数级增长时，有价值的数据就会随之大幅增加，这时经营者就会思考为原有业务嫁接新科技与新思维。最近，许多企业都在尝试利用"数据产品"为自己提供更精准的数据决策依据，这时企业就需要加上数据产品建设这个新的业务活动，同时增加新角色——数据分析建模师、app 用户界面优化师、测试工程师等。

例如，国内领先的新品派样企业趣拿，在原有角色"自动贩售机点位开拓师"之外，新增了运营数据商业分析师这一角色，这使他们有机会承担为用户打标签等新业务活动，如图 9-16 所示。趣拿还要为这些新增角色配置拥有更高技术能力的主体，形成更高配的主体量级。

这种嫁接的逻辑为：

自动贩售机点位开拓师（原有角色与普通主体量级）+ 数据科技 / 数据产品
→ 运营数据商业分析师（新角色与更高配的主体量级）

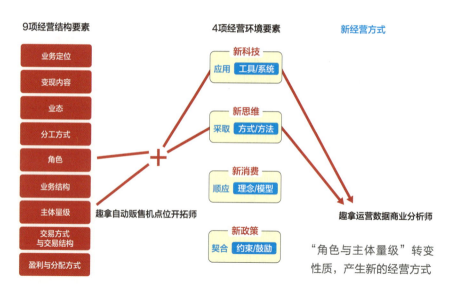

图 9-16　角色与主体量级嫁接环境要素举例图

嫁接方式 9：交易方式与交易结构 + 新科技 → 新的交易方式

10 年前，人们进行大额转账付款时，要到银行线下柜台排队办理，后来银行嫁接了 PC 端互联网，客户只要在 PC 端操作即可。之后，移动生活方式成为主流，银行又嫁接了移动 app，于是，客户可以在移动端用 app 进行大额付款交易。现在，银行又嫁接了 AI 技术，由此产生了人脸识别的交易方式，客户刷脸即可交易，如图 9-17 所示。新技术在不断提升交易方式的便利性。

这种嫁接的逻辑为：

人到现场交易方式 + 金融科技（AI 人脸识别技术）→ 新的刷脸交易方式

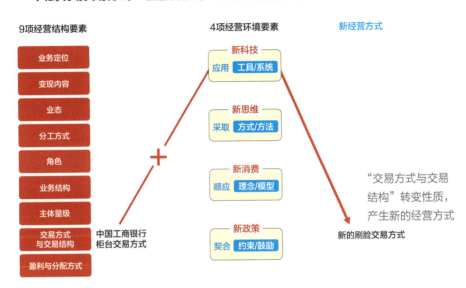

图 9-17　交易方式与交易结构嫁接环境要素举例图

嫁接方式 10：分配与盈利方式 + 新科技与新思维 → 新分配与新盈利模式

案例 9-5　软件行业的变迁

在以 PC 为主的信息技术运营时代，企业软件供应商的代表是 SAP、甲骨文、金蝶、用友这类大型 ERP 软件开发商。这些软件企业根据不同垂直行业的特性，设计从销售（含分销）、财务、人力资源到供应链管理等多模块集合的大型一体化 ERP 软件。当时，软件企业的盈利方式是收取需求调研的咨询费（第一个盈利点）、软件二次开发费（第二个盈利点）以及"使用者数量 x 每位每年授权费"（第三个盈利点）。

但是，在云计算时代，企业客户嫁接了新科技与新思维后，转为采购通用型移动端 SaaS 软件，并根据自身需求做二次开发，或者采购行业垂直型 SaaS 软件，委托云服务商在平台内利用 aPaaS（应用程序平台即服务）打通各个 SaaS 的数据，组建自己的智能云，打造出比一体化 EPR 更低价、更切合企业使用场景的灵活系统。

所以，今天软件企业的盈利方式产生了本质上的变化，如图 9-18 所示。

这种嫁接的逻辑为：

一体化垂直 ERP 盈利方式 +SaaS 化→ SaaS 弹性盈利方式

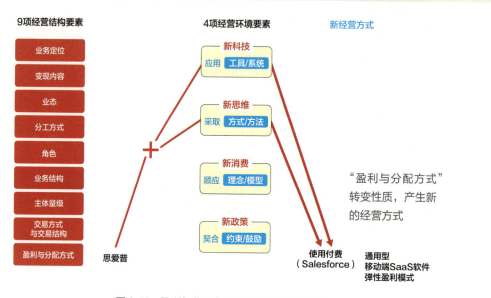

图 9-18　盈利与分配方式嫁接环境要素举例图

9.5 不可抗力催生的商业升级新机会

在 8.4 中，我通过实际商业案例介绍了经营结构要素与经营环境要素嫁接的逻辑。除此之外，我还要特别提醒一类特殊情况：当经营环境遭遇突如其来的巨变时，经营者更应该思考如何利用科技与思维等经营环境要素来迅速应对。

2020 年新冠疫情席卷全球，在有效防疫的倡议下，正常的经济、社会活动曾一度按下暂停键。这突然而至的挑战使企业的经营充满未知，一道道新的经营难题摆在了经营者面前：面对商业环境的极端变化，<u>企业能迅速发现并做出反应，及时调整短期经营方式吗？</u>能否用另一种方式维持企业运营，降低经营风险，为企业止损，帮助企业渡过难关？

在低接触和无接触经济迅速成型、常规市场需求减弱或消失、企业资源与能力短暂闲置时，企业需要快速找到并满足因特殊时期的特殊经济场景而产生的非常规需求，还要顺应客户的低支付意愿，设计出新的交易方式。

有一家企业在这方面就做得很好，具体见案例 9-6。

案例 9-6　A 公司如何及时应变，化"危"为"机"

A 公司是一家专注于酒店垂直行业的软件服务商，一直为酒店提供运营软件开发与授权服务。疫情期间，酒店的入住率呈断崖式下跌，很多酒店甚至处于半停业状态，现金流无以为继，因此无法支付软件使用费，这使 A 公司的收益受到直接影响。为了弹性应对新情况，A 公司首先推出了公益健康登记小程序，供酒店客户免费使用，以此保持与酒店的连接。

同时，A 公司还洞察到酒店在困难时期的特殊经济场景下产生的非常规需求——使用"无接触办理入住软件"。于是，A 公司从软件开发队伍中分出一部分人来，充分调动他们的积极性，让他们以最快的速度开发出一套线上无接触办理入住的 SaaS 软件。此外，A 公司还把员工组织成许多"战斗小组"，让他们向酒店推广这套小 SaaS 软件（推出对应的内部激励政策）。

在无接触经济下，A 公司帮助酒店客户开辟了新的服务方式，使酒店能够向入住者提供新的无接触却有温度的入住服务业态，如图 9-19 所示。

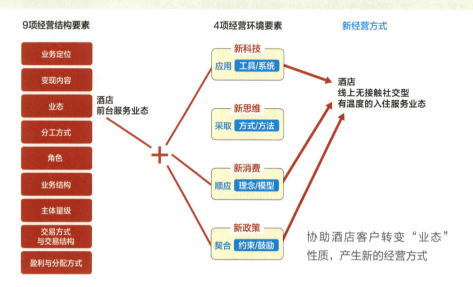

图 9-19　酒店原业态嫁接环境要素产生新业态图

平时，酒店集团通常会让内部的 IT 团队开发这类小应用软件。但是，在疫情急于使用的关口，酒店只能选择开发速度更快的外部软件服务商。A 公司就这样抓住了非常规需求，找到了新的业务。

这种嫁接的逻辑为：

酒店原本的"前台服务业态"＋无接触经济下应用 4 项经营环境要素
→ 酒店"线上无接触社交型有温度的入住服务业态"

在疫情期间，面对酒店现金流困难、付费意愿低的情况，A 公司在无接触办理入住 SaaS 软件内还设计了用户社交推荐功能，为酒店开源，帮助酒店导流客户，这为酒店以及其自身都创造了价值，实现了双赢。

交易方式与交易结构也发生了变化。在交易方式上，A 公司通过与租赁公司合作，使酒店免受一次性付款的压力。在交易结构上，A 公司也迅速做了调整，过去的软件公司大都采用直销的方式，现在 A 公司引入了客户覆盖能力强的代理商，实现更高效的销售转化。

我们再以一家机器人公司为例,来说明在由疫情产生的特殊经济场景中,企业应如何抓住非常规需求,带来的新业务。

案例 9-7　机器人公司新经营方式带来的新转变

某机器人公司的常规业务是为制造工厂定制可提高效率的工业机器人(非人形化机器人)。疫情期间,制造工厂订单锐减,机器人公司也因此业务量大减,必须寻找替代商机。

机器人公司的经营者发现了在各种场景中,如博物馆、图书馆、电影院等公共场所都有定时消毒杀菌的强需求。于是,机器人公司对公司的资源能力进行了有效的再组织,创造了新的变现内容,如图9-20所示。过去做大机器人,组织大,职能分工细,而现在要做应用于各种场景的小型消毒机器人,公司就把大组织拆成小的经营单位,每一个小经营单位都配有设计工程师、制造工程师与销售人员等各种职能,让他们背靠一套开发能力服务包,用事业合伙人组织的方式来自己找客户,自己设计与交付。

小团队作战的方式使整个公司都"动"了起来,在短短几周内就为客户交付了一批性价比高的消毒机器人。全新的经营方式使公司获得了更大的收益。

该嫁接的逻辑为:

工业大型机器人 + 低接触经济 → 复工场景小型消毒机器人

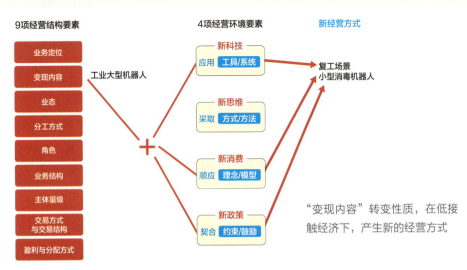

图 9-20　机器人公司原有变现内容嫁接经营环境要素产生新的变现内容图

机器人公司的案例告诉我们,当大订单需求减弱、短期一次性小订单需求增强时,经营者应该立刻调整内部角色、业务结构与组织结构,组建小经营单元,如图 9-21 所示。小经营单元之内有各种职能,能自己接单、设计、产生、交付、销售。在公司平台技术的支撑下,各单一经营单元可以迅速发展。

这类嫁接的逻辑为:

大组织垂直分工(原有业务结构/组织结构)+ 短期场景强需求
→ 小组织专业配置(新业务结构/组织结构)

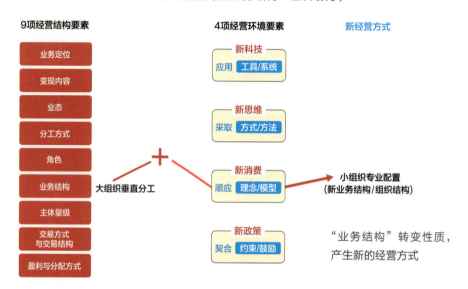

图 9-21 原有业务结构/组织结构嫁接经营环境要素产生新业务结构/组织结构图

9.6 直面 30 组灵魂拷问，助你升级为经营型经营者

先抛出一个至关重要的灵魂拷问：你是经营型经营者，还是运营型或学霸型经营者？

你是否了解并能够区分这三种经营者，是否知道自己属于哪一种经营者，这不仅关系到生意升级，也关系到经营者的自我升级。

在商业与技术联动相对简单的过去，企业所处的商业环境相对稳定，因此经营者不需要频频应对随时可能冒出的"黑科技"，以及科技带来的商业冲击和经营范式转移。对他们而言，"如何嫁接新技术"并不是一个重要的议题，在经营中摸索总结各种关于经营方式的规律更值得重视。经营者只要遵循这些规律，专心做好精益管理，导入各种流程改造并采取各种变革举措即可。

遵循规律进行经营的运营型经营者，在遇到经营挑战时，总是带着"生意尽在掌控"的信心，能够依据经验迅速找到答案，做出决策，解决问题。于他们而言，验证有效的经营方式能指导他们迅速解决问题，维持企业稳定高效地运营。

运营型经营者更愿意把时间和精力用于已有经营方式的提升，而不是通过发现与嫁接新科技让企业形成新的经营方式，产生跳跃式成长。这种遵循规律的思维与行为在不知不觉间使大量经营者成为有"惯性定律症"的运营型经营者。

然而，当运营型经营者来到今天的移动互联网时代，面对充满不确定性的全新的商业环境，面对扑面而来的大量新科技以及由此而来的新思维、新挑战时，他们突然产生了失控感，感觉对经营失去了掌控，甚至来不及思考，只能被动地做出反应，仓促地应对。以前"准备、瞄准、发射"的主动性控盘动作，一下子就变成了被动性的"回应，再回应"。过去的从容应对，也变成了疲于应付。经营者因此感

到心累不已。

究其原因，运营型经营者在过去那种稳定的经营环境下不必学习与引进新科技、新思维，也很少需要考虑战略层面的问题，于是，他们的眼光越来越多地停留在事务层面，精力也更多地用于解决运营层面的问题。在战术上，他们是勤奋的，但在战略上，他们却是懒惰的。这导致他们失去了侦测商业环境变化的主动性，从而无法主动、及时地捕捉新科技和新思维带来的机遇。

除了运营型经营者，还有一类经营者，他们拥有高学历，长期接受思辨训练，总能结构化且深入地看待事情，我将其称为学霸型经营者。学霸型经营者一旦投入经营，往往会把事情想得太复杂，以致失去直面最简单的经营本质问题的直觉。

你是运营型经营者或学霸型经营者吗？如果你不想成为这两种类型的经营者，想升级为真正的经营型经营者，就要不断地刺激自己直面那些直击经营底层要素的根本议题。

在此，我特意准备了 30 组蕴含经营底层要素的问题，每组问题都对应着一个或多个经营底层要素，如图 9-22 所示。这些问题简单而通透，经营者可以拿着这

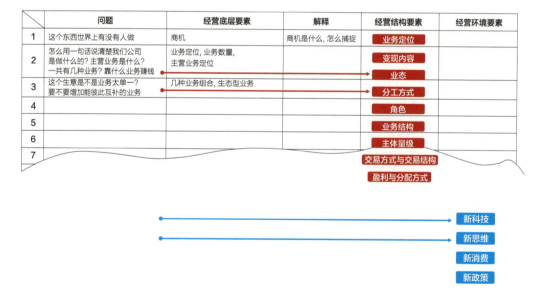

图 9-22　每组问题都对应着一个或多个经营底层要素（示意）

些问题反复向自己提问，向团队提问，在回答问题的过程中，引导自己或团队产生新的经营思路。在这些问题的指引下，我们将从运营性事务中抽离出来，直面经营成长，向真正的经营型经营者迈进。

接下来，我将详细介绍这 30 组蕴含经营底层要素、能帮助经营者检测现有商业模式、探测升级机会的"灵魂拷问"，如表 9-2 所示。这是 30 组包含了商机、效率、人性、利益、环境的经营问题，其目的不是帮助经营者一步到位设计出卓越的生意与终极商业模式，而是帮助经营者持续地获取改进生意与促进企业成长的新思路。

在运用此表之前，我要先提醒大家一点：在阅读每个问题时，请先不要急于看第三列"解释"，而要先仔细思考这个问题背后是否隐藏着某个或几个经营底层要素。

表 9-2 直面经营底层要素的 30 组灵魂拷问

序号	提问	经营底层要素	解释	经营结构要素	经营环境要素
1	我们做的东西，世界上还有哪些人在做？	从商机到业务定位	这个商机到底是什么？怎么捕捉这个新业务？	结构要素	
2	怎么用一句话说清楚我们公司是做什么的？主营业务是什么？一共有几种业务？靠什么业务赚钱？	业务定位（总共有几种业务、主营业务定位、流量型业务与盈利型业务）；是价值型业务还是走量型业务	比如，一个自媒体公司同时拥有内容业务、广告业务、线下论坛业务等；虽然主营业务是内容业务，但它只是带来流量的业务，真正盈利靠的是广告业务	结构要素	
3	这个生意的业务是不是太单一，要不要增加互补业务？	生意是否由多业务组成，每一种业务（业务定位）彼此之间是否具备生态型的多业务协同特征	比如，在阿里巴巴集团中，阿里巴巴是电商业务，阿里妈妈是营销推广业务，两业务构成了彼此相依、互托的生态型多业务生意	结构要素	

（续）

序号	提问	经营底层要素	解释	经营结构要素	经营环境要素
4	我们向谁卖什么？创造了什么价值？在哪里卖？卖的方式是什么？服务的方式又是什么？	业务定位中"人（客群）-货（变现内容/性感商品）"匹配；销售业态与服务业态的形式	商品是交易的内容，商品创造了差异化的价值；业态＝场＋场景＋满足需求的方式	结构要素	
5	我们把拥有的资源能力当IP卖还是当产品卖，又或是当服务卖？怎么收钱？分几次收钱？	交易内容，交易方式	把拥有的资源能力转换成可交易的内容，并且选择交易的方式，每一种交易内容的交易方式不同	结构要素	
6	这个生意（业务定位）要是能做成，需要哪些最重要的角色？能减少些角色吗？	角色	比如，一个直播电商公司（播商）要开张运营，需要最重要的角色是品牌方（客户）、MCN公司（旗下可直播的达人、红人）、直播内容策划、直播平台与电商平台（角色）	结构要素	
7	哪些角色由我们公司自己承担，哪些角色找合作方承担？	分工方式	实现生意多半要内外部专业分工	结构要素	
8	我们的生意是否太传统？效率够不够高？	业务结构：由各种人工或自动化的业务活动组合而成的业务结构	在业务结构设计上，工作流效率是否太低，能否通过流程改造来提升业务效率？能否利用新科技实现业务流程自动化，从而提升业务效率？	结构要素	环境要素
9	围绕这个业务定位，配套的前后台业务系统是否复杂？	业务结构	业务系统内参与的角色多，业务活动多，业务结构就会复杂（就是复杂生意）	结构要素	

（续）

序号	提问	经营底层要素	解释	经营结构要素	经营环境要素
10	这个生意由几方来合作经营？每一方扮演几个角色？能减少合作方吗？	合作主体：每个主体承担几个角色；交易结构：参与合作的利益相关者之间的交易逻辑与利益分配	太多合作方（主体）参与分工，交易结构会变复杂，协调成本高	结构要素	
11	我们找了哪些合作方？是个人还是公司？他们具备哪些关键资源和能力？目前这些合作方算高配还是低配？	合作主体；主体量级：主体拥有的关键资源能力水平高低	合作主体是自然人还是法人？他们各自带来什么核心资源和能力？每个合作主体的资源强还是弱，能力高还是低	结构要素	
12	我们与这个合作方该怎么合作，是要当股东，还是入职公司当高管或员工，又或者只打算在外部提供产品或劳务？	合作主体/合作方式；内部合作还是外部合作；交易关系（内部治理交易关系/外部业务交易关系）	合作方式是什么？是把各自的资源和能力拿出来成立公司，通过股权合作（利润分成），构建内部治理交易关系，还是采取外部业务合作的方式（收入分成），形成外部业务交易关系	结构要素	
13	雇了一个自认为很牛的员工，到公司没多久就要股份，该不该出让股份让他当股东呢？	合作主体/合作方式；内部交易关系（治理交易关系/业务交易关系）	用什么方法留住优秀人才？用什么方法激励员工自驱、自创新？	结构要素	
14	员工的薪酬标准恰当吗？是否足够驱动员工达成绩效目标？	交易内容与交易方式；业务交易（内部业务交易）	如何把员工的收益（物质激励）分配好，如何通过交易内容与分配方式设计让组织更高效地运作？	结构要素	
15	如何通过游戏化的制度设计，凝聚员工，创造自驱动、自协作的企业文化？有新的方法吗？	交易内容与交易方式；业务交易（内部业务交易）	除了金钱、物质这些传统的与员工交易的内容（激励政策），应结合哪些非物质交易内容，同时通过哪些创新的交易方式设计，驱动员工产生更积极的行为？	结构要素	

（续）

序号	提问	经营底层要素	解释	经营结构要素	经营环境要素
16	我们公司委托几家外部技术研发机构协同研发下一代技术，怎么付费才合理？	交易结构/外部交易设计；业务交易/利益分配	涉及多个主体协同合作，必须评估各方的价值贡献，以及给各方相应的回报	结构要素	
17	我们公司委托外部工厂生产，有几种合作方式，在每一种合作方式下怎么交易与付费才合理？	交易结构/外部交易设计；业务交易/利益分配	评估每一种供应链合作方式，及对应的合适交易方式	结构要素	
18	我们公司在股权融资与债权融资上，有几种合作方式，哪一种方式对我们最有利？	交易结构：治理交易关系还是业务交易关系	评估每一种资本合作方式，及对应的合适交易方式	结构要素	
19	我们的合作方对未来的收益有哪些预期？	利益分配/盈利方式	站在合作方的立场去思考合作是否有盈利，盈利合理吗？	结构要素	
20	若要和这个合作方合作，是谁拿出第一版的合作方案？是谁设定与主导讨论议题？由谁来主导定价，最终谁拍板？	交易设计；设计交易方案与设计博弈策略		结构要素	
21	怎样才能主导合作，最终让自己有利？	交易设计；设计博弈策略		结构要素	
22	这个商机，这个合作项目，对合作方来说有多重要？	交易设计；设计博弈策略/识别合作动机	合作方在合作上的饥饿度怎么样？驱动合作的动机是什么？动机强不强？	结构要素	

（续）

序号	提问	经营底层要素	解释	经营结构要素	经营环境要素
23	这个合作方过去做过些什么？过去的成功凭的是经验、专业，还是关系？与哪些人合作过？是长期还是短期合作？	交易设计；设计博弈策略/信任度	合作方值得信任吗，在专业能力、行为特质与品格上，谁曾检验过，我们会合得来吗？	结构要素	
24	这个合作主体的团队质量如何？	交易设计；设计博弈策略/信任度	这个合作主体的团队值得信任吗？在专业能力、行为特质与品格上，谁曾检验过，我们会合得来吗？	结构要素	
25	与这个合作方谈交易，到底要把哪些合作条款考虑进去才不会吃亏？	交易设计；风险规避与抑制	交易条件、合作条款、交易细节	结构要素	
26	为什么这个后来的竞争者可以把生意做火？为什么原来的行业领军者现在生意不火了？	新技术；新思维；新消费；新政策	今天非常火的生意是怎么火起来的？过去火的生意，为什么现在不火了？		环境要素
27	为什么竞争者的生意可以效率这么高，利润这么高？	新技术；新思维	是否应用了新技术让业务活动自动化，降低了成本，提升了利润，或有了新思维，用了新方法？		环境要素
28	可以用哪些高性价比的方法宣传品牌，以及推广与销售产品？	新技术、新消费方式下产生的新方法	是否掌握了新技术以及移动端消费者喜好的新型推广与销售方式？		环境要素
29	这个项目有没有新概念？	新思维	有别于以往，以特别创新的做法，把过去曾做过的事用新的做法重做一遍		环境要素
30	是否符合国家重点支持的新产业方向？	新政策	政策驱动下的商机风口		环境要素

看完这 30 组问题，你的感受如何？

其中的每组问题背后都对应着一个或多个经营底层要素，即经营结构要素或经营环境要素中的一个或多个，包含业务定位、变现内容、业态、分工方式、角色、业务结构、主体量级、交易方式与交易结构、盈利与分配方式、新科技、新思维、新消费、新政策，等等。

用提问的方式激发经营创新！经营者应该用这一套问题来激发新灵感，而不是仅用它们简单地去寻找答案。如果能够做到每隔一段时间，用这一套问题来问自己，经营者会惊喜地发现，自问自答总能刺激自己涌现出新的经营思路。

即使你已经是一名经营型经营者，我也希望你能用这 30 组经营底层问题来自问自答，或是将它们抛给你的高层团队，迫使自己和团队不断思考，对过去习以为常的惯例提出疑问、问询，找毛病，通过不断地反复提问来激发灵感，寻觅新的经营方向。当然，你也要为激烈的争辩做好准备，耐心地创造与维持一种开放氛围的工作环境。

我对身边那些生意做得好、经营段位高的经营者进行了长期观察，我发现他们中的大部分人虽然可能因为种种原因在很年轻时就终止了学业，但是从未停止过学习与积累。

我发现这些人在成功的道路上长期积累的，正是对这 30 组有关商机、效率、人性、利益、环境的经营底层要素的理解与把握。他们既熟练掌握了最基础的经营结构要素，又能敏锐地洞察科技和生产关系变化带来的经营环境新要素。

这些长期积累最终会形成条件反射。当他们在为无法决策而踌躇时，这些经营底层要素会在不知不觉中涌上心头，帮助他们思考经营的本质性问题并做出明智的决策。正是这些小决策的日积月累，让他们走出了清晰而正确的大方向。

本章精华回顾

本章阐述了升级生意的两条路径：一是在经营环境变化不大的情况下，调整 9 项经营结构要素，让生意更出众；二是在经营环境变化大的情况下，以 9 项经营结构要素嫁接 4 项经营环境要素，让生意迭代成"时代的生意"。经营者在升级的最佳时间点，沿着这两条路径为企业设计升级方案，就能推动企业的发展实现螺旋式上升。

本章最后还介绍了 30 组经营底层问题，并且每一组问题都对应着一个或多个经营底层要素。如果你想成为高段位的经营型经营者，就要不断地反复用这些问题问自己和团队：我们的现状是什么？我们可以改变什么？我们该保留什么？我们该采取什么行动打破惯性的束缚？我们该如何从接纳现有转为积极探索改变，为生意打造新景象？

用这些问题反复检验现有生意，会使经营者越来越熟练地应用问题背后的这一组有关商机、效率、人性、利益、环境的经营底层要素。当经营者将这种应用训练成自己的条件反射性技能时，脑海中就能源源不断地涌现出升级的灵感与创意。

在商业时代的变革中，经营者练就的直觉应用技能能帮助他们洞察时代的变化，抓住时代风口，把生意带上新台阶。这正是本章的重点。

第 10 章
掌握时代的生存法则

10.1　趋势总有结束时：过往商业时代的特征

10.2　商业 3.0 时代的商业特征与改造主逻辑

10.3　商业 4.0 时代的商业特征与改造主逻辑

第 9 章，我们掌握了生意升级的两条路径。在介绍第二条路径时，我们曾强调，外部环境瞬息万变，经营者只有加强培养商业敏锐度，积极捕捉与适应外部环境的变化，才能拥抱新时代的机遇。在本章中，我们将延伸探讨经营者外求驱动下的变革。

从外求出发时，有的经营者会看准商业范式转移的大机会，彻底跳出现有经营思维的桎梏与运营惯性的束缚，以更大的格局告别旧业务、进军新业务，甚至创造出旧时代所没有的新商业物种，找到更大的商机。

也有的经营者有限度地进行创新，把 9 项经营结构要素中的每一样拿出来，尝试着一一嫁接 4 项经营环境要素（新时代资源能力），让现有的业务"转型不转行"，实现业务经营方式的升级换代。

这些从外求出发的经营者总是会不断地问自己：

- 我们是不是已经进入了一个新商业时代？
- 推动这一轮新商业时代的关键变因（4 项经营环境要素），每一类的主要内涵是什么？
- 把每一类粗颗粒度关键变因分解至细颗粒，可以具体总结出哪些新的生存法则？

- 新商业时代有些什么主要的新商业特征？
- 这些主要的新商业特征对原有商业进行改造的主逻辑是什么？

每个商业时代都有其独特的商业特征与生存法则。接下来，我们把时间线拉得更长一些，回顾过去 20 年我们经历过的几个商业时代，对照每个时代主要的经营环境要素变化，分析其商业特征与生存法则。

之后，我们会聚焦当前正经历的商业 3.0 时代，看一看这个时代的经营者需要考虑嫁接哪些经营环境要素，以及遵循哪些具体的生存法则。最后，我们再一同认识即将开启的商业 4.0 时代，提前理解它，拥抱它。

10.1　趋势总有结束时：过往商业时代的特征

你发现了吗？"Trend"（趋势）这个词里藏着一个"end"（结束），它在告诉我们，趋势有其生命周期，不论什么趋势，总有结束的一天。

在现实的商业世界里，有很多这样的案例：在某一轮趋势周期内，某个公司把生意做得很火，甚至做成了时代的代表企业，但最终却被下一轮的趋势周期所抛弃，留下的只有回忆。

比如，以上海东方商厦为代表的曾风光热闹的百货公司业态，受到购物综合体和各种推陈出新的线上电商业态的冲击，销售额持续下滑；曾主导市场的汽油动力车，如今已逐步向纯电动汽车过渡；过去人们习惯使用现金支付，后来信用卡成为常用的支付工具，而如今手机支付成为大部分人的首选；报纸、杂志等纸媒在时代的浪潮中迅速式微，人们越来越习惯于用手机或iPad等电子设备进行阅读……这些都是旧商业范式被新商业范式取代的典型案例。

当然，有被时代淘汰的落寞，就有抓住机遇的欣喜。我有幸经历过几个商业时代的拐点，而且恰好站在拐点处，看到了起落的两头：这一头，企业带着过往的辉煌黯然退场；那一头，无畏的商业革命家（富有前瞻性的企业家或创业者）在全新的商业环境中，抓住势能与风口，拥抱新时代。比如，20世纪90年代微软抓住了PC时代的风口；21世纪初谷歌乘上了互联网时代的东风；2010年后苹果立足于移动互联网时代的发展潮头。

可是，那些无畏的商业革命家都走向成功了吗？其实未必。有些人因为过于超前经营而不得不悲壮收场，有些人则幸运地被新时代引爆、推升，走向新辉煌。

那么，这些"幸运儿"到底做对了什么？把这些企业推到"新时代的代表企业"这个位置的，究竟是什么力量？

每个新商业时代都会出现时代的推手，即势能与风口背后的关键变因，在本书中被称为"经营环境要素"。我在前文中曾说明过，在粗颗粒度与中颗粒度层面，要想捕捉并适应经营环境要素，就要应用新科技（工具与系统）、采取新思维（方式与方法）、顺应新消费（消费理念与决策模型）、契合新政策（约束与鼓励）。

以商业 3.0 时代为例，我们把粗颗粒度与中颗粒度的关键变因拆分为细颗粒度的，就能看到位于图 9-8 最右侧的具体生存法则，这些也是经营者在新时代必须嫁接的"新时代的资源与能力"。

很多人会问：商业 3.0 指的是什么呢？我把过去 20 年中国商业的发展归纳为从商业 1.0 到商业 4.0 四个时代，如图 10-1 所示。

图 10-1　中国商业发展的四个时代及对应特征图

接下来，我们一同检视过去，细看每一个时代中这四项经营环境要素的变化，并且学习这种从抽象中提炼并总结要素的方法。熟练掌握这个方法后，今后我们便可从纷扰环境与庞杂信息中过滤、抽离出下一个新商业时代的新要素。

2002~2008 年：中国商业发展 1.0 时代——产品经济

从 2002 年开始，中国在经历了多年的改革开放后，大中城市出现大批中产阶层群体，伴随而来的是对住宅、汽车、家电等基础商品的巨大需求，中国市场呈现出"需求远远大于供给"的状态，各行各业的快速发展由此点燃。直到 2008 年，市场才转变为"供给大于需求"的状态。

推动这一轮新商业时代出现的关键变因（4 项经营环境要素）的主要内涵如下。

- 科技：这个时代是 PC 互联网红利期。此外，制造业主要集中在引入中国港澳台地区以及欧美的基础制造技术。
- 思维：物资匮乏，产品供不应求，更多的是制造与加工思维。
- 消费：消费主力是 65~70 后，他们的需求远远大于供给。人们把消费目标定为能够实现出行自由的汽车、自置住房以及各种基础的衣食消费配套。人们主要重视需求的满足，希望买到想要的产品，并不太注重服务。对商家而言，只要做出基本款产品且不犯错误，并能铺进各种渠道，在第一屏幕——电视上强力促销传播，即能胜出。此时不需要复杂的商业模式。
- 政策：各地政府大力招商引资，尤其是吸引工厂到当地落户，制造产品出口外销。

商品 1.0 时代的主要商业特征是"品真量稳"、对外代工出口、对内渠道（线下）为王、第一屏幕（电视）中心化传播。改造原有商业的主逻辑是从作坊型生产到规模型制造。

这个时代的代表性企业有很多：车企代表有中外合资的大众与通用；商场的代表有上海的东方商厦，它是货架型百货公司。

2003 年开始出现淘宝，PC 端电商造就了一批高性价比的淘品牌，吸引消费者线上购物。

2008~2012 年：中国商业发展 2.0 时代——体验经济

中国的各种库存数据表明，从 2008 年底起，中国市场开始反转为"供给大于需求"的状态。低效能供给与无序的价格竞争，激发各行各业对商业模式创新与体验经济进行探索，调整迫在眉睫。直到 2012 年，市场通过移动互联网实现了颠覆式的商业模式创新，推动了移动互联网思维下的供给改造。

这一轮新商业时代背后的关键变因（4 项经营环境要素）的主要内涵如下。

- 科技：主要集中在引入欧、美、日技术进行制造升级，企业开始重视导入 CRM、ERP、OA 等 IT 技术，以提升运营效率。
- 思维：向高附加值制造要利润。
- 消费：消费主力是 80 后。经历了数年的产量大增，市场开始出现产能过剩、供大于求的情况，消费者逐渐不再满足于仅仅"买到商品"，而是更注重商品美学与消费环境，注重服务人员素质与流程效率。对商家而言，同质化商品竞争更为严峻，差异化战役打响，商家开始学习商业模式与更复杂的商业运作。PC 电商蓬勃发展，开启了一个线上流量红利的时代，它主打高性价比产品，吸引线下的普罗大众。
- 政策：各地政府开始招商"选"资，以吸引技术更高端的海外制造业为导向。

商业 2.0 时代的主要商业特征是服务增值、IT 增效以及规模复制。改造原有商业的主逻辑是生产从规模制造到差异化制造，商业转型进入体验经济，重视服务营销，同时开始重视商业模式创新。

这个时代的代表性企业有携程网、海底捞等重视提升人员素质与流程效率，开始应用信息科技的企业；原有百货公司业态逐渐升级，更为注重购物的环境与体验。㊀

2010 年后，各行业开始注重通过手机端的 app 提供服务。

㊀ 楼巴智库．速看！这 17 个"新兴业态"代表购物中心的最新经营方向 [EB/OL]．（2018-06-25）．https://www.sohu.com/a/237656321_99890666.

2012~2018年：中国商业发展 3.0 时代——移动经济

从 2012 年开始，中国经济中的各垂直领域开始与西方社会同步，并积极应用移动终端、大数据、云计算、物联网等新兴科技，**"移动 + 社交"成为新基础建设的特征和新生活方式**。这些新技术的应用不断催生出新商业、新模式与新营销方式，激发社会的巨大变革。⊖

推动这一轮新商业时代出现的关键变因（4 项经营环境要素）的主要内涵如下。

- 科技：这是移动终端、社交媒介、大数据以及云计算共同推动的新商业时代。随着 PC 互联网时代向移动互联网时代转变，算力载体进入了云中心，附着在云上的各种垂直 SaaS 软件以及根植于云底层的 PaaS 与 DaaS，让企业有了更高性价比的信息产品去支持运营。层出不穷的新数据产品帮助企业依据数据做出精准决策，收集并使用数据成了企业科技投入的重心。
- 思维：在线化、社交化、参与化、视频化、平台化加上数据决策思维。
- 消费：消费主力是 85~90 后，主场景为"移动 + 社交"，个人与第三屏幕（手机）紧密相依，随想、随说、随买。每个人都能通过场景 app 进行高度参与和互动。消费者国际视野提升，对商品品牌、质量及差异化的要求提高，线上消费成为常态。对商家而言，它们必须要提升品牌力并布局线上及线下全渠道，以争夺消费者有限的关注时间。原来单一的流量电商平台，已演变为多元的垂直电商、内容电商（包括播商）、社交电商（包括私域电商）、社区团购电商⊖。电商平台、内容平台及自媒体更为丰富，消费链路被划分为触达、交互、转化、服务等各种线上及线下场景。
- 政策：鼓励创新创业，数字化智能化，进口替代，都市化。

⊖ 在全球的移动化浪潮中，一部分互联网公司因为未能及时转向移动端而衰落。例如，2012~2014 年坚持 PC 时代商战方式的国美和苏宁对京东发起了猛攻，却毫无效果，因为京东早已实现了移动化转型。移动时代的电商把 PC 时代的电商彻底甩在了后面。

⊖ 铁林. 一个社区团购的农村样本 [EB/OL]. （2020-12-12）. https://t.cj.sina.com.cn/articles/view/2357213493/8c80393501900x4wi.

商业 3.0 时代的主要商业特征是在线化、内容化、社交化、数据化。改造原有商业的主逻辑是生产从差异化制造进一步升级为柔性智能制造，商业从独立的线下与线上，转为线上与线下融合。

这个时代的代表性企业众多。移动互联网巨头阿里巴巴、腾讯、小米、美团等平台型企业，以及出海跨境电商希音等应运而生；衣食住行等领域出现新锐品牌，如蔚来汽车、喜茶、蕉内、亚朵酒店等；购物中心发展为超大型综合体，如合生汇与来福士。

2018~2030 年：中国商业发展 4.0 时代——智能经济

从 2018 年开始，4.0 智能经济与 3.0 移动经济开始了叠加发展。中国与西方国家都在致力于机器学习（AI）、纳米材料、智能芯片、新能源、区块链、量子计算机等未来技术的研发与应用。可以预见的是，这些颠覆性基础建设将对各种垂直领域的现有场景进行巨大改造。4.0 智能生意刚刚开始，但这些尚未完全成熟的技术的应用，已经产生了初步的变革效果，鼓舞了众多企业的进一步积极探索。

推动这一轮智能新商业时代出现的关键变因（4 项经营环境要素）的主要内涵如下。

- **科技**：移动时代的科技发展进一步深化，移动终端变成了传感器被接入物联网，大数据被动分析处理变为人工智能大模型自分析及自学习，社交媒体从过去的图文交互转变为短视频交互，凝聚更多的社群，实现深度场景互动。
- **思维**：依据数据做决策逐渐成为企业主导思维。
- **消费**：95 后、Z 世代的决策模型变化更大[一]，他们拥有大国自信，对国货的接受度很高，市场上出现了更多个性化国产新锐品牌，而且这些品牌越来越精众化。对商家而言，过去高成本的人与客户交流的方式被线上机器人 Chatbox 的人机交互所取代，沟通效率大幅提升。

[一] 王高，张锐. 新消费品牌崛起的商业逻辑？[J]. 哈佛商业评论，2021（11）：124-129.

- 政策：鼓励进一步提升国产高科技自研与自制能力。

商业 4.0 时代的主要商业特征是智能自动化、算法增效、认知商业。改造原有商业的主逻辑是以更多的传感器收集生活轨迹数据，再将这些数据及用户反馈与机器学习相结合，进行品牌设计与提供更多优质的产品与服务。同时，在区块链技术的驱动下，信息不可篡改，人民币数字货币加上智能合约，造就了自动履约的诚信社会。

10.2 商业 3.0 时代的商业特征与改造主逻辑

接下来，我们要进入商业 3.0 时代的细颗粒度探讨。商业 3.0 时代的出现，背后的关键变因是什么？也就是 4 项经营环境要素发生了哪些具体变化？

在新科技方面，四种科技——移动终端、社交媒介、大数据、云计算的发展与成熟驱动了新型商业的诞生，这不仅给人类社会带来了工作和生活方式的巨变与迭代，同时也带来了 3.0 时代的新思维，如社交思维、用户运营思维等。

在新消费方面，中国消费经济恰逢迭代的关键时期。消费者可支配收入大幅提升，中国人均 GDP 在 2019 年首次超越 1 万美元，内地人均 GDP 超过 2 万美元的城市达 14 个[一]。都市化与城镇化催生了新时代特有的商品需求、服务需求和科技应用需求，它们的结合也催生了新业态，包括新场景以及满足需求的新方式。

我们把这个时代的主要商业特征总结为在线化、社交化、数据化。"移动 + 社交"使人与人、人与物、人与企业、企业与企业间可以通过社交软件即时反馈与互动，迅速对产品及服务进行迭代。手机以及各种智能硬件的出现，使实时交互与行为轨迹得以以数字方式留存，商业的各个环节以数字化方式呈现。数据打通后的分析与运用也着实有效地提升了运营效率，催生了新的基本商业逻辑。[二]

通过多年的行业观察，我总结了商业 3.0 时代由 4 项经营环境要素驱动的几种主要的商业改造，它们可以协助经营者在时代的浪潮中抓住商业改造的主逻辑。接下来，我将逐一进行说明。

[一] 2020 年，21 世纪经济研究院公布了 2019 年中国内地人均 GDP 超过 2 万美元的城市达到 14 个。考虑到新冠疫情的影响，本书中采用这一数据。

[二] 苗兆光.这六种互联网商业模式说透了互联网 + 时代的基本商业逻辑 [EB/OL].（2020-06-30）. https://mp.weixin.qq.com/s/wpvilKOB5eAThelOK2xxQ.

1. 移动社交催生新商机，"在线化、社交化"实现实时双向深度交互

所谓移动社交，就是人带着智能终端（以手机为主），在移动中使用社交媒介，这有别于过去人在 PC 前的静态场景。商业 3.0 时代从一开始就是以移动的人为中心的场景时代。过去占比较大的计划性消费，在移动社交时代转变为即时性消费，以及更多的冲动性消费。人的某些需求会在特定的移动场景下被激发出来，当消费者所见即所得，没有所谓的线上电商与线下之分时，"全域"（全行为逻辑下的消费渠道路径组合）与"全时"营销时代就到来了。

了解这些动态场景，就能挖掘出移动中的新商机。例如，动态的支付场景，使人们更习惯于用支付宝与微信支付；人在移动中的路线偏好，催生了基于位置的服务模式（Location Based Services，LBS），运用最为广泛的就是大众点评；在公共服务领域，人们也可以通过 app 随时随地查看每一班公交车的最新位置，看航班起降是否准点。

移动带来的在线化、社交化，使企业与客户交互的途径和方式实现了创新。在商业 1.0 和 2.0 时代，品牌与用户的沟通往往是以电视媒体、纸媒甚至 PC 门户网站为载体的单向传播。价值的传递是灌输式的，通常依赖于强定位广告语、商业电视广告（TVC）与公关稿，缺乏有温度感的交互，令受众感到冰冷，而且传递的效率无法得到有效衡量。在商业 3.0 时代，大量企业开始设计个性化人设，像"知识达人""情感博主"等，作为与客户交互的形象，呈现出人物的鲜明性格特征。品牌开始与客户交朋友，距离贴近，交互也有了温度。

同时，交互的平台越来越多样，从社交软件微信、钉钉，到内容平台微博、小红书、B 站、抖音，都成了企业与客户交互的阵地。内容展现形式越来越丰富，从过去单纯的图文到视频再到直播，交互方式也越来越多，如点赞、收藏、留言、转发等，这使得企业与客户交互的频次与深度远远超过了以往。

通过在移动终端上组建社群（如建微信社群），企业不仅可以将用户纳入合作创新网络中，利用社交方式，使他们协助新产品开发，还可以直接通过移动社交上的调研工具，如 H5 问卷和多媒体日志，让用户直接反馈其使用行为，确保产品不

会偏离人群需求。

业务活动越来越多地以在线的形式存在，由此催生了业务中台（由订单中台、商品中台、用户中台、内容中台、支付中台、搜推中台等组成）。业务中台让企业的各项能力沉淀，其中的每个中心都有自己的独特功能，同时又与其他业务中心联动，在实现业务共享的同时也实现了业务的互联互通。[⊖]

2. 利用数字化及数据创造价值

利用线上的软件技术产品，对各种业务活动进行数字化改造，能为企业创造新的价值。比如，在消费端实现支付的移动数字化，提高了支付的便利性；在企业端利用<u>数字孪生技术</u>在虚拟空间中映射对应的实体装备，使企业在产品设计阶段就能进行多方案模拟，做出最佳调适。此外，数字化后产生的数据集成可以极大地改变商业模式。因此，数字化成了商业 3.0 时代企业的标配选择。

案例 10-1　支付的移动数字化是如何创造价值的

移动支付已成为移动电子商务平台（如淘宝 app）的标配交易工具，人们不再使用现金进行交易，而是改用数字化交易方式。这除了为用户创造便利外，在银行端也发挥着极大的降本增效作用。例如，由于用户大大减少了对 ATM 设备的需求，银行得以大幅减少 ATM 设备的预算。

此外，移动支付还可以借助数据征信的能力为消费者提供即时、场景化的贷款，并根据个体差异提供不同的信用额度，这就为大量没有信用卡的人创造了超前消费的可能。用户在分期还款时还可以选择在一个月、两个月、三个月、半年、一年内还完，让用户的消费更加便利。

在数据资产的价值创造方面，当计算机程序持续地把每个人"搜寻—商品浏览—交易支付—售后服务"这些消费过程中的物、品牌、时间、地点、场景等消费行为数据记录并沉淀下来后，集成的大数据资源就成了有极大价值的"数据资产"。

⊖ 智篆商业研究院. 数智驱动新增长 [M]. 北京：电子工业出版社，2021.

新型企业会竭力取得这些数据资产，分析自己的商品卖给了谁，了解他们为什么购买，以及买后的反馈是什么。数据可以帮助企业实现更加精准的"人-货"匹配，让企业实时掌握市场变化的走向，并利用这些数据反向重构供应链，创造更大的价值空间。

接下来，我们来看看希音的实践。

案例 10-2　希音利用数据分析创造惊喜，让常客变成"铁粉"

中国最大的海外独立站希音，产品主要销往国外市场，产品的类型以女装、男装为主。在欧美、中东等地区，希音是最受当地白领欢迎的服装品牌之一，以定价低、质量好、款式多而著称。希音善于用计算机程序追踪、记录与分析用户在站内的消费行为[⊖]。

如果程序追踪到某常客在站内反复浏览同一款产品，最终未下单，那么在该常客下次下单时，平台就会自动将这款令其犹豫不决的产品赠送给他，这样的惊喜往往会让常客转化为"铁粉"。

在集成数据的帮助下，用户画像与需求可以被更精准地描绘出来，企业商品设计与迭代的效率也能大幅提升。以电视剧作品设计为例，通过数据分析，影视公司可以精准描绘出要瞄准的观众群体画像，并且精准捕捉他们的情绪演变，迅速调整接下来的剧本，从而提高电视剧这种高制作成本的精神文化消费品的成功概率。

案例 10-3　柠萌影业通过数据分析制造热播剧

柠萌影业是一家擅长做精品电视剧的影视公司，它每年仅推出 5~6 部电视剧，每一部制作都很精良。深受年轻观众喜欢的电视剧《二十不惑》和《三十而已》就是这家公司的代表作。

据了解，这些热播剧大都是柠萌影业先对用户认知度和关注点进行数据分析，然后再根据分析结果来编剧、设计内容的。这些电视剧的成功，离不开数据的有效利用。

⊖　部分信息来源：①作者对希音的访谈；②程春晓.SHEIN：长期主义的胜利[EB/OL].（2021-06-27）. https://m.huxiu.com/article/437382.html.

其他影视公司的《甄嬛传》《芈月传》《花千骨》等影视作品的成功，也源于提前了解到观众对于特定类型作品的期望，比如希望哪些明星出演、台词应该如何表达等，进而实现了精准"打击"。除此之外，在电视剧植入营销上，什么明星适合带什么样的货，也被设计得越来越精准。

不过，要提醒的是，对数据资源的使用要适当、合理，否则会适得其反。许多具有数据规模优势及技术优势的经营者，会利用技术手段过度地进行产品推荐、内容推送，甚至采取价格歧视政策，影响用户选择。更有一些平台利用大数据"杀熟"，利用老客户对企业的信任，给老客户推荐的产品反而比给新客户推荐的还要贵。针对这些乱象，2021年，国家市场监督管理总局出手，开始推动互联网平台落实主体责任制，改变技术造成的垄断以及不当竞争，规范算法伦理。

3. 数据资产变现，出现了各种"数据产品"新生意

许多新创公司大量收集价值链上的数据，如消费者数据、社交数据（社交媒介上的互动数据）、移动轨迹数据、零售终端数据、采购交易数据、物流数据以及品牌数据（产品品类、数字图片和视频）等，把这些数据导入"数据产品"（如具有数据统计、指标查询、效果评估等企业做业务决策时所必需的功能的软件）进行集成，将海量数据提炼成为有价值的数据资产，并在确保隐私合规的条件下进行变现，形成创新生意。

案例 10-4　Qualtrics、Aladdin 等企业的数据新生意

2002年在美国成立的在线调查服务平台 Qualtrics 公司，其业务之一就是向企业客户提供数据产品，以支持品牌的营销决策。Qualtrics 免费提供调查问卷设计模板，无论受访者身在何处，它都能通过移动端 app、网站、聊天机器人覆盖到他们。其信息系统可以实时分析每个问题，为客户提供个性化的调查和再设计建议。当品牌需要针对产品、定价、广告测试、客户反馈做出重大决策时，这种数据驱动的 CEM（客户体验管理）数据产品能有效地支持决

策。2018 年，Qualtrics 被 SAP 以 80 亿美元收购，2021 年 1 月 IPO 后，其市值更是达到 240 亿美元。

此外，其他知名的美国公司像 Mu Sigma 的业务也是帮助企业客户加强数据驱动下的决策行为制度化，另一家公司 UPTAKE 则通过传感器收集数据并集成，协助企业管理售后维修。2021 年，名声大噪的数据产品公司是 C3.ai（该公司于 2020 年 IPO），它是 CRM 早期头部公司 Siebel 创始人的再创业项目，这家公司通过具有机器学习能力的数据产品，预测客户将要遇到的棘手问题并提前解决。

在金融科技赛道上，也涌现了很多基于数据的新生意。以美国贝莱德（Blackrock）的 Aladdin（阿拉丁）为例，它是一个集经济预测、风险分析、投资组合管理、交易以及操作工具于一体的平台型系统。它服务于二级市场的证券类公私募基金或信托等资产管理机构，拥有庞大的数据，它的机器不断记录和存储包括利率和汇率的变动、恶劣的天气灾难、政治丑闻等在内的事件，并依此建立统计模型。其系统上关于经济场景的预测高达数十亿个。

根据这些预测，Aladdin 会检查客户投资组合中的每一项资产，对投资组合进行诊断，提供风险评估报告，辅助基金经理进行投资决策，并有效地管理风险和支持高效的在线交易。

在国内，也出现了许多将数字资产变现，做成"数据产品"生意的公司。比如，集成阿里系数据的情报通已成为电商平台店铺经营者的标配决策工具；阿里妈妈的商业数字营销平台 TMOP，可以描绘出商家画像、商品或广告、用户之间的关联关系，更高效地匹配用户意图与广告。

此外，围绕着"数据赋能垂直行业"，市场上出现了越来越多的新产品、新实践。我在 2.3 节中曾介绍过数据宝这家公司，它的业务定位是从部委、央企等国有数据资源方获取合法脱敏数据，再依据数据进行精算。由此创造的第一个赋能垂直行业的场景，是协助保险公司设计出场景化的保险产品——货车高速返程空载险，再找货运平台进行销售变现。

4. 产品服务化，服务集成化[1]

产品服务化已经成为一种趋势，许多行业正在从销售产品转向销售服务[2]。以软件业为例，在云计算与存储趋势的带动下，其核心业务已经从过去出售使用许可转变为 SaaS 模式。例如，用户在使用飞书的 OKR（目标与关键结果管理）SaaS 软件时，不再是一次性支付软件授权费用，而是按使用量支付费用。这就像使用水电一样，用得越多，要缴的费用也就越多。

从提供产品转向提供服务并基于服务使用量收费，在此转型的过程中，企业经历了两个阶段。过去，企业与用户签订完合同就完成了销售；如今，完成销售只是个过渡阶段，收入的增长取决于售后，企业要推动用户持续大量地使用服务才算是销售，这属于长尾型销售。因此，企业必须更聚焦于"客户成功"（customer success）逻辑，不仅要为用户提供产品、服务，更要成为他们的咨询顾问，帮助他们学习并灵活使用新方法，让用户获得成功（收益增长），这样企业才能获得更多的收益。

5. 商业 3.0 最大的改造是业态，新业态后浪凶猛

在商业 3.0 时代，线下的零售业态也被大规模转移到了线上。过去，消费者在线下购买商品，可以选择去百货公司、大卖场、专卖店、便利店等。现在，消费者在线上可以使用流量电商（C2C/B2C）、内容电商、直播电商、社区电商（S2B2C）、本地生活（O2O），或是品牌直接面对消费者（DTC）等多种新业态，这些新的在线上满足需求的方式，是移动互联网带来的最大商业改变。

接下来，我列举几个创新业态的案例。

（1）内容电商 C2B 业态

用户购物时拍摄图片或视频，生成购物笔记，并自发进行分享。内容电商平台

---

[1] 阿格特，英格兰，范霍夫，等.数字化转型与创新管理——VeriSM 导论[M].CIO 创享，译.北京：清华大学出版社，2020.作者认为，未来一切都是服务，从客户需求端出发，到服务组织中的各个部门，再到满足消费者的服务端，我们要站在端到端的整合（集成）服务管理视角而不是某一个部门的视角，在数字化转型的世界里运营，快速响应客户需求并交付客户价值。

[2] JACOB F, ULAGA W.The transition from product to service in business markets: an agenda for academic inquiry[J].Industrial marketing management, 2008（3）: 247-253.

根据笔记的受欢迎程度，决定供应链的采购与数量。通过交互传播，平台可以发掘新的需求。

案例 10-5　小红书：让用户告诉平台她需要什么

小红书就是典型的内容电商平台。小红书刚创立时是一个内容平台，用户在平台上分享他们在海外购物的场景与心得体会，后来，平台逐渐聚合了越来越多的素人、红人、达人等，他们分享的购物笔记吸引了粉丝社群的互动。社群会以 C2B 的方式告诉平台，用户喜欢什么样的性感商品。此时，小红书的定位是"中国最完善的海外商品内容库""全球买手""自己说出自己未来的生活方式与消费理念"。它尝试把人与人之间的弱关系变成购买决策的强关系。

时至今日，这个"年轻人生活方式社区"已有 300 亿条笔记和 2000 万月活分享者。在其用户中，女性占 70%，90 后占 70%，一二线用户和三四线用户各占比 50%。现在，小红书已经成为年轻人的生活方式平台与消费决策入口，呈现出人们对美好生活的万种想象，特别是对品质生活的想象！

（2）本地生活 O2O 业态

2015 年，用户线上预约、商家线下派人上门服务的 O2O 业态开始兴起，如上门美甲、上门洗车等。后来，又出现了美团、饿了么等提供配送上门服务的外卖网站，由此大规模 O2O 服务正式开启。

案例 10-6　美团、饿了么摇身成为本地生活服务核心入口

在互联网餐饮外卖市场，美团和饿了么是市场占有率最高的两家外卖平台。它们以刚需外卖为主场景，让用户在线下单，为用户提供线下配送。

它们为用户创造的主要价值是"有求快应"的效率价值。在此基础上，它们又把目标锁定在深挖客群的其他本地生活消费场景需求上，战略目标也随之转变为成为本地生活服务核心入口。它们在外卖业务的基础上扩大品类，快速拓展非外卖业务，甚至还上线了卖药业务，如美团就推出了号称 30 分钟送达的美团买药服务。

这个生意的目标是让消费者能够以更低的价格、更快的速度拿到更安全的产品。作为平台，

它们对销售的食品卫生与安全有连带责任。

要实现这些目标，就要拆解价值链的每一个环节，如在烹饪和包装安全层面，它们需要思考传统做法是什么，是否有提升效率的空间，以及该用什么具体手段来改造。落实到具体细节上，就是要做到既能高质量、稳定地持续生产，又能实现高性价比。

两家企业后台生态系统的搭建方式都是通过流程数字化和信息系统来提升从用户下单到商家生产的后端供应链效率，并依靠外卖小哥在最后一公里的冲刺来提升配送效率。平台通过对商家进行分层并提供差别化的服务政策，来达到服务消费者的目的，比如赋能头部商家，为商家提供数字化转型的基础设施和工具；提升组织的运营效率等。

（3）严选电商 C2M 业态

严选电商平台向中产阶层目标客群提供刚需基础品和爆品，但所提供的 SKU 非常有限。它砍掉了中间的加价环节，让用户可以通过平台直接连接制造端，把用户与全球顶级品牌的中国合作制造工厂连接到一起，让用户可以以几分之一的价格买到质量媲美全球顶级品牌的优质产品。每一件产品的制造商都必须具有独立的原创设计能力，或与知名设计机构合作。

用户在平台 app 上下订单，订 1 件就可以发货，且由工厂直接发货给用户。从下订单到收货，周期是 15 天，但是一般而言，一周左右即可完成。客服则由各供应商负责，平台只起到监督作用。

严选电商业态非常吸引重视品质与性价比的中产阶层用户，平台可以更好地获取用户长时期购买的生命周期总价值（LTV）。

（4）基于微信的分销业态

这主要指的是 B2 小 B⊖电商平台，属于会员制电商平台。这类电商平台将优质的品牌与产品直接分发给个人，使个人成为分销商，无论身在何处都能通过微信向自己的各种关系圈（如亲人、朋友、同事、邻里等）推销产品，玩法包括拼团、砍价、自购省钱、分享赚钱等。

⊖ B2B 是 Business-to-Business 的缩写，指企业与企业之间通过专用网络进行数据信息的交换、传递，开展交易活动的商业模式。小 B 指小零售商、小批发商、小分销商。

在这种业态中，消费者已经不只是产品购买者，更多时候扮演的是小 B 的角色。他们可以是忠诚的粉丝，利用自己的朋友圈、小红书及抖音，为品牌传播内容，节省品牌的投放成本；也可以是品牌代理商或经销商，帮品牌叫卖吆喝，协助裂变，降低品牌的获客成本。

（5）基于微信朋友圈的私域运营业态

2019 年，许多零售型、渠道型公司基于自身庞大的线下客户基础开启了自己的私域运营。例如，屈臣氏和丝芙兰的典型做法是建立企业自己的私域用户池，让线下导购使用企业微信将客户拉入私域群，运营朋友圈，只要使用小程序成功推荐商品并成交，就可以自动获得佣金。

（6）播商与兴趣电商业态

在 B 站、小红书、微信、抖音、快手上，出现了一批高质量的内容创作者，他们专注于文化、科技、时尚等垂直领域，而且有一群忠实的粉丝。当这些内容创作者成了内容影响者，相应的"内容圈层"就形成了。

这些内容影响者在内容平台上上传短视频或直播时，会植入商品链接，促使观众下单购买，形成销售转化。你会发现，直播变成了一种新的卖场形态，许多内容平台也开始涉足直播电商业务。

比如，抖音在"兴趣电商"的旗帜下，推出了"十万好物星选官"计划，希望有影响力的博主凭借他们的人格魅力、创作内容质量去直播带货。在直播间，用户可以通过链接直接在"抖店"独立 app 上下单。微信生态中也出现了圈子，它将内容达人与兴趣内容匹配起来，达人可以通过微信小程序直播带货，引导用户在微信小程序商城下单。

6. 消费全链路的多种组成：四种"场"的出现与经营

消费的过程通常包括消费者获取商品信息、消费者对信息产生疑问并得到解答、支付并完成购买、得到品牌商的一系列服务等多个环节，这个端到端的过程就形成了消费全链路。在这个链路上，<u>品牌和用户之间存在着连续发生的四种业务</u>

活动，即触达目标客户、与目标客户不断交互、促成销售转化、提供高质量客户服务，如图 10-2 所示，并形成相对应的完整客户历程。

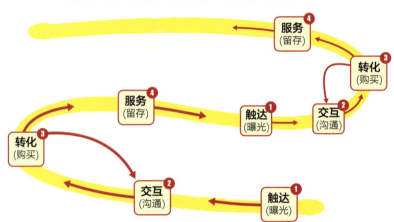

图 10-2　品牌与用户之间的四种业务活动

这四个业务活动阶段，每个都发生在特定的空间，我们将其称为"场"（place）。"场"是令消费者停留的"时空 + 内容"的综合体。目前普遍认知的"场"是卖场（Marketplace），即交易场所，如线下商场、百货公司、门店、线上的电商平台等。

在过去的线下卖场中存在着搜寻（触达）、交互、交易（转化）、服务这四种活动，而在线上化趋势下，每种"场"都具备了专业性。因此，跳出传统的交易场思维来看，消费者与品牌的所有接触点都可归结为"场"。如表 10-1 所示，消费活动主要发生在以下四种"场"中。

表 10-1　消费活动发生的四种"场"

场	触达场（Reach Place）	消费者在这里获取商品信息
	交互场（Interaction Place）	消费者在这里与他人互动
	转化场（Conversion Place）	消费者在这里完成交易支付
	服务场（Service Place）	消费者在这里获取服务

商业3.0时代有别于其他时代的一个最关键的特征，就是"交互场"重要性的凸显。它不仅可与其他三种传统"场"平起平坐，甚至成为整条消费链路转化效率的决定性因素。在移动技术的支持下，社交媒体创造的海量内容和丰富交互活动，使得人们在线上线下各交互场之间高频地往来穿梭，这从根本上改变了人们的生活方式和消费方式。经营好四种"场"，尤其是交互场，缩短消费链路，提高链路转化效率，已然成为企业新的经营重心⊖。

7. 5G带来管理秒决策时代

5G带来了"秒变"与"秒决策"的时代。所有客户端收集到的文字、图像和视频，在经过数字化后，都可以通过5G网络迅速传输到云端。智能云的强大算力为各种算法分析工具提供了支撑，让处理大量的结构化文字与非结构化影像数据成为可能。这些工具还可以对非结构化的情绪数据（用户的内容互动）进行处理，并迅速产生分析结果。然后，通过5G网络迅速反馈分析结果，指导人们做出快速和准确的决策与应对。5G技术的应用，不仅加快了做生意的节奏，也让我们更接近数据化科学决策。

⊖ 周宏骐.疫情"催熟"新营销模式[J].哈佛商业评论中文版，2020（6）：146-149.

10.3 商业 4.0 时代的商业特征与改造主逻辑

世界的变化之快总是在人们的意料之外,移动经济时代仅持续了 10 年,现在我们已然迈入商业 4.0 时代初期,也就是智能经济的前端。数智化正在推动着新一轮的商业变革。

这一轮变革的目标就是实现"数字智慧化"。人类通过建模把自己的智慧转化为算法,并让这些算法核心程序具备自动学习的能力(机器深度学习)[一],最终利用数智化体系为商业增值。这种商业增值不仅是业务流程和交易流程自动化带来的增值,更在于启智于人,如 ChatGPT(生成式预训练转换器)可以辅助经营者做出更好的商业判断与决策。

推动商业 4.0 时代出现的关键变因,在新科技方面有传感器及物联网[二]、AI 机器深度学习、区块链分布式算法以及智慧云驱动等。我们把这个时代的主要商业特征总结为智能自动化、算法增效、认知商业。

接下来,我们来看看商业 4.0 时代改造商业的主逻辑。我们会先从智能自动化造就的客户旅程价值新时代说起,再阐述算法增效如何提供增值服务,接着探讨区块链所造就的各种创新经营方式,最后探讨元宇宙的商业应用。这些新科技的混合使用将创造出很多新的商业场景。在以下探讨中,我将尽可能采用场景化描述的方式,希望你可以和我一起发挥想象力,描绘充满无限可能的未来商业。我们应通过

[一] 蒂姆·伯纳斯-李(Tim Berners-Lee)在 1998 年就提出 Semantic Web(语义网)的概念,认为在 web3.0 时代,电脑将用模拟人类的方式处理内容,所有数据都可以依据上下文,在概念上进行理解和连接。
[二] DIJKMAN R M, SPRENKELS B, PEETERS T, et al. Business models for the internet of things[J]. International journal of information management, 2015, 35(6): 672-678. 作者提出了构建物联网(IoT)的商业模式框架,以及几种可选择的模式。

发挥想象力大胆使用这些新科技，不断对原有商业进行实验式改造，而不预设改造后的终极场景。这往往能刷新经营者对现有商业的认知。认知商业是一个持续重塑的旅程。

1. 智能自动化提供用户旅程价值

智能自动化这个商业特征来源于数智化，是指通过连接物联网上的各种传感器（如机器视觉、激光雷达、智能助理等）自动收集数据，再通过 5G 网络把数据自动传送到云计算中心，最后通过系统的算法核心程序进行 AI 自动机器深度学习[一]。

智能自动化是商业 4.0 的入口，通过"诊断—报告—治疗—追踪"的不断循环，为用户提供长期旅程价值。

我们用一个你再熟悉不过的考试场景来说明：初中一年级到高中三年级这六年的数学被分成代数、几何、三角等 15 个模块。每个考生应考时都戴着一个摄像头（机器视觉），它能把考生解题的过程录下来并数据化，还原考生的解题推导过程，然后按照设定的评分标准直接打分。此场景中不再需要人工阅卷。

每个考生都可以通过全国总排名得知自己的名次以及与其他考生的差距。数据产品还会自动生成报告，帮助考生认识到自己的学习误区。对于错题，学校会提供针对性的线上多媒体互动视频教学，对症下药。

由此，考试就像一次"诊断"，数据产品（内含机器学习算法）会生成一份"报告"，学校则会提供一套个性化的对症"治疗"远程学习教材，学习后还可通过再考试进行"追踪"及"再诊断"。这就是所谓的"诊断—报告—治疗—追踪"的用户旅程逻辑。

这种逻辑不但可以应用于学习场景，还可以应用于医疗复健、健身锻炼等各种场景。通过针对用户旅程进行优化计算，企业能够在用户旅程中创造价值，并获取长期回报。这是未来智能经济的重心。

[一] 米歇尔. AI 3.0[M]. 王飞跃，李玉珂，王晓，等译. 成都：四川科学技术出版社，2021.

2. 算法增效提供更好的"精+准"增值服务

数智化还可以提供过去没有的增值服务。智能自动化（算法）使得数据产品在实时的数据反馈下进行 AI 机器深度学习，同时，这些算法系统不断自我迭代，由此输出的数据能辅助企业改变服务模式，为用户提供更好的"精+准"增值服务㊀。

> **案例 10-7 Stitch Fix 利用数据科学为用户精准推荐商品**
>
> 服装零售业新锐 Stitch Fix 将数据科学与造型师的判断相结合，用户只需花十分钟填写一份问卷，人工智能的强大算力便能从库存中找出符合他个性的服饰清单。用户也可以订购一个名叫"Fix"的惊喜盒（类似盲盒），盒子内有由算法和真人造型师为其挑选的五件专属衣服。
>
> Stitch Fix 成立十年，成长迅猛，在 2021 年销售额达到 20 亿美元。㊁

在应用智能科技创造价值上，我们用两个场景来说明。

首先，请你跟我一起想象第一个场景：

住在养老院的高龄健康老人，每个人手上都戴着一个又轻又细的智能手环。这个手环采用纳米技术制作，戴起来像一根绳子，再热的天、流再多汗都不会影响使用，而且可以戴一辈子。

手环本身是由多个传感器集成的智能硬件，它可以 24 小时全天候记录老人的生活作息。数据产品会汇总他们的身体状况数据，并形成图表推送给医护及管理人员。在这个图表中，深蓝色表示深睡，浅蓝色表示浅睡，黄色表示正在走动。如果图表里的深蓝色比例过高，说明老人睡得太多，机器就会提醒工作人员赶紧介入，

㊀ 曾鸣.智能商业 [M].北京：中信出版社，2018.作者认为，新旧商业的区别在于是否精准。智能商业的特征，是向精准升维。精准（如精准广告、精准零售、精准医疗……）就是"精+准"，即精确和准确。传统商业中的精准，是降低成本、提升利润的手段，而智能商业中的精准分别对应着网络协同和数据智能。未来的社会必然会向服务型社会转变，智能商业下的服务要做到精确和准确，就要维持和用户持续互动的关系。通过数据智能不断加深对用户的理解，就可以对产品（和服务）不断地进行迭代和优化。那些无法为用户提供精准服务的企业，很快会被淘汰。

㊁ 参考长江商学院案例《让 AI 带上温度，将算法结合时尚：Stitch Fix 的成长启示》。

带老人出去走走，让他们拥有适度的运动，这样晚上才能有正常的睡眠，确保作息正常。

此外，还有贴在膀胱外肌肉上的传感器。人的膀胱蓄尿到一定程度，会牵扯肌肉上的神经产生信号传导到大脑，产生尿意。但是年纪大的人产生的信号可能会减弱，尿意就不明显，容易因蓄尿过多而导致尿失禁。为了管理好老人的排尿，需要不断升级机器深度学习算法，提升每个个体蓄尿程度计算的精确度。最终，数据产品会汇总老人的状况，以图表的形式进行反馈。当每个人的蓄尿程度达到一个临界点时，算法程序就会驱动机器人（带滚轮的智能设备）去帮忙排尿。

接下来，我们来一起想象第二个场景：

在未来，如果汽车变成了由计算机控制的外设，也就是"带轱辘的电脑"，自动驾驶，不再需要方向盘，那么人与车之间的关系会变成什么样呢？

这就是未来的 L5 智能车。

许多车厂已经开始预测人类不再购买汽车的可能性。很多人认为，车厂会转型变成大众交通运输服务公司。它们不再卖车，而是用自己造的车提供服务，即从出售汽车产品转为出售用车服务。买车也不再是购买硬件资产，而是变成缔结服务合约关系。服务收费取决于实际使用量，用户用得越多，缴纳的费用就越高。

未来车场的服务场景是这样的：从凌晨 4 点开始，车辆以轿车状态向城市运输乘客，运营到 10 点后，其中一部分车辆会自动回到转运站，在滑板底盘上把轿车的上盖换成货车的上盖，继续运货至下午 3 点。之后，再切换为轿车状态，接乘客下班。由此，车辆的使用效率提升了，城市也不再需要那么多车辆了。

而在周末自驾发烧友一起出行的场景下，车辆与车辆可以实现物物相连，自动驾驶车会一辆跟着一辆，按序排列，第一辆车发出信号给第二辆，第二辆发出信号给第三辆，所有车有序协作，井然出行。

3. 区块链技术下的创新经营方式

区块链技术目前已被广泛应用在商业领域，在技术上包括链、证、币三个方向。"链"是把时间轴看成一条时间链，把所有人的账（事实数据）按照时间展开，打包进不可改变的一个个区块；"证"就是可编程的电子票据，即智能合约，缔约双方可以把所有的交易条款写进这个电子票据（智能合约），智能合约会依照约定好的条款与时间点自动执行；"币"就是数字货币。

接下来，我们来了解一下在区块链技术中出现的三项重要的应用工具。

时间戳：人们的生活、工作和生涯等所有数据都能上"链"，按照时间轴排列并采集后，被打包成数据包，并盖上时间戳。时间戳就如数据钢印一般真实而不可改变，在事实发生的当下经过少数验证节点验证记录，并与所有其他记账节点（分布式状态）同步备份，确保没有人能篡改。

智能合约：这是一种可编程的电子票据，允许缔约双方把合约条款写进这个电子票据。一旦合约条款被满足，机器就会自动执行合约，不需要依赖人与人之间的信任。比如，未来企业找用户做市场调研，可以给用户发一个"证"（智能合约），把要调研的内容和所有商业条款全部写入智能合约（去中心化应用程序（Dapp）的核心组成部分），把要支付的费用也以可编程通证（Token）的形式存入智能合约。只要用户参与并完成要求的工作，机器就会自动将通证转入用户的数字钱包。

数字货币（Cryptocurrency）：数字货币就是以数字形式存在的货币。资产数字化后，可以依资产估值去发行相对应的数字货币，通过交易与流通，实现资产的提前变现。

发行数字货币是许多区块链项目筹集资本的常用方法。一些企业把尚未启动项目的未来价值计算好后，通过发行数字货币和智能合约提前进行变现，以此筹集资金。这种数字货币类似于没有实体资产担保的股票，只要项目做起来，就有可能实现增值。

工具性的数字货币是以数字形式存在的稳定币，就是基于某个法定货币或价值相对恒定的资产发行的数字货币。比如，美元稳定币就是以美元为锚定资产发行的数字货币。现在中国人民银行已经把数字货币和电子支付工具结合起来，推出一揽子计划，目标是支持越来越多的线上结算，以替代部分线下的现金支付。

最早把数字货币当作工具进行应用的是跨境汇款。过去，一个人（用户甲）要进行跨境汇款需要先去银行 A 购汇，银行 A 把汇款打到另一个国家的用户乙在银行 B 开的账户上，用户乙去银行 B 提现，这涉及不同国家的银行、不同币种之间的结算关系，费用高，汇款周期长。有了区块链后，用户甲可以在区块链电子钱包中将自己的数字货币直接转入乙用户的钱包地址，后者可以通过币安、Coinbase 等数字货币交易所（CEX）或者场外交易将钱包里的数字货币兑现成当地的法定货币。这种改造精简了商业角色，也大大简化了交易结构㊀。

以上是一个基于区块链的数字货币与钱包的新商业场景案例。事实上，许多区块链技术公司已经建立了各种基于区块链的基础设施，创造了大量新商业场景。例如，在供应链金融平台、溯源平台、存证平台、结算平台、版权平台等，这些技术公司向传统企业提供上链服务，并承担运营职责。不过，这些公司并非去中心化组织，其中，很多都控制着自己开发的公链，也不存在分布式记账节点。

智能商业时代真正的区块链公司，不应是"公司"，而应是去中心化的自治组织或联盟，即 DAO㊁。无论是创始人，还是其他参与者，都不是区块链组织的实际控制人。这让我们有了很大的想象空间，去重新思考被"链、证、币"赋能后企业的新商业模式、社会组织的新构成方式、利益主体的新定义方式，以及通证经济模型的创新应用场景与设计方式。㊂

接下来，我分享 5 个利用区块链技术创新经营的场景。

场景 1：一个人的区块链智能合约生意

如果你曾有过市场调研的从业经验，那么，现在你就可以成立一家区块链市场

㊀ 举个例子，最早出现在香港的 OKLink 开发了一款区块链电子钱包，在中国香港地区和菲律宾两地使用，通过在两地发展"比特币兑换服务商"来搭建国际汇款通路。兑换过程仅需几分钟，而且兑换成本极低。

㊁ DAO 就是去中心化自治组织（Decentralized Autonomous Organization）。DAO 与公司、合伙企业等不同，比较类似于现行组织形式中的社团，陌生人之间进行平等协作，每个成员都有话语权，可以通过区块链在线上操作投票，实时产生共识结果，无须反复讨论协商甚至互相博弈，解决了传统世界效率和民主之间的天然矛盾。投票结果会被记录在区块链上的每个节点上，不会被篡改。DAO 产生的组织收益，通过智能合约以合法的 DAO 通证分配给参与项目的 DAO 成员。

㊂ 陈军. 九章链术：区块链创新应用与通证模型设计手册 [M]. 北京：中国广播影视出版社. 2021.

调研公司，当个体户小老板，通过应用一个 SaaS 服务平台上已有的公链，用平台上提供的去中心化应用程序做生意。

比如，现在你的企业客户美美雅公司（虚拟名）需要做市场调研，委托你这个个体户帮它发问卷。美美雅公司可以先去数字交易所买数字货币（或直接用人民币数字货币），然后发来一份智能合约，请你为它提供调研服务。

这时，你这位问卷设计者可以先邀请 10 万个有意向的被调研者打开 Dapp 网址，用数字货币钱包签名（即登录），然后就像操作普通 app 一样与 Dapp 交互。后台实时为这 10 万人打上属性标签，美美雅公司从中选出具有特定属性的 1 万人做进一步调研。Dapp 会给被过滤掉的人一些数字货币作为奖励并结束交互，而被选中的 1 万人则会进入 Dapp 的下一步程序。

问卷被填写好并上传之后，智能合约就会按照约定的合作条款给填好问卷者分发数字货币作为报酬。然后，你给美美雅公司反馈答案，Dapp 上美美雅公司早已设计好的智能合约就会依约发通证给你作为报酬。

根据这个逻辑，社会上就会开始出现一种新的"链商"，人人都可以应用成熟的公链来做 C2C 的生意，而且可以根据谈好的商业条件，给数万个人瞬间分配约定的费用。

场景 2：公链改变生产关系：买币看电影，机器就能自动分配收益

一个公链生态组织，基于自身的资金、技术、用户等优势开发一条公链，并构建一个生态平台，可为各种行业提供新的业务系统（工作流）和交易系统（利益流）。

举个例子，某影视公司拍了一部电影，谈好了在某视频平台上播放。在过去的商业规则里，这个视频平台要先支付这家影视公司版权费。但现在不用先给版权费了。如图 10-3 所示，视频平台可以用智慧公链（Smart Chain）写一个智能合约，自己发行数字货币（Token），这是一种用户可以购买及使用的数字货币。所有要看电影的用户可以先去交易所买这种数字货币（也可以直接使用人民币数字货币），

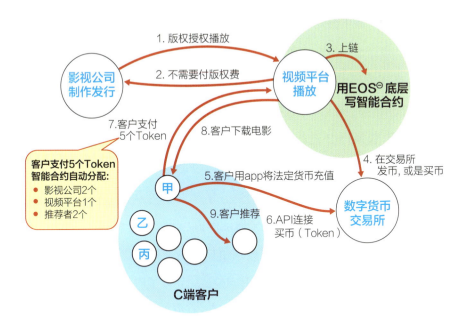

图 10-3　智能合约自动分配收益图

之后在视频平台上付币下载电影。假设用户付了 5 个 Token 下载这个电影，下载完之后，背后的智能合约就会自动给不同的角色分发他们应得到的报酬，比如给影视公司分配 2 个 Token，给视频平台分配 1 个 Token，给推荐者分配 2 个 Token。而这一切，都是信任机器自动按照设定分配的结果。

场景 3：通证经济学的供应链金融应用

假设核心企业 A 是一家大型生产制造品牌商，其上游有 1000 多家大大小小的供应商。在传统经济中，核心企业与第一层直接合作的供应商有 3 个月的账期，第一层直接合作的供应商与其上游的供应商也有 3 个月的账期。通常，核心企业会将商业承兑汇票给到第一层直接合作的供应商，但是这些承兑汇票无法直接给到第二层或者第三层供应商，除非第一层供应商自己签发商业承兑汇票。

但在核心企业 A 引入通证经济学的模型之后，核心企业 A 就可以和商业银行

○　EOS 是 Enterprise Operation System 的缩写，即商用分布式设计区块链操作系统。

B 建立合作关系，基于核心企业 A 的资产和信誉，发行以通证为载体的新型商业承兑汇票。核心企业 A 在与第一层供应商结算时，可以直接支付通证给第一层供应商，供应商收到通证之后，可以直接找商业银行 B 进行兑换，也可以将一部分通证直接给付给其上游的供应商（第二层），第二层供应商收到通证之后，也可以直接找商业银行 B 进行兑换，或者继续给到其上游的供应商（第三层）。

在这个模型中，通证扮演的角色类似于核心企业 A 发行的仅限在其生态中循环使用的内部货币，持有通证不兑现的时候，供应商们可以获得一定的利息补偿；持有通证提前兑现的，可能会折损一部分通证价值。

提前兑换通证类似于银行保理业务，用核心企业的合作协议贷款进行生产，但这个过程简化了传统保理业务的尽职调查过程，节省了时间成本。相对应地，供应商付出了更低的银行利息就可"贷款"，或者也可以理解为"回款"。

场景 4：跨境电商价值链的"供应链金融 + 区块链"模式

一家保险公司找到一条公链，开发了一个 Dapp。这套 Dapp 可以把跨境电商价值链中的所有参与者都纳入进来，从原物料到制造、质检、物流、仓储，一直到终端门店都能实现网络上链。这也意味着这家保险公司收集并掌握了价值链上每个环节的数据，从而实现了产业区块链全局下的"穿透式保险"。

这种新形态下的信用保险可以帮助供应链各环节融资困难的公司赊销，让应收账款债权在链条内流动，或者转让给"流动性提供者"。此时，Dapp 会做自动转让登记，避免债权重复抵押和重复融资。

未来，若是保险公司能用 DAO 的组织方式把所有的合作方通过区块链结合在一起，就可以完成高效的供应链金融业务。

场景 5："通证体系 + 社区"模式

我们用一个虚构的场景（见图 10-4）来说明围绕一条公链或联盟链来建设社交型商业生态这种新商业逻辑。举个例子，某快消品公司准备发起一场重量级内容营销战役，其中一项内容是要"病毒式传播"一条高质量的短视频。这家公司请来了

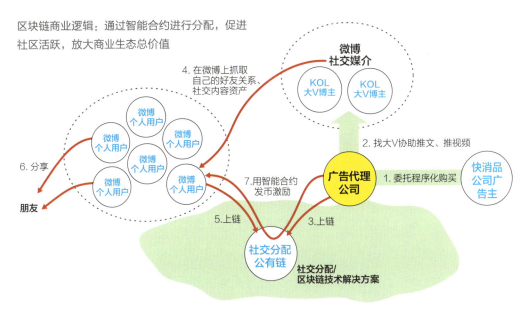

图 10-4　智能合约自动分配促进社区活跃示意图

某广告代理公司为它做程序化购买，并且提供了一笔预算让这家广告代理公司在微博上找各类大号（KOL/大V博主）去协助推文、推视频。

在请各种博主做病毒式传播时，广告代理公司可以作为主导企业，找另一家做社交应用链的公司，上它的公链去写智能合约，并在链上发行数字货币。这款数字货币没有增值属性，只具备固定的价值，可用于支付博主的宣传费用，博主能把数字货币拿到数字交易所交易；若不自己发行数字货币，也可以用人民币数字货币与智能合约。

通过以上的逻辑，还能延伸出新的病毒式传播方式，即广告代理公司除了请大V博主推文、推视频，还可以向微博的其他个人用户宣传：过去你们帮朋友转发文章都是友情转发，没有酬劳，这次帮我转发，我会付费给你们。你们只需用我提供的 Dapp（前端界面 app+ 智能合约）上链，并把自己在微博上所有的朋友账号认证一次。朋友账号是社交资产，也就是让它们上链。

按照广告代理公司所宣传的，任何一位个人用户只要通过社交媒体将短视频传播给超过 5000 个人，广告代理公司就会按照约定好的规则，通过智能合约给他分发相应的数字货币作为酬劳。个人用户可以将数字货币拿去交易所兑换为法定货币。

在整场营销活动中，主导企业是广告代理公司，那么广告代理公司怎么分配快消品公司拿出来的内容营销战役预算呢？它可以将 10% 分配给自己，将 50% 分配给大 V 博主，将 30% 分配给协助传播的个人用户，将 10% 分配给社交媒介平台。这里的分配方式就是一种交易设计，一旦分配妥善，大量的参与者（包括微博个人用户和消费者）的积极性和信任感就会被前所未有地调动起来，从而进行积极的协作，并产生很强的黏性。

在以上的场景中，广告代理公司作为主导企业，使用了社交应用链公司的公链，发行了数字货币，并最终使用智能合约支付数字货币给参与传播的大 V、小 V。虽然参与者人数众多，但是所有的分配全由机器自动执行，实现了实时高效，如图 10-5 所示。在没有区块链工具的时代，这是无法完成的工作。

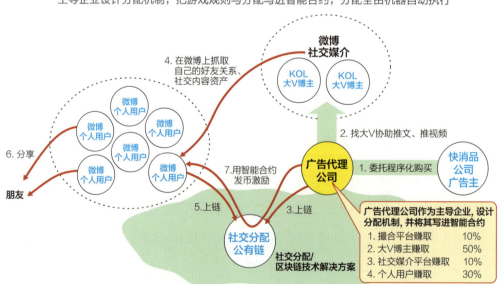

图 10-5　主导企业将分配机制植入智能合约后机器自动执行示意图

如果不是广告代理公司作为主导企业，而是换成拥有公链的社交应用链公司来当主导企业，又会是什么样的场景呢？

如果由社交应用链公司来主导，可操作的商业生态范畴就更宽广了，它可以在自己的公链上发行数字货币、提供智能合约工具，招募更多品牌企业用它的公链写智能合约。社交应用链公司扮演的是"撮合中介"的角色，每一个"品牌企业"与"广告代理公司"都能在交易所购买数字货币，用来激励与捆绑各种参与者，最终形成一个超级大的生态系统！

在此过程中，社交应用链公司其实是通过关联的基金会（非营利性组织）来发行数字货币（生态代币）的，代币在数字货币交易所流通，发币的目的就是建设生态内的商业共生体（见图10-6），先让所有参与者用Dapp在协议层上链。

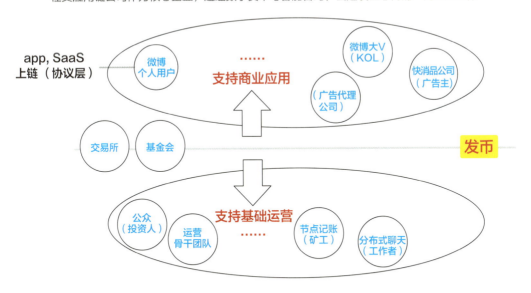

图 10-6 社交应用链公司通过数字货币和智能合约组建商业生态图

这样做，一方面可以支持商业应用，用数字货币激励前端客户生态系统内的参与者，如广告代理公司、微博公众号、大V、小V等，形成活跃的前端生态；另一方面可以支持基础建设，用数字货币激励后端合作方生态系统内的参与者，如公众投资人、运营骨干团队、节点记账矿工等，形成活跃的后端生态。

如图 10-7 所示，在数字货币的通证经济设计上，假设总共发行 30 亿个数字货币，可以按照以下方式做分配：对公众投资人分成三次逐步发售 40%；给项目运营、骨干团队逐步分配 15%，并且设定分几年解锁；保留 10% 逐步释放给节点记账矿工；剩余的 10% 给分布式聊天工作者；设置 25% 用于奖励用户……数字货币的初始定价由基金会来制定，之后的价格则由市场来决定。

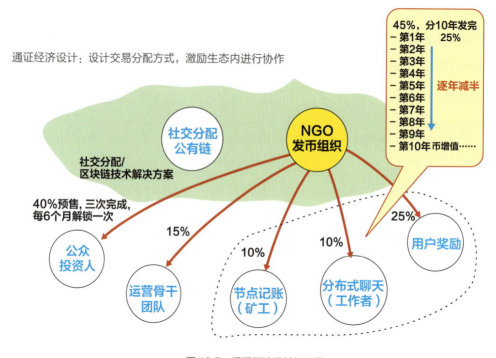

图 10-7　通证经济设计拆解图

这样一来，社交应用链公司就通过社交应用链上的数字货币、智能合约以及交易设计，创造了新的激励方式与新的协作方式，促进了客户生态系统的建设，也支持了合作方生态系统的运营，最终组建起社区生态型商业共生体，实现了整个商业生态系统的聚合与运营，甚至促进商业共生体规模的不断增大。

未来，如果有信誉好的企业出面发行数字货币并主持运营，那么这个社交逻辑下的通证经济模式可以应用在很多不同的行业与场景中。

DeFi、Dapp 与 DAO

由于区块链自带金融属性及去中心化特质，所以在比特币和莱特币等第一批纯虚拟货币出现后的第二个阶段，真正从人类商业活动层面开始切入并逐步完善的区块链生态就是"去中心化金融"，简称 DeFi。现在广泛普及的区块链 DeFi 应用，本质上都是一个个的 Dapp，有去中心化数字银行，如 Aave.com 和 Compound.finance，也有去中心化通证交易所，如 UniSwap.org 和 PancakeSwap.finance，甚至还有去中心化的私募基金，如 Yearn.finance 和 Pancakebunny.finance。

这些 DeFi Dapp 的背后，都是一个个由基金会牵头管理的去中心化组织（DAO）。而我们在传统金融世界已经经历过也为之头痛过的一系列金融交互行为，如质押借贷、还款、换币、投资私募基金、从私募基金赎回本金和利润等，都会在区块链 DeFi 的世界里实现无人化、高效率、低成本。

在不久的将来，区块链的革新将从金融领域开始，逐渐渗透到社交、游戏、内容（NFT）、营销、广告、电商等与我们的生活息息相关的所有领域。

这些场景的构想为我们勾勒出了全新的商业世界。数智工具的应用充满想象空间，可以为即将到来的新世界填充更多丰富多彩的内容。

4. 元宇宙及虚拟数字人技术催生创新经营方式

元宇宙是互联网（Web3.0）的发展方向之一。在未来 3~5 年内，元宇宙可能与娱乐、教育、服务、社交媒体、知识产权、游戏等领域深度融合，为创新经营提供广阔的应用空间。

元宇宙是现实世界映射到虚拟世界并与之交互的"合集"，它能够将现实世界的元素映照进虚拟世界，让人们在其中体验、拓展和创造，进而又反过来影响现实世界的活动过程。

元宇宙的实虚交互特征体现在场景化、虚实融合、沉浸式、互动性、人机共生、时空共享六个方面。在虚拟世界中，还出现了数字身份、数字资产、NFT 数字货币[⊖]等新型元素。数字身份及虚拟 IP 已经成为元宇宙的基础设施，并且元宇宙也找到了丰富的落地应用场景。

数字身份的具象化体现在虚拟数字人上，其特征是运用 3D 人物建模、图像渲染、提供数字人形象，通过形象实时驱动、语音合成、AI 语音识别和实时交互等多项技术，实现多模态情感交互。虚拟数字人可以作为实时在线的虚拟助手、虚拟主播，减少对真人的依赖，帮助企业降本增效。

虚拟数字人在企业创新经营中的应用场景有很多，比如以下 5 种。

场景 1：AI 虚拟主播应用

2018 年，搜狗和新华社联合推出的全球首个 AI 合成主播掀开了"AI+ 虚拟主播"的神秘面纱。2022 年，新华社推出 AI 虚拟主播"新小萌"，人民日报推出 AI 虚拟主播"小晴"，它们都是由虚拟数字人担任的人工智能主播。人工智能主播是虚拟性和身份性的结合、技术性与艺术性的交融，还会不断升级沟通交互的情感化与智慧化。

人工智能主播适用于政府或其他类型企业的政策解读、文化宣传、资讯播报等单向输出应用场景，以及会展、高校、协会等宣教场景，能显著增强表现形式，并且可以减少制作时间。

场景 2：直播电商场景，虚拟数字人"7×24 小时虚拟电商带货主播"

7×24 小时虚拟电商带货主播可以随时随刻无情绪地在线，使商家在淘宝、京东、抖音、快手、拼多多等主流电商直播平台实现 24 小时全天候带货直播，无须真人值守。

虚拟电商带货主播能为电商企业提升人效，降低运营成本，更好地串联公私域，提高直播效率，增加直播间互动。

⊖ NFT 数字货币指的是不可分割、不可替代、独一无二的非同质化代币，如加密猫、Token 化的数字门票等。

场景 3：大屏交互型数字人

交互型数字人适用于政务、银行、大型国企的咨询、接待讲解、互动问答、智能导办等多种交互应用场景，能提升日常服务效率，体现科技感及数字智能化的科技创新力。

场景 4：偶像型 IP 数字人

偶像型数字人是虚拟偶像，它既可以是歌手、网红、演员以及明星的虚拟分身，也可以是企业虚拟 IP 资产（如哈尔滨啤酒的哈酱、屈臣氏的屈晨曦）。虚拟偶像可应用于各类商务、大型活动合作代言。

场景 5：元宇宙社交

在元宇宙社交活动中，在 3D 虚拟场景及虚拟社群中，每个参与者都可以有自己的虚拟化身，大家可以进行交互。平台支持上千甚至上万人在同一个虚拟空间中互动。

在新冠疫情期间比较流行的是元宇宙会展、元宇宙会议，比如，百度希壤推出元宇宙会展解决方案，打造了首个可容纳 10 万人规模同屏互动的超级会场。

全球化的加速发展，使人们越来越愿意通过元宇宙平台来进行信息交流。随着更多玩家的进入，元宇宙虚拟数字人在企业创新经营上具有很大的想象空间。

本章精华回顾

从商业 1.0、商业 2.0 到商业 3.0，再到拥有更大想象空间的商业 4.0，每个时代都有其独特的商业特征和改造原有商业的主逻辑。只有了解各个商业时代的特征、遵循主逻辑，应用新科技、采取新思维、顺应新消费、契合新政策，我们才能把握住时代的新机遇，为用户、为企业创造出更大的价值。

愿经营者能够学习并掌握这种从纷繁复杂的环境和海量信息中过滤、提炼并总结经营环境要素的方法，从而可以率先洞察下一个新商业时代的新要素，掌握下一个时代的生存法则，抓住风口，始终把企业经营成"时代的企业"。

后 记

我热爱研究企业的商业模式，这本书写的就是我拆解与设计商业模式的框架与方法，也就是生意蓝图。它既可视化、易懂，又工具化、易用，可以作为你的经典工具书，随时拿出来，帮助你设计与升级生意。

我们经常挂在嘴边的"商业模式"，指的到底是什么？许多人往往会凭直觉联想到"可复制的生意"，但在我看来，一个企业的商业模式就是它的经营方式，是一组经营要素的组合。而且我发现，许多企业的经营方式是独一无二的，本身不可复制或不需要复制，所以，我研究商业模式更着重于构建拆解与设计经营方式的方法论，不会过多地考虑可复制性。

在本书中，我讲解过经营要素有粗、中、细三种不同大小的颗粒度：

粗颗粒的经营要素，是用商业模式三层解构图拆解出的三层——业务定位、业务系统和交易系统。

中颗粒的经营要素，是用熊掌图拆解出的六个支持业务环。

细颗粒的经营要素，是真正的"经营底层要素"，包含了9项经营结构要素和4项经营环境要素，而每个细颗粒度的要素都有其内涵，且要素内涵千变万化，有极大的想象与创新空间。

所有粗、中、细颗粒度的经营要素集合在一起，就像堆积木似的，构成了生意蓝图。想看懂与设计一个商业模式，经营要素就是窗口，经营者应先从粗窗口开始看，再循序去看中窗口和细窗口。而商业模式真正的变化，就发生在细窗口中的要素上。

要想在商业世界中永葆活力，商业模式的创新无疑是永恒的主题。多年的一线案例调研让我看到且坚信，再激烈的红海赛道，依然会涌现商业模式创新出众的优秀企业。

这些企业如何能做到创新出众？我发现，它们总是能从细颗粒度经营要素的角度，进行两种层次的商业模式创新：第一层是通过调整经营结构要素，或嫁接新时代的经营环境要素，形成现有生意的经营方式创新；第二层是突破性地创立与时代同行的新业务，再叠加新时代的细颗粒度经营要素（与新时代的要素内涵），形成商业新物种。

不论是经营方式创新，还是创造商业新物种，都是对细颗粒度经营要素的内涵进行改造。

优秀的生意操盘手总能不断跨界观察各种经营方式创新或创造商业新物种的企业，以"临摹"的心态，尝试掌握它们成功的要诀，或规避它们失败的要因，为自己的企业不断输入养分。

在本书的最后，我有五点嘱咐，希望读者能够在这五点上多做思考，同时我也相信，它们能帮助你成为真正高段位的经营者，使你兼具"设计师"与"操盘手"的卓越能力。

1. 在显微镜下看成功与失败，总把问题问到中细颗粒度

当我们看到一些企业"忽如一夜春风来"般崛起，或目睹曾经的商业巨头慢慢淡出视野时，总不禁好奇：它们身上到底发生了什么？如果给你一次与这些企业的经营者对话的机会，你会问哪些问题？

"你为什么会想到做这个业务？""刚开始创业时有哪些困难？你们是如何解决的？""今后有什么样的发展目标？"……我猜想，很多人的提问无非就是这些。当然，得到的答案也不外乎两种，要么是经营者激情洋溢的创业故事，要么是行业前辈不断突破自我、改变行业的心路历程。这些答案固然有意义，但总让人觉得不过瘾，甚至失去深入探究的动力。

究其原因，这些问题都在粗中颗粒度层面的经营要素上打转，没有问到点子

上。只有进入中细颗粒度层面，提出更深入的问题，我们才能深刻、全面地理解这些企业的崛起与失败，得到具有可操作性的启发。

现在，我们可以应用生意蓝图来向经营者提问，先问粗中颗粒度层面的问题：你的业务定位是什么？业务系统是如何设置的？在熊掌图中，六个支持业务环的状态如何？然后画一个企业边界框，看看这家企业的业务是轻还是重，是通过怎样的交易系统绑定商业共生体的。

在问这些问题时，这家企业生意蓝图的粗中颗粒度经营要素会逐渐呈现在你面前。接下来，你的提问就要进入中颗粒度层面：你的变现内容有什么特色？业态有什么创新？你的营销业务环内的业务活动多数是自己完成的，而其他同行大多交给了外部合作伙伴，你为什么要自己来做？ 目前，你的现有业务结构由某某角色完成，你是否考虑通过数智化来进行角色增减，从而优化整个业务的效率？

你还要继续提问细颗粒度层面的问题：为什么你的企业能做到普通企业做不到的事，能集聚各个领域、各种段位的合作主体，成为一个超级资源与能力的聚合体？为什么能联结拥有各种你所需的优质资源与能力的人，把这些资源与能力通通吸纳进来？背后都设计了哪些底层的交易机制，各利益相关方的盈利模式是什么？

当你把这一连串细颗粒度层面的问题抛给对方时，我敢肯定，你们的交流进入了灵魂对话，你会真正掌握令企业成功的可操作要诀或失败的具体要因。

2. 用升级公式，提升企业的新时代拥抱度

在潮起潮落的商业世界中，总有新品牌崛起、成熟品牌焕新、基业殷实的知名企业由盛转衰……

当下，有一种很流行的说法：所有生意都值得重新做一遍。过去几年，我们看到妙可蓝多在传统的乳制品行业里凭借奶酪异军突起，简爱在酸奶红海中闯出自己的一片天地，"认养一头牛"演绎了消费品的另类新玩法……我们不禁要问，这些新品牌是如何在细分赛道里胜出并占据一席之地的？

我们也看到了老品牌斩获新成绩：专注羽绒服近 50 年的波司登，如今焕发了

新生机;"温暖全世界"的鄂尔多斯,重新定义时尚羊绒;"鞋王"百丽,凭借数字化华丽转身……这些成熟品牌又是如何把握住新时代的新法则的?

当然,我们也很遗憾地看到一些企业由盛转衰:一家拥有悠久历史的知名饮料品牌,一直坚持以线下大型卖场为主阵地,产品也以性价比高的浓缩产品为主,但它的市场份额却在不断下降。与之形成鲜明对比的是,在便利店、本地生活(即时零售配送服务)等其他渠道,一些主打健康和消费升级、以低温与新鲜为卖点的新饮料品牌占据了市场的上风。这家知名饮料品牌的今天,又给了我们什么启示呢?

从以上这些例子中,我们捕捉到了"时代"这个关键词。

那些能生生不息的企业,一定是与时代同行的企业,其操盘手也一定是嗅觉灵敏,时刻关注经营环境的变化,探索经营跨越式结构升级的经营高手。

本书在商业模式"升级"部分,为大家提供了升级的框架与方法,我将其称为两条升级路径,这两条升级路径可以视为两个"升级公式":

第一条路径,即升级公式一,是在外界环境不变的情况下,调整 9 项经营结构要素,让生意升级。若同时联动调整多项经营结构要素,有时甚至能让商业模式结构升级。

第二条路径,即升级公式二,是时刻保持与时代同步,以 9 项经营结构要素嫁接 4 项经营环境要素——新科技、新思维、新消费或新政策,每一种嫁接都可能创造出与时俱进的机会,让生意迭代成"时代的生意"。

我尤其建议你沿着第二条路径不断练习,不断观察与检验各种企业,思考哪家企业嫁接了哪些环境要素,走好了哪一步;哪家企业少嫁接了什么,走慢了哪一步。长期的不断练习,能帮助你获得嫁接的灵感。

3. 用"灵魂拷问"问题表,反思商业模式

我还要提醒操盘手们,别忘了每隔一段时间,用本书提供的"灵魂拷问"问题表,对自己的商业模式进行反思。通过自问自答,审视自己的业务设计与经营方式

是否还有调整和提升的空间，或能否在环境变化中发现可嫁接、可迭代的空间。希望你们能经常运用问题表回望自己的生意，并进行必要的变革。

4. 把用生意蓝图拆解和分析生意，练成独门反射性技能

有一种反射性技能，你想拥有吗？

这种反射性技能就是：无论看到哪个品牌、店铺、购物中心或是企业，你的眼中都不再只有用户视角的性感商品，或合作伙伴视角的具体事项，而是每次都能迅速地在脑海中尝试着把重要的信息一一放进生意蓝图或生意密码"3169"的框架中，对其进行拆解。

你的脑海中要能立即浮现出这个企业的生意芯片三层结构，构想它的第一层业务定位是什么，第二层业务系统如何，第三层交易系统又是如何以及向谁分配那些利益的，以及每一层中的经营结构要素都是什么。

如果你熟练掌握了生意蓝图框架，便拥有了这种反射性技能，从而能迅速拆解生意、理解生意、精进生意。

举个例子，当你逛街时看到一双精美的耐克鞋时，这种反射性技能将使你看到鞋子之外的更丰富的信息：在第一层业务定位中，耐克有几种业务定位，即有几组"人-货"匹配关系；在第二层业务系统中，供应链业务环的上中下游有几种角色与业务活动，营销业务环的上中下游有几种角色与业务活动，销售业务环的经销体系有几层角色，每一层业务活动是否合理；在第三层交易系统中，店员热情相迎背后的驱动交易机制是什么，耐克和经销商、供应商、产品经理如何对每一双鞋子的收益进行分账，眼前这个店员以何种方式得到分成。

我想与大家分享一个有趣的经历。我常常锻炼这项反射性技能，以至于在我看电影《指环王》时，也情不自禁地转换到经营者视角：在我的眼中，以巫师甘道夫为首的9人护戒小队完成的是一次交易之旅，甘道夫深深懂得如何根据合作方特点发明不同的交易方式，用金钱、王位、自由、荣耀等多种利益与人类、精灵、亡灵、矮人、树人各族进行交易，最终聚合各族群共同作战，成功击败索伦和半兽人大军。

讲这个故事，我只是想强调，不断练习这项反射性技能，你就会养成经营者视角；这样做真的会帮助你不断积累和吸收各种聚人或成事的经营诀窍，提升你的经营段位。

5. 回归底层，就是掌握经营思维

思维方式是一切的出发点，因此掌握经营思维是做好生意的起点。

从今往后，每当你遇到一个潜在合作伙伴时，就启用发现思维，它会帮助你迅速扫描与发掘这个主体身上具有哪些关键资源与能力，并为他匹配合适的业务角色。

同时，发现思维要求我们一定要区分友谊和生意，让友谊归友谊，生意归生意。切勿因为朋友品格好、关系铁，就不去扫描他们的资源能力与量级，匆忙合伙势必会导致你的生意配置不适配的主体。把友谊误用在生意领域，最后可能既耽误了生意，又失去了友谊。

而合作思维总能引领我们走在找寻更好合作方的道路上，让我们愿意为了资源的互补而有胸怀地主动化敌为友。

当你找到更合适、具备良好品格的主体时，你可以运用发明思维设计出"合则利"的交易方案，使利益相关者聚集起来，共同合作。发明思维也会让我们不再因为重视友谊而误事，而是客观地对合作方的资源能力投入与利益回报进行合宜的量化设计。

以上5点，是为大家画的重点。

现在，你即将合上这本书，我希望你心中有蓝图与密码，手中有工具与方法，满载收获，成竹在胸；也希望你怀揣着这些收获，用蓝图框架俯瞰每一桩生意和生意中的人，穿透表象看到更细微处的风景，并用工具构建你的生意并组织生意中的人，达到更高的效率，走向下一次经营升级。

愿本书陪伴着你不断提升经营段位，欣赏到更美的商业风景。

参考文献

［1］鲍勇剑．协同论：合作的科学——协同论创始人哈肯教授访谈录［J］．清华管理评论，2019（11）：6-19．

［2］柳井正．经营者养成笔记［M］．北京：机械工业出版社，2018．

［3］魏炜，朱武祥．发现商业模式［M］．北京：机械工业出版社，2009．

［4］德韦克．终身成长：重新定义成功的思维模式［M］．楚祎楠，译．南昌：江西人民出版社，2017．

［5］AMIT R，ZOTT C.Crafting business architecture：the antecedents of business model design［J］．Strategic entrepreneurship journal，2015：331-350．

［6］MOORE J F.Predators and prey：a new ecology of competition［J］.Harvard business review，1993，71（3）：75-86．

［7］ANGGRAENI E，HARTIGH E，ZEGVELD M．Business ecosystem as a perspective for studying the relations between firms and their business network［C］．ECCON，2007．

［8］包政．没有形成"共同体"的企业，活得下去吗？［EB/OL］．（2015-07-05）．https://view.inews.qq.com/a/20210115A012EQ00．

［9］DE REUVER M，BOUWMAN H，HAAKE T.Business model roadmapping：a practical approach to come from an existing to a desired business model［J］.International journal of innovation management，2013，17（01）：80-98．

［10］侯宏．再论战略与商业模式：和而不同［EB/OL］．（2022-07-29）．http://www.capwhale.com/newsfile/details/20200729/1965e9c63fe940cbb2779220f19a0352.shtml．

［11］ZOTT C，AMIT R.Designing your future business model：an activity system perspective［D］．Barcelona：IESE Business School，2009．

［12］魏炜，朱武祥，林桂平．基于利益相关者交易结构的商业模式理论［J］．管理世界，2012，12（12）：125-131．

［13］魏炜，朱武祥，林桂平．商业模式的经济解释Ⅱ［M］．北京：机械工业出版社，2015．

［14］袁纯清.共生理论：兼论小型经济［M］.北京：经济科学出版社，1998.

［15］张军智.Zoom创始人袁征：从8次申请美签被拒，到美国最佳CEO［EB/OL］.（2020-04-13）.https://baijiahao.baidu.com/s?id=1663859347082983564.

［16］USUI K.A critical marketing practitioner in Japan：philosophy and marketing activities of Seiji Tsutsumi［J］.Markets，globalization & development review，2018，3（4）.

［17］克洛克，安德森.大创业家：麦当劳之父雷·克洛克自传［M］.陈寅，译.北京：中国经济出版社，2019.

［18］彭斐.当"水逆"期的特斯拉遇到上升期的Rivian［EB/OL］.（2021-11-12）.http://baijiahao.baidu.com/s?id=1716201672393477304.

［19］张假假，陈帅.8个月涨5倍：特斯拉2500亿美金市值是怎么炼成的［EB/OL］.（2020-07-09）.https://baijiahao.baidu.com/s?id=1671706541928133526.

［20］MAURYA A.精益创业实战［M］.张玳，译.北京：人民邮电出版社，2013.

［21］杨文明，陈鸣珠.Keep：健身"小白"的创业之路［J］.清华管理评论，2020（3）：104-111.

［22］HELFAT C E.Know-how and asset complementarily and accumulation：the case of R&D［J］.Strategic management journal，1997，18（5）.

［23］刘寅斌，龙美灵，吴雪莉.宏光MINIEV："五菱神车"如何炼就［J］.商业评论，2021（2/3）：58-62.

［24］邱燕.一条酸菜鱼，年赚12.7亿，这才是商业模式的秘密！［EB/OL］.（2020-09-26）.https://xueqiu.com/2684655177/160038938.

［25］吾老湿.餐饮品牌的突围：单店盈利模型的建立［EB/OL］.（2020-05-31）.https://www.shangyexinzhi.com/article/1928781.html.

［26］GEOFFREY A，MOORE.Zone-to-Win：organizing to compete in an age of disruption［M］.New York：Diversion Books，2015.

［27］Luckyluckyme.阿里巴巴的并购版图［EB/OL］.（2021-03-30）.https://baijiahao.baidu.com/s?id=1695657348920849112.

［28］吴越舟，赵桐.小米进化论：创建未来商业生态［M］.北京：北京联合出版公司，2021.

［29］陈威如，余卓轩.平台战略：正在席卷全球的商业模式革命［M］.北京：中信出版社，2013.

［30］廖建文，崔之瑜.企业优势矩阵：竞争 VS 生态［J］.哈佛商业评论中文版，2016（7）：110-119.

［31］WILLIAMSON O.Transaction cost economics：the governance of contractual relations［J］.Journal of law and economics，1979，22：3-61.

［32］查兰，蒂奇.良性增长：盈利性增长的底层逻辑［M］.邹怡，译.北京：机械工业出版社，2019.

［33］卡布罗.产业组织导论［M］.刘勇，译.2 版.上海：上海财经大学出版社，2019.

［34］哈默，赫什曼.端到端流程：为客户创造真正的价值［M］.方也可，译.北京：机械工业出版社，2019.

［35］英格拉西亚.DTC 创造品牌奇迹：把产品直接卖给消费者［M］.汤文静，译.天津：天津科学技术出版社，2021.

［36］奈特.风险、不确定性和利润［M］.安佳，译.北京：商务印书馆，2006.

［37］路江涌.共演战略：重新定义企业生命周期［M］.北京：机械工业出版社，2018.

［38］MASANELL R C，RICART J E.How to design a winning business model［J］.Harvard business review，2011，89：195-215.

［39］安东尼，吉尔伯特，约翰逊.双重转型［M］.慕兰，啸程，译.北京：人民邮电出版社，2021.

［40］达利欧.原则［M］.刘波，綦相，译.北京：中信出版社，2020.

［41］波特.竞争战略［M］.陈丽芳，译.北京：中信出版社，2014.

［42］根来龙之.创新的逻辑：优秀企业的商业模式［M］.北京：电子工业出版社，2015.

［43］王高，张锐.新消费品牌崛起的商业逻辑［J］.哈佛商业评论中文版，2021（11）：124-129.

［44］肖利华，田野，洪东盈，等.数智驱动新增长［M］.北京：电子工业出版社，2021.

［45］阿格特，英格兰，范霍夫，等.数字化转型与创新管理——VeriSM 导论［M］.CIO 创享，译.北京：清华大学出版社，2020.

［46］JACOB F，ULAGA W.The transition from product to service in business markets：an agenda for academic inquiry［J］.Industrial marketing management，2008（37）：247-253.

［47］周宏骐.疫情"催熟"新营销模式［J］.哈佛商业评论中文版，2020（6）：146-149.

［48］曾鸣.智能商业［M］.北京：中信出版社，2018.

[49] 米歇尔.AI 3.0[M].王飞跃,李玉珂,王晓,等译.成都:四川科学技术出版社,2021.

[50] 陈军.九章链术:区块链创新应用与通证模型设计手册[M].北京:中国广播影视出版社,2021.

[51] 斯莱沃斯基,莫里森,安德尔曼.发现利润区[M].吴春雷,译.北京:中信出版社,2018.

[52] SUPPATVECH C,GODSELL J,DA S.The roles of internet of things technology in enabling servitized business model:a systematic literature review[J].Journal marketing management,2019,82:70-86.

[53] 斯莱沃斯基.盈利的艺术[M].蒋丹芸,李倩,王丽川,等译.北京:电子工业出版社,2017.

[54] 伯恩斯.细节决定利润[M].苏鸿雁,译.北京:中信出版社,2012.

赞　誉

海闻教授
北京大学校务委员会副主任（原副校长）、汇丰商学院创院院长

周宏骐教授自北京大学汇丰商学院 2010 年开办第一届 EMBA 起授课至今，一直深受同学好评。他的教学内容框架清晰、丰富且新颖，并配合大量凝聚实战经验的案例，易懂易用，因此他被同学喻为"带着弹孔的实战派教授"。本书总结了周教授对商业模式框架的深刻解读，大量精选案例使读者阅读起来轻松易懂，值得推荐！

陈煜波教授
清华大学经济管理学院讲席教授、互联网发展与治理研究中心主任

在新一轮的科技创新大潮中，有越来越多的科技人员走向市场，以创办企业的方式推动科技成果转化，商业模式的设计是这类创新型企业需要直面的挑战。周宏骐教授通过多年管理实践和大量调研提炼出的生意蓝图，是一套具体、可操作的企业经营构建框架，可以帮助企业经营者在复杂的商业生态中，找到并优化属于自己的市场价值贡献模式。本书以更加回归本质的视角看待企业和生意，值得企业经营者和管理者研读并实践。

王高教授
中欧国际工商学院副教务长、宝钢市场营销学教席教授

这是一本难得的可以把复杂的商业模式讲得如此透彻的好书。这本书是作者多年研究和思考的结晶。利用本书中介绍的工具和框架，企业经营者不仅可以清晰地描述出企业的商业模式，更可以设计出新的商业模式，或者动态地调整和升级企业的商业模式。更难得的是，作者把这样一个复杂的商业模式构建与分析框架表达得非常易懂易记。强烈推荐企业经营者和管理者阅读这本书。

李海涛教授
长江商学院院长

周宏骐教授具有丰富的经营管理经验，堪称实战楷模，同时又具备扎实的研究能力，可以将模糊混沌的商业模式高度抽象总结，并辅以大量生动、鲜活的案例，让原本艰深难懂的理论变得浅显易懂。他以全新的视角和独到的观点，构建出不一样的理论体系，诠释了商业模式的精髓和本质！本书是难得一见的实践经验理论化成果，值得创业者、经营者、企业家以及对商业模式感兴趣的人士细读。

朱飞达教授
新加坡管理大学计算与信息系统学院副院长

这是一本难得的、值得细细咀嚼的、真正字字珠玑的商业模式设计"圣经"。周宏骐教授不仅深入浅出地介绍了从海量的商业案例中总结出的"熊掌图""生意蓝图"等独特工具，更凭借他深厚的学术研究功底为我们提炼了一套完整、系统的商业模式设计方法。无论你是初创企业家还是经验丰富的商界领袖，本书都能为你带来前所未有的启示。它强调了在设计商业模式的过程中不仅要考虑业务流程，还要深入探究人与人之间的交易和合作，这种人性化的视角使得本书与众不同。本书每一章节都提供了实用性的建议，使读者能够立即付诸实践。如果你对商业充满热情，渴望了解如何构建和升级你的商业模式，那么这本书是你不可错过的宝典。

曾鸣教授
阿里巴巴集团学术委员会主席、湖畔创业研学中心教育长

作者结合自己 22 年的经营实践心得、多年的文献研究所得，以及与众多经营者的交流心得，提炼出一套系统性商业模式设计工具，以帮助企业经营者获得更好的经营结果。本书有很好的实践指导作用。

生意的本质

商业模式动态升级的底层逻辑

—— 工具手册 ——

[新加坡] 周宏骐 著

目 录

	介绍	3
01	思维工具：掌握经营思维，运用生意构建逻辑发展生意	5
02	定位工具：两条路径探索业务方向，确认业务定位	9
03	设事工具：定边界与工作流脉络，搭建高效业务系统	13
04	聚人工具：组局配置主体，组建稳定商业共生体	18
05	设计工具：描绘生意全景，掌握全盘联动设计	21
06	交易工具：活用前脑后脑，做好第一交易与第二交易	26
07	盈利工具：撬动盈利杠杆，直指经营利润	33
08	业务发展循环工具：设计—构建—验证，螺旋上升	35
09	升级工具：调整结构要素或嫁接环境要素	41
10	顶层进取心：经营者动力决定商业格局	45
11	经营优异的判断标准	47

介绍

做生意是一件有章法和规律可循的事情。本书旨在帮助经营者找到做生意的章法和规律，使经营者在生意的设计、经营与升级上更加游刃有余，帮助经营者提高经营段位。为此，我特意编写了这本配套工具手册。这本手册可以被视为浓缩的工具集锦，只要经营者能不断地回顾、应用与练习，就能将这些工具内化成自己的生意操盘技能。

回顾全书，我们可以把一个生意的成功开展总结为对以下 9 项高段位经营工具的融合运用。

- 思维工具：掌握经营思维，运用生意构建逻辑发展生意。
- 定位工具：两条路径探索业务方向，确认业务定位。
- 设事工具：定边界与工作流脉络，搭建高效业务系统。
- 聚人工具：组局配置主体，组建稳定商业共生体。
- 设计工具：描绘生意全景，掌握全盘联动设计。
- 交易工具：活用前脑后脑，做好第一交易与第二交易。
- 盈利工具：撬动盈利杠杆，直指经营利润。
- 业务发展循环工具：设计—构建—验证，螺旋上升。
- 升级工具：调整结构要素或嫁接环境要素。

本工具手册最主要的任务，是用精简的语言、清晰的图像来阐述每一个工具,帮助读者快速记住这些方法,快速上手应用。如读者需要深入了解这些工具,可以定位到书中相应位置,进行详细阅读。

在这里,我们把以上 9 项工具如图 0-1 般串联起来。第一次接触这些工具的读者,可以沿着线性的学习逻辑,依序应用这些工具,待应用熟练后,就可以自由跳转使用这些工具了。

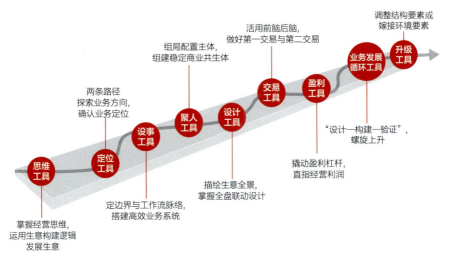

图 0-1　推动生意成长的 9 项高段位经营工具展开图

不过,要想把生意做好,单单掌握这 9 项高段位经营工具就可以吗?其实不然。在这里我要着重提醒各位:经营者最终能否把生意经营得非常卓越,更重要的核心在于由经营者的进取心所产生的自驱力强弱,它从根本上决定了生意的大小。所以,推动生意成长的秘诀在于以下框架,二者缺一不可。

推动生意成长 = 经营者的动力(自驱力)+ 9 项高段位经营工具

　　　　　　　　　　(意愿)　　　　　　　　　　　(方法)

01 思维工具：掌握经营思维，运用生意构建逻辑发展生意

我们常夸赞优秀的经营者是"有商业头脑的人"。把"商业头脑"拆解开来，就会发现它是图0-2中经营思维和生意构建逻辑的结合体。

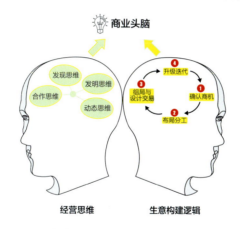

图0-2　经营思维与生意构建逻辑组成了商业头脑

用一个框架来表达就是：

商业头脑 = 经营思维 + 生意构建逻辑

经营思维包含发现思维、合作思维、发明思维和动态思维四种思维，如图0-3所示。经营思维是经营者的隐性特质，是驱动经营者不

断进行商业创造的内在引擎。经营思维强的经营者,能如条件反射般不间断地随机运用这四种思维模式,推动商机落地。

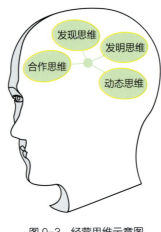

图 0-3 经营思维示意图

这四种经营思维各有其内涵。

1. 发现思维

拥有发现思维的经营者具有以下特点:

1)一直处于发现商机或发现创新经营方式的状态中。

2)能针对商机正确识别自身所拥有的资源和能力,并将其放大,让商机落地。

3)能针对商机正确识别自身缺少什么资源和能力,并主动去发掘拥有这些互补资源和能力的合作方。

4)能发现生意中存在的问题,并积极寻求解决办法。

5)能不断地对资源和能力进行组合,从中寻找商机以及变现方式,还能不断地找到更优的变现方式。

2. 合作思维

拥有合作思维的经营者具有以下特点：

1）在发现商机后，愿意开放合作。

2）愿意去寻找资源和能力互补的合作方，与其共享商机，分工协作，协力解决问题，不会因陷入"自我全能"的心理状态而拒绝合作。

3）愿意主动化敌为友，争取各方支持。

4）当可选资源方有限时，不会一直选择下去，以致业务停滞不前，而是会先与现下掌握的资源方合作，聚焦于解决资源方的短板以求达成结果，同时继续寻找更好的替代资源方。

3. 发明思维

发明思维即发明创新交易方案的思维，又被称为交易思维。拥有发明思维的经营者具有以下特点：

1）在与拥有互补资源和能力的主体进行合作时，会时时思考如何设计出更合理、更有吸引力的合作与交易方案，让彼此迅速达成交易，实现合作共赢。

2）设计的交易方案不仅基于事理，更基于人性，能充分激发出合作方的热情和动力。

3）总能动态地调整利益分配，使参与合作的各方在不同的时空下均能保持分配合理有效，从而维持合作结构的稳定性。

4. 动态思维

拥有动态思维的经营者具有以下特点：

1）能根据生意运转情况，不断主动地修正对资源、能力、商机、变现方式、分工方式、交易方式的认知,并采取行动进行优化调整。

2)潜意识中有强烈的求生本能,总在捕捉科技、政策、消费趋势等外部环境的变化,总在寻找新的生存法则并弹性吸收,从而对生意进行升级,甚至整体重构。

生意构建逻辑包括四个环节:确认商机、布局分工、组局与设计交易、升级迭代。经营者应把这四个环节以线性方式按照先后顺序展开,让隐性思维模式显性化,依逻辑开展经营,如图0-4所示。当然,我们还可以把这个线性逻辑弯折成一个环形,经营者在经营生意时按先后顺序完成一个环形,就是经历了一次循环。经历多次循环,生意就能逐步进入良性循环,不断升级。

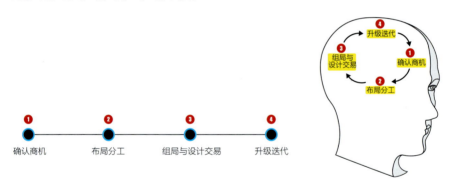

图0-4 生意构建逻辑

02 定位工具：两条路径探索业务方向，确认业务定位

定位工具主要服务于构建及发展单一业务，我们认为那是生意的最小单元。

业务的核心是商机，经营者通常会先隐隐约约地感受到模糊商机的业务方向，然后在朦胧中不断探索，使其从模糊逐渐变得清晰，最终确认清晰商机的业务定位。

清晰的业务定位是精准的"人-货"匹配关系，即客群（人）和满足需求的变现内容/性感商品（货）的匹配。

业务定位是生意的核心，决定了一个生意会长成什么样子，如同苹果核里的种子决定了苹果会长成什么样。因此，我们把企业的业务定位形象地称为"苹果核"。

找到业务定位有两条路径。一是从市场中特定客群的需求缺口与商机场景出发去寻找业务定位，有了业务定位后，再嫁接资源能力，如图 0-5 所示。这种路径可以找到尚未被满足的市场需求缺口。

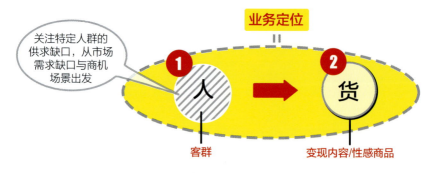

图0-5 寻找业务定位的第一条路径

二是从企业的资源能力池出发，从池中有选择地抽取资源能力，将其转化为变现内容，再去找客群，如图0-6所示。这种路径有机会创造出新的市场需求价值地带。

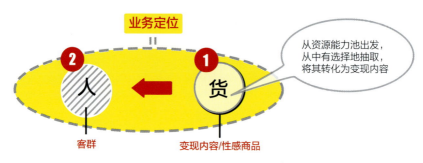

图0-6 寻找业务定位的第二条路径

接下来，从这个池子中抽取各种资源与能力组成多种变现内容组合，不仅使经营者能广泛探索更多种变现机会，从而实现现有商品的升级，或根本性地创造新商品，也能从多种机会中选择并聚焦市场价值空间更大的业务机会。

资源能力池里的具体内容如图0-7所示。

我们想象有一个资源能力池，里面储存了企业积累的核心资源与核心能力。

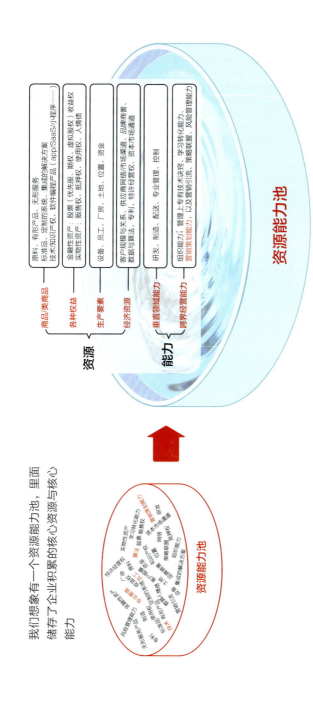

图0-7 企业资源能力池里的具体内容

02 定位工具：两条路径探索业务方向，确认业务定位 | 11

要想实现业务定位，经营者必须分析生意所需的全盘核心资源能力——盘点自身拥有的核心资源能力（A），调动能调动的外部资源能力（B），想方设法获取必须获取但目前尚不具备的资源能力（C），如图0-8所示。

开始经营前，觉得……
- 自身拥有的资源能力A，充足
- 自己能掌握和调动的外部资源能力B，很充足
- 需要引入和嫁接的外部资源能力C，很少

深入经营后，才知道……
- 自身拥有的资源能力A，太少
- 自己能掌握和调动的外部资源能力B，很有限
- 需要引入和嫁接的外部资源能力C，非常多

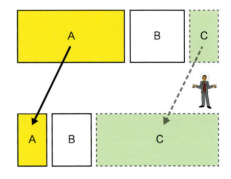

图0-8　实现业务定位所必需的资源能力

03 设事工具：定边界与工作流脉络，搭建高效业务系统

围绕业务定位，经营者可以用熊掌图可视化地搭建六个支持业务环，如图0-9所示。

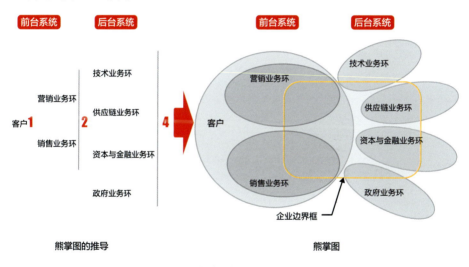

图0-9 用熊掌图搭建六个支持业务环

熊掌的掌上有两股肌肉，分别是前台系统中的营销业务环与销售业务环，四指是后台系统中的技术、供应链、资本与金融、政府这四个支持业务环。

熊掌图的第一个功能是排列业务环，划定企业边界。如图 0-10 所示，我们把一个象征企业边界的框放在熊掌上，熊的掌与指被框住的部分代表的是由企业内部来承担的业务活动。框外的部分则由企业外部合作方来承担。

选择企业边界就是选择内外分工

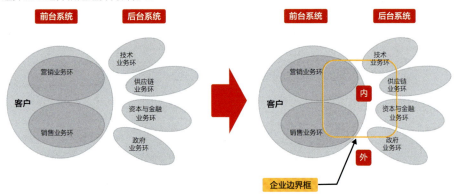

图 0-10　用熊掌图排列业务环，划定企业边界

熊掌图的第二个功能是高效布局与盘点内外角色。要注意的是，在企业边界内外所放置的所有角色，是抽象的角色设置，不需要是真实的人名或机构。我们还要不断地完善业务结构和其中的角色、业务活动，让"事"更有效率。读者可以参照图 0-11 来进行绘制。

画出各个支持业务环内的工作流后，经营者就可以在主导企业的前台和后台的六个支持业务环中将原本流程庞杂、难以清晰划分责权归属的复杂业务活动进行简易化拆分，从而找到专职角色。同时，也可以将几个非常简单的业务活动合并，让一个角色来承担，优化、删减多余的角色。

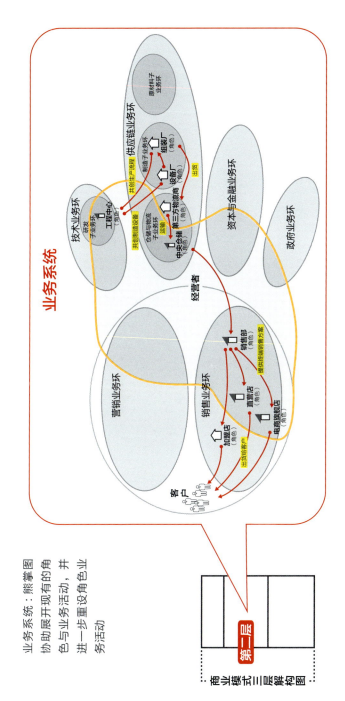

图 0-11 用熊掌图高效布局与盘点点内外角色

业务系统：熊掌图协助展开现有的角色与业务活动，并进一步重设角色业务活动

03 设事工具：定边界与工作流脉络，搭建高效业务系统

这种对业务结构与角色的重新检视与调整，造就了流程改造与变革管理。很多时候，企业还会导入信息系统，实现业务活动自动化。这样可以使企业减少对实体场景中原有执行角色的依赖，降低成本，提高业务系统中工作流的效率。

熊掌图的第三个功能是透视生意的轻与重，如图 0-12 所示。企业自营的业务活动越多，企业边界框就越大，生意也就越重。企业自有资产投入得越多，生意就越重。

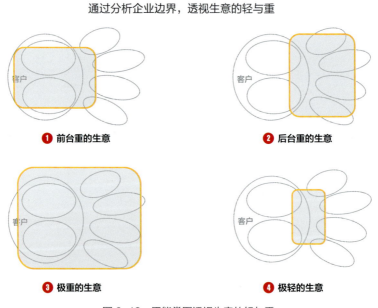

图 0-12　用熊掌图透视生意的轻与重

熊掌图的第四个功能是看清优势与短板。我们用图 0-13 刻意抽象化放大某些支持业务环，这意味着企业在这些支持业务环中具备突出优势。

刻意放大几个创新与突出的业务环，象征这些业务环中的业务结构（工作流）在设计上特别有差异化效率

图 0-13　用熊掌图看清优势与短板

熊掌图的<u>第五个功能是追踪业务发展轨迹</u>。如图 0-14 所示，我们用 T1、T2、T3 表示企业发展的时间推进点。在企业发展过程中，每隔一段时间，经营者都应总结与梳理商业共生体及企业边界的变化。熊掌图随着时间逐渐变大，意味着企业经营规模与商业共生体逐渐扩大。而企业最早选择的边界，也在不断发生改变。

在发展过程中，每隔一段时间，总结与梳理商业共生体的规模、构成以及企业边界的变化，熊掌图随着时间逐渐变大，象征企业经营的共生体逐渐扩大；最早选择的边界，也会不断发生改变

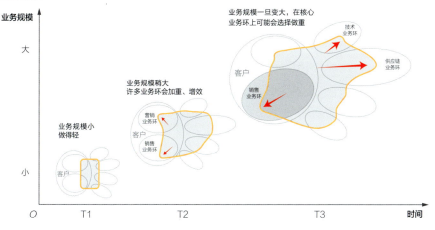

图 0-14　用熊掌图追踪业务发展轨迹

04 聚人工具：组局配置主体，组建稳定商业共生体

聚人工具位于商业模式三层解构图的第三层，对应组建商业共生体，包括两个维度。

第一个维度是为角色配置主体，展示构想中角色与现实中主体的匹配，如图 0-15 所示。

主体就是真实的"人"（自然人或法人）。同样的业务角色让不同量级的主体去担任，就会实现不同的配置（高配、中配、低配），产生的效果可能差异极大。若换上更高量级的主体，就能撬动更大的价值空间。为角色配置主体时，我们会发现每个主体的禀赋和诉求都不同，构建业务合作与交易的方式自然也不同。

第二个维度是通过交易设计，与不同的主体达成合作。

根据图 0-16 构建从①到④的四种不同"第二交易"，不断地通过交易聚合"人"，把这些"人"（包括自然人和法人）所拥有的资源能力嫁接过来，组建商业共生体，就能让"人"稳定并且保持活力。

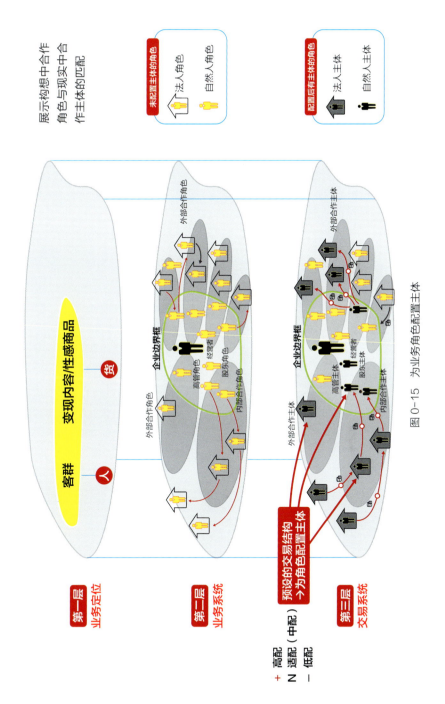

图 0-15 为业务角色配置主体

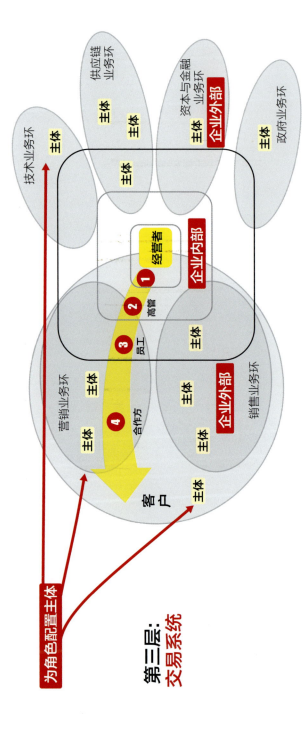

图0-16 "第二交易"的构建

05 设计工具：描绘生意全景，掌握全盘联动设计

我把由单一业务组成的生意比作一枚芯片，称为生意芯片，它拥有由三层电路板黏合在一起的复合结构。当我们从芯片上方俯瞰时，只能看到电路板第一层（上层）的外观，也就是业务定位，看不到下面两层各种复杂的内部结构、脉络与电流流动方向。

把生意芯片进一步拆解，将其以粗颗粒度的"片"（三层）、中颗粒度的"块"（"熊掌"及其六个业务块）、细颗粒度的"件"（9项经营结构要素）的方式逐步展开，它就会成为一张大的可视化<u>生意蓝图</u>，也就是一个<u>单一业务的商业模式图</u>，如图0-17所示。

为了辅助读者记忆，我们把生意蓝图中最重要的"片""块""件"抽离出来，组成了"<u>3169</u>"<u>这个生意密码</u>，如图0-18所示。<u>生意密码也是单一业务商业模式的终极表达范式。</u>

生意蓝图和生意密码"3169"不仅能让经营者一眼看清各种不同业务的全景，而且能帮助经营者清楚地描绘脑海中的生意，并对自己与竞争者的业务进行清晰的对比分析，找到本质异同，最终设计好自己的业务。

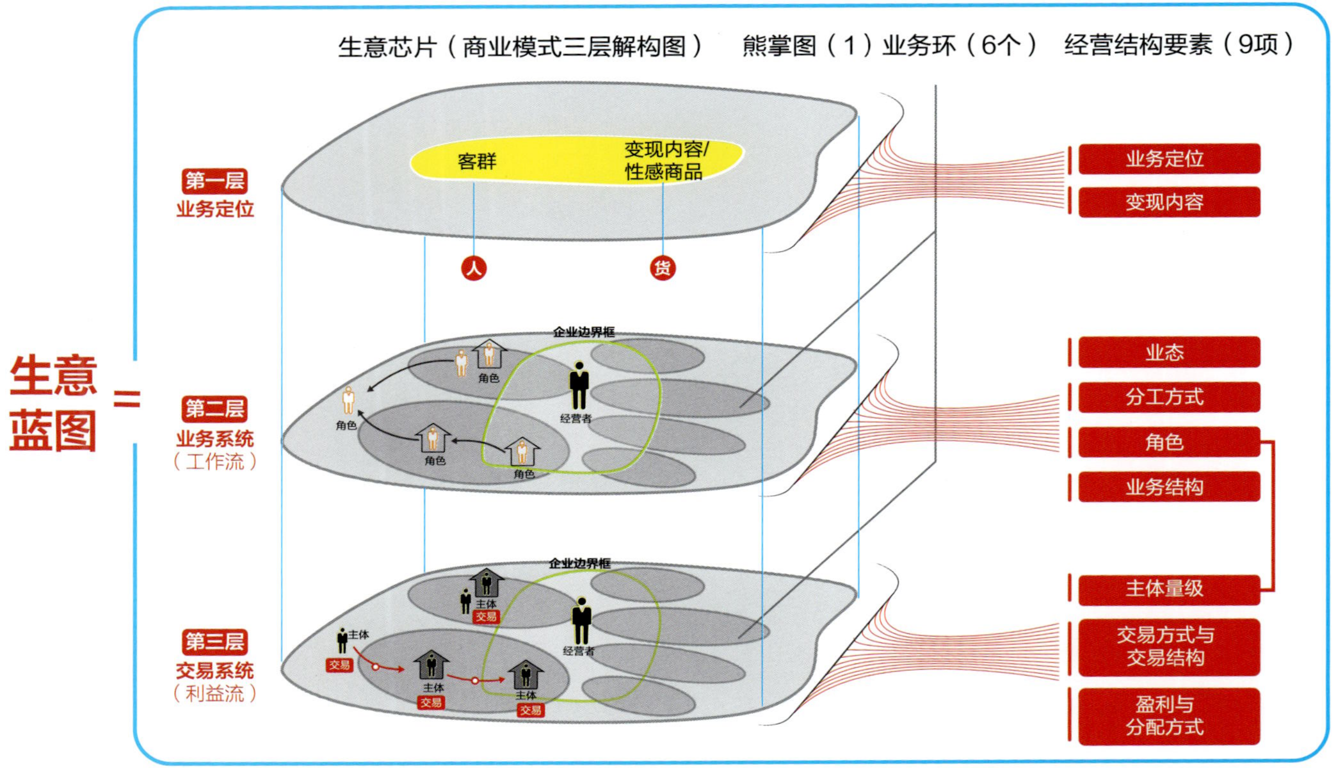
生意蓝图 =
生意芯片（商业模式三层解构图）
熊掌图（1）业务环（6个）
经营结构要素（9项）
第一层
业务定位
客群
变现内容/性感商品
人
货
第二层
业务系统
（工作流）
企业边界框
角色
经营者
第三层
交易系统
（利益流）
主体
交易
业务定位
变现内容
业态
分工方式
角色
业务结构
主体量级
交易方式与交易结构
盈利与分配方式

图 0-17　生意蓝图

图0-18 生意密码"3169"

这个可视化的生意全景，呈现了经营者构想中或现实中某个时间节点上单一业务的状态。它包含着足够细的内容，如业务定位和由六个支持业务环组成的"熊掌"，以及每个支持业务环内的业务结构、交易结构和交易细节。

在生意芯片的第三层，经营者通常要为角色配置主体。但更常见的是根据找到的主体所拥有的资源能力，再回到生意芯片的第二层，决定这个主体可以承担几种角色。所以，角色与主体之间始终存在着动态的双向匹配关系。

生意芯片的三个层次之间存在紧密联动关系，从上至下传导：第一层改变，下面两层就会连带改变；第二层改变，第三层就会连带改变。

有些生意芯片表面的业务定位相同，但进入第二层和第三层后，会发现业务系统和交易系统存在很大差异，我们可以用生意蓝图这个工具清晰洞察生意的本质异同。

在分析一个集团内多个不同的事业部门时，经营者可以把一个个单一业务的生意芯片的每一层平面图都画出来，这样就可以从集团层面一目了然，看到所有单一业务组成的全局的状态，如图0-19所示。

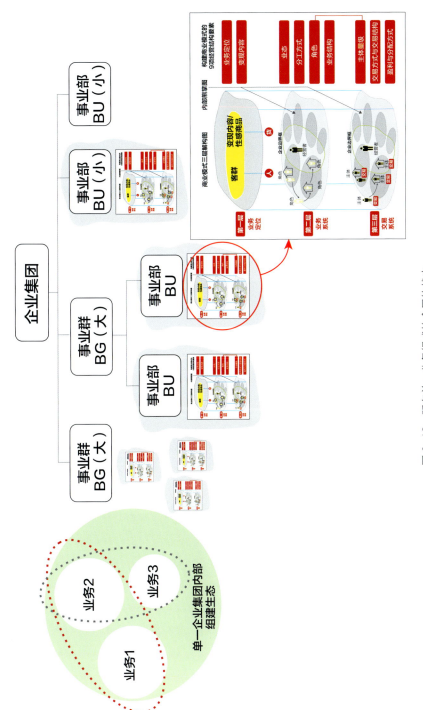

图0-19 所有单一业务组成的全局的状态

05 设计工具：描绘生意全景，掌握全盘联动设计 | 25

06 交易工具：活用前脑后脑，做好第一交易与第二交易

交易设计所创造的成交价值，有时远大于商品设计所创造的价值。

低段位经营者一般更重视设计与客户的"第一交易"，而高段位经营者却更注重设计与各种合作方的"第二交易"。图 0-20 展示

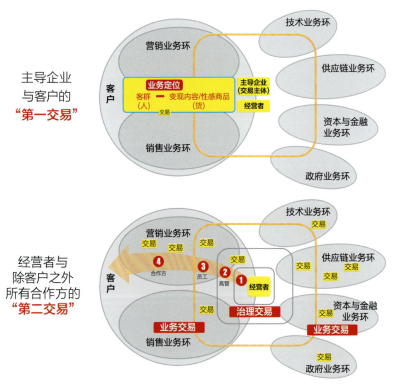

图 0-20　第一交易与第二交易

了第一交易与第二交易的不同。优秀的第二交易设计能为第一交易服务。

能够巧妙地设计与各种合作方的第二交易，是许多企业成功的真正原因。这些企业的经营者通常善于通过"第二交易"不断聚合"人"——股东、高管、员工以及各种外部合作方，把这些"人"（包括自然人和法人）所拥有的资源能力嫁接过来，组建商业共生体。交易的设计必须让"人"稳定且有活力。

此外，优秀经营者还具备凌空观照交易结构全局图、一眼看透图中各种交易结构的能力，如图 0-21 所示。他们既能从宏观上观照生意全局，审视并设计整体交易结构，又能运用微观操作技能，设计所有局部交易结构与交易活动，支撑全局。

交易结构是交易参与方之间在确认合作方式后，各交易利益相关者之间产生交易活动与利益分配方式的逻辑。

优秀经营者多半是能用好交易蓝图的高手，交易蓝图由交易"前脑"和交易"后脑"组成，如图 0-22 所示。两者要协调配合好，协助设计生意芯片第三层中的每一个交易方案及其落地成交。前脑主管"谋事"，包括八项构成交易的要素，依照 A~H 帮助经营者设计交易方案；后脑主管"谋人"，依照 V~Z 这五项促成交易的方法，帮助经营者设计博弈策略，让所有参与合作者易于接受交易方案，从而迅速达成合作。

前脑中的 A~H 八项要素存在结构关联，前四项称为基础要素，后四项称为深化要素，前四项之间在设计上的联动尤其紧密。

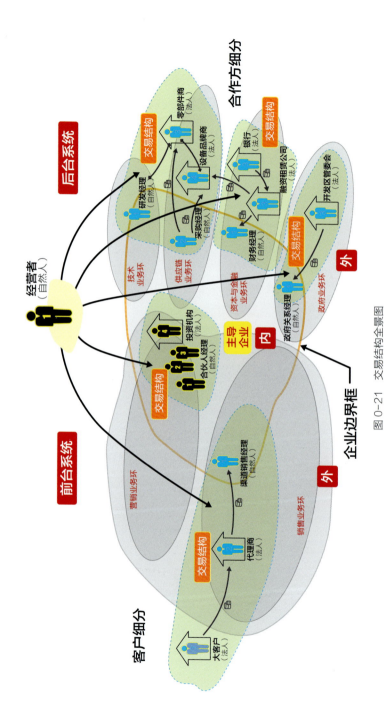

图0-21 交易结构全景图

28

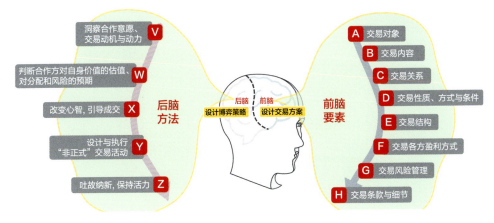

图 0-22 交易蓝图展开图

交易方案的设计偏静态，较多应用前脑，对应着"设计—构建—验证"业务发展循环方法中的"设计"阶段；设计出交易方案后，经营者要在构建的过程中操作交易，通过合作方之间的互动，对交易方案进行动态、灵活的调整，此时就要较多应用后脑。

细颗粒度的交易蓝图，是所有交易要素的展开检查透视图，如图 0-23 所示。

优秀经营者会在每一个交易或交易结构的设计上，用交易蓝图前后脑来辅助设计与落地成交，如图 0-24 所示。

此外，在构建阶段，经营者要根据收集到的各种新信息，迅速、灵活地调整交易方案，必要时甚至要引入新主体。整个过程往往更偏重于"后脑"的应用，即通过博弈策略促成交易。

熟练应用交易蓝图，把设计融入交易操作中，前脑与后脑一体协作是经营者必须学会的反射性技能。

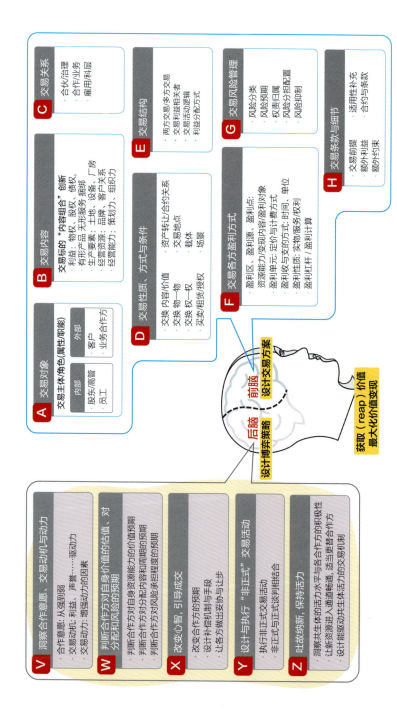

图0-23 细颗粒度层面的交易蓝图

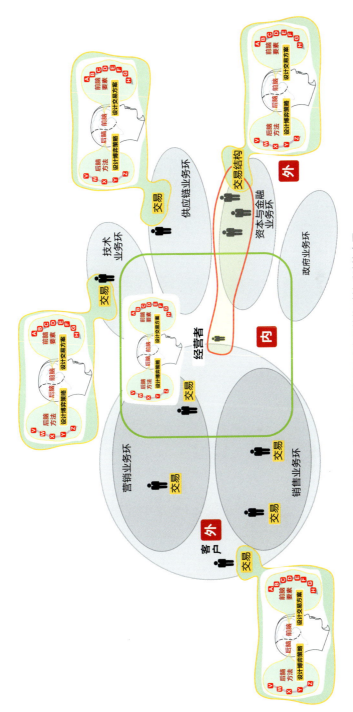

图 0-24 经营者在设计交易或交易结构时前后脑的应用

交易操作可分为三步骤,即谈合作方式、谈交易关系、谈交易方式,呼应交易基础要素间的结构关联,如图0-25所示。

图0-25　操作交易三步骤图

第一,谈合作方式:干什么,如何一起干(边界尚不明确);承担几个角色;角色的工作范围、权限和责任、成果期望,以及与其他角色的配合方式。

第二,谈交易关系:是治理交易关系(股权交易),还是业务交易关系(市场化交易)。

第三,谈交易方式:落实合作分配、风险承担、条款与细节。

07 盈利工具：撬动盈利杠杆，直指经营利润

要达到经营的最基本目的——盈利，经营者需要有一套产出利润的指导逻辑及方法，用来不断检视自身盈利状况、持续优化企业价值变现效率，从而交出靓丽的经营报表。

从企业经营的视角，我们提供了一个"梳理企业盈利模式的框架"，如图0-26所示。

图0-26 企业盈利模式梳理框架图

这个梳理企业盈利模式的框架涵盖8项要素，分别是盈利区、盈利源、盈利对象、盈利点、盈利单元、盈利收与支的方式、盈利杠杆、

盈利计算。经营者可以用这 8 项要素来梳理企业的盈利模式，追求企业自身更高的盈利效率。

从微观交易场景的视角，我们提供了一组盈利工具，帮助经营者在交易场景下提高自身的盈利效率。这组盈利工具包括资源盈利、对象盈利、多点盈利、计量盈利、分配盈利、杠杆盈利、算账盈利。把这组盈利工具集合起来，就构成了一张具有完整框架性的盈利盘点表。

无论经营者处于两方交易场景还是多方合作增值交易场景，都能用盈利盘点表中的各项工具来思考如何提高自身盈利率，如图 0-27 所示。

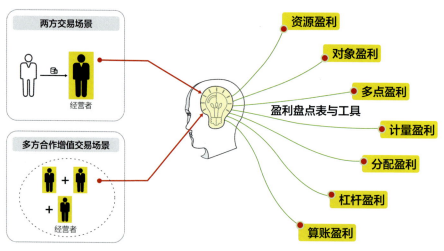

图 0-27　微观交易场景下提升盈利的多种考量点示意图

高段位的经营者总能把盈利蓝图中的各项盈利工具一一用于与每一个合作方的具体交易，协助企业提升盈利率。

08 业务发展循环工具：设计—构建—验证，螺旋上升

我们不断地问："生意是做出来的，还是设计出来的？"

事实上，生意的经营是一个设计、构建与调整的反复过程。经营者最初设想的理想业务场景，在操作的过程中通常会不断地被修正。生意的推进是一个不断发展的过程，也就是"设计"与"做"、"再设计（调整）"与"再做"同步推动的过程。

大部分经营者都有持续调整生意的念头，希望在必要时对生意进行大调整以使其升级，但往往在千头万绪中感觉茫然，有冲动却找不到抓手，知道应该做却不知道应该怎么做，感性上激情四溢，理性上缺乏行动逻辑。

因此，我提出了推进生意的"设计—构建—验证"业务发展循环方法，如图 0-28 所示。

无论你是从零开始创建一个生意（业务），还是半途接手一个生意（业务），都可以在一开始时就把你全盘的结构性想法放入生意蓝图，设计出包含业务定位、业务系统和交易系统的初始阶段的理想图景。接着进行一段时间的操作与构建，包括搭建业务及完成一个个交易。

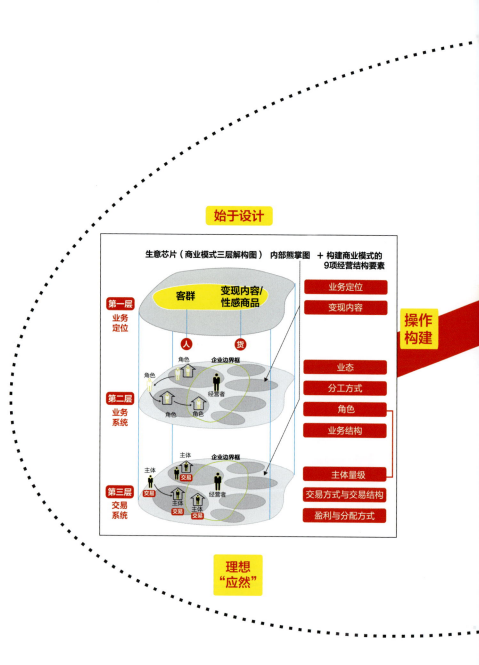

图 0-28 "设计—构建—验证"业务发展循环方法

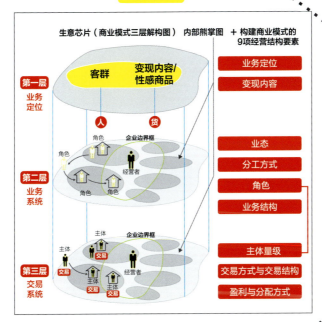

业务发展循环方法："设计—构建—验证"循环
开始时，先预设"初始模式"，
操作搭建一段时间后，
验证事实与理想之间的差距，完成一个循环

在操作构建一段时间后，你需要找一个自己觉得合适的时间节点，用生意蓝图及生意密码"3169"画出构建后的实际全景，并将构建后的真实图景与初始理想图景进行比对，验证"事实"与"理想"之间的差距，确认正确的变化并纠正不该出现的偏移，作为阶段性的总结。

每一个"设计—构建—验证"循环都是一个周期，始于设计，终于验证。图0-29展示出每一个椭圆形，都代表着一组"始于设计，经过构建，终于验证"的循环，依此反复螺旋发展。在第一组和第二组的连接处，也就是在"设计—构建—验证"的周期之间，应该设计"升级迭代"，如图0-29中间所示。

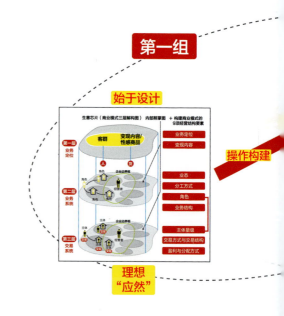

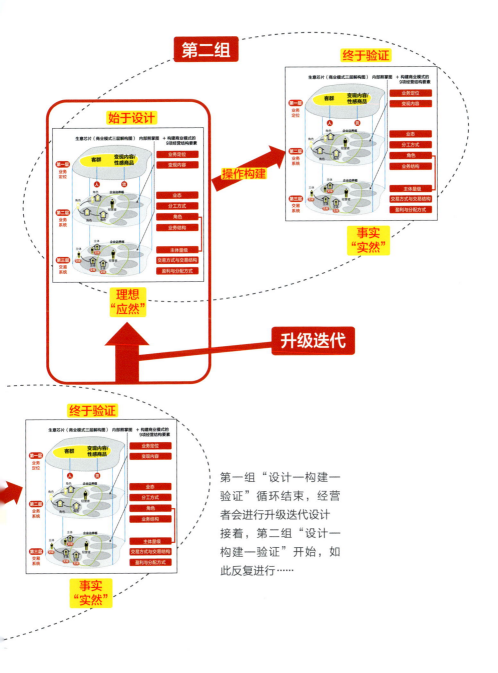

第一组"设计—构建—验证"循环结束，经营者会进行升级迭代设计，接着，第二组"设计—构建—验证"开始，如此反复进行……

图 0-29 在"设计—构建—验证"周期间设计升级迭代

如图 0-30 所示，通过多组"设计—构建—验证"循环，生意从一开始的朦胧逐步走向清晰。

经营者如果能遵循这个"始于设计，经过构建，终于验证"的"设计—构建—验证"业务发展循环方法，就能在时间轴上掌握业务发展的全局与波段式推进节奏。

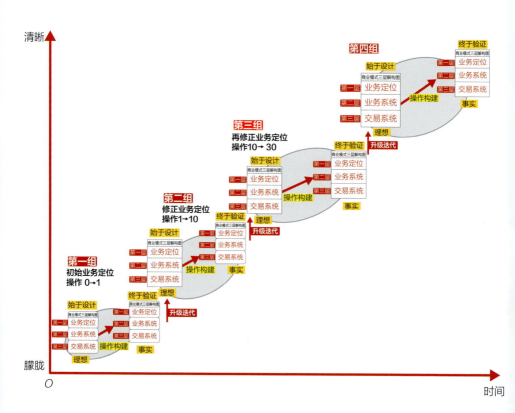

图 0-30　多组"设计—构建—验证"循环推动生意成长

09 升级工具：调整结构要素或嫁接环境要素

在第一组"设计—构建—验证"循环结束，即将进入第二组循环时，经营者应对生意蓝图进行升级设计。

经营者需要掌握能协助设计升级的要素，这些要素是经营生意最本质的经营底层要素。经营底层要素分为两个层面：一是基础层面，包含组成生意的基础因子，我们称之为"经营结构要素"；二是环境层面，是使商业环境发生本质变化的变动因子，我们称之为"经营环境要素"。

生意升级设计有两条路径，如图 0-31 所示。

第一条路径是在外界环境变化不大时，**仅调整 9 项经营结构要素，让生意升级，成为当下的"出众生意"**。对 9 项经营结构要素中任一项要素进行调整，都等于调整了商业模式，也都有可能创新经营方式。若同时联动调整多项，就有可能让商业模式结构升级。

第二条路径是在环境出现明显变化时，尝试以 9 项经营结构要素一一嫁接 4 项经营环境要素，让这些经营结构要素产生本质性改变，从而形成新的经营方式，迭代成"时代的生意"，如图 0-32 所示。

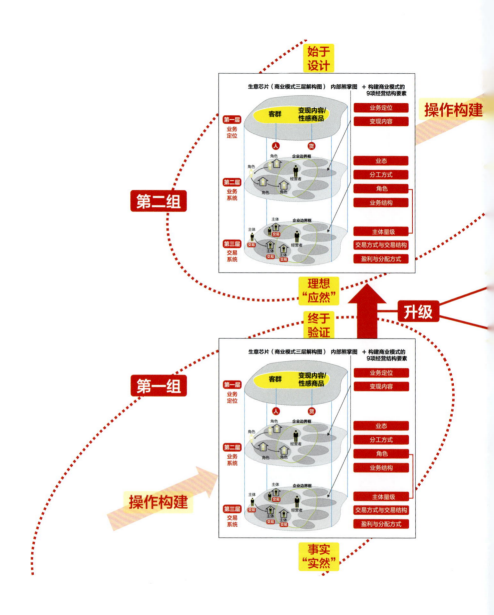

图 0-31 商业模式升级的两条路径

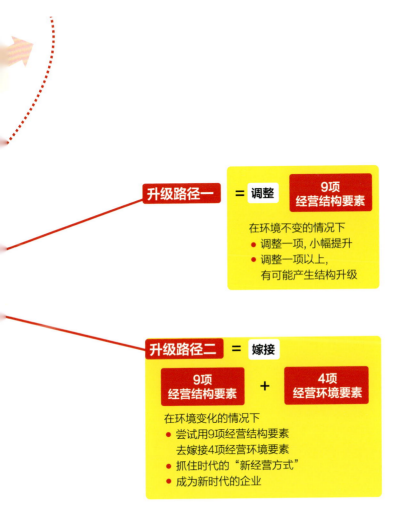

09 升级工具：调整结构要素或嫁接环境要素

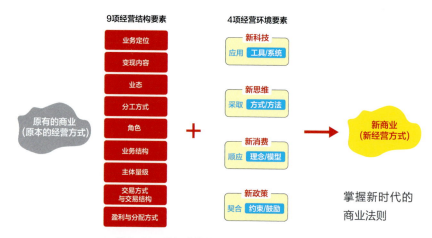

图 0-32 以经营结构要素嫁接经营环境要素

经营环境变动巨大，考验经营者能否嫁接新时代的商业法则。嫁接什么，要从粗颗粒度逐渐拆解到细颗粒度，如商业 3.0 时代的生存法则就是图 0-33 右侧整理出来的细颗粒度生存法则。

具体该如何嫁接，在第 9 章中我一一举例进行了说明，读者可以详细了解。

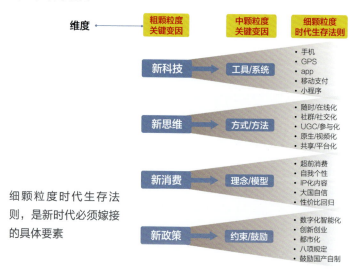

图 0-33 商业 3.0 时代的生存法则

44

10 顶层进取心：经营者动力决定商业格局

生意做得好与差，不只在于经营者是否熟练掌握和使用前述工具。还有一个关键性的决定因素——经营者的进取心，也就是经营者对自我的期许有多高、对成就的渴望有多强烈，这直接决定了经营者设定的目标经营规模有多大。

进取心强者，会期望经营出位列行业前三名的领导型企业；进取心一般者，会对标行业的平均标准，经营出追随型企业；进取心弱者，则会经营出泛泛的平庸企业。

进取心也包含着经营者对自己独创的创新经营理念与方式的执着。进取心强者往往对其理念与方式非常"偏执"，会坚持且坚定地执行下去，并且不断嫁接资源，排除障碍，直至实现预定的目标。

进取心还与创新高度相关。进取心强的经营者渴望认知升维，希望掌握新时代的生存法则，积极探索新时代的经营方式。不过，需要提醒的一点是，如果经营者对企业发展的方式已经形成绝对性判断，有可能出现思维固化、行为定式，从而导致进取心被用于战术上的勤奋努力，掩盖了战略上的怠惰。

进取心也和想象力高度相关。许多经营者会编织一个商业共生体参与方共同认可的故事（成功场景），并且赋予其意义，激活所有人的共同想象力，形成共同的信念乃至信仰，这样就可以在以交易设计保障利益之外，以共同愿景激发参与者进行大规模的高效协作。

希望经营者多多反思：我的驱动力与进取心源自哪里？强弱程度如何？与设立的商业目标是否匹配？

11 经营优异的判断标准

经营者具备强烈的商业动力（进取心/自驱力），再加上熟练使用这 9 项经营工具，就能经营出卓越的生意。正因为如此，我总结出了以下框架：

推动生意成长 = 经营者的动力（自驱力）+ 9 项高段位经营工具
（意愿）　　　　　　　　　　　（方法）

然而，经营优异有哪些判断标准呢？图 0-34 的蓝色框中，就是我为 9 项工具梳理出的判断标准。

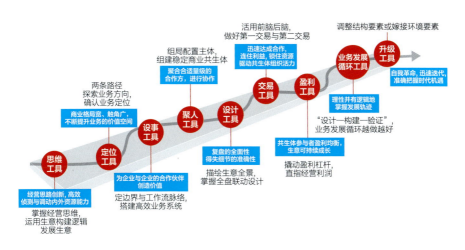

图 0-34　经营优异的判断标准

同时附上表 0-1，这是一张**经营者用来评估自己现有经营段位的综合表**，列出了本书所提出的每一种工具，对应着经营者使用该工具后经营段位高低的变化。读者可应用这张表进行自我衡量，找到自己的提升点。

表 0-1 经营段位评估表

衡量维度	判断标准
自驱力	自我期许的进取心，依据对标的标杆人物的标准设定
思维工具	经营思路创新，高效侦测与调动内外资源能力
定位工具	商业格局宽、触角广，不断提升业务的价值空间
设事工具	为企业与企业的合作伙伴创造价值
聚人工具	聚合合适量级的合作方，进行协作
设计工具	复盘的全面性，得失细节的准确性
交易工具	迅速达成合作，连住利益，锁住资源，驱动共生体组织活力
盈利工具	共生体参与者利益均衡，生意可持续成长
业务发展循环工具	理性并有**逻辑地**掌握发展轨迹
升级工具	自我革命，迅速迭代，准确把握时代机遇

按照以上标准，向自己提问，你能得出哪些答案？是否更清楚地衡量了自己的自驱力？是否对自己掌握多少工具有了清晰的认识？

能力并非一蹴可就，能力高低也难以量化，希望读者能对以上工具常用常反思，有针对性地补齐自己的短板，强化自己的优势，并将其熟练应用到生意实践中，这是我写作本书的最大期待。

The Nature of Business

Build the Future